Die Republik Österreich stellt Ihnen Buch und SbX für Ihre Ausbildung zur Verfügung. Ihre Professorinnen und Professoren helfen Ihnen, den Stoff zu erlernen und so eine gute Basis für Ihr späteres Berufsleben oder Ihr Studium zu legen. Übernehmen Sie aber auch selbst Verantwortung für Ihren Lernerfolg und nutzen Sie die vielfältigen Möglichkeiten, die Ihnen dieses Buch und das zugehörige SbX zum Lernen, Üben, Sichern und Wissen bieten.

Buch-Nr. 185659

Autorinnen und Autoren:

MR Ing. Mag. Wolfgang Höglinger
BMBF, Budget- und Haushaltswesen der Bundesschulen

MR Mag. Wolfgang Pachatz
BMBF, Abteilung für technisch-gewerbliche Lehranstalten

Prof. Dr. Annemarie Berschl
HLW Braunau

Prof. Dr. Cornelia Cassan-Juen
BHAK/BHAS Innsbruck

Mag. Günter Kegelreiter
Richter am Oberlandesgericht Wien

Dir. MMag. Dr. Wolfgang Nurscher
Bundesschulen Kalvarienberg, 1170 Wien

Prof. Mag. Veronika Palm-Thaler
BHAK/BHAS I Salzburg

unter Mitarbeit von
HR Mag. Dr. Axel Zafoschnig
Landesschulinspektor für die technisch-gewerblichen Schulen, LSR für Kärnten

Wien 2018

Dieses Lehr- und Arbeitsbuch wurde vom Bundesministerium für Bildung mit Bescheid vom 16.10.2017, Zahl 5.025/0012-IT/3/2017, für den Unterricht an höheren technischen und gewerblichen Lehranstalten für den IV. und V. Jahrgang im Unterrichtsgegenstand Wirtschaft und Recht für geeignet erklärt.

Printed in the EU, ISBN 978-3-7068-5482-5

Das vorliegende Buch wurde auf chlorfrei gebleichtem Papier gedruckt.

Umschlaggestaltung: DMC 01, MANZ Verlag Schulbuch, Wien

MANZ

Herzlich willkommen!
Das ist Ihr neues Schülerbuch von MANZ.

Als führender Verlag im berufsbildenden Schulwesen wissen wir, dass Sie Lernpakete benötigen, die Sie zielgerichtet zum Lernerfolg – zu Wissen und Kompetenz – führen. Wir wollen, dass Sie nach Abschluss Ihrer Ausbildung Ihre persönlichen Chancen am Arbeitsmarkt bestmöglich wahrnehmen können.
Wir arbeiten täglich an der Produktion zeitgemäßer Lernpakete und stehen dabei im ständigen Dialog mit erfahrenen Schulbuchautorinnen und -autoren sowie Wissenschaftlerinnen und Wissenschaftlern.

Dieses Schülerbuch steht Ihnen nicht nur gedruckt, sondern auch als E-Book zur Verfügung.

SbX

Im Rahmen dieses E-Books gibt es vielfältige **Online-Ergänzungen** (SbX-Inhalte) sowie ein Lernmanagementsystem, den **MANZ Lernraum.**

Ihr Schülerbuch als E-Book mit SbX

Aktivieren Sie Ihr Schülerbuch als E-Book
inklusive SbX-Inhalten und MANZ Lernraum:

www.wirlernenmitmanz.at

1. Registrieren bzw. anmelden.
2. Die Lasche „Meine Lernmedien" öffnen.
3. Startcode eingeben:

548253rKry5A

Ihr Schülerbuch als E-Book mit SbX

Zusatzmaterial
Alle Download-Dateien (Angaben, Lehrbeispiele, Zusatzinfos) sind hier gesammelt.

Der MANZ Lernraum
ist Ihr Arbeits- und Kommunikationsbereich.

Suchfeld
Suchen Sie hier nach Schlagworten und wählen Sie dann aus den Vorschlägen.

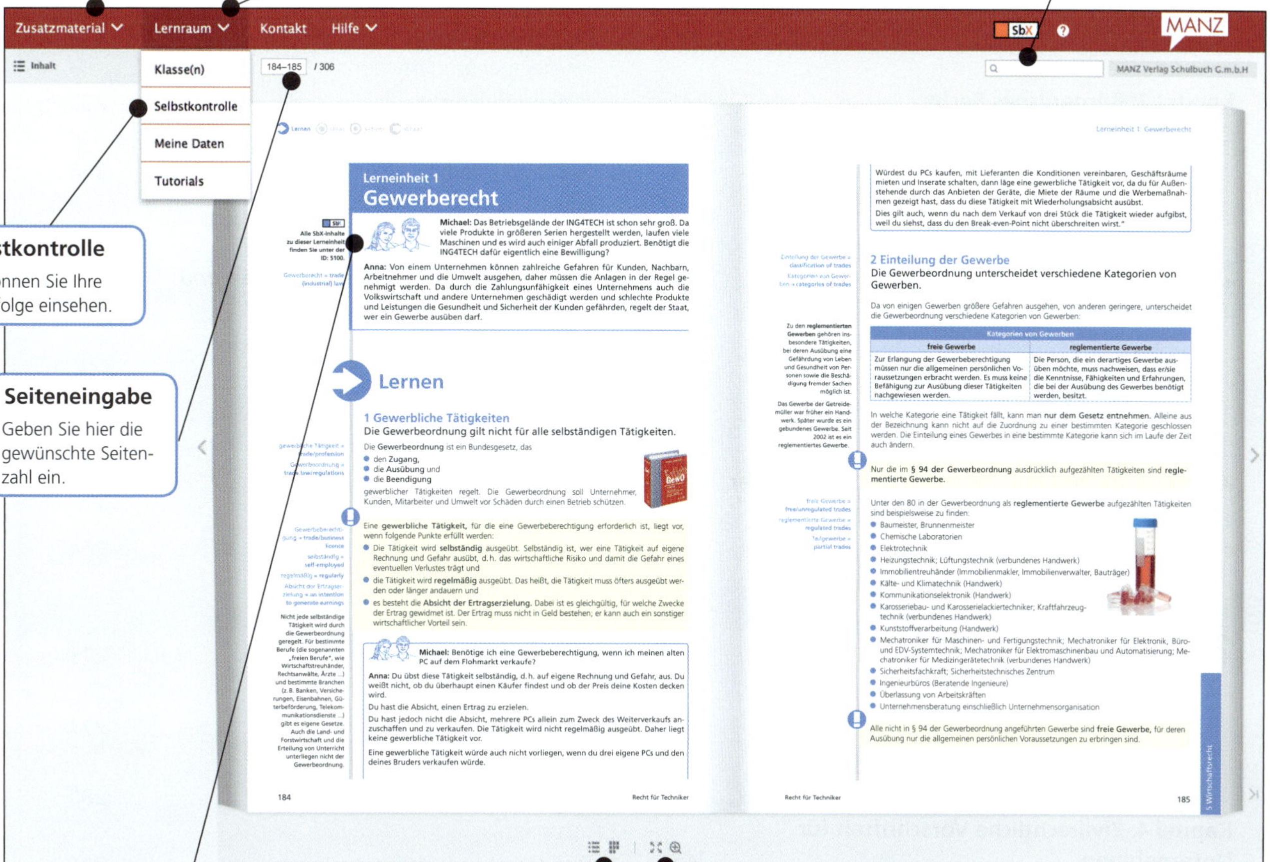

Selbstkontrolle
Hier können Sie Ihre Lernerfolge einsehen.

Seiteneingabe
Geben Sie hier die gewünschte Seitenzahl ein.

SbX-Leiste und SbX-ID
Ein Klick auf die SbX-ID öffnet eine Übersicht der passenden SbX-Inhalte zur aktuellen Lerneinheit.

Ansicht
Sie können zwischen der Inhaltsansicht mittels Inhaltsverzeichnis und einer Miniaturansicht der Buchseiten wählen.

Zoomfunktion und Vollbildmodus
Die Lupe oder ein Doppelklick ermöglichen eine Detailansicht. Der Vollbildmodus öffnet sich in einem neuen Fenster.

Dem Verlag MANZ ist es ein grundlegendes Anliegen …

… Chancengleichheit wo immer möglich zu fördern. Frauen und Männer werden in den Texten und Beispielen dieses Buches gleichberechtigt behandelt. Um den Lesefluss nicht zu stören, wird aber – wo nötig – auf das Nebeneinander weiblicher und männlicher Formen verzichtet.

Inhaltsverzeichnis

Recht für Techniker

Vorwort

Im vorliegenden Buch begeben sich **Anna** und **Michael** auf eine Erkundungstour durch die **ING4TECH**.

Hallo, ich bin Anna!

Nach Abschluss meiner HTL-Ausbildung habe ich dank eines guten Abschlusszeugnisses und einer gelungenen Bewerbung eine Anstellung bei ING4TECH erhalten. Ich wurde in das Traineeprogramm aufgenommen und habe bereits mehrere Abteilungen meines Unternehmens kennengelernt. Es ist aber nicht, wie du dir vielleicht vorstellst, eine „gemütliche Reise" durch die ING4TECH. In allen Abteilungen wurden mir immer wieder Aufgaben aus dem Tagesgeschäft gestellt, die ich vorzubereiten und teilweise selbst zu erledigen hatte. Dies war sehr interessant und lehrreich.

Zum Traineeprogramm gehören Firmenbesuche bei Lieferanten und Kunden. Auch Fachmessebesuche sind eingeplant.

Vor kurzem habe ich hier Michael kennengelernt. Er besucht die Fachschule und absolviert gerade sein Ferialpraktikum in der ING4TECH. Ich soll Michael bei seinen Arbeiten in der Firma unterstützen und freue mich auf die gemeinsamen Aufgaben!

Hallo, ich bin Michael!

Nachdem ich nun drei Jahre Fachschule hinter mich gebracht habe, freute ich mich zuallererst auf vier erholsame Ferienwochen. Jetzt geht es aber an die Arbeit!

Ich habe zum Glück eine Praktikumsstelle bei der ING4TECH erhalten. Dieses Unternehmen gilt als sehr erfolgreich; es ist für innovative Produkte und internationale Projekte bekannt. Ich werde hoffentlich verschiedene Abteilungen kennenlernen und dabei vielleicht auch für mich feststellen, welcher Fachbereich in Zukunft der richtige für mich ist.

Auch sind mir manchmal Zusammenhänge innerhalb der verschiedenen Stoffgebiete, die ich in der Schule lernen musste, nicht ganz klar. Aber durch die Praxis wird das sicher besser verständlich. Ich hoffe auch, nach der Arbeit bei der ING4TECH die Anforderungen der Wirtschaft an Berufseinsteiger in technisch-wirtschaftlichen Bereichen besser zu kennen.

Ich habe gehört, dass mich Anna, die ein Traineeprogramm absolviert, unterstützen wird.

So wird die Arbeit in dem neuen Umfeld hoffentlich leichter und ich freue mich auf eine gute Zusammenarbeit.

Vorwort

ING4TECH,

die **IN**ternational **G**roup for **T**echnics ist ein österreichisches Produktionsunternehmen, das auch international tätig ist.

Das Unternehmen beschäftigt sich mit der Entwicklung, der Konstruktion, der Produktion und dem Verkauf von Gütern und Dienstleistungen vielfältiger Art. Die ING4TECH wird in der Rechtsform einer GmbH von einer erfahrenen, erfolgreichen Geschäftsführerin geleitet.

Das Liefer- und Leistungsspektrum der ING4TECH GmbH umfasst:

- Prototypenbau
- Auftragsfertigung
- Sondermaschinenbau
- Serienfertigung
- Dienstleistungen
- Handel

Die ING4TECH GmbH hat folgende Struktur:

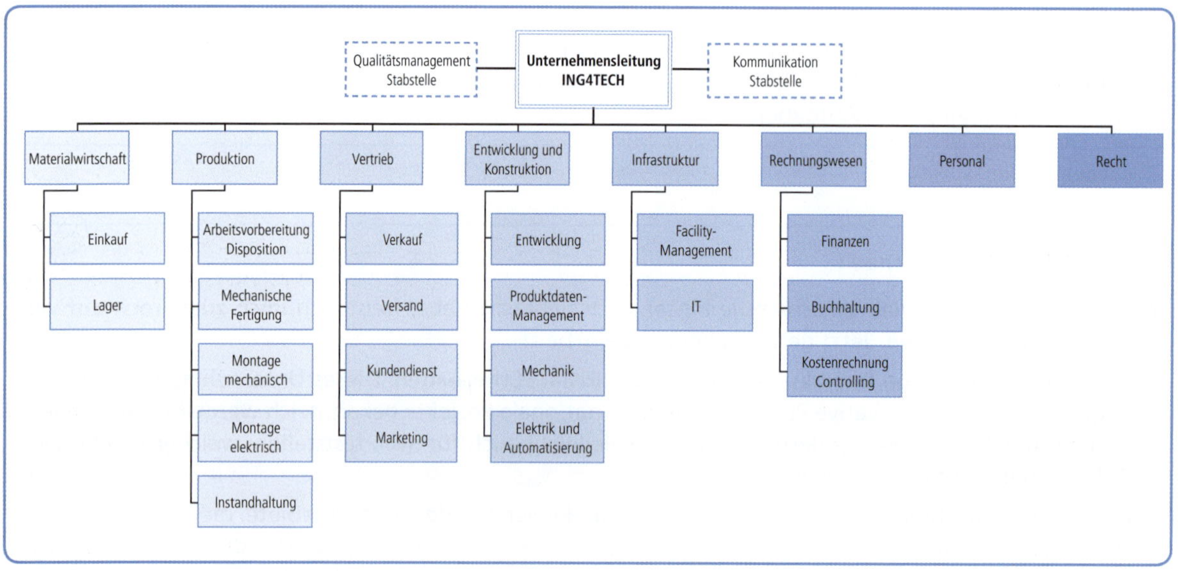

Begleiten Sie nun Anna und Michael auf ihrem Weg durch die ING4TECH.

Viel Erfolg wünschen Ihnen
das Autorenteam und der MANZ Verlag Schulbuch.

1 RECHT UND STAAT – DIE GRUNDLAGEN

Worum geht's in diesem Kapitel?

SbX
Alle SbX-Inhalte zu diesem Kapitel finden Sie unter der ID: 1100.

Vorschriften, wohin man schaut! Gesetze, Verordnungen, Verbote, Bewilligungen, Urteile, Normen. So mancher fühlt sich da bevormundet oder fremdbestimmt. Natürlich kann es als störend, bürokratisch oder aber schlicht lächerlich empfunden werden, wenn die Krümmung der Gurken europaweit festgelegt wird oder wenn man für das Entfernen eines Baumes im eigenen Garten einen Antrag stellen muss.

Doch Michael ist sich bewusst, dass die Rechtsordnung das friedliche Zusammenleben so vieler Menschen überhaupt erst möglich macht, dass sie den Einzelnen vor großen Gefahren schützt und in den meisten Fällen von Meinungsverschiedenheiten gerechte Lösungen anbietet.

Während seines Praktikums bei ING4TECH bewahrt ihn das Arbeitsrecht vor Ausbeutung und Gesundheitsrisiken, an der Bildungsstätte das Schulrecht vor Willkür, im täglichen Leben das bürgerliche Recht vor den Versuchen anderer Personen, ihn zu übervorteilen. Das Wahlrecht gewährleistet Mitbestimmung und Sicherheit vor Machtmissbrauch, das Datenschutzrecht hilft gegen Überwachung, das Verkehrsrecht dämmt die Gefahren der Straße ein.

Dies alles sind nur einige wenige Beispiele für die unzähligen Bereiche, in denen menschliches Miteinander ohne verbindliche Vorschriften schlicht ins Chaos münden würde. Ohne einen organisierten Staat und ohne eine durchdachte Rechtsordnung könnte das Zusammenleben einfach nicht funktionieren.

Wenn Sie dieses Kapitel bearbeitet haben,

- erkennen Sie, dass man praktisch in allen Lebensbereichen von Rechtsvorschriften umgeben ist,
- besitzen Sie einen Überblick, welche Arten von rechtlichen Vorschriften es gibt,
- sind Sie in der Lage, sich selbständig über maßgebliche Rechtsvorschriften zu informieren,
- wissen Sie, auf welche Grundlagen sich der Staat stützt,
- können Sie beurteilen, welchen Personen und Gruppen Macht im Staat zukommt.

A B C D E

In diesem Kapitel finden Sie Übungsaufgaben und praxisbezogene Fallbeispiele zur Kompetenzüberprüfung auf den Handlungsebenen A Wiedergeben, B Verstehen, C Anwenden, D Analysieren & Interpretieren und E Entwickeln.

Dieses Kapitel umfasst folgende Lerneinheiten:

Lerneinheit 1

Die Rechtsordnung

SbX
Alle SbX-Inhalte zu dieser Lerneinheit finden Sie unter der ID: 1100.

Auch im Wirtschaftsleben ist der professionelle Umgang mit dem Recht eine wesentliche Voraussetzung für den Erfolg. Anna war überrascht, dass es in der ING4TECH sogar eine eigene Rechtsabteilung gibt. Als sie dann im Zuge ihres Traineeprogramms diesen Bereich näher kennenlernen durfte, konnte sie beruhigt feststellen, dass dort ganz normale Menschen arbeiten.

Lernen

SbX ID: 1101

Jurist/in = **legal expert, lawyer, solicitor, legal attorney**

Rechtsabteilung = **legal department**

Erfolg: die schädlichen Folgen, die eine Straftat nach sich zieht

Qualifikation: ein Umstand, der eine Straftat noch schlimmer macht und zu strengerer Bestrafung führt

Freizügigkeit: das Recht der freien Wahl des Wohn- und Aufenthaltsortes

1 Wichtige Begriffe rund um das Recht

Das Rüstzeug der Juristen

Irgendwie sind Juristen schon komische Menschen: Wörter wie „Erfolg" oder „Qualifikation" bedeuten ihnen nichts Gutes – diese Begriffe stammen aus dem Strafrecht – und mit „Freizügigkeit" meinen sie etwas ganz anderes, als man erwarten würde. Sagt jemand „Inhaber einer Gaststätte", so wird er auf „Besitzer" ausgebessert, redet man von einem „Hausbesitzer", dann soll plötzlich „Eigentümer" der richtige Ausdruck sein.

Juristische Ausdrücke klingen für den Laien oft unverständlich, ungewohnt und spitzfindig. Sie begegnen uns im täglichen Leben gar nicht so selten, werden aber oft unrichtig verwendet. Der sorgfältige und präzise Umgang mit der Sprache ist jedoch eine der entscheidenden Voraussetzungen, die man bei der Beschäftigung mit dem Recht mitbringen muss.

Verfassung = **constitution**

Gesetz = **law**

Gerichtsurteil = **judgment, verdict, court decision**

Verträge = **contracts**

Gewohnheitsrecht = **customary (common) law**

Das **Recht** ist eine Ordnung für das Zusammenleben, die sich aus verschiedenen Rechtsnormen ergibt.

Rechtsnormen sind Vorschriften für das Verhalten von Personen.

- Ihr Zweck ist es, das Zusammenleben zu organisieren und Konflikte zu lösen.
- Ihre Einhaltung kann durch staatlichen Zwang durchgesetzt werden.

Als **Rechtsordnung** bezeichnen wir die Gesamtheit der geltenden Rechtsnormen.

Die geschriebenen oder ungeschriebenen Grundlagen der Rechtsordnung nennt man **Rechtsquellen,** z. B. die Verfassung, Gesetze, Gerichtsurteile, Verträge und Gewohnheitsrecht.

Beispiele:
Sitte: im Büro passende Kleidung tragen
Moral: in einer Partnerschaft treu sein

Nicht mit staatlicher Gewalt durchsetzbar sind hingegen:

- die **Sitte:** übliches und gewohntes Verhalten in der Gemeinschaft
- die **Moral:** Gebote des eigenen Gewissens

Wenn man sich an die Grundsätze der Sitte und Moral nicht hält, wird man zwar vielleicht wenige Freunde, keine Beziehung oder keinen Job haben, aber man kann vom Staat nicht zur Beachtung dieser Regeln gezwungen werden.

Recht ist im Unterschied von Sitte und Moral durch staatliche Zwangsmaßnahmen durchsetzbar.

Ein Subjekt, dem die Rechtsordnung Rechte zuerkennt und meistens auch Pflichten auferlegt, wird als **Person** oder **Rechtssubjekt** bezeichnet:

Rechtssubjekte (Personen)
- natürliche Personen
- juristische Personen

- **Natürliche Personen** sind alle Menschen. Sie haben von der Geburt bis zum Tod Rechte und Pflichten.
- **Juristische Personen** sind künstliche Konstruktionen, die von der Rechtsordnung wie Personen behandelt werden. Eine juristische Person hat zum Großteil dieselben rechtlichen Möglichkeiten wie ein Mensch. Sie kann also Vertragspartner sein, Vermögen haben und Klägerin oder Beklagte eines Zivil- oder Strafprozesses sein. Zu diesem Zweck benötigt sie **Organe,** also Menschen, die rechtliche Handlungen für sie vornehmen. Juristische Personen sind z. B. der Bund – also die Republik Österreich –, die Gemeinden, Vereine, Aktiengesellschaften und Gesellschaften m.b.H.

Beispiele für Organe: die Regierung der Republik Österreich oder eines Bundeslandes, der Vorstand eines Vereins oder einer AG, die Geschäftsführer einer GesmbH

Beispiel für eine Zwangsmaßnahme der Behörde: Einem betrunkenen Autolenker wird von der Polizei der Wagenschlüssel abgenommen.

Partei = **party**

Rechtsmittel = **appeal, recourse**

Staatliche Organe, die Aufgaben der öffentlichen Verwaltung wahrnehmen, werden **Behörden** genannt. Sie sind berechtigt, Zwangsmaßnahmen zu setzen, Juristen sprechen von der „Ausübung behördlicher Befehls- und Zwangsgewalt". Das „Legalitätsprinzip" der österreichischen Bundesverfassung bestimmt, dass Behörden nur aufgrund der Gesetze tätig werden dürfen.

Personen, die von der Entscheidung eines Gerichtes oder einer Verwaltungsbehörde unmittelbar betroffen sind, bezeichnet man als **Parteien** (nicht zu verwechseln mit den politischen Parteien).

Wenn eine Partei mit einer Entscheidung nicht einverstanden ist, kann sie in den meisten Fällen ein **Rechtsmittel** ergreifen, also die Entscheidung anfechten.

Für die Anwendung des Rechts sind meistens mehrere **Instanzen,** also mehrere Entscheidungsebenen, zuständig. Die Aufeinanderfolge der einzelnen Instanzen bezeichnet man als **Instanzenzug.** Wenn eine Partei gegen eine Entscheidung der ersten Instanz ein Rechtsmittel ergreift, so wird die Rechtssache im Regelfall von der nächsten Instanz geprüft und die Entscheidung bestätigt oder geändert.

Beispiel für einen Instanzenzug:

Oberster Gerichtshof

Rechtsmittel ↑ z. B. Revision

Oberlandesgericht

Rechtsmittel ↑ z. B. Berufung

Landesgericht

Entscheidungen, die nicht (mehr) angefochten werden können – z. B. weil die Frist für die Ergreifung eines Rechtsmittels verstrichen ist oder weil es kein Rechtsmittel mehr gibt –, bezeichnet man als **rechtskräftig.**

Instanzenzug = **order of instances**

rechtskräftig = **legally effective**

Gerichte können unabhängig, ohne Rücksicht auf die Ansicht übergeordneter Instanzen entscheiden. Die Gesetzestexte lassen ihnen teilweise große Ermessensspielräume. Dennoch vereinheitlicht sich die Rechtsprechung meistens automatisch: Ein Richter, der bewusst gegen die Meinung der nächsten Instanz entscheidet, muss nämlich mit hoher Wahrscheinlichkeit mit einem Rechtsmittel rechnen. Der Fall würde danach in der nächsten Instanz anders entschieden und die Arbeit des Richters wäre zunichte gemacht. Daher informieren sich Richter in strittigen Fragen meistens über bereits ergangene Entscheidungen in ähnlichen Fällen und beziehen diese in ihre Erwägungen ein. Auf diese Art entwickelt sich zu häufig auftretenden Rechtsproblemen eine ständige Rechtsprechung, die **Judikatur** genannt wird.

Judikatur = **judicature, precedence**

2 Arten des Rechts

Einteilung ist das halbe Leben!

Systematisches Vorgehen ist eine der wichtigsten Voraussetzungen für ein erfolgreiches Wirken als Jurist oder Juristin. Die mannigfaltigen Möglichkeiten, das Recht in verschiedene Arten einzuteilen, bereiten manchen unter ihnen sogar besonderes Vergnügen.

Wir wollen uns hier mit den wichtigsten Abgrenzungen des Rechts begnügen.

Völkerrecht = **law of nations, international law**

innerstaatliches Recht = **domestic law**

öffentliches Recht = **public law**

Privatrecht = **private law**

Es gibt natürlich auch Fälle, die mehreren Rechtsbereichen zuzuordnen sind:

Die **Errichtung eines Amtsgebäudes** hat z. B. neben privatrechtlichen (Vertrag zwischen Staat und Bauunternehmen) auch öffentlich-rechtliche Komponenten (öffentliche Ausschreibung).

Einteilung nach den beteiligten Rechtssubjekten

Arten des Rechts
- **Völkerrecht**
- **innerstaatliches Recht**
  - **öffentliches Recht**
  - **Privatrecht**

Geregelt werden vor allem rechtliche Beziehungen zwischen …	… Staaten	… dem Staat und einzelnen Personen	… einzelnen Personen untereinander
Der Bereich umfasst außerdem …	… rechtliche Beziehungen überstaatlicher Organisationen	… Vorschriften über Struktur und Organisation des Staates	… gleichberechtigtes Auftreten des Staates mit Privaten im Wirtschaftsleben
wesentliche Merkmale	Souveränität der Staaten: Unabhängigkeit nach außen und Selbstbestimmung nach innen	Ausübung hoheitlicher Macht durch den Staat, d. h., er kann Zwang ausüben, um seine Aufgaben zu erfüllen.	wenn der Staat beteiligt ist – z. B. als Vertragspartner –, dann ohne hoheitliche Macht
Beispiele	• Staatsverträge • internationales Flüchtlingsrecht • Diplomatenrecht • EU-Gemeinschaftsrecht	• Schulrecht • Strafrecht • Verkehrsrecht • Wahlordnung	• Familienrecht • Schadenersatzrecht • Arbeitsrecht • Vertragsrecht

Einteilung nach dem Zweck der Rechtsnormen

Arten des Rechts
- **materielles Recht**
- **formelles Recht**

Gegenstand der Regelungen:	inhaltliche Vorschriften	Vorschriften, die den bürokratischen Ablauf betreffen
Zweck der Regelungen:	Festlegung der rechtlichen Konsequenzen eines bestimmten Verhaltens	Festlegung des Verfahrens (des Weges zur Durchsetzung von Rechtsansprüchen)
Gibt Antwort auf die Frage:	Welche rechtlichen Folgen ergeben sich aus bestimmten Situationen? Wer hat recht?	Was muss alles getan werden, damit man zu seinem Recht kommt?
Beispiele für Gesetze, die diesen Bereich regeln:	• ABGB (Allgemeines Bürgerliches Gesetzbuch) • StGB (Strafgesetzbuch) • StVO (Straßenverkehrsordnung)	• ZPO (Zivilprozessordnung) • StPO (Strafprozessordnung) • AVG (Allgemeines Verwaltungsverfahrensgesetz)
Beispiele für Bestimmungen aus dem jeweiligen Bereich:	Wer einem anderen schuldhaft Schaden zufügt, muss diesen laut ABGB ersetzen. Das StGB sieht vor, dass Mord Freiheitsstrafen zwischen 10 Jahren und lebenslang nach sich zieht.	Wer eine Geldforderung bis € 15.000,– (z. B. Schadenersatz) eintreiben will, muss aufgrund der ZPO beim Bezirksgericht eine Mahnklage erheben. Ein Mordprozess erfordert laut StPO eine Anklage durch die Staatsanwaltschaft und ein Verfahren vor einem Geschworenengericht.

Beim **zwingenden Recht** gelten gewisse Vereinbarungen nicht, auch wenn sie getroffen wurden. Der Staat versucht dadurch, schwächere Vertragspartner davor zu schützen, auf Bedingungen einzugehen, die ihnen eigentlich aufgezwungen wurden.

Beispiele für **zwingendes Recht** findet man häufig z. B. im Arbeitsrecht, im Wohnungsmietrecht und im Konsumentenschutzrecht.

Einteilung nach der Abänderbarkeit

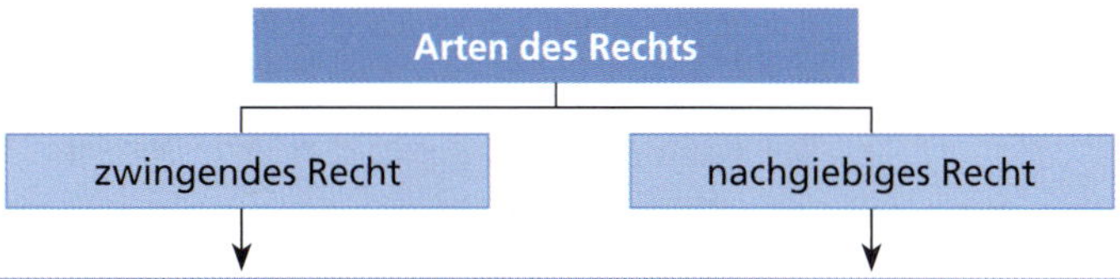

Merkmale	Vorschriften, die keine anders lautenden Regelungen zulassen	Vorschriften, die nach dem Willen der Beteiligten auch eine andere Regelung zulassen
Zweck	Festlegung der Grenzen für die Gestaltungsfreiheit der Parteien, um die Ordnung zu gewährleisten oder um schwächere Vertragspartner zu schützen	ergänzende Festlegung von Bedingungen, die von den Beteiligten außer Acht gelassen worden sind
Beispiele	Eine gültige Ehe kann nur vor einem Standesbeamten geschlossen werden, auch wenn beide Ehepartner darauf keinen Wert legen.	Wenn in einem Kaufvertrag nichts über die Lieferbedingungen vereinbart wurde, muss der Kunde die Ware abholen. Selbstverständlich kann aber auch Zustellung durch den Verkäufer vereinbart werden.
	Im Arbeitsrecht sind für einen Dienstnehmer 5 Wochen Mindesturlaub vorgesehen. Auch wenn er sich mit 3 Wochen zufrieden gibt, ist eine solche Vereinbarung ungültig.	Im Erbrecht legt das Gesetz eine Erbfolge fest. Durch ein Testament kann der Erblasser aber auch ganz andere Regelungen treffen.

Zivilrecht = **civil law**

Strafrecht = **criminal law**

Abgrenzung zwischen Zivil- und Strafrecht

Das **Privatrecht** wird auch **Zivilrecht** genannt. Besonders wichtig ist es dabei, das **Zivilrecht** vom **Strafrecht** abzugrenzen. Begeht eine Person eine strafbare Handlung, so hat dies in der Regel:

- **strafrechtliche Folgen** (der Staat hat das Recht, Kriminelle zu bestrafen).
- **zivilrechtliche Folgen** (das Opfer hat das Recht, vom Täter einen Ersatz des angerichteten Schadens zu fordern).

Zivilrechtliche Konsequenzen ergeben sich aber noch viel öfter in Fällen, in denen gar **keine strafbaren Handlungen** vorliegen, z. B.

- in familienrechtlichen Angelegenheiten (Unterhaltsverpflichtungen, Obsorge für Kinder, Ehescheidung etc.)
- in Erbrechtsangelegenheiten
- bei Streitigkeiten zwischen Nachbarn
- bei Säumigkeit von Schuldnern

Der **Streitwert** ist der in Geld ausgedrückte Wert des Anspruchs, um den es in einem Zivilprozess geht.

Die **Strafdrohung** ist die für ein Delikt vorgesehene Höchststrafe.

Bezirksanwälte werden im bezirksgerichtlichen Strafverfahren (gegen Kleinkriminelle) tätig.

Die Anklage wird von der Staatsanwaltschaft beim zuständigen Gericht eingebracht, und zwar beim Schöffen- oder Geschworenengericht in Form einer **Anklageschrift,** beim Einzelrichter in Form eines Strafantrags.

	Zivilrecht	Strafrecht
Zu welchem Bereich gehört das Rechtsgebiet?	zum Privatrecht	zum öffentlichen Recht
Wer besitzt einen Anspruch?	eine Person	der Staat
Worauf richtet sich dieser Anspruch?	häufig (aber nicht immer) auf Zahlung eines Geldbetrages	auf Bestrafung eines Kriminellen (Geld- oder Freiheitsstrafe)
Welches Gericht ist zuständig?	Bezirks- oder Landesgericht (je nach Streitwert)	Bezirks- oder Landesgericht (je nach Strafdrohung)
Unter welchen Umständen kann ein Gerichtsverfahren vermieden werden?	auf jeden Fall durch Einigung (z. B. Vergleich oder Verzicht)	nur bei Geringfügigkeit (z. B. mangelnde Strafwürdigkeit)
Welche Personen sind auf jeden Fall am Gerichtsverfahren beteiligt?	• Kläger • Beklagter • Berufsrichter	• Ankläger (Staatsanwalt oder Bezirksanwalt) • Angeklagter • Berufsrichter
Wodurch wird das Verfahren eingeleitet?	durch Klage	durch Anklage
Wer setzt diesen Schritt?	der Kläger	der Staatsanwalt
Gegen wen richtet sich das Verfahren?	gegen den Beklagten	gegen den Beschuldigten

Schöffen und **Geschworene** sind per Zufall ausgewählte Staatsbürger, die in den Verfahren gegen Schwerkriminelle (gemeinsam mit Berufsrichtern) als Richter eingesetzt werden.

Sachverständige sind Experten in Spezialgebieten, die für das Gericht Gutachten erstatten.

Privatbeteiligte sind durch eine Straftat Geschädigte, die bereits im Strafprozess versuchen, zu ihrem Schadenersatz zu kommen, um sich einen Zivilprozess zu ersparen.

Beweislast: das Risiko, den Prozess zu verlieren, wenn eine behauptete Tatsache nicht bewiesen werden kann

Angeklagter = **defendant, respondent**

Rechtsanwalt = **lawyer, legal attorney, solicitor**

Zeuge = **witness**

Dolmetscher = **court interpreter**

Sachverständiger = **expert**

Kläger = **plaintiff, claimant, petitioner**

Urteil = **verdict, judgment, court decision**

Vergleich = **out-of-court settlement**

Berufung an die nächste Instanz = **appeal (recourse) to the next higher instance**

	Zivilrecht	Strafrecht
Welche Personen treten unter Umständen außerdem bei Gericht auf?	• Rechtsanwälte • Zeugen • Dolmetscher • Sachverständige • Schriftführer	• Rechtsanwalt (als Strafverteidiger) • Zeugen • Schöffen • Geschworene • Dolmetscher • Sachverständige • Privatbeteiligte • Schriftführer
Wer trägt die Beweislast?	in der Regel derjenige, der dem Gericht gegenüber etwas behauptet (also für gewöhnlich der Kläger)	der Staat – wenn dem Angeklagten die Tat nicht zweifelsfrei nachgewiesen werden kann, ist er freizusprechen („im Zweifel für den Angeklagten“)
Wodurch wird das Verfahren beendet?	• Urteil ○ zugunsten des Klägers (der Klage wird stattgegeben) ○ zugunsten des Beklagten (die Klage wird abgewiesen) ○ Der Klage wird teilweise stattgegeben. • Vergleich (Einigung zwischen den Parteien)	• Urteil zuungunsten des Angeklagten (Verurteilung) • Urteil zugunsten des Angeklagten (Freispruch) • Einstellung des Verfahrens (wenn der Tatverdacht entkräftet wurde oder die Schuld offensichtlich nicht bewiesen werden kann) • Diversion (in geringfügigen Fällen: gemeinnützige Arbeit, Spenden, Geldbußen u. Ä. statt Strafe)
Welche Rechtsmittel kann man ergreifen?	• Berufung an die nächste Instanz	• Berufung an die nächste Instanz • Nichtigkeitsbeschwerde an den Obersten Gerichtshof (nur bei Schöffen- und Geschworenenprozessen)
Wer trägt die Kosten des Verfahrens (Gerichts- und Anwaltskosten, Sachverständigengebühren etc.)?	der Verlierer (Kläger oder Beklagter)	bei Schuldspruch: der Verurteilte sonst: der Staat

3 Zugang zum Recht

Wissen, wo man nachschaut!

Anna hat längst erkannt: Ein guter Jurist muss nicht alles wissen. Er sollte aber wissen, wo man nachschauen kann.

Tatsächlich ist es selbst für höchstqualifizierte Juristinnen und Juristen absolut unmöglich, auch nur annähernd alle geltenden Vorschriften zu kennen. Immerhin kann man sich heutzutage in vielfältiger Weise und teilweise auch kostenlos über die geltende Rechtslage informieren.

Der sogenannte **Wille des Gesetzgebers** ist für die Auslegung von Bedeutung. Er ist allerdings nicht immer klar durchschaubar, zumal der Gesetzgeber ja aus einer sehr großen Anzahl von Personen besteht.

Loseblatt-Sammlungen ermöglichen den Austausch unaktueller Bestimmungen durch neue Blätter, die Seiten werden in einer Art Büro-Ordner abgelegt.

Juristische Literatur

Literatur	Beschreibung
Bundes- und Landesgesetzblätter	Die ursprünglichste Art, Rechtsvorschriften aufzufinden. In dieser Form werden Gesetze, Staatsverträge und Verordnungen durch das Bundeskanzleramt bzw. die Landesregierungen veröffentlicht. Die Kundmachung der Gesetzblätter im Internet ist Voraussetzung dafür, dass die Bestimmungen überhaupt gültig sind. Die Handhabung der Gesetzblätter ist eher unkomfortabel, da es weder ein Stichwortverzeichnis noch Hinweise zur Auslegung gibt.
Gesetzesmaterialien	In Protokollen von Parlamentsdebatten, Erläuterungen und Berichten kann man Einblick gewinnen, welche Gedanken bei der Entstehung eines Gesetzes eine Rolle gespielt haben. Zu welchem Zweck hat der Gesetzgeber eine Bestimmung geschaffen? Welche konkreten Fälle hatte er dabei im Auge?
Textausgaben	Wichtige Rechtsquellen werden von namhaften Juristen bearbeitet und von Verlagen – z. B. Manz, LexisNexis ARD Orac, Verlag Österreich – herausgegeben. Häufig werden dabei verschiedene Gesetze zu verwandten Themenbereichen in einem oder mehreren Bänden gesammelt (Kodex). Auch CD-ROM-Versionen sind erhältlich.

Man kann z. B. einer familienrechtlichen **Entscheidungssammlung** entnehmen, welche Eheverfehlungen von wichtigen Gerichten als Scheidungsgründe anerkannt worden sind.

Abgesehen vom käuflichen Erwerb juristischer Literatur besteht die Möglichkeit, **Fachbibliotheken** (z. B. an Universitäten) zu benutzen.

Literatur	Beschreibung
Kommentierte Ausgaben	Zusätzlich zum reinen Gesetzeswortlaut werden auch Erläuterungen zur Auslegung und Hinweise auf bereits ergangene Entscheidungen – z. B. von Höchstgerichten – mitgeliefert.
Entscheidungssammlungen	Zu einem speziellen Bereich der Rechtsordnung werden die wichtigsten Entscheidungen – gedruckt oder auf CD-ROM – in strukturierter Form veröffentlicht. Entscheidungssammlungen und kommentierte Gesetzesausgaben ermöglichen das Auffinden der wichtigsten **Judikatur** zu verschiedenen Rechtsfragen.
Lehrbücher	Sie sollen den Studierenden einen Überblick der einzelnen Gebiete der Rechtslehre verschaffen. In manchen Werken wird die gesamte Rechtsordnung zusammenfassend dargestellt – z. B. im vorliegenden Buch –, andere behandeln nur einzelne Rechtsgebiete – z. B. Lehrbuch des besonderen Verwaltungsrechts.
Fachzeitschriften	In regelmäßig erscheinenden juristischen Fachzeitschriften werden Lehrmeinungen und aktuelle Rechtsprobleme veröffentlicht.
Sonstige juristische Fachliteratur	Theorie und Praxis der Rechtslehre werden in einer großen Zahl systematischer Darstellungen und detaillierter Abhandlungen aufbereitet.

Rechtsinformationen im Internet

„gv.at" am Ende einer URL bedeutet, dass die Website von einer staatlichen Stelle der Republik Österreich stammt (gv = government).

- **Rechtsinformationssystem des Bundes** – www.ris.bka.gv.at

  BUNDESKANZLERAMT RECHTSINFORMATIONSSYSTEM RIS

  Diese Website wird vom Bundeskanzleramt kostenlos zur Verfügung gestellt. Sie funktioniert wie eine Suchmaschine, man kann sowohl nach Begriffen als auch nach Paragrafen suchen. Die meisten Dokumente sind als kopierbare Textfiles zugänglich.

  Die Veröffentlichung im RIS gilt als ordnungsgemäße Kundmachung rechtlicher Bestimmungen.

  Sie finden im RIS auch die Judikatur des Verfassungs- und des Verwaltungsgerichtshofes sowie Entscheidungen in Zivil- und Strafsachen. Dazu brauchen Sie lediglich in der Menüleiste des RIS den Begriff „Judikatur" auszuwählen. Wenn Sie nun das Gericht Ihrer Wahl anklicken, können Sie wieder mit einer Eingabemaske nach Begriffen suchen.

  Sie können die gefundenen Texte als Website, im PDF- oder im RTF-(Word-)Format öffnen, weiterbearbeiten und in Ihre eigenen Dokumente einfügen.

Diese Gerichtshöfe haben auch eigene Homepages:
www.vfgh.at
www.vwgh.gv.at
www.ogh.gv.at

SbX

Drei Beispiele für die Recherche in der RIS-Datenbank finden Sie unter der ID: 1101.

- **EUR-Lex** – www.eur-lex.europa.eu

  EUR-Lex bietet einen kostenlosen Zugang zu den Rechtsvorschriften der Europäischen Union.

- **Offizieller Amtshelfer für Österreich** – www.help.gv.at

  Auf dieser Website stellt das Bundeskanzleramt Auskünfte zu Amtswegen sowie zu Themen aus dem Wirtschaftsleben kostenlos zur Verfügung. Von A wie Abfall bis Z wie Zivildienst können Informationen eingeholt werden. Zahlreiche Formulare für Amtswege stehen zum Download oder zum Online-Ausfüllen bereit. Außerdem wird ein Begriffslexikon für rechtliche Begriffe und Redewendungen angeboten.

Daneben gibt es noch zahlreiche **private Websites** mit Rechtsinformationen: z. B. **www.internet4jurists.at/**

- **Website des österreichischen Parlaments** – www.parlament.gv.at

  Hier werden Informationen über verfassungsrechtliche Grundlagen, Funktion, Aufbau, Arbeit und aktuelle Schwerpunkte des österreichischen Parlaments angeboten. Außerdem hat man auf dieser Website **Zugang zu den Gesetzesmaterialien.** Sämtliche Aktivitäten des Parlaments werden dokumentiert.

rdb.at

www.rdb.at vereint juristische Fachzeitschriften und Entscheidungssammlungen namhafter Verlage sowie Publikationen zu Gesetzestexten (RIS & FINDOK) auf einem Online-Portal.

- **Websites des Bundeskanzleramts und der Ministerien** – www.bka.gv.at

  Die Website des Bundeskanzleramts gibt Informationen über die Aktivitäten der Regierung und enthält Links zu allen Ministerien.

- **Link-Verzeichnis zum Recht** – www.rechtsfreund.at

  Diese Website beinhaltet eine große Anzahl von Links zu österreichischen Behörden, Ämtern und Institutionen.

Kuriositäten aus der juristischen Praxis: **www.rechtsfreund.at/recht_kurios.htm**
Juristenwitze: www.juristenwitze.com

Die **Bezirksgerichte** bieten kostenlose Rechtsauskünfte am Amtstag (meist Dienstagvormittag) an.

Bezirksgericht = **district court**

Landesgericht = **regional court (high court)**

- **Website der österreichischen Richtervereinigung** – www.richtervereinigung.at
  Auf dieser Website werden Informationen über das österreichische Rechtssystem – mit dem Schwerpunkt Justiz – angeboten.

Erteilung von Rechtsauskünften

Kostenlose Rechtsauskünfte werden von verschiedensten Stellen angeboten, teilweise für alle Interessenten, teilweise nur für Mitglieder. Beispiele dafür sind:

- Bezirksgerichte und Landesgerichte
- Verwaltungsbehörden
- Österreichischer Gewerkschaftsbund
- Arbeiterkammern
- Wirtschaftskammern
- Mietervereinigung
- Verein für Konsumenteninformation
- ÖAMTC, ARBÖ
- Frauenberatungsstellen
- Rechtsanwaltskammern: kostenloses Orientierungsgespräch – „erste anwaltliche Auskunft"

Rechtsanwendung = **application of law**

§ 23 Abs.1 Z 1 SchUG liest man so: Paragraf 23 Absatz 1 Ziffer 1 Schulunterrichtsgesetz

§ 560 Abs.1 Z 2 lit.d ZPO Paragraf 560 Absatz 1 Ziffer 2 litera d Zivilprozessordnung

Die meisten Gesetze tragen eine Kurzbezeichnung, wie z.B. ZPO für die Zivilprozessordnung.

Absatz (Abs.) = **paragraph (para.)**

Ziffer (Z) = **figure (fig.), number (no.)**

litera (lit.) = **litera (lit.)**

4 Rechtsanwendung

Was tun mit den Paragrafen?

Einige von Michaels Klassenkollegen mussten schon einmal eine Wiederholungsprüfung absolvieren. Mit der Formulierung, die ihnen damals präsentiert wurde, konnten sie allerdings nicht viel anfangen: „Gemäß § 23 Abs.1 Z 1 SchUG ist der Schüler berechtigt, eine Wiederholungsprüfung abzulegen ...". Was macht man eigentlich mit solchen Abkürzungen? Und wie geht man in der Praxis mit rechtlichen Bestimmungen um?

Gesetzliche Bestimmungen sind normalerweise nach folgendem Schema gegliedert:

1. Ebene: **Paragraf** (§) oder **Artikel** (Art.)
   2. Ebene: **Absatz** (Abs.)
      3. Ebene: **Ziffer** (Z)
         4. Ebene: **litera** (lit.) – auf Deutsch: **Buchstabe**

Nicht alle dieser Ebenen müssen in einer rechtlichen Bestimmung vertreten sein, es gibt auch Absätze ohne weitere Untergliederung und sogar Paragrafen mit nur einem Absatz.

Die Beherrschung des Umgangs mit Gesetzestexten ist eine wesentliche Voraussetzung für die **Anwendung** des Rechts.

Rechtsanwender sind Personen, die in einem konkreten Fall aufgrund der geltenden rechtlichen Bestimmungen eine Entscheidung zu treffen haben. Neben Richtern gehören dazu auch Staatsanwälte, Finanzbeamte, Schuldirektoren u.v.m.

Schema der Rechtsanwendung = **scheme of the application of law**

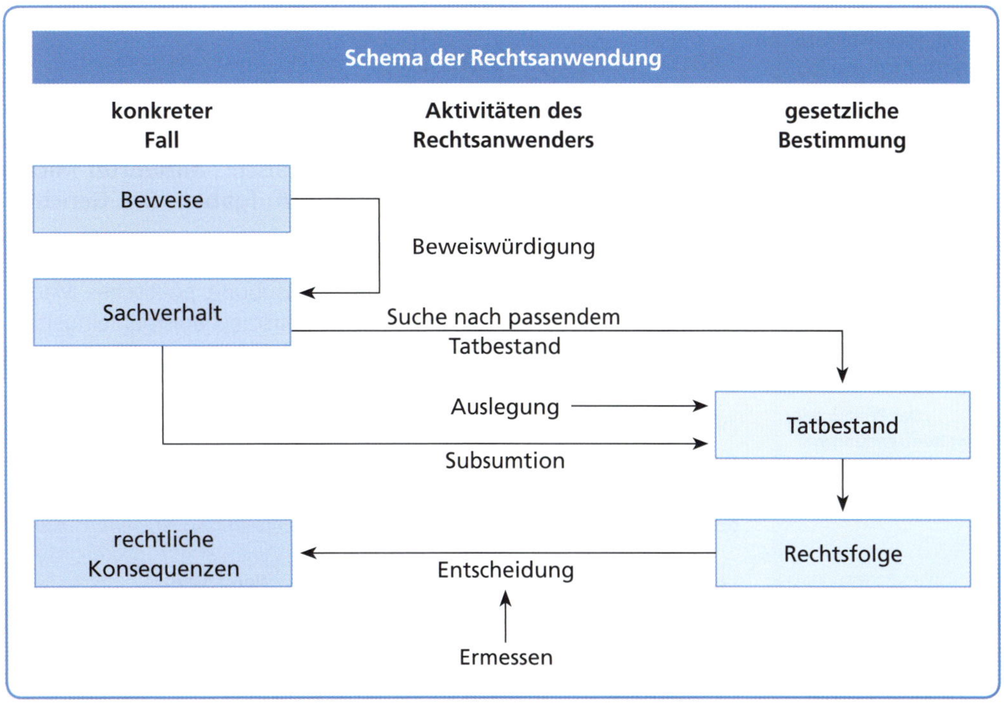

Bei der **Auslegung** von Rechtsnormen ist auf

- den Wortsinn,
- den Zusammenhang,
- den Zweck der Regelung und
- den Willen des Gesetzgebers

Rücksicht zu nehmen.

Beweise = **evidence**

Sachverhalt = **facts of the case**

Tatbestand = **circumstances**

rechtliche Konsequenzen = **legal consequences**

Unter einem **Sachverhalt** versteht man einen konkreten Fall, der sich real ereignet hat und dessen rechtliche Folgen zu bestimmen sind. Um die Geschehnisse genau zu ermitteln, muss der Rechtsanwender Beweise aufnehmen, sie gegeneinander abwägen und überlegen, welche Hinweise auf den Sachverhalt sie liefern **(Beweiswürdigung).**

Was ist ein **„Gummiparagraf"?** Scherzhafte Bezeichnung für eine sehr allgemein formulierte rechtliche Bestimmung. Jeder kann sie auslegen, wie er will, sie „zieht sich wie Gummi".

Nun ist es erforderlich, im Gesetz einen passenden **Tatbestand** zu finden, also eine Gesetzesstelle, die in ihrer allgemeinen (abstrakten) Formulierung den konkreten Fall einschließt.

Hat der Rechtsanwender einen möglicherweise geeigneten Tatbestand gefunden, so hat er ihn zu **interpretieren,** also **auszulegen.** Dabei überlegt er, welche konkreten Fälle mit der allgemeinen Formulierung gemeint sein könnten.

Passt der Sachverhalt zum Tatbestand, so wird er unter diesen **subsumiert,** also ihm untergeordnet.

Rechtsvorschriften setzen sich normalerweise aus Tatbestand und **Rechtsfolge** zusammen. Verwirklicht ein konkreter Sachverhalt einen gesetzlichen Tatbestand, so wird bestimmt, dass die im Gesetz vorgesehene Rechtsfolge eintreten soll.

Wenn der Sachverhalt unter den Tatbestand subsumiert werden kann, ist dieser Grundlage für die **Entscheidung** des Rechtsanwenders: Im konkreten Fall haben die vorgesehenen **rechtlichen Konsequenzen** einzutreten. Manchmal lässt das Gesetz dem Rechtsanwender einen Spielraum für die Rechtsfolge, der Rechtsanwender kann dann nach seinem **Ermessen** entscheiden, z. B. im Strafrecht über die Höhe der Strafe zwischen der gesetzlichen Mindest- und Höchststrafe.

Beispiel

Rechtsanwendung im Strafrecht:

Sachverhalt: Maier versetzt Müller im Café „Zum Watschenmann" einen Fausthieb. Müller erleidet eine Gehirnerschütterung.
Beweiswürdigung: Der Täter ist nicht geständig und unglaubwürdig. Zwei vertrauenswürdige Zeugen bestätigen obigen Sachverhalt, er ist daher erwiesen.

Gefundener Tatbestand: § 83 Abs. 1 StGB: „Wer einen anderen am Körper verletzt oder an der Gesundheit schädigt, ..."

Auslegung: Eine Gehirnerschütterung ist eine Gesundheitsschädigung.

Subsumtion: Der Sachverhalt verwirklicht den Tatbestand der Körperverletzung.

Rechtsfolge zu § 83 StGB: „... ist mit Freiheitsstrafe bis zu einem Jahr oder mit Geldstrafe bis zu 360 Tagessätzen zu bestrafen."

Entscheidung des Richters: 2 Monate Haft. Erschwerend waren Maiers Vorstrafen!

Gewaltentrennung = **separation of powers**

5 Gewaltentrennung

Macht braucht Kontrolle.

Aristoteles, 384–322 v. Chr.

Das Prinzip der Gewaltentrennung war bereits im antiken Griechenland bekannt.

„Regierung, Parlament – da gibt es keinen Unterschied. Lauter Politiker, die viel zu viel Macht haben und ihre Entscheidungen über unsere Köpfe hinweg treffen", meint Anna. „Zumindest dein erster Satz ist falsch", antwortet Michael. „Regierung und Parlament haben völlig unterschiedliche Aufgaben. Die Gerichte sind übrigens von der Politik ganz losgelöst."

Da die Freiheit des Individuums durch Ausübung politischer Macht leicht gefährdet werden kann, sind in jeder Rechtsordnung Sicherheitsmechanismen eingebaut. Einer der wichtigsten ist das Prinzip der Gewaltentrennung: Politische Macht muss geteilt werden, um die Gefahr eines Missbrauchs zu vermindern.

Die Staatsgewalt teilt sich in drei Funktionen auf, die voneinander unabhängig sein sollen und einander gegenseitig kontrollieren:

Gesetzgebung = **legislation**

Parlament = **parliament**

Verwaltung und Gerichtsbarkeit werden auch als **Vollziehung** bezeichnet.

Verwaltung = **administration**

Regierung = **government**

Gerichtsbarkeit = **jurisdiction**

Justiz = **justice**

Staatsgewalt	wichtigste Aufgaben	Organe	Besonderheiten
Gesetzgebung	Schaffung der Gesetze, also allgemein gültiger Rechtsvorschriften	Parlament	Kontrollrechte gegenüber der Verwaltung
Verwaltung	Umsetzung der Gesetze in die Realität, Anwendung auf Einzelfälle	Regierung und nachgeordnete Behörden, Dienststellen, Ämter	Die Dienststellen müssen Weisungen – Anordnungen – von Vorgesetzten befolgen.
Gerichtsbarkeit Justiz	Anwendung der Rechtsnormen auf Einzelfälle	Unabhängige Gerichte, v. a. Zivil- und Strafgerichte	Unabhängigkeit bedeutet Weisungsfreiheit – keine Anordnungen von Vorgesetzten

Verteilung der Staatsaufgaben auf die drei Staatsgewalten

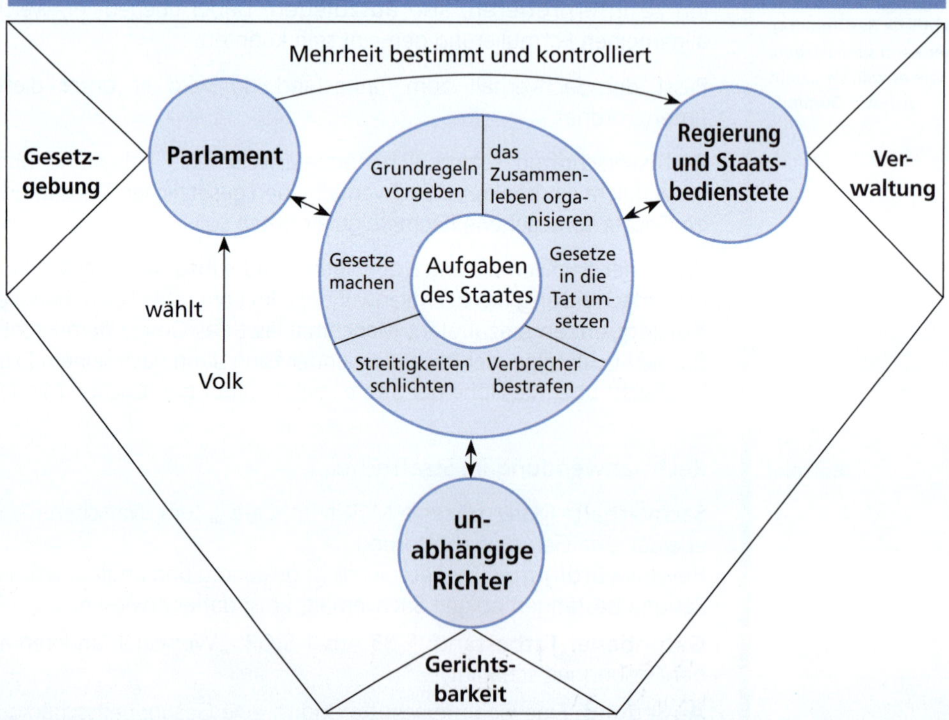

Unter **Staatsbediensteten** versteht man **Beamte** und **Vertragsbedienstete: Beamte** sind pragmatisiert, also im Wesentlichen unkündbar. **Vertragsbedienstete** sind beim Staat ähnlich wie in einer privaten Firma angestellt. Da in den meisten Bereichen des Staatsdienstes keine Pragmatisierungen mehr durchgeführt werden, geht die Zahl der Beamten ständig zurück.

Die gegenseitige Unabhängigkeit der drei Staatsgewalten besteht in Österreich allerdings nur teilweise. Zwar ist die Unabhängigkeit der Justiz nicht zu bezweifeln, Gesetzgebung und Verwaltung sind hingegen eng miteinander verflochten. Die politischen Parteien beherrschen nämlich sowohl das Parlament als auch die Regierung und nehmen auf die Gesetzgebung ebenso Einfluss wie auf die Vollziehung.

Rechtsordnung = **legal order**

6 Stufenbau der Rechtsordnung

Vorrangregeln für Rechtsvorschriften

Michael hat in der Zeitung gelesen, dass ein Gesetz vom Verfassungsgerichtshof aufgehoben wurde, weil es gegen die Verfassung verstößt. Er fragt Anna, in welcher Rangordnung verschiedene Vorschriften stehen, falls sie einander widersprechen.

Alle drei Staatsgewalten haben die Aufgabe, Rechtsvorschriften verschiedenster Art zu schaffen. Diese stehen nicht immer in harmonischer Beziehung zueinander, es bedarf daher einer „Vorrangregelung“, um Widersprüche aufzulösen. Der unterschiedliche Rang der Rechtsnormen wird im Stufenbau der Rechtsordnung zusammengefasst.

Eine rangniedrigere Norm ist in zweifacher Weise von den höherrangigen abhängig:

- Sie kann nur zustande kommen, wenn dies in einer höherrangigen Norm vorgesehen ist.
- Sie darf nicht gegen die ranghöheren Normen verstoßen.

Verfassungsgrundsatz = **basic provision in the constitution**

EU-Gemeinschafts-recht = **EU-law**

Verfassungsgesetz = **constitutional law**

einfaches Gesetz = **simple law**

Verordnung = **regulation**

Bescheid = **official notice, order**

Vollstreckung = **execution**

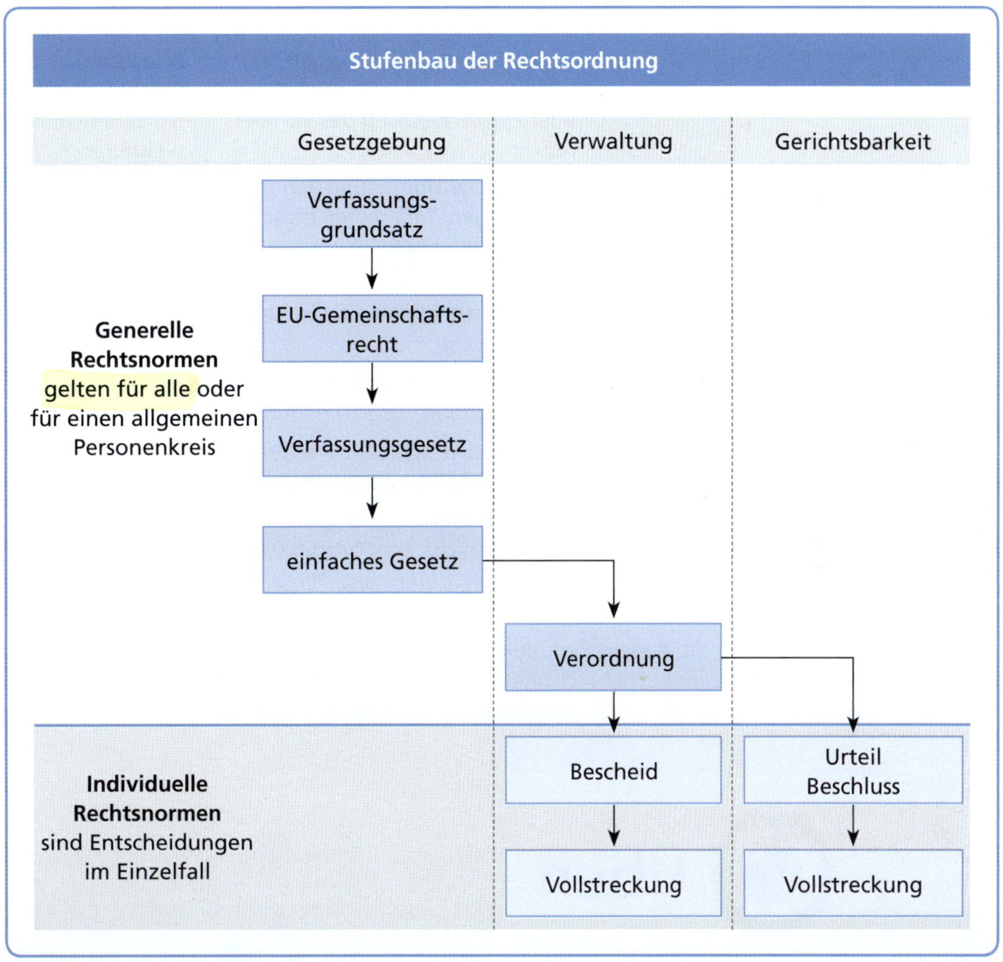

Normen	Besonderheiten	Beispiele
Verfassungs-grundsätze	Änderung nur durch ⅔-Mehrheit im nationalen Parlament und Volksabstimmung	Demokratie, Republik, Rechtsstaat
EU-Gemein-schaftsrecht	Beschluss durch den Ministerrat der EU unter Mitwirkung des Europäischen Parlaments	Verkaufsverbot für Glühbirnen in der EU
Verfassungs-gesetze	Zustandekommen oder Änderung durch ⅔-Mehrheit im nationalen Parlament	Wahlordnung, Aufgabenbereich der Staatsorgane, Neutralität, Bürger- und Menschenrechte

Ein **einfaches Gesetz** ist ein Gesetz, das nicht zur Verfassung gehört.

Wenn eine Rechtsnorm „...ordnung" heißt, dann handelt es sich zumeist um ein Gesetz. Bitte nicht mit „Verordnung" verwechseln!

Innerhalb der Verwaltung, also an die nachgeordneten Dienststellen gerichtet, gibt es außerdem:

- **Erlässe:** generelle Anordnungen von vorgesetzten an nachgeordnete Stellen
- **Weisungen:** individuelle Anordnungen für Einzelfälle an nachgeordnete Stellen

Normen	Besonderheiten	Beispiele
einfache Gesetze	Zustandekommen oder Änderung durch einfache Mehrheit (> 50 %) im nationalen Parlament	Allgemeines Bürgerliches Gesetzbuch, Strafgesetzbuch, Straßenverkehrsordnung, Bauordnungen
Verordnungen	dienen der Präzisierung von Gesetzen durch die Verwaltung	Lehrpläne, Flächenwidmungs- und Bebauungspläne, Festlegung von Fahrverboten oder Geschwindigkeitsbeschränkungen auf bestimmten Straßen
Bescheide	Entscheidungen im Verwaltungsverfahren, z. B. Erteilung oder Versagung von Genehmigungen oder Feststellung von Rechten	Baubewilligung, Gewerbeberechtigung, Steuerbescheid, Verkehrsstrafe
Urteile	Entscheidungen am Ende eines Zivilprozesses (wer hat Recht?) oder eines Strafprozesses (schuldig oder unschuldig?)	Einer Klage wird stattgegeben oder sie wird abgewiesen. Ein Beschuldigter wird verurteilt oder freigesprochen.
Beschlüsse	gerichtliche Entscheidungen in nichtstreitigen Angelegenheiten oder zur Fortsetzung des Verfahrens	Scheidung im Einvernehmen, Beschluss auf Unzuständigkeit des Gerichts, Beschluss auf Zulassung von Beweismitteln
Vollstreckung	erzwungene Umsetzung von Entscheidungen, falls diesen nicht freiwillig nachgekommen wird	Vollstreckung von Gerichtsurteilen und Bescheiden, z. B. durch Pfändung des geschuldeten Geldbetrags

Eine **Kundmachung** erfolgt z. B. im Bundesgesetzblatt, aber auch auf andere Arten (z. B. Kundmachung eines Fahrverbots durch Verkehrstafeln).

Die Frist für ein Rechtsmittel beträgt häufig 14 Tage ab dem Zeitpunkt der Zustellung oder Hinterlegung.

Bitte beachten Sie die **Unterschiede zwischen generellen und individuellen Rechtsnormen** hinsichtlich der Bekanntgabe:

- Generelle Rechtsnormen müssen **kundgemacht** – verlautbart, veröffentlicht – werden, damit sie **in Kraft treten** können, also zu gelten beginnen.
- Bescheide, Urteile und Beschlüsse werden per Post an die Parteien **zugestellt.** Die Übernahme muss in vielen Fällen durch eigenhändige Unterschrift bestätigt werden (sog. Rückscheinbrief oder RSa-Brief).

  Wenn der Empfänger nicht angetroffen wird, dann wird das Schriftstück beim Postamt **hinterlegt,** davon wird er durch eine Hinterlegungsanzeige im Hausbrieffach informiert. Das Schriftstück gilt dann als zugestellt, es nützt also nichts, es sich nicht abzuholen!

  Ab diesem Zeitpunkt beginnt die Frist für die Ergreifung eines **Rechtsmittels** zu laufen. Wird diese Frist nicht genutzt, so tritt die **Rechtskraft** ein. Sobald die Entscheidung rechtskräftig wird, ist sie grundsätzlich nicht mehr anfechtbar.

Üben

SbX ID: 1102

A B C D E
SbX
Ü 1.1
mit automatischer Aufgabenkontrolle
ID: 1102

Ü 1.1: Grundlagen B

Kreuzen Sie zur jeweiligen Aussage an, ob sie richtig oder falsch ist. Falsche Aussagen stellen Sie bitte in der letzten Spalte richtig:

Aussage	richtig	falsch	Richtigstellung
Rechtsnormen können, ebenso wie Sitte und Moral, vom Staat zwangsweise durchgesetzt werden.		X	Rechtsnormen ⇨ Ja Sitte, Moral ⇨ Nein
Unter juristischen Personen versteht man Staatsanwälte, Richter, Notare und Rechtsanwälte.	X	X	Juristise Rersonen: Vereine; GMBH

Aussage	richtig	falsch	Richtigstellung
In Entscheidungssammlungen und kommentierten Gesetzesausgaben findet man die wichtigste Judikatur zu den verschiedenen Rechtsgebieten.	X		
Alle Behörden dürfen nach der österreichischen Bundesverfassung nur aufgrund der Gesetze tätig werden.	X		
Gegen eine gerichtliche Entscheidung kann man erst dann ein Rechtsmittel ergreifen, wenn sie rechtskräftig ist.		X	Rechtskräftig wenn keine mittel mehr zur verfügung stehen.
Wenn eine der Parteien ein Rechtsmittel ergreift, prüft die nächste Distanz den Fall.		X	Distanz = Instanz
Unter zwingendem Recht versteht man den hoheitlichen Zwang, den staatliche Behörden auf die Menschen ausüben dürfen.	X		Zwingendes Recht kann nicht geendert werden
Gesetze werden in Österreich von der Regierung beschlossen.		X	

Ü 1.2: Begriffe A

Worin besteht der Unterschied zwischen Tatbestand und Sachverhalt?

Ü 1.3: Suche im RIS C

Suchen Sie im Rechtsinformationssystem des Bundes (RIS) nach Judikaturbeispielen zur Frage, ob bei einem Raubüberfall eine Spielzeugpistole als Waffe gilt.

SbX
Ü 1.4
mit automatischer Aufgabenkontrolle
ID: 1102

Ü 1.4: Völkerrecht – öffentliches Recht – Privatrecht B

Ordnen Sie die dargestellten Vorgänge durch Ankreuzen dem Völkerrecht, dem öffentlichen Recht oder dem Privatrecht zu:

Vorgang	Völkerrecht	öffentliches Recht	Privatrecht
Die Baubehörde erteilt eine Baubewilligung für ein Wohnhaus.		X	
Ein Dienstgeber kündigt eine seiner Angestellten.			X
Die Republik Österreich beauftragt einen Bauunternehmer, eine Bundesstraße zu errichten.			X
Österreich schließt mit einem anderen Land ein Auslieferungsabkommen ab.	X		
Ein Lieferant mahnt einen seiner Kunden wegen Zahlungsverzuges.			X
Das Finanzamt erlässt einen Steuerbescheid.		X	
Jemand kauft in einem Eissalon „Pistazie-Vanille-Erdbeer“ um € 2,–.			X
Eine Bürgerin beschwert sich wegen einer ungerechtfertigten Verhaftung beim Verfassungsgerichtshof.		X	
Ein Staat tritt der EU bei.	X		
Eine Polizistin zeigt einen Falschparker an.		X	

Ü 1.5: Parlament – Regierung B

Wie ist die Aufgabenverteilung zwischen Parlament und Regierung grundsätzlich geregelt?

SbX
Ü 1.6
mit automatischer Aufgabenkontrolle
ID: 1102

Ü 1.6: Stufenbau der Rechtsordnung B

Um welche Art von Rechtsnorm (z. B. Verfassungsgrundsatz, Verfassungsgesetz, Verordnung, Bescheid etc.) aus dem Stufenbau der Rechtsordnung handelt es sich jeweils?

Rechtsnorm	Art
Ein Betrüger erhält eine Freiheitsstrafe.	Urteile
Eine Geldforderung wird durch gerichtliche Pfändung eingetrieben.	Volstreckung
Österreich ist eine demokratische Republik.	Verfassungsgrundsätze
Die HLA für künstlerische Gestaltung erhält einen neuen Lehrplan.	Verordnung
Der Bau eines Hauses wird von der Behörde bewilligt.	Bescheide
Eine Autofahrerin erhält eine Polizeistrafe wegen Schnellfahrens.	Vollstreckung
Die Bauordnung für Wien wird geändert.	einfache Gesetze
Eine Klage wird vom Gericht wegen Unzuständigkeit zurückgewiesen.	Beschlüsse

SbX
Ü 1.7–Ü 1.8
mit automatischer Aufgabenkontrolle
ID: 1102

Weitere Übungsaufgaben im SbX

Ü 1.7: Rechtsordnung B

Vervollständigen Sie die Übersicht der Definitionen.

Ü 1.8: Rechtsordnung – Begriffe B

Lösen Sie ein Kreuzworträtsel zu wichtigen Begriffen der Rechtsordnung.

hallo

Jo was geht

Sichern

SbX ID: 1103

Rechtsordnung

natürliche und juristische Personen

Die **Rechtsordnung** setzt sich aus **Rechtsnormen** zusammen, die in verschiedenen **Rechtsquellen** – z. B. in Gesetzen – zusammengefasst werden. Das Recht kann von den **Behörden** mit **Zwangsgewalt** durchgesetzt werden. **Rechtssubjekte** sind **natürliche Personen** (Menschen) und **juristische Personen** (Konstruktionen, denen von der Rechtsordnung teilweise dieselben Rechte wie den Menschen verliehen werden). Zu den juristischen Personen zählen z. B. der Bund, die Länder, die Gemeinden, Vereine, AG und GesmbH.

Rechtsmittel

Rechtskraft

Judikatur

Fast jede Entscheidung einer Verwaltungsbehörde oder eines Gerichts kann von den **Parteien** durch Ergreifen eines **Rechtsmittels** angefochten werden. Es entscheidet dann im Normalfall die übergeordnete **Instanz.** Wenn eine Entscheidung nicht mehr angefochten werden kann, spricht man von **Rechtskraft.** Obwohl Gerichte nicht an die Rechtsansichten übergeordneter Stellen gebunden sind, werden die meisten Gesetzesstellen gleichartig ausgelegt, es kommt also zu einer einheitlichen **Judikatur.**

Einteilung und Abgrenzung des Rechts

Das Recht lässt sich auf verschiedene Arten **einteilen:**

- Völkerrecht und innerstaatliches Recht
- öffentliches Recht und Privatrecht
- materielles und formelles Recht
- zwingendes und nachgiebiges Recht

juristische Literatur

Die wichtigsten Formen der juristischen **Literatur** sind:

- Bundes- und Landesgesetzblätter
- Gesetzesmaterialien
- unkommentierte und kommentierte Textausgaben
- Entscheidungssammlungen

- Lehrbücher
- Fachzeitschriften und Fachbücher

Rechtsinformationen im Internet
www.ris.bka.gv.at

Neben Kauf oder Entlehnung juristischer Fachliteratur findet man über das Internet kostenlosen Zugang zu fast allen Rechtsquellen (z. B. über das Rechtsinformationssystem des Bundes). Außerdem bieten zahlreiche Institutionen Rechtsberatung an.

Gewaltentrennung

Die **Staatsgewalt** wird auf drei Funktionen aufgeteilt:

- **Gesetzgebung,** wahrgenommen durch das Parlament
- **Verwaltung,** wahrgenommen durch die Regierung und die nachgeordneten Behörden
- **Gerichtsbarkeit,** wahrgenommen durch unabhängige Gerichte

Stufenbau der Rechtsordnung

Innerhalb der Rechtsnormen besteht eine Rangordnung, der sogenannte **Stufenbau.** Vorrang haben die **generellen** (allgemeingültigen) Rechtsnormen:

- Verfassungsgrundsätze
- Verfassungsgesetze
- einfache Gesetze
- Verordnungen

Ihnen untergeordnet sind die **individuellen** Rechtsnormen (Entscheidungen in Einzelfällen):

- Bescheide
- Urteile und Beschlüsse
- Vollstreckung

Vokabeln dieses Kapitels

Verfassung	constitution
Gesetz	law
Gerichtsurteil	judgement, verdict, court decision
Verträge	contracts
Gewohnheitsrecht	customary (common) law
Partei	party
Rechtsmittel	appeal, recoursea
Instanzenzug	order of instances
rechtskräftig	legally effective
Judikatur	judicature, precedence
Völkerrecht	law of nations, international law
innerstaatliches Recht	domestic law
öffentliches Recht	public law
Privatrecht	private law
Zivilrecht	civil law
Strafrecht	criminal law
Angeklagter	defendant, respondent
Rechtsanwalt	lawyer, legal attorney, solicitor
Zeuge	witness
Dolmetscher	court interpreter
Sachverständiger	expert
Kläger	plaintiff, claimant, petitioner
Urteil	verdict, judgment, court decision
Vergleich	out-of-court settlement
Berufung an die nächste Instanz	appeal (recourse) to the next higher instance

Bezirksgericht	district court
Landesgericht	regional court (high court)
Rechtsanwendung	application of law
Absatz (Abs.)	paragraph (para.)
Ziffer (Z)	figure (fig.), number (no.)
litera (lit.)	litera (lit.)
Schema der Rechtsanwendung	scheme of the application of law
Beweise	evidence
Sachverhalt	facts of the case
Tatbestand	circumstances
rechtliche Konsequenzen	legal consequences
Gewaltentrennung	separation of powers
Gesetzgebung	legislation
Parlament	parliament
Verwaltung	administration
Regierung	government
Gerichtsbarkeit	jurisdiction
Justiz	justice
Rechtsordnung	legal order
Verfassungsgrundsatz	basic provision in the constitution
EU-Gemeinschaftsrecht	EU-law
Verfassungsgesetz	constitutional law
einfaches Gesetz	simple law
Verordnung	regulation
Bescheid	official notice, order
Vollstreckung	execution

SbX
ID: 1103

Im SbX finden Sie diese Zusammenfassung als Audio-Wiederholung sowie eine Bildschirmpräsentation mit den Grafiken dieser Lerneinheit.

Wissen

SbX ID: 1104

A B C D E

W 1.1: Zwingendes Recht E

Überlegen Sie, in welchen Bereichen der Rechtsordnung die Schaffung von zwingendem Recht sinnvoll ist, und begründen Sie Ihre Aussagen.

W 1.2: Analyse gesetzlicher Vorschriften D

Der erste Satz des § 15 Abs. 3 des österreichischen Mietrechtsgesetzes (MRG) lautet:

> „Der Mieter hat den Mietzins, sofern kein späterer Zahlungstermin vereinbart ist, am Fünften eines jeden Kalendermonats im Vorhinein zu entrichten."

- Geht es hier um öffentliches Recht oder Privatrecht?
- Ist das eine Bestimmung des materiellen oder des formellen Rechts?
- Ist diese Vorschrift dem zwingenden oder dem nachgiebigen Recht zuzuordnen?
- Um welche Art von Rechtsnorm im Stufenbau der Rechtsordnung handelt es sich bei dieser Vorschrift?

W 1.3: Fallanalyse D

Frau Berger will sich von ihrem Gatten scheiden lassen und hat daher eine gerichtliche Klage eingebracht. Nach ihrer glaubwürdigen Aussage, die von zwei Nachbarinnen bestätigt wird, hat er sie in der ehelichen Wohnung wiederholt grob beschimpft und einmal sogar geschlagen. Er bestreitet dies zwar, aber das Gericht glaubt ihm nicht und wendet § 49 des Ehegesetzes (EheG) an: Die Ehe wird aus Verschulden des Mannes geschieden.

Die ersten beiden Sätze des § 49 EheG lauten:

> Ein Ehegatte kann Scheidung begehren, wenn der andere durch eine schwere Eheverfehlung oder durch ehrloses oder unsittliches Verhalten die Ehe schuldhaft so tief zerrüttet hat, dass die Wiederherstellung einer ihrem Wesen entsprechenden Lebensgemeinschaft nicht erwartet werden kann. Eine schwere Eheverfehlung liegt insbesondere vor, wenn ein Ehegatte die Ehe gebrochen oder dem anderen körperliche Gewalt oder schweres seelisches Leid zugefügt hat.

Skizzieren Sie zu diesem Fall jeweils in ein oder zwei Sätzen:

- den Sachverhalt
- die Beweiswürdigung
- den angewendeten Tatbestand
- Gedanken zur Auslegung des § 49 EheG. Was könnte mit dem Wort „insbesondere" im zweiten Satz gemeint sein?
- die Rechtsfolge
- den Inhalt der gerichtlichen Entscheidung

Beantworten Sie außerdem die drei folgenden Fragen und begründen Sie Ihre Lösung:

- Geht es in diesem Fall primär um öffentliches Recht oder um Privatrecht?
- Ist der abgedruckte Gesetzestext dem formellen oder dem materiellen Recht zuzuordnen?
- Um welche Art von Rechtsnorm (siehe Stufenbau der Rechtsordnung) handelt es sich bei der Entscheidung des Gerichts?

SbX
W 1.4–W 1.5
mit automatischer Aufgabenkontrolle
ID: 1104

Weitere Kontrollfragen im SbX

W 1.4: **Rechtsordnung – Begriffe** B

Vervollständigen Sie die Übersicht der Definitionen.

W 1.5: **Abschlusstest** B

Bearbeiten Sie einen zusammenfassenden Test zur Lerneinheit.

Ein kurzer Kompetenz-Check, bevor's weitergeht!

Kompetenz-Check

	☺	😐	☹
Ich kann die wichtigsten juristischen Begriffe nennen und kann sie im Gespräch richtig verwenden.			
Ich kann Rechtsvorschriften nach verschiedenen Gesichtspunkten einteilen und unterscheiden.			
Ich kann Rechtsvorschriften, über die ich mich informieren will, im Internet oder in der juristischen Literatur auffinden.			
Ich kann in einfachen Fällen zu einem konkreten Sachverhalt dessen rechtliche Folgen bestimmen.			
Ich kann das Zusammenwirken der drei Staatsgewalten erläutern.			
Ich kann eine Norm im Stufenbau der Rechtsordnung einordnen.			

Lerneinheit 2

Aufgaben und Grundlagen des Verfassungsrechts

SbX Alle SbX-Inhalte zu dieser Lerneinheit finden Sie unter der ID: 0120.

Verfassungsrecht = constitutional law

In dieser Lerneinheit beschäftigen wir uns damit, wozu ein Staat eine Verfassung braucht, wo die Verfassung nachzulesen ist und welche Ziele die österreichische Verfassung hat.

Mit einer Verfassung wird der Aufbau im Staat grundsätzlich geregelt. Alles, was im Staat geschieht, muss genauen Regeln folgen und ist Beschränkungen unterworfen.

Lernen

SbX ID: 0121

A B C D E

1 Verfassung – die Spielregeln des Staats

Jeder Staat ist ein rechtlich geformtes Wesen und braucht gewisse Spielregeln, nach denen er funktionieren soll.

die österreichische Verfassung = the Austrian Constitution

Die wichtigsten **Grundregeln in einem Staat,** die vorgeben, wie der Staat funktionieren soll, nennt man **„Verfassung".**

In den meisten Verfassungen sind zu finden

- die **Staatsform** (Republik oder Monarchie),
- wie der **Staat aufgebaut** ist (als Bundesstaat oder Zentralstaat),
- die **Staatsfunktionen** (Gesetzgebung, Verwaltung und Gerichtsbarkeit) und
- die **Grundrechte** des einzelnen Menschen im Staat.

Staatszielbestimmungen = state objectives, state goals

2 Die Staatszielbestimmungen

Die Staatszielbestimmungen geben der Politik positive Ziele vor.

Ursprünglich waren in der österreichischen Bundesverfassung kaum inhaltliche Ziele und Vorgaben für die Politik enthalten. Erst in den letzten Jahrzehnten wurden der Gesetzgebung und der Regierung solche Ziele vorgegeben.

Staatszielbestimmungen Österreichs

Immerwährende Neutralität bedeutet, sich als Staat dauernd

- neutral zu verhalten: sich nicht an künftigen Kriegen und militärischen Bündnissen zu beteiligen und
- fremde Truppen nicht auf eigenem Staatsgebiet stationieren zu lassen.

3 Die Grundprinzipien der Verfassung

Leitende Ideen für die Ordnung im Staat

Stufenbau der Rechtsordnung = **hierarchy of the legal system**

Wie Sie schon im Abschnitt „Recht und Staat" gelesen haben, gibt es innerhalb der Rechtsordnung eine Hierarchie – den Stufenbau der Rechtsordnung. Das bedeutet, dass es „höherrangige" und „niedrigerrangige" Normen gibt.

In diesem Über- und Unterordnungssystem der Rechtsordnung hat das **Verfassungsrecht den obersten, wichtigsten Rang.** Die Verfassung ist die **Grundlage der Rechtsordnung.** In der Verfassung finden alle anderen Normen ihre Grundlage.

Innerhalb des Verfassungsrechts wiederum nehmen die **Grundprinzipien** der Verfassung den **höchsten Rang** ein. Sie stellen – bildlich gesehen – das **„Fundament" der Verfassung** dar. Sie sind die **leitenden Grundsätze** der Verfassung und stellen die grundlegenden Prinzipien unseres Zusammenlebens dar.

Es gibt Fachleute in der Lehre, die auch noch das Bestehen eines **„antinationalsozialistischen Grundprinzips"** annehmen und begründen.

Über die **Anzahl der Grundprinzipien** herrscht keine Einigkeit. Bei den Prinzipien

- demokratisches Prinzip,
- republikanisches Prinzip,
- bundesstaatliches Prinzip und
- rechtsstaatliches Prinzip

sind sich alle Expertinnen und Experten einig. Dieses Buch betrachtet auch das liberale und das gewaltenteilende Prinzip als Grundprinzipien, denn das System der österreichischen Verfassung weist deutliche Ausprägungen eines demokratischen, liberalen Rechtsstaats auf.

Grundprinzipien der Verfassung

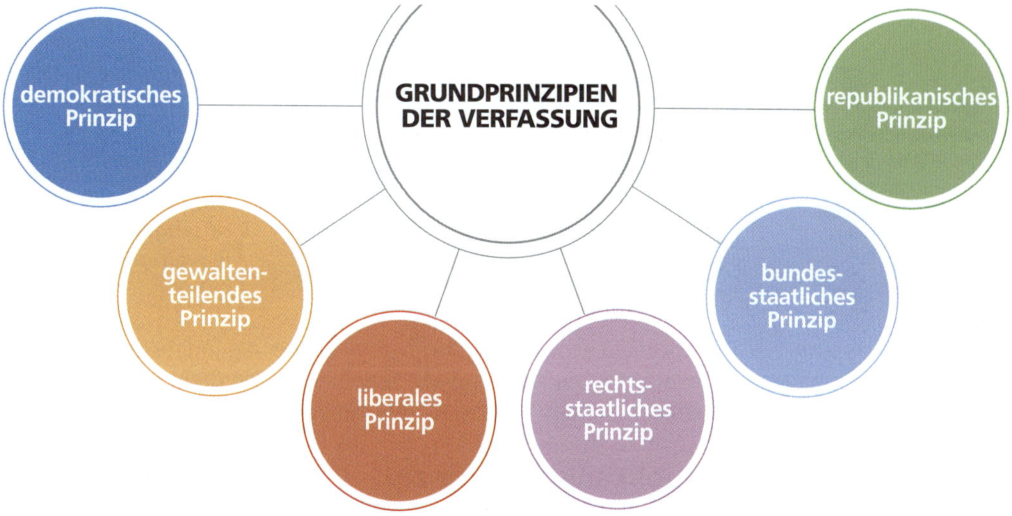

Die Grundprinzipien sind noch schwerer abzuändern als das andere Verfassungsrecht, nämlich nur mit einer Volksabstimmung, bei der die Ja-Stimmen überwiegen.

Demokratisches Prinzip

Die Rechtsunterworfenen sollen selbst Recht erzeugen, indem sie ihre gesetzgebenden Organe wählen.

Demokratie = **democracy**

Wortlaut des demokratischen Prinzips:

Art. 1 B-VG lautet: **„Österreich ist eine demokratische Republik. Ihr Recht geht vom Volk aus."**

Volksherrschaft = **government by the people, governance of the people**

Das Wort **„Demokratie"** (griechisch) bedeutet wörtlich übersetzt **„Volksherrschaft"**. Das dem Recht unterworfene Volk soll selbst das Recht erzeugen.

In der Demokratie haben die Staatsbürgerinnen und Staatsbürger daher das Recht, an der staatlichen Willensbildung und Machtausübung teilzunehmen. Einerseits können sie das durch die Teilnahme an Wahlen, andererseits z. B. durch Volksabstimmungen.

Beispiele

Demokratien sind
- alle EU-Staaten,
- USA,
- Australien,
- Neuseeland,
- Mexiko.

Machen Sie von Ihrem Wahlrecht Gebrauch!

Diktatur = dictatorship

Das Gegenstück zur Demokratie ist die **Diktatur.** In dieser ist das Volk nicht an der staatlichen Willensbildung beteiligt.

Ethnische Gruppe bedeutet, dass die Personen einer sprachlich und kulturell einheitlichen Volksgruppe angehören.

In einer Diktatur gibt es entweder keine Wahlen oder „Pseudo-Wahlen", d.h., es gibt keine echte Wahlfreiheit, z.B. weil nur eine Partei zur Wahl steht. Charakteristisch für Diktaturen ist auch, dass Grund- und Menschenrechte systematisch unterdrückt und verletzt werden (z.B. Meinungsfreiheit, Pressefreiheit, Religionsfreiheit). Oftmals werden eine oder mehrere ethnische Gruppen verfolgt und/oder vernichtet.

Beispiele

Diktaturen heutzutage
Nordkorea, Weißrussland, Simbabwe

Diktaturen in der Geschichte
Österreich und Deutschland während des Dritten Reichs, der Irak unter Saddam Hussein

SbX
Weiterführende Links zum demokratischen Prinzip finden Sie unter der ID: 0121.

Nach der Art, wie demokratische Entscheidungen getroffen werden, unterscheidet man die direkte und die indirekte Demokratie.

direkte Demokratie	indirekte Demokratie
Das Volk trifft unmittelbar die Entscheidung in einer Frage, z.B. Volksabstimmung über den EU-Beitritt Österreichs.	Das Volk wählt seine Vertreter (z.B. Nationalratsabgeordnete) und diese entscheiden dann in weiteren Angelegenheiten der Gesetzgebung.

Wahlrecht = right to vote in elections

Die österreichische Verfassung betont stärker die indirekte Demokratie. Die direkte Demokratie ist in Österreich relativ schwach verwirklicht. Die drei wichtigsten Mittel direkter Demokratie in Österreich sind das Volksbegehren, die Volksabstimmung und die Volksbefragung.

Republikanisches Prinzip

Republik = eine Staatsform, bei der die Regierenden für eine bestimmte Zeit vom Volk gewählt werden und diesem verantwortlich sind

„Republik" ist die gewählte Staatsform Österreichs. Sie ist das Gegenstück zur Staatsform der „Monarchie". Die Unterschiede zwischen Republik und Monarchie beziehen sich auf die Stellung des Staatsoberhauptes.

Stellung des Staatsoberhaupts		
	Republik	Monarchie
Art der Bestellung	Das Staatsoberhaupt wird in der gemäß der Verfassung vorgeschriebenen Art und Weise vom Volk **gewählt** (z.B. Österreich, USA).	Die Bestellung erfolgt entweder • durch eine **Erbfolgeordnung** innerhalb einer Familiendynastie (z.B. Großbritannien) • **oder durch Wahl** (z.B. Vatikanstaat).
Dauer der Bestellung	Diese ist **zeitlich** (bis zur nächsten Wahl) **befristet.**	Hier erfolgt die Bestellung auf **Lebenszeit.**

Bundesstaatliches Prinzip

Der Bundesstaat ist das Gegenstück zum Einheitsstaat (auch Zentralstaat genannt).

Wortlaut des bundesstaatlichen Prinzips (Art. 2 B-VG):

(1) Österreich ist ein Bundesstaat.

(2) Der Bundesstaat wird gebildet aus den selbständigen Ländern: Burgenland, Kärnten, Niederösterreich, Oberösterreich, Salzburg, Steiermark, Tirol, Vorarlberg, Wien.

Bundesstaat = **federal state**

Einheitsstaat = **centralised state**

Unterschiede zwischen Bundesstaat und Einheitsstaat

Bundesstaat	Einheitsstaat (Zentralstaat)
Hier gibt es **mehrere Ebenen** (in Österreich die Bundesländer und den Bund), auf die die Staatsfunktionen verteilt werden. **Beispiele:** Österreich, USA	Hier gibt es nur **eine** staatliche **Ebene,** die alles zentral regelt und verwaltet. **Beispiel:** Frankreich

Die Aufgaben des österreichischen Staats in Gesetzgebung und Vollziehung sind **zwischen dem Bund und den Ländern aufgeteilt.** Die meisten wichtigen Aufgaben fallen in das Zuständigkeitsgebiet des Bundes.

Rechtsstaatliches Prinzip

Das Gegenstück zu einem Rechtsstaat ist ein Polizeistaat.

rechtsstaatliches Prinzip = **principle of the rule of law, principle by the justice, constitutional principle**

Der/Die Einzelne soll sich von der gültigen Rechtsordnung Kenntnis verschaffen können und sein/ihr Recht auch durchsetzen können. Dass die Einhaltung dieser Rechtsordnung auch wirksam durchgesetzt werden kann, nennt man **„Rechtsstaat im formellen Sinn".**

Die Rechtsordnung soll Wertvorstellungen entsprechen, wie sie in den Grund- und Menschenrechten vorkommen. Wertvorstellungen sind z. B. Gerechtigkeit und Menschlichkeit. Dies nennt man **„Rechtsstaat im materiellen Sinn".**

Unterschiede zwischen einem Rechtsstaat und einem Polizeistaat

	Rechtsstaat	Polizeistaat
Rechtsordnung	Es gibt eine **allgemein verlautbarte** Rechtsordnung.	Es gibt entweder **gar keine allgemein verlautbarte** Rechtsordnung oder
Durchsetzbarkeit	Die Einhaltung der Rechtsordnung kann **wirksam durchgesetzt** werden, z. B. durch Gerichte.	Die Rechtsordnung kann **nicht wirksam durchgesetzt** werden, z. B. weil Gesetze willkürlich angewendet werden.
Kontrolle	Die Rechtmäßigkeit von Tätigkeiten der Behörden unterliegt einer **Kontrolle.**	Es gibt **keine Kontrollinstanz,** die den Menschen schützt.

Wortlaut des Legalitätsprinzips (Art. 18 B-VG):

„Die gesamte staatliche Verwaltung darf nur auf Grund der Gesetze ausgeübt werden."

Das rechtsstaatliche Prinzip ist vor allem über das **Legalitätsprinzip,** die unabhängige Gerichtsbarkeit, die Rechtsschutz- und Kontrolleinrichtungen und über die Grundrechte näher ausgeführt.

Legalitätsprinzip = **principle of legality**

Das Legalitätsprinzip ist ein **zentraler Grundsatz** in einem Rechtsstaat. Es bindet die Verwaltung und die Gerichte in ihrem Handeln an die Gesetze. Beide dürfen nur

- dann handeln, wenn sie ein Gesetz dazu ermächtigt, und
- so weit handeln, wie das Gesetz es ihnen vorgibt.

Aus dem Legalitätsprinzip wird auch abgeleitet, dass der Gesetzgeber Gesetze **präzise formulieren** soll, damit

- für den/die Einzelne/n aufgrund der Gesetze schon vorhersehbar ist, wie das staatliche Handeln aussehen wird,
- die zuständigen Rechtsschutz- und Kontrollinstanzen (z. B. der VwGH) die Übereinstimmung des Handelns mit dem Gesetz überprüfen können.

Damit das rechtsstaatliche Prinzip in einem Staat gewährleistet ist, braucht es **Einrichtungen zur Kontrolle der Rechtmäßigkeit staatlichen Handelns.** Das sind in Österreich

- die unabhängigen Gerichte,
- die neun Landesverwaltungsgerichte,
- der Verwaltungsgerichtshof,
- der Verfassungsgerichtshof,
- der Rechnungshof und
- die Volksanwaltschaft.

In jedem Bundesland wurde ein **Landesverwaltungsgericht** errichtet. An dieses kann sich jede Person wenden, die sich durch einen Rechtsakt einer erstinstanzlichen Verwaltungsbehörde (z. B. Bescheid einer Behörde) beschwert fühlt.

Einen weiteren wesentlichen Grundpfeiler zur Verankerung des rechtsstaatlichen Prinzips stellen die **Grund- und Freiheitsrechte** dar. Das sind verfassungsgesetzliche gewährleistete Rechte, die dem einzelnen Menschen einen Handlungsfreiraum gegenüber dem Staat garantieren. Diese Grundrechte stellen dadurch auch eine Schranke für das Handeln des Staats dar.

Liberales Prinzip

Das liberale Prinzip gewährt den Menschen im Staat Freiheiten, indem es ihnen eine gewisse „staatsfreie Sphäre" garantiert. Es zeigt seine Auswirkungen vor allem deutlich in den **Grund- und Freiheitsrechten,** z. B.

- das Recht auf Leben,
- der Gleichheitsgrundsatz,
- das Recht auf freie Meinungsäußerung,
- das Recht auf Religionsfreiheit.

Grund- und Freiheitsrechte = **fundamental rights and freedoms, fundamental and civil rights**

Als „Vater der Gewaltentrennungslehre" gilt der französische Philosoph und Staatstheoretiker **Montesquieu** (1689–1755). Angesichts des Absolutismus in Frankreich im 18. Jahrhundert wollte er den **Missbrauch staatlicher Macht verhindern.**

Gewaltentrennendes Prinzip

Die Erfahrung zeigt, dass dort, wo Macht ist, die Gefahr des Machtmissbrauchs nicht weit entfernt ist. Diese Gefahr des Machtmissbrauchs wird umso größer, je mehr Macht an einer Stelle angehäuft ist. Deshalb muss die **Macht im Staat** auf **mehrere Organe aufgeteilt** werden.

Das ist der Gedanke der **Gewaltentrennungslehre.** Die Gewalten im Staat sollen von **verschiedenen Personen** ausgeübt werden.

Folgende Gewalten werden unterschieden:

- Die **gesetzgebende Gewalt** (= Legislative) beschließt die Gesetze.
- Die **Gerichtsbarkeit** (= Judikative) spricht Recht, d. h., sie urteilt über Rechtsverletzungen.
- Die **Verwaltung** vollzieht die Gesetze.

Diese drei Staatsgewalten sollen sich dann **gegenseitig kontrollieren.**

Staatsgewalten

Justiz = Rechtsprechung, Gerichtsbarkeit

die drei Staatsgewalten = **the three governmental/ constitutional/ state powers**

Üben

A B C D E

Ü 1.9: Staatszielbestimmungen D

Beurteilen Sie, welche Ihrer Meinung nach die wichtigsten bzw. weniger wichtigen Staatszielbestimmungen sind, und begründen Sie Ihre Meinung.

Ich beurteile als die beiden wichtigsten Staatszielbestimmungen:

1. ______, weil ______
2. ______, weil ______

Weniger wichtig beurteile ich die folgenden Staatszielbestimmungen:

1. ______, weil ______
2. ______, weil ______

Ü 1.10: Grundprinzipien der Verfassung C

Ergänzen Sie die Tabelle, indem Sie das richtige Grundprinzip der Verfassung benennen. (Mehrfachnennungen sind möglich.)

Sachverhalt	Grundprinzipien der Verfassung
In Österreich ist die Justiz von der Verwaltung in allen Instanzen getrennt.	
Der/Die Bundespräsident/in wird in Österreich vom Volk direkt gewählt.	
Der Bundesstaat Österreich besteht aus 9 Bundesländern.	
Jedes Verwaltungsorgan in Österreich muss sich an die Gesetze halten.	

Sichern

SbX ID: 0123

Verfassung

Die **Verfassung** ist die **rechtliche Grundordnung** eines Staats. In ihr sind die **wichtigsten Spielregeln für das Funktionieren des Staats** festgelegt. Gleichzeitig werden dem einzelnen Menschen wichtige **Freiheiten und Grundrechte** eingeräumt.

Staatszielbestimmungen

Zu den **Staatszielbestimmungen** zählen:
- die Wahrung der immerwährenden Neutralität
- die tatsächliche Gleichstellung von Mann und Frau
- das Bekenntnis zur umfassenden Landesverteidigung
- die Nichtdiskriminierung von behinderten Menschen
- das Bekenntnis zum umfassenden Umweltschutz
- der Schutz der alteingesessenen Volksgruppen

Grundprinzipien der Verfassung

Die **Grundprinzipien der Verfassung** werden auch die **„Baugesetze der Verfassung"** genannt. Es handelt sich dabei um
- das demokratische Prinzip,
- das republikanische Prinzip,
- das bundesstaatliche Prinzip,
- das rechtsstaatliche Prinzip,
- das liberale Prinzip,
- das gewaltenteilende Prinzip.

direkte Demokratie

In einer **direkten Demokratie** entscheidet das Volk **unmittelbar.** Die drei wichtigsten Mittel direkter Demokratie in Österreich sind das **Volksbegehren,** die **Volksabstimmung** und die **Volksbefragung.**

indirekte Demokratie

In einer **indirekten Demokratie** wählt das Volk seine **Volksvertreter** und **diese entscheiden** dann in den weiteren Angelegenheiten der Gesetzgebung.

Vokabeln dieser Lerneinheit

Verfassungsrecht	constitutional law
die österreichische Verfassung	the Austrian Constitution
Aufbau im Staat	structure within the state
Beschränkungen	limitations
Staatsform	form/system of government
Staatsfunktionen	functions of the state
Grundrechte	basic rights, civil rights
Staatszielbestimmungen	state objectives, state goals
Bekenntnis zur umfassenden Landesverteidigung	commitment to comprehensive national defence
Bekenntnis zum umfassenden Umweltschutz	commitment to comprehensive environment protection
Schutz der alteingesessenen Volksgruppen	protection of the long-established minorities
Nichtdiskriminierung von behinderten Menschen	non-discrimination of handicapped persons
tatsächliche Gleichstellung von Mann und Frau	actual equality between men and women
Wahrung der immerwährenden Neutralität	safeguarding of Austria's perpetual neutrality
Stufenbau der Rechtsordnung	hierarchy of the legal system
höherrangige Norm	higher-order standard/norm
niedrigrangige Norm	lower-order standard/norm
demokratisches Prinzip	democratic principle
republikanisches Prinzip	republican principle
bundesstaatliches Prinzip	federal system, principle of the federal state
rechtsstaatliches Prinzip	principle of the rule of law, principle by the justice system, constitutional principle
Rechtsunterworfene	those subject to the legislation
Demokratie	democracy

Volksherrschaft	government by the people, governance of the people
Diktatur	dictatorship
Wahlrecht	right to vote in elections
Das Volk wählt seine Vertreter.	The people go to the polls to choose their representatives.
Nationalrats-abgeordnete	Members of the national parliament
Gesetzgebung	legislation
Volksbegehren	referendum
Volksabstimmung	plebiscite, popular vote
Volksbefragung	popular consultation, public referendum
Erbfolgeordnung	order of succession
Familiendynastie	family dynasties
Einheitsstaat	centralised state
Bundesstaat	federal state
zwischen Bund und Ländern aufgeteilt	divided between the federal and the provincial authorities
rechtsstaatliches Prinzip	principle of the rule of law, principle by the justice, constitutional principle
im formellen Sinn	in the formal sense
im materialen Sinn	in the material sense
allgemein verlautbarte Rechtsordnung	publicly announced legal system, jurisdiction
Legalitätsprinzip	principle of legality

Rechtsschutzinstanz	instance for legal protection, institution granting legal redress
Rechtmäßigkeit staatlichen Handelns	legality of actions by the state
unabhängige Gerichte	independent courts
neun Landesverwaltungsgerichte	nine Provincial Administration Courts
Verwaltungsgerichtshof	Higher Administration Court
Verfassungsgerichtshof	Constitutional Court
Rechnungshof	Court of Auditors
Volksanwaltschaft	ombudsperson board
Grund- und Freiheitsrechte	fundamental rights and freedoms, fundamental and civil rights
liberales Prinzip	liberal principle
Recht auf Leben	right to life
Gleichheitsgrundsatz	principle of equality
Recht auf freie Meinungsäußerung	freedom of expression
Recht auf Religionsfreiheit	right to religious freedom
gewaltentrennendes Prinzip	principle of the separation of powers
gesetzgebende Gewalt	legislative power
Gerichtsbarkeit	jurisdiction
Verwaltung	administration
die drei Staatsgewalten	the three governmental/constitutional/state powers

SbX ID: 0123

Im SbX finden Sie eine Bildschirmpräsentation mit den Grafiken dieser Lerneinheit.

Wissen

SbX ID: 0124

A B C D E

W 1.6: Begriff „Verfassung" B

Erklären Sie den Begriff „Verfassung".

W 1.7: Begriffserklärung A

Erklären Sie den Begriff „Grundprinzipien der Verfassung".

W 1.8: Demokratie – Diktatur B

Charakterisieren Sie Demokratie und Diktatur und nennen Sie je zwei Beispiele für Länder mit diesen Regierungsformen.

W 1.9: Republik – Monarchie B

Vergleichen Sie Republik und Monarchie und geben Sie zwei Beispiele für Länder mit diesen Staatsformen.

W 1.10: Direkte Demokratie – indirekte Demokratie B

Erklären Sie die Unterschiede zwischen direkter und indirekter Demokratie.

SbX
W 1.11
mit automatischer
Aufgabenkontrolle
ID: 0124

Weitere Aufgabe im SbX

W 1.11: Demokratisches Prinzip C

Vervollständigen Sie die Übersicht zum demokratischen Prinzip.

Ein kurzer Kompetenz-Check, bevor's weitergeht!

Kompetenz-Check

	☺	😐	☹
Ich kann den Begriff „Verfassung" erklären.			
Ich kann die Staatszielbestimmungen unterscheiden.			
Ich kann die Stellung der Grundprinzipien in der Rechtsordnung einordnen.			
Ich kann die Verfassungsprinzipien erläutern.			
Ich kann Demokratie und Diktatur unterscheiden.			
Ich kann die Merkmale von Rechtsstaat und Polizeistaat unterscheiden.			

2 BÜRGERLICHES RECHT

Worum geht's in diesem Kapitel?

Das Zusammenleben der Menschen ist vom Recht geprägt. Die Normen, die das Zusammenleben von gleichberechtigten Personen untereinander regeln, werden Privatrecht genannt.

Die Regelungen des bürgerlichen Rechts bestimmen unser Leben: Geht man in ein Geschäft und kauft eine Sache, schließt man einen Kaufvertrag. Entspricht die gekaufte Sache nicht der Vereinbarung, hat man einen Gewährleistungsanspruch. Ist der Käufer nicht in der Lage, die Konsequenzen seines Handelns abzuschätzen, benötigt er einen Sachwalter. Beschädigt man beim Einparken ein anderes Auto, kommen die Regeln des Schadenersatzrechts zur Anwendung. Nimmt man einen Kredit auf, verlangt die Bank oft ein Pfand.

All dies ist im Allgemeinen Bürgerlichen Gesetzbuch geregelt.

Wenn Sie dieses Kapitel bearbeitet haben,

- wissen Sie, wer rechts-, handlungs- und deliktsfähig ist,
- kennen Sie den Unterschied zwischen Innehabung, Besitz und Eigentum,
- wissen Sie, wie man Eigentum erwirbt,
- wissen Sie, wie ein Vertrag zustande kommt,
- kennen Sie die Rechte und Pflichten von Käufer und Verkäufer,
- wissen Sie, wie Verträge zu erfüllen sind,
- wissen Sie, wann man für einen Schaden haften muss.

Dieses Kapitel leistet einen Beitrag zur Erfüllung folgender Deskriptoren:

„Ich kenne die Voraussetzungen für Abschluss, Erfüllung und Absicherung eines Vertrages."

„Ich kann zwischen unternehmerischen und Konsumentenrechtsgeschäften unterscheiden."

„Ich kann Gewährleistungs- und Garantieansprüche geltend machen."

A B C D E

In diesem Kapitel finden Sie Übungsaufgaben, praxisbezogene Fallbeispiele und Aufgaben zur Lernkontrolle und zur Kompetenzüberprüfung auf den Handlungsebenen A **Wiedergeben,** B **Verstehen,** C **Anwenden** und D **Analysieren & Interpretieren.**

Dieses Kapitel umfasst folgende Lerneinheiten:

Lerneinheit 1

Einführung ins bürgerliche Recht

SbX
Alle SbX-Inhalte zu dieser Lerneinheit finden Sie unter der ID: 2100.

Michael: Ich höre immer wieder „Bürgerliches Recht". Ich bin österreichischer Staatsbürger, aber einige in meiner Klasse nicht. Was regelt das „Bürgerliche Recht" und gilt es auch für meine Klassenkameraden, die nicht österreichische Staatsbürger sind?

Anna: Das „Bürgerliche Recht" ist ein Teil des Privatrechts. Dieses regelt die Rechte und Pflichten von Privatpersonen und ihr Verhältnis zueinander. Beispielsweise ist darin festgelegt, ab welchem Alter sich jemand selbständig vertraglich verpflichten kann, wie man Eigentum an einer Sache erwirbt und was beim Abschluss eines Vertrages zu beachten ist. Die Regeln des bürgerlichen Rechts gelten für österreichische Staatsbürger/innen und Ausländer/innen.

Lernen

1 Objektives und subjektives Recht

Der Begriff „Recht" hat verschiedene Bedeutungen.

Das allgemeine Privatrecht oder bürgerliche Recht berührt und regelt auch unser Leben jeden Tag. Wenn man sich z. B. ein Elektrogerät kauft und nach ein paar Wochen feststellen muss, dass es nicht einwandfrei funktioniert, wird man sich ärgern und fragen, welche Rechte man als Privatperson hat.

Beim Kauf eines Laptops hat man zwei Jahre Gewährleistung.

Der erste Schritt, damit man zu seinem Recht kommt, ist, dass man über folgende Dinge Bescheid weiß:

- **welches Recht** zur Anwendung kommt: Eine Privatperson hat das Elektrogerät gekauft. Rechtlich gesehen bewegt man sich im **Privatrecht.**
- **welche Rechte** hat man hier: das Recht auf **Gewährleistung.**
- **wie** kann **man** dieses **durchsetzen:** Man muss **selbst tätig** werden, indem man dem Händler gegenüber den Mangel geltend macht.

Michael: Einerseits sagt man Privat**recht,** anderseits heißt es auch, jemand hat das **Recht** auf Gewährleistung. Ist da ein Unterschied?

Anna: Ja, hier ist juristisch gesehen ein Unterschied. Das Privatrecht ist eine Fülle von Rechtsnormen, die für alle Menschen gleichermaßen gelten → Es ist daher objektives Recht.

Wenn ein Elektrogerät nach ein paar Wochen nicht mehr einwandfrei arbeitet, hat man als Einzelner das Recht auf Gewährleistung → Dieser Rechtsanspruch ist subjektives Recht.

Die Rechtsvorschriften, die in einer Rechtsordnung für alle gelten, nennt man **objektives Recht.**

Die Rechtsansprüche, die sich aus dem Gesetz für den/die Einzelne/n ableiten und ergeben, nennt man **subjektives Recht.**

objektives Recht	subjektives Recht
Das sind die generellen Rechtsvorschriften, die in einer Rechtsordnung gelten.	Darunter versteht man die Rechtsansprüche, die sich für den/die Einzelne/n aus der jeweiligen Norm ergeben.

ABGB (Allgemeines bürgerliches Gesetzbuch) = **Austrian Civil Code**

2 Rechtsquellen und Einteilung des Privatrechts

Das Privatrecht ist in vielen verschiedenen Gesetzen zu finden.

Michael: Wo finde ich mehr Informationen zu meinen Rechten als Privatperson?

Anna: Ein großer Teil der Regelungen für Privatpersonen, die jede/n betreffen, ist im ABGB zu finden. Regelungen, die nur bestimmte Personengruppen betreffen (z. B. Mieter/innen) finden sich in Sondergesetzen (z. B. Mietrechtsgesetz).

Dieses Schulbuch geht nicht nach der Gliederung des ABGB vor, sondern nimmt aus Gründen der Übersichtlichkeit eine andere Einteilung vor.

Ein großer Teil der Regelungen des Privatrechts ist im **Allgemeinen Bürgerlichen Gesetzbuch (ABGB)** zu finden. Das ABGB ist am 1. 1. 1812 in Gesetzeskraft getreten und wurde wiederholt novelliert.

ABGB

- Allgemeiner Teil
- Sachenrecht
- Schuldrecht
- Erbrecht

Die Teile des ABGB

Neben dem ABGB gibt es noch eine Reihe anderer wichtiger Nebengesetze (sogenannte **Sondergesetze**) wie z. B.:

- das **Ehegesetz**
- das **Konsumentenschutzgesetz**
- das **Mietrechtsgesetz**
- das **Wohnungseigentumgesetz**
- das **Unternehmensgesetzbuch**

Das **allgemeine Privatrecht** wird auch als **Allgemeines bürgerliches Recht** bezeichnet.

Privatrecht = **private law**

Privatrecht

allgemeines Privatrecht	Sonderprivatrecht
Regelungen, die für jede/n zutreffen **Beispiele:** Personenrecht, Sachenrecht, Schuldrecht	Regelungen, die nur für bestimmte Gruppen von Personen bedeutsam sind oder ein bestimmtes Sachgebiet betreffen **Beispiele:** Mietrechtsgesetz, Konsumentenschutzgesetz, Wohnungseigentumsgesetz

Einteilung des Privatrechts

Üben

SbX ID: 2102

A B C D E

Ü 2.1: Privatrecht B

Erklären Sie einer Freundin oder einem Freund, was unter dem Begriff „Privatrecht" zu verstehen ist und warum das Privatrecht für sie bzw. ihn wichtig ist.

Ü 2.2: Teile des Privatrechts A

Unterscheiden Sie das allgemeine Privatrecht und das Sonderprivatrecht.

Ü 2.3: Quellen des Privatrechts A
Nennen Sie mindestens vier Rechtsquellen des Privatrechts.

SbX Ü 2.4 mit automatischer Aufgabenkontrolle ID: 2102

Weitere Übungsaufgabe im SbX

Ü 2.4: Überblick bürgerliches Recht B
Vervollständigen Sie eine Übersicht zum bürgerlichen Recht.

Sichern

SbX ID: 2103

Privatrecht

Das **Privatrecht** regelt die Beziehung der Menschen untereinander. Es wird eingeteilt in das allgemeine Privatrecht und Sonderprivatrechte.

allgemeines Privatrecht

Das **allgemeine Privatrecht** nennt man auch bürgerliches Recht.

Sonderprivatrechte

Die **Sonderprivatrechte** enthalten Vorschriften für bestimmte Gruppen von Personen oder für ganz bestimmte Sachgebiete. Beispiele: Ehegesetz, Mietrechtsgesetz, Konsumentenschutzgesetz

ABGB

Das **Allgemeine Bürgerliche Gesetzbuch** ist eine wesentliche Quelle, in der privatrechtliche Normen zu finden sind. Es ist am 1. 1. 1812 in Kraft getreten und wurde mehrfach novelliert.

Vokabeln dieser Lerneinheit

ABGB (Allgemeines bürgerliches Gesetzbuch)	Austrian Civil Code
Privatrecht	private law

SbX ID: 2103

Im SbX finden Sie diese Zusammenfassung als Audio-Wiederholung sowie eine Bildschirmpräsentation mit den Grafiken dieser Lerneinheit.

Wissen

SbX ID: 2104

A B C D E
SbX W 2.1 mit automatischer Aufgabenkontrolle ID: 2104

W 2.1: Öffentliches Recht – Privatrecht B
Entscheiden Sie, ob sich Anna und Michael im genannten Fall im öffentlichen Recht oder im privaten Recht bewegen, und kreuzen Sie an. Sollte es sich um Privatrecht handeln, versuchen Sie, das Teilgebiet richtig zuzuordnen.

Fall	öffentliches Recht	Privatrecht	Wenn Privatrecht: Welches Teilgebiet?
Anna und ihr Freund heiraten.			
Anna und ihr Freund kaufen eine Eigentumswohnung.			
Anna erhält einen Strafzettel, weil sie im Ortsgebiet zu schnell gefahren ist.			
Michael erhält vom zuständigen Finanzamt einen Steuerbescheid.			

Fall	öffent-liches Recht	Privat-recht	Wenn Privatrecht: Welches Teilgebiet?
Michael kauft einen Laptop.			
Michael erbt einen größeren Geldbetrag von seiner Tante.			

Ein kurzer Kompetenz-Check, bevor's weitergeht!

Kompetenz-Check

	☺	😐	☹
Ich kenne den Unterschied zwischen objektivem und subjektivem Recht.			
Ich weiß, in welchem Gesetz das allgemeine Privatrecht geregelt ist.			
Ich kenne Beispiele für Sonderprivatrechte.			

Lerneinheit 2

Personenrecht

SbX
Alle SbX-Inhalte zu dieser Lerneinheit finden Sie unter der ID: 2200.

Michael: Anton, der kleine Bub unserer Nachbarn, hat mit einem Ball bei uns ein Fenster eingeschossen. Muss er es bezahlen? Und: Darf ich mir mit dem Geld, das ich in den Ferien verdiene, selbst ein Moped kaufen?

Anna: Da die geistigen Fähigkeiten vom Alter abhängen, hängt auch die Fähigkeit, eigenständig rechtlich zu handeln, vom Alter ab. Dies ist im Allgemeinen Bürgerlichen Gesetzbuch geregelt.

Lernen

SbX ID: 2201

Rechtsfähigkeit = legal capacity

1 Die Rechtsfähigkeit natürlicher und juristischer Personen

„Alle Menschen sind frei und gleich an Würde und Rechten geboren" (Art. 1 Allgemeine Erklärung der Menschenrechte)

Sobald ein Kind das Licht der Welt erblickt, ist es bereits mit Rechten und Pflichten ausgestattet. Manche Rechte stehen sogar schon dem Ungeborenen zu. Um jedoch eigenständig rechtlich handeln zu können, müssen neben dem entsprechenden Alter auch noch die notwendigen geistigen Fähigkeiten vorhanden sein.

Die Fähigkeit, **Träger von Rechten und Pflichten** zu sein, spricht die Rechtsordnung allen Menschen (natürlichen Personen), aber auch bestimmten Verbänden (juristischen Personen) zu.

Sachen hingegen dienen dem Menschen zum Gebrauch und haben daher grundsätzlich keine Rechte und Pflichten. Als Grenzfälle könnte man den Leichnam, menschliche Organe oder etwa das menschliche Kopfhaar betrachten.

Geburtsurkunde: Die Geburt wird durch den Staat (Standesamt) bestätigt. Man benötigt sie z. B. für die Ausstellung eines Reisepasses oder für die Eheschließung.

SbX
Unter der ID: 2201 finden Sie Informationen zur Geburtenstatistik (Quelle: www.statistik.gv.at) und einige Arbeitsaufgaben.

natürliche Person = natural, individual person

Natürliche Personen

Alle Menschen sind, egal welcher Herkunft, Hautfarbe oder Einkommensklasse, ab der Geburt **Rechtspersonen.** Dass dies in der Vergangenheit nicht selbstverständlich war, kann man an der Rechtsstellung der Sklaven oder der Frauen in der Antike erkennen. Sie waren damals Rechtsobjekte (Sachen), nicht Rechtssubjekte (Personen).

- Mit der **Geburt beginnt** die **uneingeschränkte Rechtsfähigkeit.** Die Rechtsfähigkeit ist daher unabhängig vom Alter sowie den geistigen Fähigkeiten eines Menschen.
- Manche **Rechte** gesteht die Rechtsordnung bereits dem **Ungeborenen** zu, z. B. **Erbrecht, Recht auf Schadenersatz** bei Schädigung des ungeborenen Kindes im Mutterleib. Diese Rechte entstehen mit der Lebendgeburt, die im Zweifel vermutet wird.
- Das **Ende** der Rechtsperson Mensch und damit das Ende der Rechtsfähigkeit erfolgt durch den Tod. Der Tod kann rechtlich auf verschiedene Arten nachgewiesen werden:

Während früher der Herz-Kreislauf-Tod das ausschlaggebende Kriterium war, ist es nun der Hirntod.

Sterbeurkunde: Der Tod wird aufgrund des Totenscheins durch den Staat (Standesamt) beurkundet. Man benötigt sie z. B. für eine neue Eheschließung oder einen Antrag auf Witwer-/Witwen-Pension.

Erben oder Ehegatten, die ein berechtigtes Interesse haben, können das Verfahren beantragen.

Beispiel: Erdbeben in Japan

Das Lebensende – der Tod der natürlichen Person	
Voraussetzungen	**Beweis des Todes**
Der Gemeindearzt stellt anhand des Leichnams den Tod der Person fest.	durch Ausstellung des Totenscheins
Das Gericht ist vom Tod der Person überzeugt, obwohl der Leichnam fehlt (Bestätigung durch Zeugen).	durch Gerichtsbeschluss
Verschollenheit	durch gerichtliches Todeserklärungsverfahren

Verschollenheit: Wenn eine über 25-jährige Person lange Zeit ohne Nachricht abwesend ist und berechtigte Zweifel bestehen, dass sie noch am Leben ist, kann vom Bezirksgericht ein Todeserklärungsverfahren eingeleitet werden. Es gibt folgende **Arten und Fristen:**

- **allgemeine Verschollenheit:** Seit der letzten Nachricht sind mindestens 10 Jahre (bei über 80-Jährigen mindestens 5 Jahre) verstrichen.
- **allgemeine Gefahrenverschollenheit:** Frist: 1 Jahr ab Wegfall der Gefahr (z. B. Erdbeben)
- **Kriegsverschollenheit:** Frist: 1 Jahr ab Kriegsende
- **Seeverschollenheit:** Frist: mindestens 6 Monate (z. B. nach Untergang des Schiffes)
- **Luftverschollenheit:** Frist: mindestens 3 Monate (z. B. nach Absturz des Flugzeuges)

Rechtliche Folgen des Todeserklärungsbeschlusses:

- Die Erbfolge tritt ein.
- Höchstpersönliche Rechte gelten als erloschen.
- Eine bestehende Ehe gilt als aufgelöst.

Michael: Was passiert, wenn der/die für tot Erklärte wieder zurückkehrt?

Anna: Die Todeserklärung ist unverzüglich aufzuheben. Eine neu geschlossene Ehe kann aufgehoben werden – es kann jedoch nur der Ehegatte/die Ehegattin aus erster Ehe geheiratet werden.

Obduktion (Leichenöffnung): wird durchgeführt, wenn Fremdverschulden nicht ausgeschlossen werden kann oder der Verdacht auf eine Seuche besteht.

Juristische Personen

juristische Person = **legal person**

Juristische Personen sind im Gegensatz zu den natürlichen Personen künstliche Gebilde, denen der Gesetzgeber Rechtssubjektivität zugesteht. Bestimmte Rechte (z. B. Familienrechte) stehen jedoch nur natürlichen Personen zu. Man unterscheidet grundsätzlich **zwei Arten:**

Juristische Personen

Juristische Personen des Privatrechts z. B. GmbH, AG, Vereine, Stiftungen	**Juristische Personen des öffentlichen Rechts** z. B. Bund, Länder, Gemeinden, Kammern
Grundlage: privatrechtlicher Vertrag, z. B. Gesellschaftsvertrag bei GmbH	Grundlage: Gesetz oder Verordnung

Die juristische Person endet je nach Art durch **Auflösung** (z. B. durch Mitgliederbeschluss, Gesetz).

Der Verein als Beispiel für eine juristische Person

In Österreich gibt es mehr als 100 000 registrierte Vereine.

Beispiele: Sportverein, Kulturverein, Elternverein ...

Unter einem Verein versteht man einen freiwilligen Zusammenschluss von mindestens zwei Personen, die einen bestimmten ideellen Zweck verfolgen. Der Verein ist auf Dauer angelegt und wird durch die Vereinbarung von Statuten (Gründungsvereinbarung – interne Angelegenheit) errichtet. Als Rechtsperson entsteht er mit dem positiven Abschluss des vereinsbehördlichen Verfahrens (Fristablauf – äußere Angelegenheit).

Rechtsquelle:
Vereinsgesetz 2002

Linktipps:
www.bmi.gv.at/vereinswesen
www.help.gv.at

SbX
Unter der ID: 2201 finden Sie ein Arbeitsblatt zum Vereinswesen.

Vereinsgründer können natürliche und juristische Personen sein.

Verein = **club, society, association**

Wie gründet man einen Verein?

- Mindestens zwei natürliche oder juristische Personen beschließen die Gründung und legen die **Vereinsstatuten** (z. B. Name, Zweck, Organe) fest. **(Gründungsvereinbarung)**
- Die **Errichtung** des Vereins wird der **Vereinsbehörde (Bezirkshauptmannschaften, Magistrate bzw. Landespolizeidirektionen) angezeigt.** In den Statuten können bereits Funktionäre bestimmt werden, die diese Anzeige durchführen.
- **Innerhalb von vier Wochen prüft die Vereinsbehörde,** ob der Zweck, der Name oder die Organisation des Vereins gesetzwidrig sind.
- Gibt die Behörde innerhalb der Frist keine Erklärung ab, so kann ihr **Schweigen als Zustimmung** gesehen werden. Die Vereinstätigkeit kann aufgenommen werden.
- Mit dem **Ablauf der Frist** entsteht der Verein als **Rechtsperson.**
- Innerhalb eines Jahres ab der Entstehung müssen organschaftliche **Vertreter bestellt** und der Vereinsbehörde gemeldet werden. Ansonsten kann der Verein behördlich aufgelöst werden.

Das Gesetz sieht **folgende Organe** vor:

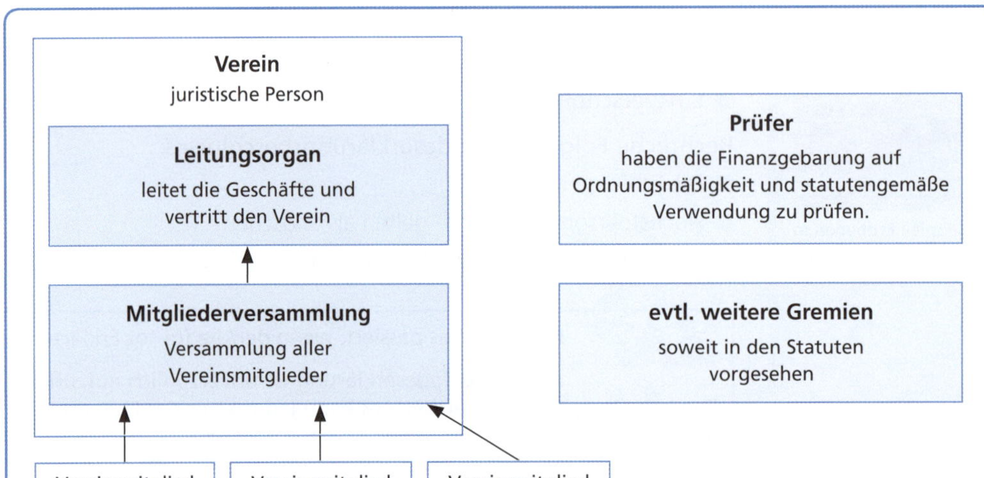

Organe eines Vereins

- **Mitgliederversammlung:** mindestens alle vier Jahre einzuberufen
- **Leitungsorgan (Vorstand):** mindestens zwei natürliche Personen
- **Rechnungsprüfer:** mindestens zwei Personen

Erwirtschaftet ein Verein Gewinne, darf er diese nicht an die Mitglieder ausschütten.

Ein Verein darf nicht auf Gewinn ausgerichtet sein. Er kann jedoch wirtschaftlich tätig sein. Die Einnahmen sind für den Vereinszweck zu verwenden. Für Verbindlichkeiten haftet der Verein mit seinem Vermögen.

Vereine können sich **freiwillig auflösen.** Die **Vereinsbehörde** kann einen Verein auflösen, wenn er z. B. **gegen Strafgesetze verstößt.**

Handlungsfähigkeit = **capacity to act**

2 Die Handlungsfähigkeit natürlicher und juristischer Personen

Die Rechte und Pflichten hängen vom Alter und von den geistigen Fähigkeiten ab.

Melanie (Michaels Schwester) regt sich furchtbar auf, weil ihre Eltern dem Kauf eines Motorrollers nicht zustimmen. Mit den Worten: „In einem Jahr bin ich volljährig, dann mach ich, was ich will" verlässt sie wutschnaubend den Raum.

„Minderjährige ... stehen unter dem besonderen Schutz der Gesetze." Diese Regelung des § 21 Abs 1 ABGB hat der Gesetzgeber nicht beschlossen, um Jugendliche wie Melanie zu ärgern, sondern er stellt damit vielmehr den Fürsorgegedanken in den Vordergrund.

Die Handlungsfähigkeit natürlicher Personen richtet sich in erster Linie nach dem Alter der Betroffenen. Aber auch volljährige Personen können nicht in der Lage sein, Rechtsgeschäfte zu tätigen. Dies ist dann der Fall, wenn sie geistig oder psychisch beeinträchtigt sind.

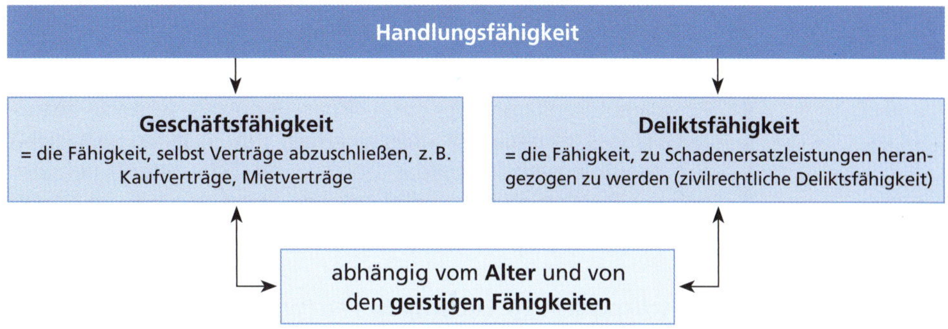

Die Altersstufen der Geschäftsfähigkeit

Die Altersstufen der Geschäftsfähigkeit

geschäftsunfähig	**beschränkt geschäftsfähig**	**zusätzlich:**	**voll geschäftsfähig**
Ausnahme: alterstypische Geschäfte	Schenkungen annehmen, Verpflichtungen erfüllen	Abschluss von Arbeitsverträgen, Verfügen über eigenes Einkommen und frei Überlassenes	grundsätzlich keine Beschränkungen
0 Kinder	**7** unmündige Minderjährige	**14** mündige Minderjährige	**18** eigenberechtigte Erwachsene

unmündig = **minor**

mündig = **of full age, major**

Die **Geschäftsfähigkeit Minderjähriger** wird entsprechend dem Alter in **verschiedene Stufen** eingeteilt:

Eine Ausnahme bildet der sogenannte „Wurstsemmel- oder Taschengeldparagraf".

- **0- bis 7-Jährige:** Sie sind **geschäftsunfähig.** Geschäfte über
  - geringfügige Angelegenheiten des täglichen Lebens, die
  - von Kindern dieses Alters üblicherweise geschlossen und
  - sofort erfüllt werden,

  sind jedoch ohne Genehmigung des Vertreters gültig. Zum Beispiel können Süßigkeiten, Jause oder Busticket vom Taschengeld erworben werden. Bereits abgeschlossene andere Rechtsgeschäfte sind absolut nichtig.

Geldgeschenke können angenommen werden, nicht aber ein Reitpferd, da dies eine finanzielle Belastung darstellen würde.

- **7- bis 14-Jährige:** Sie sind **beschränkt geschäftsfähig** und können neben den Geschäften des täglichen Lebens auch Geschenke, die sie nicht belasten, annehmen. Bereits abgeschlossene andere Rechtsgeschäfte sind bis zur Genehmigung durch den gesetzlichen Vertreter schwebend unwirksam.
- **14- bis 18-Jährige:** Sie sind ebenfalls **beschränkt geschäftsfähig.** Sie können jedoch ohne Zustimmung ihres gesetzlichen Vertreters
  - selbständig Arbeitsverträge abschließen (ausgenommen Lehr- und Ausbildungsverträge), sofern die Schulpflicht beendet ist,
  - selbständig über alle Sachen verfügen, die ihnen zur freien Verfügung überlassen wurden,
  - über das Einkommen aus eigenem Erwerb frei verfügen. Sie dürfen hierbei jedoch nicht ihre Lebensbedürfnisse gefährden. Solche Rechtsgeschäfte müssten vom gesetzlichen Vertreter genehmigt werden, um gültig zu sein.
- **ab dem 14. Lebensjahr:** Beginn der **Religionsmündigkeit** und **Deliktsfähigkeit** (zivilrechtlich und strafrechtlich)

Beispiel

Beispiel Tattoo und Piercing

Tattoos: Unter 16-Jährige dürfen nicht tätowiert werden. Hier hilft auch die Einwilligung des gesetzlichen Vertreters nicht. Ab Vollendung des 16. Lebensjahres ist das Tätowieren mit schriftlicher Einwilligung des gesetzlichen Vertreters erlaubt.

Piercings: Mündige Minderjährige benötigen für das Piercen keine Einwilligungserklärung des gesetzlichen Vertreters, wenn zu erwarten ist, dass die gepiercte Stelle innerhalb von 24 Tagen heilt (siehe § 2 Ausübungsregeln für das Piercen und Tätowieren). Befindet sich das Piercing an einer empfindlichen Stelle, wie z. B. im Nabel- oder Mundbereich, wird hier eine Zustimmung erforderlich sein.

Mit vollendetem **18. Lebensjahr** sind Personen **voll handlungsfähig** (mit Ausnahmen).

Die (zivilrechtliche) Deliktsfähigkeit

zivilrechtliche Deliktsfähigkeit = **responsibility for an offence (tort)**

Michael: Gestern habe ich in der Zeitung gelesen, dass zwei 16-Jährige Häuser besprüht und Autoreifen aufgeschlitzt haben. Wer bezahlt eigentlich den Schaden, der dadurch entstanden ist?

Anna: Der Schaden, der den Haus- und Autobesitzern durch die zwei 16-Jährigen entstanden ist, muss von den Jugendlichen selbst bezahlt werden.

Schaden = **damage**

Delikt = **offence/crime**

Graffiti sind Sachbeschädigung!

Grundsätzlich sind Personen **ab dem vollendeten 14. Lebensjahr** für ihr unerlaubtes Handeln **selbst verantwortlich** und müssen daher den **Schaden selbst ersetzen.** Unter gewissen Voraussetzungen sind Minderjährige auch unter 14 Jahren schon haftbar (z. B. wenn sie trotz ihres Alters eine gewisse Einsichtsfähigkeit haben und Vermögen besitzen).

Eltern müssen nur dann Schadenersatz leisten, wenn sie **schuldhaft ihre Aufsichtspflicht** verletzt haben.

Davon zu unterscheiden ist die **strafrechtliche Deliktsfähigkeit.** Ab Vollendung des 14. Lebensjahres ist man strafmündig und kann daher auch zu Geld- oder Freiheitsstrafen verurteilt werden.

Die Handlungsfähigkeit juristischer Personen

Im Gegensatz zur natürlichen Person können juristische Personen nur durch ihre **Organe** (z. B. der Vorstand eines Vereins, Geschäftsführer einer GmbH) handeln. Die Organe sind natürliche Personen.

Die **Haftung** trifft jedoch die juristische Person und nicht ihre Vertreter.

Die finanziellen Probleme diverser Fußballvereine sorgen immer öfter für Aufregung und offene Fragen: Wer haftet für die Verbindlichkeiten eines Vereins? Können Funktionäre zur Verantwortung gezogen werden?

- **Grundsätzlich haftet** der Verein für Verbindlichkeiten mit dem **Vereinsvermögen.**
- **Funktionäre und Mitglieder haften** normalerweise **nicht persönlich, außer** sie haben sich **rechtsgeschäftlich dazu verpflichtet** oder haften **aufgrund von anderen gesetzlichen Vorschriften.** Der Verein kann u. a. von seinen Funktionären Schadenersatz verlangen, wenn sie das Vereinsvermögen zweckwidrig verwendet haben, Vereinsvorhaben ohne ausreichende finanzielle Sicherung begonnen haben oder z. B. Steuern oder Sozialversicherungsabgaben aus ihrem Verschulden nicht abgeführt wurden.
- Durch das **Verbandsverantwortlichkeitsgesetz (VbVG)** können nun auch Vereine **strafrechtlich zur Verantwortung gezogen** werden. Wenn also ein Entscheidungsträger (z. B. Vorstandsmitglied) oder ein Mitarbeiter (z. B. wegen mangelnder Kontrolle) eine gerichtlich strafbare Handlung zugunsten des Verbandes (GmbH, AG, Verein) begangen hat bzw. Verbandspflichten verletzt hat, kann der Verein zu einer Geldbuße verurteilt werden, die sich am Jahresertrag des Verbandes bemisst.

Beispiele für Verpflichtung durch Rechtsgeschäft: Ein Vorstandsmitglied nimmt einen Kredit für den Verein auf und gibt eine Bürgschaftserklärung ab.

3 Die gesetzliche Vertretung
Stellvertreter bei Rechtsgeschäften

„Die Eltern haben das minderjährige Kind zu pflegen und zu erziehen, sein Vermögen zu verwalten und es in diesen sowie allen anderen Angelegenheiten zu vertreten" (§ 144 ABGB)

Minderjährige und volljährige Personen, die nicht in der Lage sind, ihre Angelegenheiten ohne Schaden für sich selbst zu erledigen, brauchen einen Vertreter. Teils gibt das ABGB diesen Vertreter vor (z. B. die Eltern), teils wird dieser erst vom Gericht bestellt.

Gesetzliche Vertreter

für Minderjährige	für Volljährige	für Ungeborene, Abwesende und bei Interessenskollisionen
• Eltern (wenn verheiratet) • Mutter (wenn nicht verheiratet) • Großeltern, Pflegeeltern • sonstige Personen (Verwandte) • Jugendwohlfahrt	Erwachsenenvertreter/in für Personen mit psychischer Krankheit oder vergleichbarer Beeinträchtigung ihrer Entscheidungsfähigkeit	Kurator/in

Vertretung für Minderjährige

Minderjährige werden in der Regel **durch Personen vertreten,** denen die **Obsorge** zukommt.

Grundsätzlich ist **jeder Elternteil** für sich **allein berechtigt und verpflichtet,** das Kind zu vertreten. Sind die Eltern verschiedener Meinung darüber, ob das Geschäft des Kindes genehmigt werden soll, so gilt die zuerst erteilte Zustimmung des einen Elternteils, auch wenn der andere Elternteil damit später nicht einverstanden ist.

Obsorge: Pflege und Erziehung; Vermögensverwaltung und Vertretung

Die **Zustimmung des anderen Elternteils ist** z. B. erforderlich bei Namensänderungen oder vorzeitiger Auflösung eines Lehrvertrags.

In bestimmten Angelegenheiten ist jedoch die **ausdrückliche Zustimmung des anderen Elternteils** erforderlich.

Hat das Kind eigenes Vermögen (z. B. aus Erbschaften oder Schenkungen), sind die Eltern zur **sorgfältigen Verwaltung** verpflichtet, damit es bis zu dessen Volljährigkeit wertmäßig erhalten bleibt und – wenn möglich – vermehrt wird.

Beispiel

Geld der Kinder ist mündelsicher anzulegen, dafür sind u. a. Sparbücher, Staatsanleihen oder Pfand- und Kommunalbriefe geeignet.

Zustimmung des Pflegschaftsgerichts

In **Vermögensangelegenheiten, die nicht zum ordentlichen Wirtschaftsbetrieb gehören** (z. B. wenn ein Haus, das der Minderjährige geerbt hat, verkauft werden soll; wenn das Kind eine Zahlung von mehr als € 10.000,– erhält), muss außerdem das **Pflegschaftsgericht** zustimmen.

Im Zuge von Scheidungsverfahren kann bei Obsorgerechts- und Besuchsrechtsstreitigkeiten für Kinder bis 14 Jahre von Amts wegen ein **Kinderbeistand** bestellt werden. Dieser soll den Willen und die Wünsche der Kinder in solchen Verfahren vertreten und das Kind auch zu Gerichtsterminen begleiten. Da ca. 10 % der Scheidungen strittig sind, benötigen etwa 600 Kinder unter 14 Jahren pro Jahr einen Kinderbeistand.

Das 2. Erwachsenenschutzgesetz stellt die Autonomie, die Selbstbestimmung und die Entscheidungshilfe der Betroffenen in den Mittelpunkt.

Vertretung für Volljährige

Die Erwachsenenvertretung

Volljährige brauchen dann eine Vertretung, wenn sie Betroffene einer psychischen Krankheit oder einer vergleichbaren Beeinträchtigung der Entscheidungsfähigkeit sind und deshalb ihre Geschäfte nicht mehr selbst erledigen können.

Die betroffenen Personen sollen so lange wie möglich selbstbestimmt handeln können. Unterstützung bekommen sie dabei z. B. von der Familie oder von Pflegeeinrichtungen. Hat die betroffene Person selbst eine Stellvertretung vorgesehen oder ist diese zur Wahrung ihrer Interessen unbedingt notwendig, dann ist eine **Vertretung durch Stellvertreter/innen** zulässig.

Nach dem Autonomieprinzip unterscheidet man **vier Vertretungsformen:**

DIE VIER SÄULEN DER VERTRETUNG

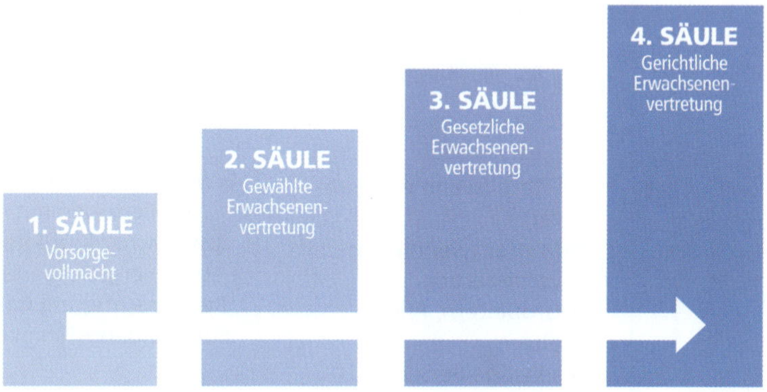

Vorsorgevollmacht

Für den Fall, dass die vollmachtgebende Person die Entscheidungsfähigkeit verliert, bestimmt sie schon im Vorhinein eine Vertrauensperson, die sie dann in bestimmten oder allen Arten von Angelegenheiten vertritt.

Die vollmachtgebende Person muss persönlich vor einem Notar, einem Rechtsanwalt oder einem Erwachsenenschutzverein nach Belehrung diese Vollmacht unterschreiben. Neben der Schriftform ist auch die Eintragung im Österreichischen Zentralen Vertretungsverzeichnis (ÖZVV) erforderlich. Die Vorsorgevollmacht gilt unbefristet.

Gewählte Erwachsenenvertretung

Kann die betroffene Person aufgrund ihrer geminderten Entscheidungsfähigkeit (z.B. beginnende Demenz) keine Vorsorgevollmacht errichten, so kann sie trotzdem eine/n Vertreter/in frei wählen, wenn sie die Tragweite dieser Bevollmächtigung zumindest in Grundzügen versteht. Diese Vertretung kann neben einem Angehörigen auch ein Freund oder Nachbar sein.

Der Bevollmächtigungsvertrag muss vor einem Notar, Rechtsanwalt oder Erwachsenenschutzverein schriftlich errichtet werden und wird in das ÖZVV eingetragen. Diese Art der Vollmacht bezieht sich ebenfalls auf einzelne oder alle Arten von Angelegenheiten und unterliegt einer gerichtlichen Kontrolle.

Gesetzliche Erwachsenenvertretung

Wenn die betroffene Person ihre Angelegenheiten nicht mehr selbst erledigen kann und kein/e Vorsorgebevollmächtigte/r und kein/e Gewählte/r Erwachsenenvertreter/in existieren, kommt die Gesetzliche Erwachsenenvertretung zum Tragen. Darunter versteht man die Vertretungsbefugnis nächster Angehöriger (Ehegatten, eingetragene Partner, Lebensgefährten, Geschwister, volljährige Kinder und Enkel, Eltern, Neffen und Nichten). Die Vertretungsbefugnis gilt erst, wenn sie in das ÖZVV eingetragen wird, ist auf 3 Jahre beschränkt und unterliegt einer gerichtlichen Kontrolle.

Bereiche der Vertretung sind z. B. die Organisation einer Heimhilfe, mobilen Krankenpflege, des Pflegegelds, der Zustimmung bei medizinischen Behandlungen usw.

Gerichtliche Erwachsenenvertretung

Diese Vertretungsart soll nur dann bestimmt werden, wenn die Entscheidungsfähigkeit der betroffenen Person einschränkt ist und andere Vertretungsarten nicht möglich sind. Die Bestellung erfolgt durch das Gericht und ist auf einzelne Arten von Angelegenheiten, die gegenwärtig zu besorgen sind, beschränkt. Die gerichtliche Erwachsenenvertretung ist zu beenden, sobald diese Angelegenheiten erledigt sind. Die Vertretung erlischt automatisch nach 3 Jahren.

Beispiel

VertretungsNetz – Beispiel für einen Erwachsenenschutzverein

Die Aufgaben umfassen die Beratung der Betroffenen, die Errichtung von Vorsorgevollmachten und die Registrierung der Vertretungen im ÖZVV. Es gibt auch eine Clearingstelle: Hier soll geklärt werden, ob eine gerichtliche Erwachsenenvertretung benötigt wird oder andere Vertretungsvarianten ausreichen.

Rechtsquelle: Unterbringungsgesetz **(UbG)**

Die Unterbringung psychisch Kranker in Krankenanstalten

Folgende Voraussetzungen müssen gleichzeitig vorliegen:

- Der Betroffene ist psychisch krank.
- Es besteht akute Selbst- oder Fremdgefährdung.
- Es fehlen andere Betreuungs- und Behandlungsmöglichkeiten.

Patientenanwälte wahren die Rechte der Patienten im gerichtlichen Unterbringungsverfahren.

Vertretung für Ungeborene, für Abwesende und in Kollisionsfällen

Ein Kurator wird vom Gericht bestellt, um z. B. das Erbrecht eines Ungeborenen zu wahren oder um für vermisste Personen aus deren Vermögen die rückständige Miete zu bezahlen (Abwesenheitskurator). Weiters wird z. B. dann ein Kurator bestellt, wenn die Mutter als gesetzliche Vertreterin das Haus ihrer minderjährigen Tochter kaufen möchte, das diese von ihrem Onkel geerbt hat.

Vertretung von juristischen Personen

Bei juristischen Personen, wie z. B. dem Verein, legen die Statuten fest, wer nach außen zur Vertretung befugt ist.

Üben

SbX ID: 2202

A B C D E

Ü 2.5: Rechtlich relevante Fähigkeiten B

Welche Fähigkeiten kennzeichnen die Rechtsperson und wodurch unterscheiden sich diese?

SbX
Ü 2.6 **mit automatischer Aufgabenkontrolle ID: 2202**

Ü 2.6: Rechts- und Handlungsfähigkeit A

Kreuzen Sie an, ob folgende Aussagen richtig oder falsch sind. Stellen Sie falsche Aussagen richtig:

Aussage	richtig	falsch	Anmerkungen
Kinder und Pensionisten sind nicht rechtsfähig.			
Ungeborene haben keine Rechte.			
15-Jährige können allein Arbeitsverträge abschließen.			
Die Geburtsurkunde wird durch das Gericht ausgestellt.			
13-Jährige dürfen Geldgeschenke annehmen.			
10-Jährige können ihr Religionsbekenntnis ohne Zustimmung der Eltern wechseln.			

Ü 2.7: Feststellung des Todes A

Wodurch kann der Tod einer Person bezeugt bzw. festgestellt werden?

2 Bürgerliches Recht

SbX
Ü 2.8 mit automatischer Aufgabenkontrolle
ID: 2202

Ü 2.8: Vereinsgründung A

Skizzieren Sie den Weg der Vereinsgründung. Verwenden Sie dazu auch die Informationen auf **www.bmi.gv.at**, Links: Aufgabengebiete – Vereinswesen.

Ü 2.9: Haften Eltern? B

Haften Eltern für Schäden, die Kinder verursacht haben?

Ü 2.10: Vertretung Minderjähriger A

Wer vertritt Minderjährige bei Geschäften, die sie selbst noch nicht tätigen dürfen?

SbX
Ü 2.11–Ü 2.14
mit automatischer Aufgabenkontrolle
ID: 2202

Weitere Übungsaufgaben im SbX

Ü 2.11: Vereinswesen B

Bearbeiten Sie den Test zu den Themen Vereinsgründung – Vereinsstatuten.

Ü 2.12: Rechtsfähigkeit, Handlungsfähigkeit B

Vervollständigen Sie die Übersicht.

Ü 2.13: Die gesetzliche Vertretung B

Ordnen Sie die Texte richtig zu.

Ü 2.14: Natürliche Personen – Juristische Personen B

Welche Aussagen treffen zu?

Sichern

SbX ID: 2203

Rechtssubjekt und Rechtsobjekt

Wer Träger von Rechten und Pflichten ist, wird als **Rechtssubjekt** bezeichnet. **Rechtsobjekte** sind Sachen. Sie dienen dem Gebrauch des Menschen und haben keine Rechte.

Rechtsfähigkeit

Unter **„Rechtsfähigkeit"** versteht man die Fähigkeit, Träger von Rechten und Pflichten zu sein. Diese Fähigkeit haben alle natürlichen und juristischen Personen.

natürliche und juristische Personen

Natürliche Personen sind alle Menschen. **Juristische Personen** sind z. B. Vereine, Aktiengesellschaften, der Bund, Kammern ...

Vereine

Vereine sind juristische Personen des Privatrechts. Durch eine Gründungsvereinbarung von mindestens zwei Personen wird der Verein errichtet, und mit Ablauf der Anzeigefrist an die Vereinsbehörde wird der Verein zur Rechtsperson.

Todeserklärung

Besteht Ungewissheit darüber, ob eine bestimmte Person noch am Leben ist, kann unter gewissen Voraussetzungen (Verschollenheit) beim Bezirksgericht eine **Todeserklärung** beantragt werden.

Handlungsfähigkeit

Handlungsfähigkeit ist die Fähigkeit, Rechte und Pflichten durch eigenes Verhalten zu begründen. Man unterteilt sie in die Geschäftsfähigkeit und in die Deliktsfähigkeit.

Geschäftsfähigkeit

Geschäftsfähigkeit ist die Fähigkeit, Rechtsgeschäfte im eigenen Namen abzuschließen und auch Verpflichtungen daraus zu übernehmen.

Deliktsfähigkeit

Deliktsfähigkeit ist die Fähigkeit, durch eigenes rechtswidriges Verhalten schadenersatzpflichtig zu werden.

gesetzliche Vertretung

Wer nicht (oder nur beschränkt) geschäftsfähig ist, braucht einen **gesetzlichen Vertreter.** Dies sind in der Regel Personen, denen die Obsorge für Minderjährige zukommt.

Erwachsenenvertretung

Für Volljährige, die psychisch krank sind oder an einer vergleichbaren Beeinträchtigung ihrer Entscheidungsfähigkeit leiden, kann eine **gerichtliche Erwachsenenvertretung** bestellt werden. Diese hat einen bestimmten Wirkungskreis und wird für 3 Jahre bestellt.

Unterbringung

Wenn die Gefahr besteht, dass ein **psychisch Kranker** sich oder andere gefährdet, kann er in eine Anstalt für psychisch Kranke auch gegen seinen Willen eingewiesen werden.

Vokabeln dieser Lerneinheit

Rechtsfähigkeit	legal capacity
natürliche Person	natural, individual person
juristische Person	legal person
Verein	club, society, association
Handlungsfähigkeit	capacity to act
unmündig	minor

mündig	of full age, major
zivilrechtliche Deliktsfähigkeit	responsibility for an offence (tort)
Schaden	damage
Delikt	offence/crime
Notar	notary public

SbX ID: 2203

Im SbX finden Sie eine Zusammenfassung als Audio-Wiederholung sowie eine Bildschirmpräsentation mit den Grafiken dieser Lerneinheit und eine Linkliste.

Wissen

SbX ID: 2204

A B C D E

W 2.2: Vereinsgründung C

Sie wollen einen Verein gründen. Erarbeiten Sie in Kleingruppen die Statuten. Recherchieren Sie unter **www.help.gv.at.** Dort erhalten Sie auch die notwendigen Formulare (z. B. Vereinsstatuten, Anzeige der Vereinserrichtung usw.).

W 2.3: Geschäftsfähigkeit B

Die 15-jährige Sabine ist Lehrling bei der Fa. Style Company. In der Mittagspause zeigt ihre 18-jährige Arbeitskollegin Susi stolz ihr brandneues Tattoo auf der linken Schulter her. Erst vorige Woche hat sich ihre frühere Mitschülerin Martina ein Bauchnabel-Piercing machen lassen. Sabine möchte schon lange ein Nasen-Piercing und ein Tattoo wie Susi.

Beurteilen Sie die Rechtslage.

W 2.4: Vorsorgevollmacht C

Walter S. ist Berufskraftfahrer. Da er täglich den Gefahren des Straßenverkehrs ausgeliefert ist, macht er sich Gedanken darüber, wer seine Angelegenheiten im Falle eines schweren Unfalls regeln könnte. Beraten Sie Herrn S.

Verwenden Sie bei der Bearbeitung dieser Aufgabenstellung auch das unter **www.help.gv.at** abrufbare Formular (Vorsorgevollmacht). Diskutieren Sie die Vor- und Nachteile einer solchen Verfügung.

SbX ID: 2204

Weitere Kontrollaufgabe im SbX

W 2.5: Tattoo und Piercing C

Beantworten Sie mithilfe eines Links rechtliche Fragen zum Thema Tätowieren und Piercen.

Ein kurzer Kompetenz-Check, bevor's weitergeht!

Kompetenz-Check

	☺	😐	☹
Ich kann erläutern, wer rechtsfähig ist.			
Ich kann erläutern, was eine juristische Person ist.			
Ich kann die Bedeutung der Geschäftsfähigkeit erläutern.			
Ich kann erläutern, wer Personen vertritt, die nicht selbst Geschäfte abschließen dürfen.			

Lerneinheit 3

Rechtsfragen beim Kauf

SbX
Alle SbX-Inhalte zu dieser Lerneinheit finden Sie unter der ID: 2300.

Michael: Gestern habe ich einen Brief der ING4TECH an einen Kunden gesehen, in dem man ihm Maschinenteile verkaufen möchte. Weiters war in dem Brief zu lesen, dass der Kunde innerhalb von 14 Tagen antworten müsse.

Anna: Bei diesem Brief handelt es sich um ein Angebot der ING4TECH, einen Kaufvertrag abzuschließen. Das Gesetz regelt,

- wie ein Kaufvertrag zustande kommt,
- welche Rechte und Pflichten der Verkäufer hat,
- welche Rechte und Pflichten der Käufer hat,
- wann der Käufer Eigentum erwirbt.

Teilweise ist es möglich, von den gesetzlichen Bestimmungen abzuweichen und anderes zu vereinbaren. Darum sind Kaufverträge zwischen Unternehmen manchmal sehr umfangreich.

Lernen

1 Überblick
Welche Gesetze sind bei Abschluss eines Vertrages zu beachten?

§ 1053 Allgemeines bürgerliches Gesetzbuch (ABGB) lautet: „Durch den Kaufvertrag wird eine Sache um eine bestimmte Summe Geldes einem andern überlassen."

Wird als Gegenleistung für den Erhalt einer Ware eine andere Ware hingegeben, nennt man dies **Tausch.**

Erhält man ein Werk oder eine Dienstleistung von einem Unternehmen gegen Entgelt, handelt es sich um einen **Werkvertrag.**

Einen Kauf kann man – zumindest gedanklich – in folgende Phasen zerlegen:

Der Kauf			
Vertragsabschluss (Verpflichtungsgeschäft)		**Vertragserfüllung** (Verfügungsgeschäft)	
Angebot Vorschlag eines Partners, ein Geschäft abzuschließen	**Annahme** Zustimmung des anderen Partners	**Käufer** Bezahlung des Kaufpreises	**Verkäufer** Übergabe des Eigentums an der Sache
Beispiel: Brief der ING4TECH	**Beispiel:** Antwort des Kunden (Bestellung)	**Beispiel:** Zahlung des Kunden	**Beispiel:** Lieferung der ING4TECH
Einigung der Vertragspartner über Ware und Preis (Daneben können weitere Details vereinbart werden.)		Erfüllung des vereinbarten Vertrages	

Welche Gesetze anzuwenden sind, hängt von den **Vertragsparteien** ab:

		Verkäufer	
		Privater	**Unternehmer**
Käufer	**Privater**	ABGB	ABGB + UGB + KSchG
	Unternehmer	ABGB + UGB + KSchG	ABGB + UGB

Grundgedanke des **Unternehmensrechts** ist, dass rasch reagiert werden muss, ein Unternehmer geschäftliche Erfahrung besitzt und daher weniger geschützt werden muss.

Die rechtliche Grundlage bildet das **Allgemeine bürgerliche Gesetzbuch (ABGB),** das jedenfalls anzuwenden ist, wenn keine anderen Gesetze zur Anwendung kommen oder diese keine Sonderbestimmungen enthalten.

Ist am Geschäft mindestens ein Unternehmer beteiligt, kommen zusätzlich die Sonderregelungen des **Unternehmensgesetzbuches (UGB)** zur Anwendung, die den Geschäftsverkehr beschleunigen bzw. erleichtern sollen. Enthält das UGB keine Regelungen, ist auf die Bestimmungen des ABGB zurückzugreifen.

Das **KSchG** ist anzuwenden, wenn ein Geschäft zwischen einem Unternehmer und einem Privaten abgeschlossen wird.

Wird eine Sache für private Zwecke bei einem Unternehmen erworben, dann verfügt der Unternehmer über mehr Erfahrung und kann seine Vorstellungen leichter durchsetzen als ein Privater. Das **Konsumentenschutzgesetz (KSchG)** hat die Aufgabe, den Privaten zu schützen. In diesem Fall gelten die Regelungen des ABGB bzw. des UGB. Enthält das KSchG jedoch eine anders lautende Bestimmung, dann ist diese statt jener des ABGB bzw. UGB anzuwenden.

Beispiele

Auch Unternehmer haben eine Privatsphäre. Kauft ein Unternehmer für sich privat etwas, dann wird er wie alle anderen durch das KSchG geschützt.

Juristische Personen des öffentlichen Rechts sind immer Unternehmer im Sinne des KSchG.

- Renate Trimmel annonciert ihren privaten Pkw in der Zeitung. Karl Frisch kauft ihn, weil er damit auf Urlaub fahren möchte. Da das Geschäft zwischen zwei Privatpersonen abgeschlossen wurde, sind nur die Bestimmungen des ABGB zu beachten.
- Der Angestellte Franz Müller bestellt bei einem Versandhandel Kleidung. Da weder das KSchG noch das UGB Regelungen enthalten, wie ein Vertrag zustande kommt, ist auf die Bestimmungen des ABGB zurückzugreifen.
- Ein Rechtsanwalt kauft ein Videospiel bei der Fa. Müller e. U. Da der Käufer das Spiel für seine private Unterhaltung nutzen möchte, ist er Konsument im Sinne des Konsumentenschutzgesetzes. Auch wenn der Rechtsanwalt wahrscheinlich weniger schutzbedürftig ist als ein Kleinunternehmer, ist in erster Linie das KSchG anzuwenden, danach die Bestimmungen des UGB und zuletzt die Regelungen des ABGB.
- Die ING4TECH lässt von einem Installateur die Wasserinstallationen erneuern. In diesem Fall sind beide Teile Unternehmer, daher ist das UGB zu beachten. Wenn darin keine Regelungen zu finden sind, kommt das ABGB zur Anwendung.

Sachenrecht = **law of property**

2 Grundzüge des Sachenrechts

Das Sachenrecht regelt, wem Sachen gehören und wer darüber verfügen darf.

Sachenrechte können gegenüber jedermann durchgesetzt werden, sie sind daher absolute Rechte.

Absolute Rechte an Sachen werden auch dingliche Rechte genannt.

Michael: Wenn die ING4TECH die Maschinenteile an den Kunden liefert, erwirbt er Eigentum an den Teilen. Welche Rechte hat ein Eigentümer?

§ 354 ABGB lautet (gültig seit 1. 1. 1812): *„Als ein Recht betrachtet, ist Eigenthum das Befugniß, mit der Substanz und den Nutzungen einer Sache nach Willkühr zu schalten, und jeden Andern davon auszuschließen."*

Neben dem Eigentum können nur **folgende anderen Rechte** an einer Sache begründet werden:

- Pfand
- Dienstbarkeit
- Reallast
- Baurecht

Innehabung = **occupation (habitation)**

Besitz = **possession**

Eigentum = **ownership**

„Hat" jemand eine Sache, dann ist aus rechtlicher Sicht zu unterscheiden:

Innehabung	Besitz	Eigentum
Inhaber ist eine Person, die tatsächlich über eine Sache verfügen kann und bereit ist, sie dem Berechtigten herauszugeben.	Besitzer ist ein Inhaber, der den Willen hat, die Sache als die seinige zu behalten.	Der Eigentümer hat das Recht, über die Sache rechtlich und tatsächlich zu verfügen und jeden anderen davon auszuschließen.
Beispiele: • Garderobiere • Finder, der die Sache zurückgeben möchte	**Beispiele:** • Wohnungsmieter • Dieb	

Es gibt auch Sachen, an denen zuvor **niemand anderer Eigentum** hatte, z. B. die Früchte eines Baumes; diese werden Eigentum des Baumeigentümers.

Eigentumserwerb

Ist jemand Eigentümer einer Sache und möchte er das Eigentumsrecht auf jemand anderen übertragen, müssen folgende Voraussetzungen erfüllt werden:

In bestimmten Fälle kann Eigentum auch erworben werden, wenn der Veräußerer selbst nicht Eigentümer oder verfügungsberechtigt war.

Voraussetzung für den Erwerb von Eigentum	
Rechtsgrund **und**	**Übergabe**
z. B. entsprechender Vertrag, wie: ● Schenkung ● Kauf ● Tausch	Dadurch soll anderen, am Geschäft unbeteiligten Personen gezeigt werden, wer über die Sache verfügungsberechtigt ist. Das Eigentum an Grundstücken wird durch Eintragung in das Grundbuch übertragen.

Ist eine körperliche Übergabe nicht möglich, kann stattdessen auch eine **symbolische Übergabe** erfolgen, z. B. durch Frachtpapiere.

Voraussetzung, dass jemand durch die **Übergabe Eigentum** erwirbt, ist,

- dass der Veräußerer Eigentümer oder zumindest über die Sache verfügungsberechtigt ist,
- das Vorliegen eines Rechtsgrundes, der die Eigentumsübertragung rechtfertigt, und
- die Übergabe der Sache an den Käufer mit dem Willen, Eigentum zu übertragen.

Der Eigentumserwerb ist nicht von der Zahlung des Kaufpreises abhängig!

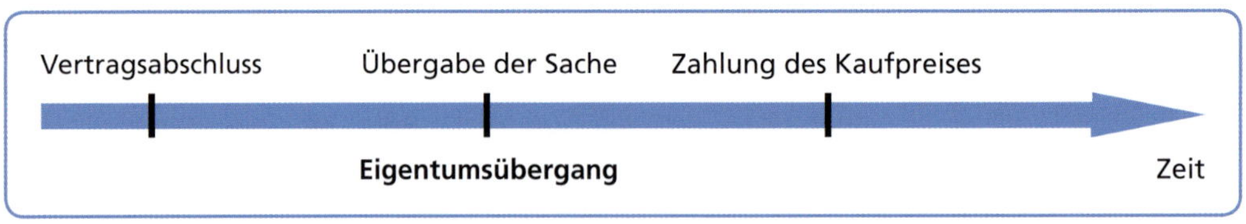

Beispiele

- Am 12. Mai schließt die ING4TECH mit einem Kunden einen Kaufvertrag über Maschinenteile. Am 20. Mai holt der Käufer die Teile ab, am 25. Mai bezahlt er.

  War die ING4TECH Eigentümer der Teile oder hat sie der Eigentümer zumindest ermächtigt, diese zu verkaufen, so erwirbt der Käufer mit der Übergabe der Teile am 20. Mai Eigentum, da an diesem Tag durch den Kaufvertrag ein Rechtsgrund für den Eigentumsübergang gegeben war und die Teile körperlich in die Hand des Käufers übergeben wurden. Die Bezahlung des Kaufpreises ist keine Voraussetzung für den Eigentumserwerb! Ab dem Übergang des Eigentums kann der Käufer mit der Sache tun und lassen, was er will; der Verkäufer hat keine Rechte an der Sache. Er kann sie daher auch nicht zurückfordern, wenn sie nicht bezahlt wird.

- Martha Müllner bringt alte Kleidung in einen Secondhandshop. Sie vereinbart mit dem Unternehmer, dass er die Kleidung für sie verkaufen soll und dafür einen Teil des Kaufpreises behalten darf. Verkauft er die Kleidung nicht, erhält sie Martha Müllner zurück.

  Tatsächlich findet sich zwei Tage später Renate Sommer, die die Kleidung kauft.

  Der Inhaber des Secondhandshops ist nicht Eigentümer der Kleidung geworden, da nicht beabsichtigt war, dass er Eigentum erwerben soll. Martha Müllner hat ihn nur ermächtigt, die Kleidung für sie zu verkaufen. Daher war er aber in der Lage, Renate Sommer Eigentum an der Kleidung zu verschaffen.

Es gilt der Grundsatz, dass niemand mehr Rechte weitergeben kann, als er selbst hat.

Hat der Verkäufer nicht das uneingeschränkte Eigentum, z. B. aufgrund einer Verpfändung, dann gelten diese Beschränkungen auch für den Erwerber.

Miteigentum

Die Aufteilung einer Sache auf die Miteigentümer wird **Realteilung** genannt.

Der Verkauf einer Sache und die Aufteilung des Erlöses auf die Miteigentümer wird **Zivilteilung** genannt.

Eigentümer einer Sache können auch mehrere Personen gemeinsam sein. Miteigentümer haben kein Eigentum an einem bestimmten Teil der Sache.

Die ordentliche Verwaltung (z. B. laufende Instandhaltung der Sache) erfolgt durch Mehrheitsbeschluss sämtlicher Eigentümer. Maßnahmen der außerordentlichen Verwaltung (z. B. Umbau eines Gebäudes) bedürfen der Einstimmigkeit.

Jeder **Miteigentümer** ist berechtigt, alleine über seinen Anteil zu verfügen.

Miteigentum = co-ownership

Soll das **Miteigentum** aufgehoben werden, dann wird die Sache im Verhältnis der Anteile auf die Eigentümer aufgeteilt oder – wenn dies nicht möglich ist – die Sache verkauft und der Erlös geteilt.

Beispiel

Sabine Meister und Gerhard Schwarz kaufen gemeinsam einen PC. Sabine Meister erhält daran Eigentum zu 2/3; Gerhard Schwarz zu 1/3. Wer den PC nutzen darf, kann Sabine Meister alleine entscheiden, da dies eine Maßnahme der ordentlichen Verwaltung ist. Soll der PC gegen Entgelt vermietet werden, handelt es sich um eine Maßnahme der außerordentlichen Verwaltung, die einstimmig zu beschließen ist.

Gerhard Schwarz kann seinen Anteil – ohne Zustimmung von Sabine Meister – auch an jemand anderen weitergeben, da jeder Eigentümer alleine über seinen Anteil verfügen darf.

Gesamthandeigentum

Keiner der Miteigentümer darf über seinen Anteil allein verfügen, nur alle gemeinsam können die Sache z. B. verkaufen oder verpfänden. Beispiel: Vermögen der OG.

Vertrag = **contract**

3 Der Vertrag

Verträge sind Vereinbarungen zwischen Personen, die Rechtsfolgen auslösen.

Der Teil des Privatrechts, der sich mit Rechtsgeschäften und Verträgen befasst, wird **Schuldrecht** genannt.

Schuldner = **debtor**

Gläubiger = **creditor**

An einem Vertrag sind mindestens zwei Personen beteiligt:

- der **Schuldner**:
  - Er soll eine Leistung erbringen.
  - Er hat eine Verbindlichkeit.
- der **Gläubiger**:
  - Er erhält die Leistung.
  - Er hat eine Forderung.

Was bzw. wie zu leisten ist, kann zwischen den Parteien frei vereinbart werden.

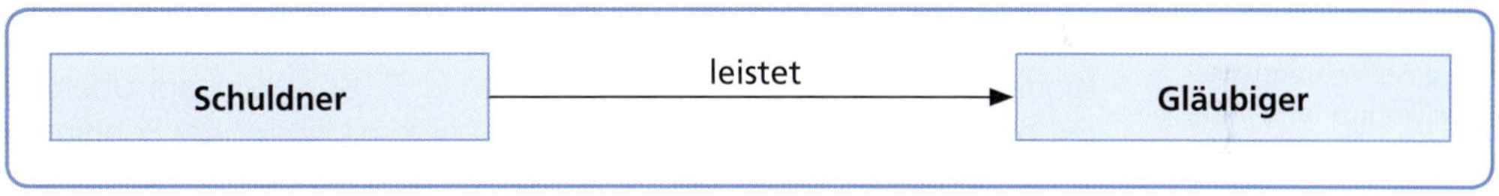

Durch einen Vertrag werden die gegenseitigen Rechte und Pflichten festgelegt.

Grundlage für die Übertragung des Eigentums vom Verkäufer an den Käufer ist ein **Kaufvertrag.** Dieser Vertrag kommt durch übereinstimmende Willenserklärungen zustande:

Angebot = **offer**

Annahme = **acceptance**

Zustandekommen eines Vertrages	
Angebot (Offerte)	**Annahme**
Erklärung, die den Anbieter bindet, den Vertrag zu den im Angebot genannten Bedingungen abzuschließen.	Erklärung, den angebotenen Vertrag – ohne Änderungen – zu akzeptieren
Beispiel: Brief der ING4TECH	**Beispiel:** Antwort des Kunden

Die volle Geschäftsfähigkeit tritt grundsätzlich mit Vollendung des 18. Lebensjahres ein. Siehe S. 27.

Ein **Irrtum** ist nur dann rechtlich beachtlich, wenn
- ein Partner irrtümlich etwas anderes erklärt hat, als er zu erklären meinte, oder
- ein Partner sich über den Gegenstand des Geschäftes geirrt hat

und
- vom Vertragspartner veranlasst war,
- dem Vertragspartner auffallen musste oder
- rechtzeitig aufgeklärt wurde.

In Österreich herrscht **Vertragsfreiheit.** Daher ist grundsätzlich niemand verpflichtet,
- überhaupt einen Vertrag abzuschließen oder
- vorgegebene Bedingungen zu akzeptieren.

Das Gesetz legt allerdings **bestimmte Voraussetzungen** fest, damit ein gültiger Vertrag zustande kommt:

1. Die Vertragsparteien müssen die **erforderliche Geschäftsfähigkeit** aufweisen.
2. Der Inhalt des Vertrages muss
   - **möglich** (**nicht möglich** ist z. B. der Kauf eines Grundstückes am Mars) und
   - **erlaubt** (**nicht erlaubt** ist der Handel mit Rauschgift) sein.

3. Es dürfen keine **Willensmängel** vorliegen. Willensmängel liegen vor, wenn
   - ein Partner gezwungen wurde, den Vertrag abzuschließen,
   - ein Partner durch Drohung zum Vertragsabschluss bewogen wurde,
   - ein Partner durch List zum Vertragsabschluss verleitet wurde,
   - ein Partner geirrt hat.

Beispiel

Jemand kauft einen goldenen Ring um € 800,–. Zu Hause stellt er fest, dass der Ring vergoldet ist. Hier liegt ein Irrtum über die Eigenschaft des Gegenstandes vor, der zu einer Anfechtung berechtigt, wenn der Verkäufer den Käufer nicht aufgeklärt hat, dass der Ring nur vergoldet ist.

Der Inhalt eines Vertrages ist grundsätzlich zwischen den Vertragspartnern zu vereinbaren. Jedoch enthält das Gesetz einerseits Regelungen zum Schutz des schwächeren Partners, die in der Regel nicht zu dessen Ungunsten bzw. teilweise überhaupt nicht geändert werden dürfen. Andererseits sind im Gesetz Regelungen zu finden, die zur Anwendung kommen, wenn Sachverhalte im Vertrag nicht geregelt sind.

Inhalt eines Kaufvertrages

Da durch einen Kaufvertrag die Übergabe einer Ware gegen die Bezahlung einer bestimmten Summe Geldes geregelt werden soll, muss in diesem Vertrag zumindest Folgendes vereinbart werden:

- **welche Ware verkauft werden soll**
- **welcher Preis zu zahlen ist**
- **zwischen wem der Vertrag abgeschlossen werden soll**

Wurde nicht klar geregelt, ob der vereinbarte Preis die USt bereits enthält, gilt im Zweifel, dass der vertraglich fixierte Preis die gesetzliche USt enthält. Dies gilt auch, wenn der Käufer Unternehmer ist.

Wird keine Einigung über diese Punkte erzielt, liegt kein Kaufvertrag vor!

Preis

Der Preis darf nicht von einer Vertragspartei willkürlich festgesetzt werden.

Es ist auch zulässig, den Preis durch einen Dritten bestimmen zu lassen oder eine objektive Methode zur Preisermittlung zu vereinbaren (z. B. Börsekurs am Übergabetag; Berechnungsformel mit objektiven Parametern, wie Verbraucherpreisindex oder Lohnindex).

Beispiel

Die ING4TECH hat mit einem anderen Unternehmen vereinbart, zwei Jahre lang jeden Monat Maschinenteile zu liefern.

Als Preis für ein Teil wurden € 150,– vereinbart. Weiters wurde vereinbart, dass der Preis nach einem halben Jahr gemäß folgender Formel angepasst wird:

Preis neu = Preis alt × 0,6 × Steigerung des Verbraucherpreisindex + Preis alt × 0,4 × Steigerung des Lohnindex

Steigt der Verbraucherpreisindex von 112,4 auf 114,5 und der Lohnindex von 143,5 auf 146,3, dann ergibt sich als neuer Preis:

$$\text{Preis neu} = € \, 150 \times 0{,}6 \times \frac{114{,}5}{112{,}4} + € \, 150 \times 0{,}4 \times \frac{146{,}3}{143{,}5} = € \, 152{,}85$$

Wird eine derartige **Preisgleitklausel** bei Geschäften mit Konsumenten vereinbart, dann muss jedenfalls auch vorgesehen sein, dass der Preis sinkt, wenn die Parameter sinken.

Eine derartige Preisvereinbarung wäre zulässig, da keine der beiden Vertragsparteien den Preis willkürlich beeinflussen kann.

Kostenvoranschlag

Ein **Werkvertrag** liegt vor, wenn ein Unternehmer ein Werk gegen Entgelt auf Auftrag des Kunden herstellt.
Beispiele:
- Durchführung einer Reparatur
- Planung eines Hauses
- Anfertigung eines Kastens

Michael: Wenn die ING4TECH eine bereits fertige Maschine kauft, kann der Verkäufer den Preis nennen. Wenn aber die Elektroinstallationen für die Maschine von einem anderen Unternehmen hergestellt werden sollen, woher weiß die ING4TECH dann den Preis?

Anna: Ein derartiger Vertrag wird Werkvertrag genannt. Der Unternehmer, der die Leistung erbringen soll, kann statt des Preises einen Kostenvoranschlag abgeben. Dies ist eine schriftliche Aufstellung des benötigten Materials, der notwendigen Arbeitszeit und der dafür anfallenden Kosten.

Kostenvoranschlag = **costing, quotation, estimate of costs**

Hinsichtlich der Verpflichtung, den im Kostenvoranschlag angegebenen Preis einzuhalten, ist zu unterscheiden:

Kostenvoranschlag		
mit Gewähr (verbindlich)		**ohne Gewähr** (unverbindlich)
Vereinbarung	KSchG	ABGB

Verbindlich sind Kostenvoranschläge, wenn dies vereinbart wurde oder wenn der Auftraggeber Konsument ist.

Verspricht der Unternehmer, den im Kostenvoranschlag angegebenen Preis einzuhalten (Kostenvoranschlag mit Gewähr, Kostenvoranschlag unter Garantie, **verbindlicher Kostenvoranschlag**), oder wird ein Pauschalpreis vereinbart, dann darf er keinesfalls einen höheren Preis verlangen. Nur wenn der Besteller den Umfang der Arbeiten ändert, dann hat der Auftraggeber die anfallenden Mehrkosten zu tragen.

Wird das Geschäft zwischen einem **Unternehmer** und einem **Verbraucher** abgeschlossen, dann bestimmt das KSchG, dass es sich um einen **verbindlichen Kostenvoranschlag** handelt.

Nur wenn ausdrücklich darauf hingewiesen wird, dass er unverbindlich ist, gelten die Regeln über den unverbindlichen Kostenvoranschlag.

Geringfügig sind Überschreitungen bis max. 15 %.

Liegt ein **unverbindlicher Kostenvoranschlag** vor, dann trägt das wirtschaftliche Risiko der Auftraggeber. Der Besteller muss geringfügige Überschreitungen des Preises tragen. Falls eine wesentliche Überschreitung des Preises unvermeidlich ist, hat der Unternehmer den Auftraggeber zu informieren. Genehmigt dieser die Überschreitung, muss er den neuen (höheren) Preis zahlen. Ist er damit nicht einverstanden, kann er vom Vertrag zurücktreten. Dies bedeutet, dass der Vertrag aufgehoben wird und der Unternehmer seine Arbeit beendet. Der Auftraggeber muss für die bisher geleistete Arbeit eine angemessene Vergütung leisten und kann mit den restlichen Arbeiten jemand anderen beauftragen.

Wenn nichts vereinbart wurde und der Auftraggeber kein Konsument ist, ist davon auszugehen, dass es sich um **einen Kostenvoranschlag ohne Gewähr** handelt.

Beispiel

Die ING4TECH hat von einem Tischler einen Kostenvoranschlag über € 3.820,– für die Herstellung und Montage einer neuen Türe für ihr Geschäftslokal erhalten. Aufgrund dieses Kostenvoranschlages beauftragt sie den Tischler.

Nachdem der Tischler die Arbeiten durchgeführt hat, legt er der ING4TECH eine Rechnung über € 4.590,– vor.

Der Rechnungspreis liegt um 20 % über dem Preis des Kostenvoranschlages. Auch wenn es sich um einen unverbindlichen Kostenvoranschlag gehandelt hat, ist die ING4TECH nicht verpflichtet, diese Preiserhöhung zu akzeptieren, da der Auftragnehmer den Kunden nicht gewarnt hat. Sie muss nur den ursprünglichen Preis von € 3.820,– bezahlen.

Der Tischler hätte die ING4TECH in dem Zeitpunkt verständigen müssen, in dem er erkannt hat, dass er den im Kostenvoranschlag angegebenen Preis nicht einhalten kann.

Wenn hingegen der Unternehmer den Preis ohne detaillierte Aufschlüsselung schätzt, handelt es sich um keinen Kostenvoranschlag und die Auskunft ist **unverbindlich**.

Beispiel

Ein Kunde fährt mit einem beschädigten Auto in eine Kfz-Werkstatt und fragt den Unternehmer, wie viel die Reparatur des zerbeulten Kotflügels und die Erneuerung des Scheinwerfers kostet. Der Unternehmer geht um das Auto, beugt sich unter den Wagen, klopft am Blech und meint, die Behebung des Schadens werde ca. € 1.300,– kosten.

Kostenschätzungen ohne Aufgliederung von Arbeit und Material sind **unverbindliche Preisauskünfte.** Diese muss der Unternehmer nicht einhalten.

Diese Auskunft ist kein Kostenvoranschlag. Lässt der Kunde das Auto reparieren und verlangt der Unternehmer einen höheren Preis, dann kann er sich nicht darauf berufen, dass er den Preis, der genannt wurde, einhalten muss.

Beispiel für einen Kostenvoranschlag

LARISCH DACHDESIGN Ges. m. b. H.

Spenglerei, Dachdeckerei und Zimmerei • Spezialist für Metallornamente und Denkmalschutz

ING4TECH
Zweigniederlassung Innsbruck
Weinhartstr. 4
6020 Innsbruck

Datum : 15.07.20..
Projektnummer : PR04/1364
Bestätigung-Nr. : BE04/033

Angebot

Bauvorhaben: Stammersdorfer Straße 319 / Gerasdorf

unser Zeichen: la/nl Spenglerarbeiten

Position	Menge	Einheit	Leistung	Einzelpreis	Gesamtpreis
1.)	58,00	M1	Hängerin.rund verzinkt 33 cm Zuschnittsbreite 33 cm.	L: 14,90 M: 6,00 20,90	1.212,20
2.)	2,00	St	Az Hängerin.rund verz.Vorkopf Für Vorköpfe.	L: 5,60 M: 2,20 7,80	15,60
3.)	6,00	St	Az Hängerin.rund verz.Winkel Für Rinnenwinkel ohne Unterschied des Winkels.	L: 11,20 M: 4,50 15,70	94,20
4.)	3,00	Stk	Einhängekessel vz.rund b.DN150 Mit rundem Fallrohranschluss, bis DN 150.	L: 2,00 M: 14,40 16,40	49,20

Nettosumme	1.371,20
Mehrwertsteuer 20,00%	274,24
Gesamtsumme in	1.645,44

Bei einer allfälligen Beauftragung ersuchen wir Sie, dieses Anbot unterfertigt an uns zu retournieren.

Wir würden uns freuen, Ihren Auftrag zu erhalten und verbleiben

mit freundlichen Grüßen

Larisch Dach Design GmbH

....
(Datum, Unterschrift des Auftraggebers)

Grundsätzlich sind **Angebote** für den Anfragenden **gratis** – ausgenommen es wurde ausdrücklich vereinbart, dass für die Erstellung des Kostenvoranschlages ein Entgelt zu zahlen ist.

Für Konsumenten ist dies im KSchG geregelt. Unterlässt der Unternehmer den Hinweis, dass er für die Erstellung des Kostenvoranschlages ein Entgelt verlangen möchte, dann darf er nichts verlangen.

Ware = **goods**

Ware

Grundsätzlich ist zwischen Käufer und Verkäufer die geschuldete Ware zu vereinbaren. Die Vereinbarung kann z. B. auch durch Verweis auf

- eine Probe,
- technische Spezifikationen,
- in Prospekten beschriebene Eigenschaften

erfolgen.

Jeder der Vertragspartner wird – im Rahmen der gesetzlichen Möglichkeiten – versuchen, die Vereinbarung so zu gestalten, dass sie für ihn möglichst günstig ist. Welche Seite dabei ihre Interessen besser durchsetzen kann, wird von der (wirtschaftlichen) Stärke der Partner und von den aktuellen Marktverhältnissen abhängen.

Weitere Vertragsbestandteile

Die Parteien können im Vertrag auch andere Rechte und Pflichten regeln. Enthält der Vertrag keine Regelungen, kommen die gesetzlichen Bestimmungen zur Anwendung. Daher gilt für den Vertragsinhalt:

Vertragsinhalt	
vorrangig: Parteiwille	wenn nichts vereinbart: Gesetz
Was zu leisten ist und wie der Kauf abgewickelt wird, richtet sich in erster Linie nach der zwischen den Parteien getroffenen Vereinbarung.	Gilt für jene Punkte, welche die Parteien nicht geregelt haben oder für die das Gesetz zwingende Regelungen enthält.

Wollen die Vertragsparteien bestimmte Punkte regeln und können sie sich nicht einigen, kommt kein Vertrag zustande, selbst wenn Einigung über die Hauptpunkte Ware und Preis erzielt wurde.

Beispiel

Die ING4TECH verhandelt mit einem Kunden über den Verkauf einer Maschine und einigt sich über die Maschine und den Preis. Der Käufer möchte die Maschine in einem Monat geliefert bekommen, die ING4TECH möchte das Lager sofort leer bekommen. Da hier über die Hauptpunkte – Ware und Preis – Einigung erzielt wurde, aber nicht über den Lieferzeitpunkt, wurde kein Einverständnis erzielt; es kommt kein Vertrag zustande.

Allgemeine Vertragsbedingungen (Geschäftsbedingungen)

allgemeine Vertragsbedingungen = **general terms of the contract**

Allgemeine Vertragsbedingungen sind ein Mittel zur Rationalisierung. Sie dienen aber auch dazu, Geschäfte vergleichbar zu machen, z. B. Allgemeine Einkaufsbedingungen, Allgemeine Lieferbedingungen.

Michael: In der Einkaufsabteilung wurde mir gesagt, dass die ING4TECH grundsätzlich nur zu ihren „allgemeinen Einkaufsbedingungen" einkauft. Ist das zulässig?

Anna: Die „allgemeinen Einkaufsbedingungen" sind allgemeine Vertragsbedingungen. Dies sind vorformulierte, standardisierte Vertragstexte, die Unternehmen nutzen, die häufig gleichartige Geschäft abschließen, um

- den Geschäftsabschluss zu vereinfachen,
- Zeit und Geld zu sparen,
- die eigenen Interessen besser durchzusetzen.

Geschäftsbedingungen = **terms of business, trading conditions**

Typische Regelungen, die man in **allgemeinen Geschäftsbedingungen** findet, sind beispielsweise:

- Zeitpunkt der Lieferung
- Ort der Warenübergabe
- Zahlungsmodalitäten wie Zahlungsziele oder Skonti
- Zeitpunkt des Gefahrenüberganges
- Tragen der Transportkosten
- Folgen eines Gläubiger- bzw. Schuldnerverzuges
- Gewährleistungs- bzw. Garantieansprüche
- Schadenersatzansprüche
- Eigentumsvorbehalt
- Konventionalstrafen
- Einschulung des Käufers
- Sicherheitsleistungen

Ein **Verzug** liegt vor, wenn ein Partner seine Leistung zu spät erbringt.

Alles, was Vertragsinhalt werden soll, bedarf der **Zustimmung beider Vertragspartner.**

Die Prüfung der Zulässigkeit obliegt den Gerichten.

Da die allgemeinen Geschäftsbedingungen Teil des Vertrages werden sollen, gelten sie nur, wenn sie zwischen den Vertragsparteien vereinbart wurden. Sie können nicht von einem Vertragsteil dem anderen einseitig aufgezwungen werden.

Zum Schutz des Vertragspartners, der vom anderen die allgemeinen Vertragsbedingungen vorgelegt bekommt, sind einige Vertragsklauseln, insbesondere solche, die den Partner stark benachteiligen, unwirksam.

Form

Aus Beweisgründen – insbesondere bei teureren Sachen – empfiehlt sich ein **schriftlicher Vertragsabschluss.**

Grundsätzlich bestehen für Kaufverträge keine besonderen Formvorschriften. Daher können Kaufverträge
- **schriftlich,**
- **mündlich** oder
- durch **schlüssige Handlungen** (konkludent)

abgeschlossen werden.

Beispiel

Jemand geht in eine Trafik, in der viele andere Kunden warten. Da er nicht warten möchte, nimmt er eine Zeitung vom Stoß und legt das Geld dafür neben den Trafikanten. Sieht der Trafikant dies und unternimmt nichts dagegen, so akzeptiert er dieses Verhalten und es kommt ein Kaufvertrag durch schlüssige Handlung zustande.

Bei einigen Rechtsgeschäften verlangt die Rechtsordnung, dass eine **bestimmte Form** eingehalten wird. Der Grund dafür ist meist entweder der Schutz des schwächeren Partners oder die Beweissicherung. Wird die einfache Schriftform verlangt, dann genügt die eigenhändige Unterschrift. Diese kann in idR durch eine sichere digitale Signatur ersetzt werden.

Unterschreibt jemand einen Vertrag, ohne ihn gelesen zu haben, dann akzeptiert er mit der Unterschrift den Inhalt und dieser wird dem Geschäft zugrunde gelegt.

Das Angebot (Offerte)

Häufig übermittelt ein potenzieller Vertragspartner – zumeist auf Anfrage – ein Angebot:

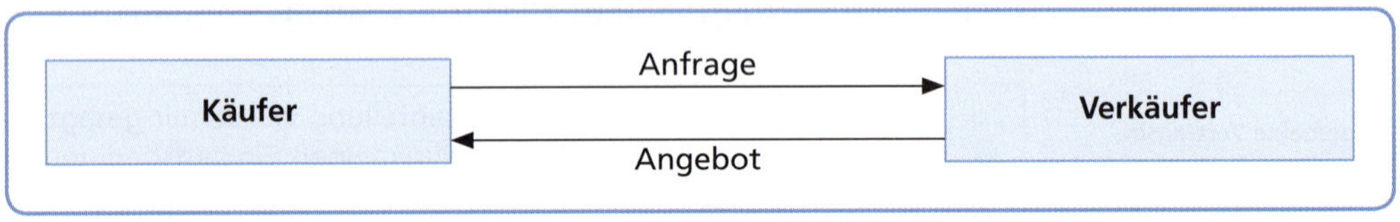

Michael: Ich habe gestern in der Zeitung ein Angebot eines Lebensmitteldiskonters gesehen. Dabei wurden PC sehr günstig angeboten.

Anna: Nicht alles, was als Angebot bezeichnet wird, ist auch rechtlich ein Angebot.

Im täglichen Leben wird der Begriff „Angebot" anders verwendet als im Rechtsverkehr.

Bei Angeboten ist zu unterscheiden:

Angebot	
wirtschaftlich	**rechtlich**
Bekanntmachung, dass Unternehmen bestimmte Leistungen erbringt, und Aufforderung, diese Leistungen zu kaufen	• rechtsverbindlicher Vorschlag, einen Vertrag abzuschließen • an eine bestimmte Person gerichtet
Beispiele: • Flugblatt • Zeitungsinserat	**Beispiel:** Schreiben an Interessierten, das bereits den Vertragsinhalt enthält.

Das **Angebot im rechtlichen Sinn** enthält die Bedingungen, zu denen der Bieter bereit ist, den Vertrag abzuschließen. An diese Erklärung ist er gebunden. **Erklärt der Empfänger des Angebotes, zu diesen Bedingungen abschließen zu wollen, kommt der Vertrag zustande.** Der Bieter darf den Vertragsabschluss nicht grundlos verweigern.

Beispiel

Die ING4TECH möchte mehrere Büros neu einrichten. Sie lässt sich von zwei Büroausstattern ein Angebot schicken.

Die ING4TECH wählt das beste Angebot aus und sendet die Bestellung – die Vertragsannahme – an den Büroausstatter. Dieser ist verpflichtet, die angebotenen Büromöbel zu den im Angebot angegebenen Bedingungen zu liefern. Lehnt er dies ab, kommt zwar kein Kaufvertrag zustande, aber die ING4TECH kann Schadenersatz verlangen.

Niemand möchte sich an irgendjemand binden, von dem er nicht weiß, ob er ein zuverlässiger und zahlungsfähiger Partner ist.

Da der Anbieter an sein Angebot gebunden ist, muss der Wille, sich zu binden, zum Ausdruck kommen. Enthält das Angebot Klauseln wie: „unverbindlich", „freibleibend" o.Ä., zeigt der Anbieter, dass er sich nicht binden will. Gleiches gilt, wenn der Vertragspartner nicht bestimmt ist. Daher gilt das Zusenden von Katalogen und Preislisten sowie das Zurschaustellen von Waren in Schaufenstern oder im Internet nicht als Angebot. Es ist vielmehr die Einladung an Interessierte, ein Angebot zu stellen, welches das Unternehmen annehmen kann, aber nicht muss.

Das neue Angebot kann, muss aber nicht angenommen werden.

Ändert derjenige, der die Offerte erhalten hat, etwas am Inhalt, so unterbreitet er dem Anbieter ein Gegenangebot. Der ursprüngliche Anbieter muss keinesfalls Änderungen akzeptieren.

Beispiel

Karl Ritter möchte einen Akkuschrauber kaufen. Um einen Überblick über die Preissituation zu erhalten, sammelt er einschlägige Flugblätter und besichtigt in Schaufenstern ausgepreiste Geräte. Ein in einem Flugblatt beschriebenes Gerät erscheint für die beabsichtigte Verwendung besonders geeignet. Daher bestellt Karl Ritter schriftlich die Maschine bei diesem Unternehmen.

Da es sich im vorliegenden Fall um kein verbindliches Angebot gehandelt hat, kann das Unternehmen, welches das Flugblatt herausgegeben hat, die Lieferung und damit das Zustandekommen des Vertrages ablehnen.

Das Unternehmen kann auch mitteilen, dass es nur bereit ist, die Maschinen zu einem höheren Preis zu liefern. Diese Mitteilung stellt dann ein neues Angebot dar, welches Karl Ritter annehmen kann, aber nicht muss.

Der Anbieter darf den Vertragsabschluss nicht grundlos verweigern.

Liefert das Unternehmen aber die bestellte Maschine zum angegebenen Preis, dann kommt der Vertrag zustande. Karl Ritter darf die Übernahme der Maschine nicht grundlos verweigern. Er muss auch den vereinbarten Kaufpreis zahlen.

Derjenige, der das Angebot erhält, wird – zumindest bei teuren Waren – Zeit benötigen, die Angebote zu prüfen und zu vergleichen. Daher stellt sich die Frage, ob der Bieter zu seinem Angebot stehen muss oder ob er die Annahme ablehnen kann.

Bindung an Angebot		
Vereinbarung	**Gesetz**	
	unter Anwesenden (mündliche Verhandlungen, Telefon)	unter Abwesenden (schriftlich, Fax, E-Mail)
	Bindung nur während der Verhandlungsdauer	2-facher Postweg + angemessene Überlegungsfrist

Grundsätzlich steht es dem Bieter frei, festzulegen, wie lange er sich an sein Angebot binden möchte. Erklärt der Partner innerhalb dieser Frist, das Angebot zu akzeptieren, kommt der Vertrag mit dem vorgeschlagenen Inhalt zustande.

Nach Beendigung der Verhandlungen ist jeder der Partner wieder frei und nicht mehr an sein Wort gebunden.

Je größer der Wert der Ware, desto länger wird die Überlegungsfrist sein.

Wurde nichts vereinbart, kommen die gesetzlichen Regelungen zur Anwendung:

- Führen die Verhandlungspartner die Vertragsverhandlungen persönlich (von Angesicht zu Angesicht, telefonisch), ist jeder während der laufenden Verhandlungen an sein Wort gebunden.
- Erfolgt das Angebot schriftlich (Post, Fax, E-Mail), so ist der Bieter während folgender Frist gebunden: Dauer der Zustellung des Angebotes + angemessene Überlegungsfrist des Partners + Dauer der Rücksendung der Annahmeerklärung.

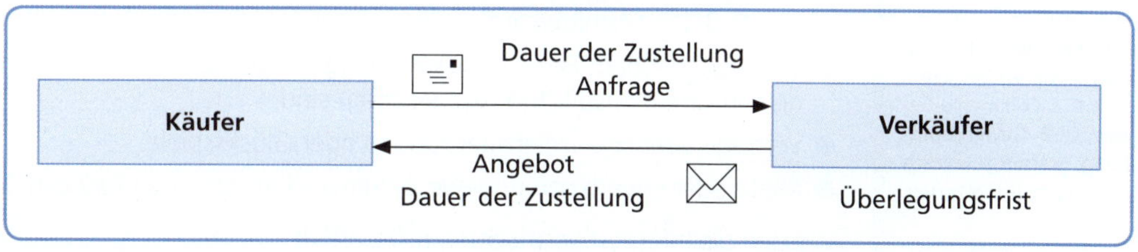

Beispiel

Ein Unternehmen bietet der ING4TECH brieflich 50 Kopiergeräte zum Preis von € 1.000,– je Stück an. Die ING4TECH schreibt nach 5 Wochen zurück, dass sie dieses Angebot annehmen möchte. Da keine Vereinbarung hinsichtlich der Bindung getroffen wurde, gelten die gesetzlichen Bestimmungen. Die gesetzlich vorgesehene Bindungsfrist von 2-fachem Postweg zuzüglich angemessener Überlegungsfrist wurde in diesem Fall überschritten, daher kann das Unternehmen das Angebot ablehnen.

Schickt die ING4TECH 2 Tage nach Erhalt des Angebotes einen Brief an den Anbieter, in dem sie erklärt, 5 Kopiergeräte kaufen zu wollen, so ist zwar die Frist gewahrt, jedoch stimmen Angebot und Annahme nicht überein, sodass kein Vertrag zustande kommt. Hier ist zu bedenken, dass sich die Kalkulationsgrundlage ändert und der Verkäufer u. U. nicht bereit ist, die geringe Menge zum selben Preis zu verkaufen wie die größere.

Annahme

Bleibt der Empfänger eines Angebotes untätig, kommt kein Vertrag zustande.

Die Annahme eines Angebotes kann ausdrücklich erfolgen oder schlüssig. **Schweigen gilt grundsätzlich nicht als Annahme.**

Beispiel

Der ING4TECH wird eine Bestellung zugeschickt.

- Die ING4TECH kann dem Besteller mitteilen, dass sie die Ware liefern wird (= ausdrückliche Annahme).
- Die ING4TECH kann dem Besteller die Ware schicken (= schlüssige Annahme).
- Reagiert die ING4TECH nicht, kommt kein Vertrag zustande.

Verträge mit Konsumenten

Informationspflichten

Diese Informationen müssen dem Verbraucher auch gegeben werden, wenn er die Sache im Geschäft des Unternehmers kauft. Ein Aufdruck dieser Informationen auf der Rechnung genügt nicht, da er die Rechnung nicht vor Vertragsabschluss erhält.

Der Unternehmer muss dem Verbraucher vor jedem Vertragsabschluss – unabhängig von der Vertriebsart – folgende Informationen geben:

1. die wesentlichen Eigenschaften der Ware oder Dienstleistung
2. die Identität des Unternehmens: Namen oder Firma des Unternehmers sowie die Anschrift seiner Niederlassung, weiters Telefon- und Faxnummer sowie E-Mail-Adresse, unter der das Unternehmen erreicht werden kann
3. den Gesamtpreis der Ware oder Dienstleistung inklusive aller Steuern und Abgaben. Kann der Preis aufgrund der Beschaffenheit der Ware oder Dienstleistung nicht im Voraus berechnet werden, ist die Art der Preisberechnung und gegebenenfalls alle zusätzlichen Kosten bekanntzugeben.
4. Zahlungs-, Liefer- und Leistungsbedingungen sowie den Liefer- oder Leistungszeitraum
5. zusätzlich zum Hinweis auf das Bestehen eines gesetzlichen Gewährleistungsrechts das Bestehen und die Bedingungen von Garantien und Kundendienstleistungen
6. Vertragslaufzeit und die Bedingungen für eine Vertragskündigung
7. Funktionsweise digitaler Inhalte einschließlich anwendbarer technischer Schutzmaßnahmen sowie die Interoperabilität digitaler Inhalte mit Hard- und Software

Diese Verpflichtung gilt nur, wenn Garantie oder Kundendienstleistungen bestehen.

Diese Informationspflichten gelten u. a. nicht für

- Geschäfte des täglichen Lebens, die zum Zeitpunkt des Vertragsabschlusses sofort erfüllt werden (z. B. Lebensmittelkauf),
- Verträge, die dem Fern- und Auswärtsgeschäfte-Gesetz (FAGG) unterliegen, da hier besondere Informationspflichten zu beachten sind,
- Verträge über Finanzdienstleistungen oder Glücksspiele,
- Miete oder Erwerb von unbeweglichen Sachen oder den Bau von Gebäuden.

Informationspflichten nach anderen Gesetzen, z. B. E-Commerce-Gesetz, UGB, Gewerbeordnung, müssen zusätzlich eingehalten werden.

Werden die Informationspflichten nicht erfüllt,

- kann der Unternehmer nach dem Verwaltungsstrafrecht bestraft werden,
- verstößt er gegen das Wettbewerbsrecht.

Rücktrittsrecht/Umtausch

Grundsätzlich gilt, dass jeder zu seinem Wort stehen muss. Daher kann weder der Inhalt eines Vertrags geändert noch die übergebene Ware ohne Zustimmung des anderen zurückgegeben werden.

Beispiel

Anna benötigt für den Anschluss des neuen Monitors ein Verbindungskabel. Sie geht nach der Arbeit in ein Geschäft und kauft eines. Zu Hause stellt sie fest, dass der am Kabel angebrachte Stecker nicht zu den Anschlüssen am Monitor passt.

Anna hat kein Recht darauf, dass der Verkäufer das Kabel umtauscht oder zurücknimmt.

Das Gesetz nennt die Stornogebühr **Reugeld.**

Möchte der Käufer sicherstellen, dass er die gekaufte Sache nachträglich umtauschen kann, dann muss er dies anlässlich des Vertragsabschlusses mit dem Verkäufer vereinbaren. Der Verkäufer kann dem Käufer auch zusagen, dass er die Sache nur gegen Zahlung einer Stornogebühr umtauscht.

Von diesem Grundsatz macht das KSchG Ausnahmen, wenn der Konsument leicht überrumpelt werden kann:

Fern- und Auswärtsgeschäftegesetz (FAGG)

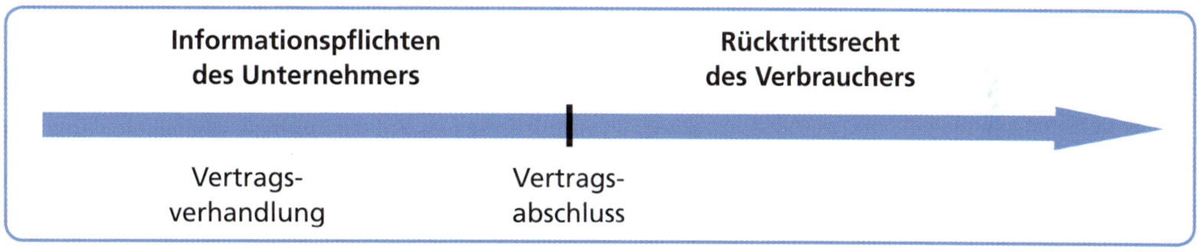

Das **Fern- und Auswärtsgeschäftegesetz** kommt zur Anwendung, wenn ein Vertrag

- zwischen einem Unternehmer und einem Verbraucher
- außerhalb von Geschäftsräumen oder im Fernabsatz

abgeschlossen wird.

Diesfalls ist es gleich, wie bzw. wo der Vertrag abgeschlossen wurde. Er kann auch im Geschäftsraum oder per E-Mail abgeschlossen werden.

Außerhalb von Geschäftsräumen wird ein Vertrag abgeschlossen, wenn

- sich Unternehmer und Verbraucher an einem Ort treffen, der nicht der Geschäftsraum des Unternehmers ist, und dort den Vertrag abschließen.
- der Verbraucher das Angebot zum Abschluss des Vertrags außerhalb der Geschäftsräume gemacht hat.

Beispiel

Ein Privater bittet einen Unternehmer zu sich, weil er eine neue Badewanne installieren lassen möchte. Der Unternehmer kommt in die Wohnung des Verbrauchers, besichtigt das Bad und meint, dass der Verbraucher am nächsten Tag in sein Geschäft kommen soll, um den Vertrag abzuschließen.

- der Verbraucher außerhalb der Geschäftsräume vom Unternehmer unmittelbar und persönlich angesprochen wurde und unmittelbar danach der Vertrag in den Geschäftsräumen oder per Fernkommunikationsmittel (Telefon, E-Mail, Fax, Brief) abgeschlossen wurde.

Beispiel

Eine Fußgängerin wird auf der Straße angesprochen und ihr wird vorgeschlagen, eine Zeitschrift zu abonnieren. Nachdem ihr der Verkäufer die Vorzüge des Abonnements ausführlich dargelegt hat, gehen die beiden in ein Geschäft, wo der Vertrag unterschrieben wird.

- er auf einem Ausflug bzw. einer Werbefahrt geschlossen wurde, die der Unternehmer in der Absicht organisiert hat, dass während des Ausflugs für den Verkauf von Waren oder die Erbringung von Dienstleistungen geworben wird oder entsprechende Verträge abgeschlossen werden.

Um einen **Fernabsatzvertrag** handelt es sich, wenn

- sich die Vertragspartner nicht persönlich gegenübergestanden sind,
- das Unternehmen über ein für den Fernabsatz organisiertes Vertriebs- oder Dienstleistungssystem verfügt,

Beispiele: per Fax, Katalogversand, Internet, Teleshopping

- der Vertrag ausschließlich unter der Verwendung von Fernkommunikationsmitteln (Telefon, Internet ...) abgeschlossen wird.

Nicht anzuwenden ist das Fern- und Auswärtsgeschäftegesetz u. a. für Verträge,

- die außerhalb von Geschäftsräumen abgeschlossen wurden und bei denen das Entgelt € 50 nicht übersteigt,
- über Glücksspiele, Lotterien und über Finanzdienstleistungen,
- über unbewegliche Sachen (Erwerb von Immobilien, Begründung von Dienstbarkeiten),
- über den Bau von neuen Gebäuden oder die Vermietung von Wohnraum,
- über Pauschalreisen,
- die vor einem Notar geschlossen werden,
- über die Lieferung von Lebensmitteln oder Getränken,
- die unter Verwendung von Warenautomaten geschlossen wurden.

Im Anhang zum FAGG ist ein **Muster-Widerrufsformular** zu finden. Daneben enthält der Anhang eine **Muster-Widerrufsbelehrung,** die dem Verbraucher ausgefolgt werden kann, aber nicht muss. Diese Belehrung kann der Unternehmer auch selbst bzw. anders formulieren.

Bei einem Fern- oder Auswärtsgeschäft muss der Unternehmer den Verbraucher vor Abgabe der Vertragserklärung klar und verständlich u. a. **zusätzlich über Folgendes informieren:**

- bei Bestehen eines Rücktrittsrechts über die Bedingungen, die Fristen und die Vorgangsweise für die Ausübung dieses Rechts, unter Zurverfügungstellung des Muster-Widerrufsformulars
- falls ein Rücktrittsrecht nicht besteht, über das Nichtbestehen bzw. über die Umstände, unter denen das Rücktrittsrecht verloren geht
- über die den Verbraucher im Falle eines Rücktritts treffenden Kosten für die Rücksendung und gegebenenfalls die Pflicht zur Zahlung eines anteiligen Betrags für die bereits erbrachte Leistung

Diese Informationen werden Vertragsbestandteil.

Verletzt ein Unternehmer die Informationspflichten über zusätzliche Versand- oder sonstige Kosten oder die Verpflichtung des Verbrauchers, die Versandkosten bei Rücktritt zu bezahlen, ist der Konsument nicht verpflichtet, diese zu tragen.

Nach Abschluss des Vertrags hat der Unternehmer dem Verbraucher den **Vertragstext auf Papier** oder auf einem **dauerhaften Datenträger** zur Verfügung zu stellen.

Hat der Verbraucher einen Unternehmer ausdrücklich aufgefordert,

- zu ihm zu kommen und
- Reparatur- oder Instandhaltungsarbeiten sofort auszuführen und
- übersteigt das Entgelt den Betrag von € 200 nicht,

dann gelten **vereinfachte Informationspflichten.**

Das Gesetz bezeichnet derartige Verträge als **Handwerkerverträge.**

Bei Fernabsatzverträgen muss der Unternehmer auf seiner Website angeben, welche Zahlungsmittel er akzeptiert. Weiters hat der Unternehmer dafür zu sorgen, dass der Verbraucher bei der Bestellung ausdrücklich bestätigt, dass die Bestellung mit einer Zahlungsverpflichtung verbunden ist. Wenn der Bestellvorgang die Aktivierung einer Schaltfläche oder die Betätigung einer ähnlichen Funktion erfordert, muss der Verbraucher darauf hingewiesen werden, dass die Bestellung mit einer Zahlungsverpflichtung verbunden ist:

Zahlungspflichtig bestellen >

Kommt der Unternehmer dieser Verpflichtung nicht nach, so ist der Verbraucher an den Vertrag nicht gebunden.

Rücktrittsrecht

Das **FAGG** räumt dem Verbraucher ein **Rücktrittsrecht** ein. Dieses kann er

- ohne Angabe von Gründen,
- ohne Einhaltung einer bestimmten Form,
- innerhalb von 14 Tagen,

ausüben:

Aus Beweisgründen ist die Einhaltung der Schriftform empfehlenswert.

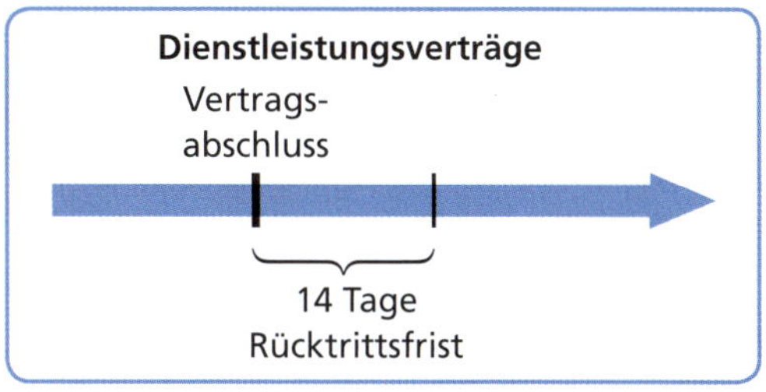

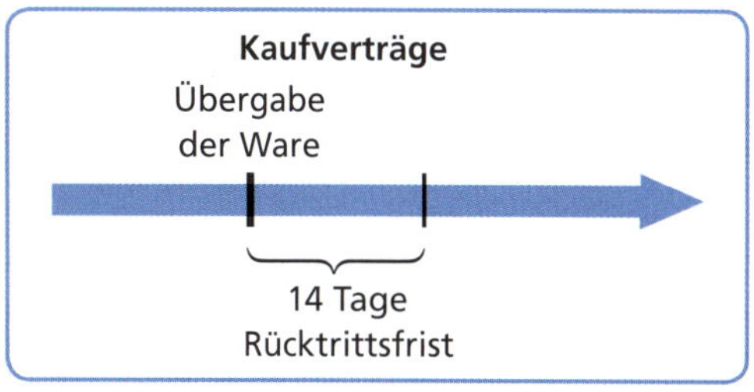

Wenn der Unternehmer den Verbraucher vor Abgabe seiner Vertragserklärung nicht über sein Rücktrittsrecht informiert hat, beginnt die Frist erst mit der Belehrung über das Rücktrittsrecht zu laufen. Spätestens 1 Jahr und 14 Tage nach Übergabe der Ware bzw. Vertragsabschluss endet die Rücktrittsfrist. Es genügt, wenn der Verbraucher seine Erklärung innerhalb der Rücktrittsfrist absendet.

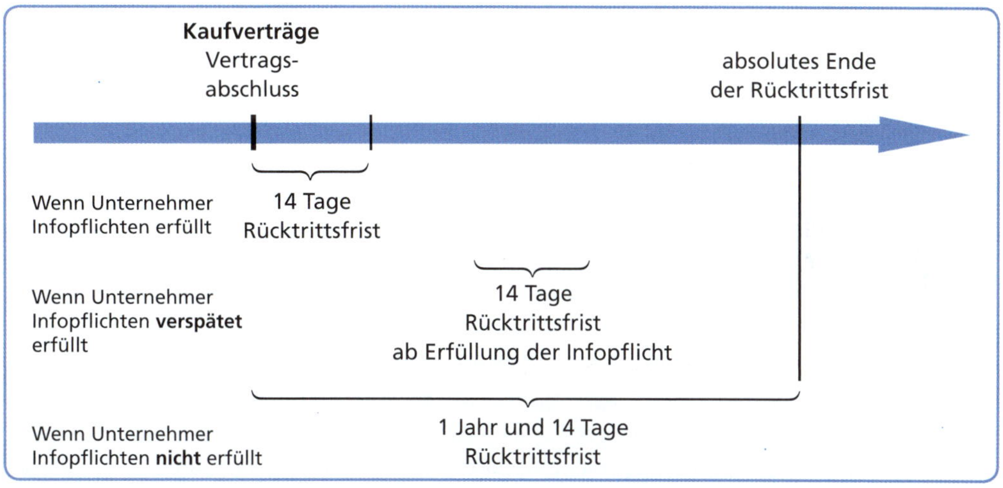

Die Rückerstattung in Gutscheinen ist unzulässig, außer der Verbraucher hat selbst mit Gutscheinen bezahlt.

Hat der Unternehmer den Verbraucher im Rahmen der Informationspflichten nicht darauf hingewiesen, dass er die Kosten für die Rücksendung zu tragen hat, dann muss sie der Unternehmer tragen.

Im Falle eines Rücktritts muss der Unternehmer dem Verbraucher sämtliche Zahlungen einschließlich allfälliger Lieferkosten erstatten. Dabei hat er dasselbe Zahlungsmittel zu verwenden, dessen sich der Verbraucher für die Abwicklung seiner Zahlung bedient hat.

Der Verbraucher muss dem Unternehmer die Ware unverzüglich, längstens jedoch innerhalb von 14 Tagen auf eigene Kosten zurücksenden.

Beispiel

Michael bestellt über das Internet ein Buch. Die Website enthält die notwendigen Informationen über das Rücktrittsrecht. Der Verkäufer gibt das Buch zur Post und nimmt damit das Vertragsangebot von Michael an.

Da Michael das Buch nicht gefällt, kann er es ohne Angabe von Gründen innerhalb von 14 Tagen zurücksenden und so vom Vertrag zurücktreten. Die Portokosten muss Michael tragen.

Grundsätzlich darf der Verbraucher die Ware auspacken und ausprobieren, ohne dafür dem Unternehmer eine Entschädigung leisten zu müssen. Nutzt er die Ware jedoch und wird sie dadurch weniger wert, muss er dem Unternehmer dafür Ersatz leisten.

Kein Rücktrittsrecht besteht u. a. bei

1. **Dienstleistungen,** wenn der Unternehmer noch vor Ablauf der Rücktrittsfrist mit der Ausführung der Dienstleistung begonnen hat und die Dienstleistung vollständig erbracht wurde. Der Verbraucher muss
   a) die Erbringung vor Ablauf der Rücktrittsfrist ausdrücklich verlangt haben und
   b) bestätigt haben, dass er den Verlust des Rücktrittsrechts kennt.
2. Waren, die nach **Kundenvorgaben** angefertigt werden oder eindeutig auf die persönlichen Bedürfnisse zugeschnitten sind
3. Waren, die nach ihrer Lieferung aufgrund ihrer Beschaffenheit **untrennbar mit anderen Gütern vermischt** wurden (z. B. Heizöl, das in Tank geleert wird)
4. Ton- oder Videoaufnahmen oder Computersoftware, die in einer versiegelten Packung geliefert werden, sofern deren **Versiegelung entfernt** wurde
5. Lieferung von gestreamten digitalen Inhalten, wenn noch vor Ablauf der Rücktrittsfrist mit der Lieferung begonnen wurde

Auch bei Verträgen über dringende Reparaturarbeiten muss der Verbraucher dem Verlust des Rücktrittsrechts ausdrücklich zustimmen.

6. Verträgen über **dringende Reparatur- oder Instandhaltungsarbeiten,** bei denen der Verbraucher den Unternehmer ausdrücklich zu einem Besuch zur Ausführung dieser Arbeiten aufgefordert hat
7. Verträgen, die auf einer **öffentlichen Versteigerung** geschlossen werden

Weitere Rücktrittsrechte

Die Frist beginnt, sobald für den Konsumenten erkennbar ist, dass die Zusage nicht oder nicht zur Gänze eintreten wird.

Sie beträgt 1 Woche, wenn er eine schriftliche Belehrung über das Rücktrittsrecht erhalten hat. Spätestens 1 Monat nach vollständiger Vertragserfüllung durch beide Vertragspartner erlischt das Recht.

- **Verspricht der Unternehmer dem Konsumenten,** dass
  - ein Dritter dem Vertrag zustimmen wird (z. B. Grundbehörde bei Kauf eines Grundstückes) oder
  - er steuerliche Vorteile erhalten wird (z. B. Möglichkeit, Kaufgegenstand steuerlich abzuschreiben) oder
  - er öffentliche Förderungen erhalten wird oder
  - er einen Kredit erhalten wird

  und tritt dies nicht ein, dann kann der Konsument vom Vertrag zurücktreten.
- Gibt ein Verbraucher bei einem **Immobiliengeschäft** anlässlich der erstmaligen Besichtigung ein Angebot zum Kauf oder Miete der Immobilie ab oder nimmt er ein Vertragsangebot an, dann kann er binnen einer Woche von diesem Angebot bzw. Vertrag zurücktreten.

Beispiel

Anna sucht eine neue Wohnung. In der Zeitung sieht sie eine Annonce, in der eine Wohnung beschrieben wird, wie sie sie sich vorstellt. Sie geht zum angegebenen Besichtigungstermin. Zu diesem Termin sind auch viele andere Interessenten erschienen. Als Anna erklärt, dass ihr die Wohnung gefällt, sie diese aber auch tagsüber sehen möchte, erklärt der Verkäufer, dass morgen bereits andere Interessenten einen Termin hätten. Wenn sie aber sofort den Vertrag abschließt, könne sie die Wohnung kaufen. Um die Gelegenheit nicht zu versäumen, gibt Anna sofort ein verbindliches Angebot ab.

Als sie am nächsten Tag die Straße, in der die Wohnung liegt, nochmals besichtigt, sieht sie, dass im Nebenhaus eine Fabrik ist, die Lärm und Schmutz verursacht, was ihr der Eigentümer verschwiegen hat. Anna kann von ihrem Angebot zurücktreten, da sie es bei der ersten Besichtigung abgegeben hat.

Vertragserfüllung = **performance (fulfilment) of a contract**

4 Vertragserfüllung

Das Gesetz enthält auch Regeln, wie die Leistung zu erbringen ist.

Erfüllt wird der Vertrag dadurch, dass der Verkäufer dem Käufer die Ware übergibt, dieser dem Verkäufer das Geld:

Mit der Übergabe der gekauften Sache
- erhält der Käufer das Eigentum am Kaufgegenstand,
- trägt der Käufer die Gefahr, dass die Sache beschädigt wird.

Vertragserfüllung

Erfüllungszeitpunkt = **terms of performance (date of fulfilment)**

Erfüllungszeitpunkt

Der Zeitpunkt, wann die Leistung zu erbringen ist, ergibt sich:

Fälligkeitszeitpunkt		
Vereinbarung	**Gesetz**	
Jeder Termin ist möglich.	Zweck des Geschäftes	sofort, ohne unnötigen Aufschub

Die Vertragspartner können den Zeitpunkt, wann die Leistung zu erbringen ist, frei vereinbaren. Haben sie keine Vereinbarung getroffen, ergibt sich der Fälligkeitszeitpunkt aus dem Zweck des Geschäftes.

Beispiel Wird eine Hochzeitstorte bestellt, ist sie spätestens bei der Feier abzuliefern.

Das Gesetz nennt die Aufforderung, die Leistung zu erbringen, **Mahnung.**

Mahnung = **reminder**

Kann auch aus dem Zweck des Geschäftes der Fälligkeitszeitpunkt nicht bestimmt werden, ist ohne unnötigen Aufschub zu leisten. Der Gläubiger muss den Schuldner auffordern, die Leistung zu erbringen und ihm die eventuell notwendige Vorbereitungszeit einräumen. Die Mahnung kann auch dadurch erfolgen, dass der Gläubiger seine Leistung erbringt.

Beispiel Anna bestellt ein Buch, das nicht lagernd ist. Mit der Übergabe des Buches durch den Verkäufer ist sie verpflichtet, den Kaufpreis zu zahlen, wenn nichts anderes vereinbart ist.

Wird die Leistung nicht zeitgerecht erbracht, kommt der Schuldner in Verzug.

Absprache = **agreement, verbal arrangement**

Ein Fixgeschäft wird durch Formulierungen, wie „Lieferung am 8. Mai bei sonstigem Rücktritt" oder „Lieferung am 8. Mai präzise" vereinbart.

Fixgeschäft = **firm bargain (deal), fixed transaction, time bargain**

Als angemessene Nachfrist werden zumeist 14 Tage angesehen.

Die Folgen eines Leistungsverzuges sind abhängig von der Vereinbarung bzw. Natur des Geschäftes:

Schuldnerverzug	
Kein Fixgeschäft	**Fixgeschäft**
Keine besonderen Absprachen über Liefertermin	• Liefertermin wurde ausdrücklich als fix vereinbart • Aufgrund des Geschäftszweckes hat der Gläubiger an späterer Leistung kein Interesse.
Gläubiger muss Schuldner mahnen und angemessene Nachfrist setzen. Enthält die Mahnung den Hinweis, dass nach Ablauf der Frist kein Interesse an der Leistung besteht, wird der Vertrag nach Ablauf der Frist aufgelöst, wenn die Leistung bis dahin nicht erbracht wurde.	Erbringt der Schuldner die Leistung nicht zum festgelegten Zeitpunkt, wird der Vertrag ohne weitere Erklärung aufgelöst. Der Gläubiger muss die Leistung nicht mehr annehmen und auch nicht bezahlen.
Beispiele: Die ING4TECH bestellt eine Maschine. Als Liefertermin nennt der Verkäufer den 8. Mai, das sind 3 Wochen nach der Bestellung. Wird die Maschine am 8. Mai nicht geliefert, kann die ING4TECH dem Verkäufer eine angemessene Nachfrist setzen und erklären, dass sie nach Ablauf der Frist vom Vertrag zurücktritt. Nach Ablauf der Frist muss die ING4TECH die Maschine nicht annehmen und bezahlen.	**Beispiele:** Die ING4TECH eröffnet am 10. September ein neues Geschäft. Dafür bestellt sie ein Buffet. Auch wenn der Liefertermin nicht ausdrücklich als fix bezeichnet wurde, ist für den Lieferanten klar, dass die ING4TECH an einer verspäteten Lieferung kein Interesse hat. Wird nicht termingerecht geliefert, **wird** der Vertrag ohne besondere Erklärung der ING4TECH **aufgelöst.** Sie muss die Ware später nicht annehmen und bezahlen.

Ist der Vertragspartner Konsument und wurde keine Vereinbarung über den Fälligkeitszeitpunkt getroffen, muss **längstens innerhalb von 30 Tagen** nach Vertragsabschluss geliefert bzw. geleistet werden. Geschieht dies nicht, kommen die Regeln über Fixgeschäfte zur Anwendung.

Erfüllungsort

Erfüllungsort = **place of performance**

Der Ort, an dem die Leistung zu erbringen ist, wird **Erfüllungsort** genannt.

Ist nichts anderes vereinbart, ist in der Währung des Erfüllungsortes zu zahlen. Auch für die Frage, welches Gericht im Falle eines Streites zuständig ist, kann der Erfüllungsort maßgeblich sein.

Wo die Leistung zu erbringen ist, ergibt sich aus:

Erfüllungsort		
Vereinbarung	**Gesetz**	
Jeder Erfüllungsort ist möglich.	Zweck des Geschäftes	Sitz des Schuldners

Sofern nichts vereinbart ist, müssen am Erfüllungsort Maße, Zahl und Gewicht der Lieferung dem Vertrag entsprechen.

Die Parteien können grundsätzlich den Erfüllungsort frei wählen. Haben sie keinen Erfüllungsort bestimmt, dann ergibt sich der Erfüllungsort aus dem Zweck des Geschäftes. Kann auch daraus kein Erfüllungsort bestimmt werden, dann ist der Sitz des Schuldners der Erfüllungsort, d. h., der Gläubiger muss die gekaufte Sache beim Schuldner abholen. Man spricht daher von **Holschuld.**

Wurde vereinbart, dass der Verkäufer dem Käufer die Ware schickt (Schickschuld), dann bleibt der Sitz des Verkäufers der Erfüllungsort.

Eigentums- und Gefahrenübergang beim Versendungskauf			
Verbrauchergeschäft (KSchG)		**andere Geschäfte (ABGB)**	
bei Übergabe an Transporteur	**bei Erhalt der Sache**	**bei Übergabe an Transporteur**	**bei Erhalt der Sache**
wenn der Verbraucher selbst den Beförderungsvertrag geschlossen hat, ohne dabei eine vom Unternehmer vorgeschlagene Auswahlmöglichkeit zu nützen	in allen anderen Fällen (wird meist der Fall sein)	• wenn die Art der Übersendung dem Vertrag entspricht oder • wenn eine verkehrsübliche Versendung erfolgt ist (Bahn, Post) (wird meist der Fall sein)	in allen anderen Fällen

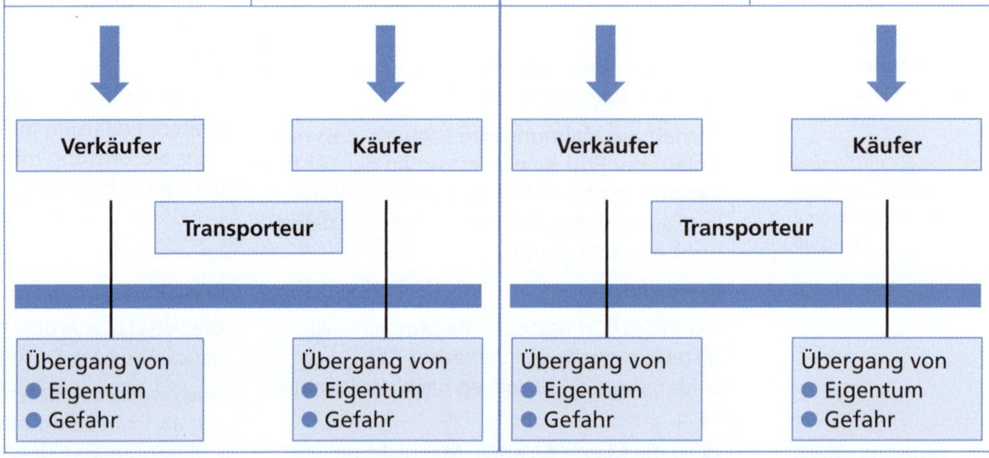

Beispiel

Eine HTL (der Bund) ist nicht Verbraucher im Sinne des KSchG.

Die HTL Klagenfurt bestellt über das Internet bei der ING4TECH, Zweigniederlassung Innsbruck, ein Solarpanel. Es ist vereinbart, dass die Sache an den Käufer gesendet wird. Wie der Transport erfolgen soll, wird nicht vereinbart. Die ING4TECH lässt den Transport durch die Post vornehmen.

Da es sich um eine verkehrsübliche Versendungsart handelt, wird angenommen, dass die HTL Klagenfurt damit einverstanden ist. Daher wird sie im Zeitpunkt der Übergabe der bestellten Sache an die Post Eigentümer und trägt die Kosten und das Risiko des Transports.

Wird die Sache ordnungsgemäß der Post übergeben und während des Transportes beschädigt, dann kann der Käufer gegen den Verkäufer keine Ersatzansprüche geltend machen. Er muss daher den Kaufpreis zahlen. Allenfalls kann sie von der Post Schadenersatz verlangen.

Für die Kosten der Versendung gilt:

Versandkosten	
Vereinbarung	**Gesetz**
Jede Vereinbarung ist möglich.	Käufer trägt Kosten.

Ist der Käufer Verbraucher und daher das KSchG anzuwenden, dann muss der Unternehmer den Verbraucher **vor** Vertragsabschluss über die Liefer-, Versand- bzw. Frachtkosten informieren: Der Unternehmer muss den Betrag bekanntgeben. Wenn diese Kosten im Voraus vernünftigerweise nicht berechnet werden können, reicht der Hinweis auf das Anfallen dieser Kosten. Wird der Verbraucher nicht darauf hingewiesen, entfällt die Pflicht zum Tragen dieser Kosten.

Michael: Gelten die Regeln über den Erfüllungsort auch für Geldschulden?

Anna: Für Geldschulden gelten eigene Regeln: Sie sind laut Gesetz Bringschulden. Das heißt, der Schuldner hat den Betrag am Wohnsitz oder am Sitz der Niederlassung des Gläubigers diesem zu übergeben. Hat der Gläubiger eine Bankverbindung bekanntgegeben, dann kann der Schuldner das Geld überweisen.

Wird das Geld überwiesen, muss der Betrag am Fälligkeitstag am Konto des Gläubigers gutgeschrieben sein. Das Zahlungsdienstegesetz schreibt Geldinstituten vor, dass Papierüberweisungen längstens innerhalb von zwei Geschäftstagen, elektronische Überweisungen innerhalb eines Geschäftstages gutzuschreiben sind.

Michael: Wenn die ING4TECH eine Rechnung bekommt, die am Donnerstag, 14. September fällig ist, wann muss sie spätestens überwiesen werden?

Anna: Übermittelt die ING4TECH die Überweisung elektronisch an die Bank, muss dies spätestens am Mittwoch, 13. September geschehen, erfolgt die Überweisung mittels eines Papierbelegs, dann muss dieser bei der Bank am Dienstag, 12. September bei der Bank einlangen.

Michael: Wann muss die Überweisung erfolgen, wenn kein Datum auf der Rechnung angegeben ist?

Anna: Wenn der Betrag nach Erbringung der Leistung des Partners oder nach Legung der Rechnung fällig wird, dann ist ohne unnötigen Aufschub zu zahlen: Das heißt, zwei bis vier Tage, nachdem die Rechnung eingelangt ist, wird der Betrag fällig.

Michael: Gelten diese Bestimmungen auch, wenn ich privat etwas kaufe?

Anna: Nein. Wenn du als Konsument eine Rechnung erhältst, musst du die Überweisung spätestens am Fälligkeitstag der Bank übergeben.

Fälligkeit der Schuld

Dauer einer Überweisung

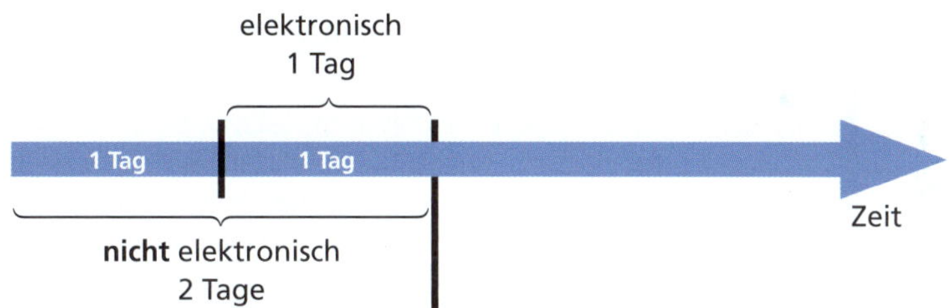

Schuldner ist nicht Konsument
(z.B. Unternehmer, Bund, Land, Gemeinde).
Gläubiger muss über Betrag verfügen können.

Schuldner ist Konsument.
Überweisungsauftrag muss Bank übergeben werden.

Zahlung = **payment**

Zahlung

Auch für die Fälligkeit der Zahlung gilt:

Fälligkeitszeitpunkt	
Vereinbarung	**Gesetz**
Grundsätzlich ist jede Vereinbarung möglich: • Anzahlung des Kunden vor Lieferung • Bezahlung bei Übergabe • Zahlung des Kunden einige Zeit nach Lieferung (Zielgeschäft)	Zug um Zug (sofort bei Übergabe der Ware)

Weder Käufer noch Verkäufer müssen ihre Leistung im Voraus erbringen. Daher trägt weder der Kunde das Risiko, dass der Verkäufer nicht liefert, noch der Käufer, dass er sein Geld nicht erhält.

Auch hier gilt in erster Linie die Vereinbarung. Nur wenn nichts vereinbart ist, kommen die gesetzlichen Bestimmungen zur Anwendung:

Die Fälligkeit des Betrages tritt automatisch ein, wenn der Vertragspartner seine Leistung erbracht bzw. Rechnung gelegt hat. Ist eine formelle Übernahme der Leistung vorgesehen, dann wird der Betrag erst nach Übernahme fällig.

Der Schuldner muss nicht gemahnt werden. Wird er es dennoch, ist dies eine Serviceleistung, zu der der Gläubiger rechtlich nicht verpflichtet ist. Aus kaufmännischen Erwägungen wird es jedoch sinnvoll sein, den Schuldner zu mahnen, da mit ihm auch zukünftig Geschäfte abgeschlossen werden sollen und er ein positives Bild vom Verkäufer behalten und weitergeben soll.

Anzahlung = **advance payment**

Zahlungsziel = **term of payment**

Zahlungsziel nennt man die Frist, die ein Unternehmen seinem Kunden für die Begleichung einer Rechnung einräumt.

Anzahlungen werden meist verlangt, wenn der Unternehmen sicherstellen will, dass der Kunde die Ware auch abnimmt. Stellt der Verkäufer die Ware nach Kundenwunsch her, muss er zumeist das Material vorher beschaffen. Damit er dies nicht mit eigenem Geld finanzieren muss, wird eine Anzahlung verlangt. Diese Anzahlung wird dann mit dem Kaufpreis verrechnet.

Ein **Zahlungsziel** wird der Unternehmer gewähren, wenn er den Kunden kennt oder dies in der Branche üblich ist. Für den Verkäufer ergibt sich daraus ein Zinsverlust.

Um den Kunden einen Anreiz zu geben, pünktlich zu zahlen und den Aufwand für Mahnung und Evidenthaltung der Zahlungstermine zu verringern, kann der Verkäufer einen **Skonto** gewähren. Anrecht auf einen Skontoabzug hat der Käufer nicht.

Zahlungsverzug

Zahlungsverzug = **default of payment**

Zahlt der Schuldner nicht zum vereinbarten Termin, erwachsen dem Gläubiger Kosten.

Der Verkäufer hat bei **nicht rechtzeitiger Zahlung** einen Schaden: Er verliert seine Habenzinsen, die er bekommen würde, wenn er das Geld auf der Bank halten würde, oder er muss Sollzinsen zahlen, wenn er sich Geld bei der Bank ausborgen muss. Beauftragt er mit der Einhebung ein Inkassobüro, lässt er den Kunden durch einen Rechtsanwalt mahnen oder klagt er den fälligen Kaufpreis bei Gericht ein, entstehen weitere Kosten. Daher kann er verlangen, dass ihm der Käufer diesen Schaden ersetzt.

Die Höhe des Schadens kann im Vorhinein festgelegt werden. Der Schuldner kann die Höhe vom Gericht überprüfen lassen.

Beispiel

Auszug aus den Zahlungsbedingungen eines Bildungsinstituts:

Bei Zahlungsverzug ist das Institut berechtigt, Verzugszinsen in Höhe von 8 Prozentpunkten über dem von der Oesterreichischen Nationalbank veröffentlichten Basiszinssatz zu verrechnen (dabei ist der Basiszinssatz, der am letzten Tag eines Halbjahres gilt, für das nächste Halbjahr maßgebend). Darüber hinaus kann das Institut alle durch den Verzug entstehenden Kosten, insbesondere Mahnspesen und Rechtsanwaltskosten, in Rechnung stellen.

Sind keine Verzugszinsen vereinbart, kommen die gesetzlichen Bestimmungen zur Anwendung:

Der aktuelle Basiszinssatz ist auf der Website der österreichischen Nationalbank unter dem Punkt Service/Zinsen zu finden: **http://www.oenb.at.**

Der Basiszinssatz des ersten Kalendertages eines Halbjahres (1. 1. und 1. 7.) ist der Zinsberechnung des darauf folgenden Halbjahres zugrunde zu legen.

Gesetzliche Zinsen		
Käufer bzw. Verkäufer kein Unternehmer	**Käufer und Verkäufer Unternehmer**	
Das Geschäft gehört für einen oder beide zum privaten Bereich.	Das Geschäft gehört für beide zu ihrem unternehmerischen Bereich.	
	Schuldner ist für Verzug nicht verantwortlich.	Schuldner ist für Verzug verantwortlich.
Der Gläubiger kann als Schadenersatz fordern:		
• 4 % Zinsen • sonstige notwendige und zweckmäßige Mahn- und Eintreibungskosten, sofern sie in einem angemessenen Verhältnis zur Forderung stehen	• 4 % Zinsen • Entschädigung für etwaige Betreibungskosten pauschal € 40,– • oder wenn höher: sonstige notwendige und zweckmäßige Mahn- und Eintreibungskosten, sofern sie in einem angemessenen Verhältnis zur Forderung stehen	• Zinsen in Höhe von 9,2 % über dem Basiszinssatz • Entschädigung für etwaige Betreibungskosten pauschal € 40,– • oder wenn höher: sonstige notwendige und zweckmäßige Mahn- und Eintreibungskosten, sofern sie in einem angemessenen Verhältnis zur Forderung stehen

Als Unternehmer gelten u. a.:

- Gewerbetreibende
- freiberuflich Tätige
- Landwirte
- Gebietskörperschaften
- Kammern

Der Gläubiger hat jedenfalls Anspruch auf die Verzugszinsen, unabhängig ob er tatsächlich einen Schaden erlitten hat oder nicht. Die Zinsen sind auch zu zahlen, wenn den Schuldner kein Verschulden an der verspäteten Zahlung trifft. Nur wenn es ausdrücklich vereinbart oder wenn eine Klage bei Gericht eingebracht wurde, dürfen **Zinseszinsen** verrechnet werden.

Beispiel

Die **Inkassogebühren** muss der Schuldner nur zahlen, wenn ihn ein Verschulden an der verspäteten Zahlung trifft oder bei vertraglicher Vereinbarung.

Karl Winter lässt sich am 4. Mai von einem Händler einen Kühlschrank liefern. Da er nicht genügend Bargeld zu Hause hat, hinterlässt der Unternehmer die Rechnung und einen Zahlschein. Über den Zahlungszeitpunkt und allfällige Verzugszinsen wurden keine Vereinbarungen getroffen.

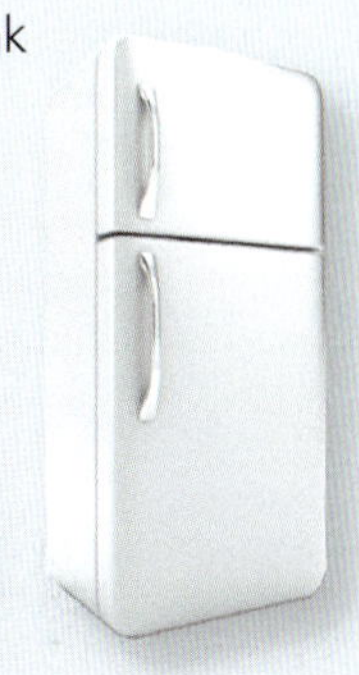

Grundsätzlich ist die Zahlung mit der Übergabe der Ware fällig. Daher hat Karl Winter das Geld sofort zu überweisen. Ab dem nächsten Tag hat der Verkäufer Anspruch auf Verzugszinsen.

Da Karl Winter sich mit der Zahlung jedoch Zeit lässt, beauftragt der Lieferant am 10. August ein Inkassobüro mit der Eintreibung der Forderung. Diese beträgt:
Kaufpreis + 4 % Zinsen seit 5. Mai + Gebühren des Inkassobüros

Leistungsstörung = **defaults of service**

5 Leistungsstörungen

Wird das Geschäft nicht vereinbarungsgemäß abgewickelt, liegt eine Leistungsstörung vor.

Michael: Die ING4TECH hat eine neue CNC-Maschine gekauft. Wenn man sie einschaltet, bewegen sich weder das Werkzeug noch das Werkstück. Offensichtlich ist sie nicht funktionsfähig.

Anna: Grundsätzlich muss eine Sache die gewöhnlich vorausgesetzten oder ausdrücklich vereinbarten Eigenschaften aufweisen. Tut sie dies nicht, hat der Käufer aufgrund des Gesetzes einen Gewährleistungsanspruch.

Gewährleistung = **warranty, guarantee**
Beschreibungen = **descriptions**
Proben = **samples, specimens**
Muster = **samples, prototypes**
Prospekte = **leaflets, brochures**

Gewährleistung

Der Verkäufer muss aufgrund gesetzlicher Bestimmungen bei entgeltlichen Verträgen dafür einstehen, dass die Sache im **Zeitpunkt der Übergabe** die vereinbarten Eigenschaften oder – wenn solche nicht vereinbart sind – die gewöhnlich vorausgesetzten Eigenschaften aufweist.

Die Eigenschaften, die der Käufer von einer Sache erwarten kann, ergeben sich auch aus

- Beschreibungen des Verkäufers,
- Proben,
- Mustern,
- Prospekten.

War die Montageanleitung korrekt und wurde der Fehler durch Ungeschicklichkeit oder Unachtsamkeit des Käufers verursacht, besteht kein Anspruch auf Gewährleistung.

Einzustehen hat der Verkäufer auch für Mängel,

- deren Ursache ein Montagefehler des Verkäufers ist oder
- die aufgrund mangelhafter Montageanleitungen durch den Käufer bei der Selbstmontage bzw. bei Reparaturen verursacht wurden.

Die Gewährleistung ist unabhängig davon, ob den Verkäufer ein Verschulden trifft oder nicht. Weist die Sache auch nur eine der zugesicherten Eigenschaften nicht auf, liegt ein Mangel vor, der vom Käufer innerhalb der Gewährleistungsfrist dem Verkäufer anzuzeigen bzw. gerichtlich geltend zu machen ist.

Mängel = **deficiencies, faults, errors**

Nicht einzustehen braucht der „Übergeber" (der Verkäufer) für Prospekte, Anleitungen u. Ä., die

- er weder kannte noch kennen musste,
- bei Vertragsabschluss berichtigt wurden,
- den Vertragsabschluss nicht beeinflusst haben konnten.

Beispiel

Anna war in den USA. Dort ist ihr ein Prospekt in die Hände geraten, in dem eine Digitalkamera angepriesen wurde. Dieses Gerät hatte eine Auflösung von 32 Megapixel und konnte 100 Bilder ohne zusätzliches Medium speichern.

Als sie wieder in Österreich zurück ist, sieht sie in einem Schaufenster ein Gerät desselben Herstellers mit demselben Namen, wie es auch im Prospekt angeboten wurde. Spontan geht sie in das Geschäft und kauft das Gerät, ohne lange zu fragen.

Zu Hause erkennt sie, dass der Hersteller in Österreich eine Kamera mit demselben Namen und demselben Aussehen, aber geringerer Auflösung und Speichervermögen anbietet. Sie nimmt den amerikanischen Prospekt und geht zum Verkäufer, da sie meint, der Verkäufer müsse dafür einstehen, dass das Gerät die im Prospekt zugesagten Eigenschaften aufweist.

Da weder ein österreichischer Händler noch der österreichische Generalimporteur die Produktpolitik des Herstellers kennen muss und auch die in den USA verteilten Prospekte nicht erhalten wird, braucht er dafür nicht einzustehen; das Gerät weist keinen Mangel auf.

Wurde die Sache bei Vertragsabschluss vom Käufer besichtigt und war sie bereits in diesem Zeitpunkt mit einem in die Augen fallenden Mangel behaftet, braucht der Veräußerer dafür keine Gewähr zu leisten.

Beispiel

Mängel, die ohne besonderen Aufwand erkannt werden können, werden idR ihren Niederschlag im Preis finden, weshalb für sie kein Gewährleistungsanspruch besteht.

Der Käufer hat ein altes Auto ohne Motor und mit kaputten Rädern gekauft, da er nur bestimmte Teile als Ersatzteile verwenden möchte. Diesfalls liegt kein Mangel vor, da das Auto die vereinbarten Eigenschaften aufweist bzw. die Mängel augenfällig waren und daher im Preis berücksichtigt wurden.

Wäre nichts vereinbart, würde ein Mangel vorliegen, da gewöhnlich davon auszugehen ist, dass ein Auto fahrbereit ist.

Bewegliche Sachen sind z. B. Fernsehgeräte, Maschinen, Einrichtungen, PCs.

Grundsätzlich gilt vor Gericht: Wer eine Behauptung aufstellt, hat diese zu beweisen.

Die Gewährleistungsfristen, innerhalb derer der Mangel dem Verkäufer anzuzeigen ist, betragen:

- **für bewegliche Sachen 2 Jahre ab Übergabe der Sache.**
  Innerhalb der ersten 6 Monate wird die Beweislast umverteilt, d. h., während dieses Zeitraumes muss der Verkäufer beweisen, dass die Sache bei Übergabe mangelfrei war. Diese Regelung gilt nicht, wenn sie mit der Art der Sache oder des Mangels unvereinbar ist.

Beispiel

bewegliche Sachen = **movables, chattels**

- Ein Gerät weist Beschädigungen auf, die vermuten lassen, dass es zu Boden gefallen ist. Im Inneren des Gerätes ist ein Teil gebrochen.
  Da diesfalls anzunehmen ist, dass das Fallenlassen Ursache des Bruches des Teiles war, ist der Übergeber von seiner Beweispflicht befreit. Der Beweis, dass der Mangel im Zeitpunkt der Übergabe vohanden war, obliegt hier dem Käufer.
- Ein Bügeleisen ist verkalkt. In diesem Fall ist anzunehmen, dass der Schaden erst nach dem Kauf durch die Verwendung von kalkhaltigem Wasser entstanden ist.

Danach, während der folgenden eineinhalb Jahre, gilt die allgemeine Beweislastverteilung: Der Käufer muss beweisen, dass der Mangel im Zeitpunkt der Übergabe bereits vorhanden war:

Gewährleistung für bewegliche Sachen

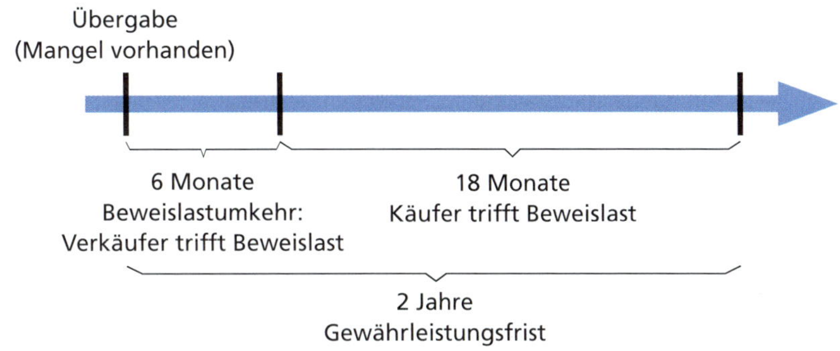

Gewährleistung für bewegliche Sachen

Beweislast = **burden of proof**

Beweislastumkehr = **reversal of the burden of proof**

Unbeweglich sind Liegenschaften und die mit dem Grundstück fest verbundenen Sachen, wie Häuser mit Fundament, eingewurzelte Bäume, frei lebende Tiere.

- **für unbewegliche Sachen 3 Jahre.** Die 3-jährige Gewährleistungsfrist gilt auch für Arbeiten an einer unbeweglichen Sachen.

Beispiele

unbeweglich = **immovable**

Mängelbehebung = **corrective action**

- Jemand kauft bei einem Händler Teile für eine Zentralheizungsanlage und baut diese Teile selbst in die Anlage ein. Es handelt sich um eine bewegliche Sache, für die die 2-jährige Gewährleistung gilt.
- Jemand lässt von einem Installateur eine Zentralheizungsanlage in ein Haus einbauen. Da es sich um Arbeiten an einer unbeweglichen Sache handelt, besteht eine 3-jährige Gewährleistungsfrist.

Reparatur = **repair**

Nachtrag fehlender Teile = **shipment of missing parts**

Austausch = **replacement, substitution, exchange**

Die **Mängelbehebung** muss innerhalb einer angemessenen Frist und ohne erhebliche Unannehmlichkeiten für den Käufer erfolgen.

Der Käufer hat folgende Ansprüche gegen den Verkäufer:

1. Zuerst muss er dem Verkäufer die Möglichkeit geben, den Mangel zu beheben durch:
   - Reparatur,
   - Nachtrag fehlender Teile,
   - Austausch einzelner Teile oder der gesamten Sache.
2. Ist die Verbesserung bzw. der Austausch unmöglich oder kommt der Verkäufer seiner Verpflichtung in angemessener Frist nicht nach oder ist die Verbesserung bzw. der Austausch dem Käufer aus triftigen Gründen nicht zumutbar, so kann der Käufer
   - eine Minderung des Preises oder
   - die Auflösung des Vertrages (Wandlung) verlangen.

Ein Recht auf Wandlung besteht nur, wenn der Mangel nicht geringfügig ist. Der Käufer hat die Sache zurückzustellen und erhält dafür das bezahlte Entgelt.

Beispiele

- Dem Käufer eines Mobiltelefons wurde zugesichert, dass es E-Mails empfangen kann. Als er es ausprobiert, bemerkt er, dass das Gerät keine E-Mails anzeigen kann, aber tadellosen Fernsprechempfang bietet. Da es eine vereinbarte Eigenschaft nicht aufweist, liegt ein Mangel vor; der Käufer hat einen Gewährleistungsanspruch.
- Jemand kauft in einem Elektrogeschäft einen Geschirrspüler. Das Gerät wird von einem Installateur in die vorhandene Einbauküche eingebaut. Vier Monate nach Übergabe des Geschirrspülers zeigen sich aufgrund von Verarbeitungsfehlern Undichtheiten. Der Käufer kann vom Verkäufer den Ersatz des undichten Geschirrspülers aufgrund seines Gewährleistungsanspruches verlangen. Der Gewährleistungsanspruch umfasst gegenüber Konsumenten auch den Ausbau des kaputten Geschirrspülers und den Wiedereinbau des neuen bzw. reparierten Gerätes.

Eine Verkürzung der Gewährleistungsfrist gegenüber einem Konsumenten ist nur bei gebrauchten Sachen zulässig und muss im Einzelnen ausgehandelt werden; ein Absatz in allgemeinen Geschäftsbedingungen reicht nicht.

Kfz gelten nur dann als gebraucht, wenn seit der Erstzulassung mindestens 1 Jahr vergangen ist.

Wurde der Gewährleistungsanspruch durch Austausch oder Verbesserung der Sache erfüllt, beginnt mit dem Zeitpunkt der Übergabe der reparierten bzw. neuen Sache die Gewährleistungsfrist für den reparierten oder ausgetauschten Teil neu zu laufen.

Ein Ausschluss der Gewährleistung für neue Sachen darf weder gegenüber einem anderen Unternehmer noch gegenüber einem Verbraucher vereinbart werden.

Gegenüber Verbrauchern im Sinne des Konsumentenschutzgesetzes ist auch eine Verkürzung unzulässig. Nur wenn gebrauchte bewegliche Sachen verkauft werden, kann auch gegenüber einem Konsumenten die Gewährleistungsfrist auf 1 Jahr verkürzt werden.

Rückgriffsrecht des Händlers

Oft hat der Händler die Sache, die er in Ordnung bringen musste, bereits von seinem Lieferanten mangelhaft erhalten. Da die Sache häufig in der Verkaufsverpackung geliefert wird, kann der Händler nicht feststellen, ob sie mangelhaft ist. Daher kann ein Händler von seinem Lieferanten die Kosten verlangen, die ihm durch seine Gewährleistungspflicht erwachsen sind. Dies muss er seinem Lieferanten innerhalb von 2 Monaten mitteilen:

War der Lieferant kein Unternehmer, dann hat der Verkäufer kein Rückgriffsrecht, sondern kann nur Gewährleistung innerhalb der 2-Jahresfrist verlangen.

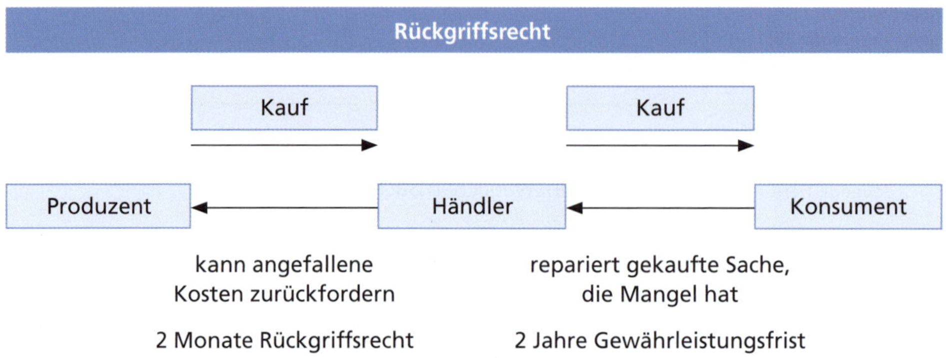

Rückgriffsrecht

Beispiel

Ein Autohändler kauft nach kurzer Besichtigung und Probefahrt von einem Privaten einen Gebrauchtwagen. Das Auto verkauft er nach 20 Monaten an einen Kunden weiter.

Nach weiteren 5 Monaten verlangt der Kunde, dass das Auto repariert wird, da das Getriebe bereits bei der Übergabe des Wagens kaputt gewesen sei.

Der Händler kann seine Kosten nicht mehr vom Vorbesitzer ersetzt verlangen, da die Gewährleistungsfrist von 2 Jahren überschritten wurde.

Auch **Private** haben als Verkäufer Gewähr zu leisten.

Hätte der Gebrauchtwagenhändler den Wagen vom Generalimporteur gekauft, dann könnte er aufgrund des Rückgriffsrechts seine für die Reparatur angefallenen Kosten ersetzt bekommen.

Mängelrüge

Die **Rügepflicht** kann vertraglich ausgeweitet oder ausgeschlossen werden.

Als angemessene Frist werden ca. 14 Tage anzusehen sein.

Sind Käufer und Verkäufer Unternehmer, dann muss der Käufer die Ware nach Erhalt untersuchen und allfällige Mängel dem Lieferanten in angemessener Frist mitteilen. Unterlässt der Käufer dies, dann hat er keine Ansprüche aus Gewährleistung, Irrtum über Mängelfreiheit und Schadenersatz gegen seinen Lieferanten und er erhält seine Kosten nicht ersetzt.

Beispiel

Ein Geschirrhändler erhält eine Palette Gläser.

Er muss innerhalb angemessener Frist prüfen, ob die Gläser in Ordnung sind. Da es nicht möglich ist, sämtliche Gläser auszupacken, zu kontrollieren und wieder zu verpacken, genügt die Untersuchung einer Stichprobe.

Bemerkt der Käufer dabei kaputte Gläser, muss er mehr Gläser untersuchen. Aufgrund des Ergebnisses der Überprüfung ist der Schaden festzustellen und dem Lieferanten mitzuteilen. Dieser muss dann seiner Gewährleistungspflicht nachkommen.

Verkürzung über die Hälfte des wahren Wertes

Beispiel

Anna kauft ein gebrauchtes Auto um € 10.000,–. Als sie dies einige Zeit später einem Freund erzählt, erklärt ihr dieser, dass ein Auto in diesem Zustand nur € 4.300,– wert ist.

Die Verkürzung über die Hälfte des wahren Wertes kann vertraglich nicht ausgeschlossen werden.

Grundsätzlich können Käufer und Verkäufer den Preis frei vereinbaren. Ist die Leistung eines Geschäftspartners jedoch weniger als die Hälfte der Leistung des anderen wert, dann kann derjenige, der zu viel geleistet hat, den Vertrag anfechten. Beide Seiten müssen dann die erhaltene Leistung zurückgeben.

Der Partner kann den Vertrag jedoch aufrechterhalten, indem er die Differenz aufzahlt.

Beispiel

Für obiges Beispiel bedeutet dies, dass Anna den Vertrag anfechten kann. Dann muss sie das Auto zurückgeben und erhält ihr Geld zurück.

Der Verkäufer kann aber auch € 5.700,– (= 10.000 – 4.300) an Anna zahlen und der Vertrag bleibt aufrecht.

Nebenabrede = **subsidiary agreement**

6 Nebenabreden

In Verträgen werden häufig neben Ware und Preis noch weitere Punkte geregelt.

Abweichungen von den gesetzlichen Regeln müssen im Vertrag vereinbart werden.

Häufig wollen die Vertragspartner bestimmte Punkte anders gestalten, als es das Gesetz vorsieht, z. B.

- Garantie
- Sicherstellungen
- Kosten- und Gefahrenübergang

Garantie

Michael: Die ING4TECH legt allen ihren Geräten eine Garantieerklärung bei. Wozu soll das gut sein? Die Kunden haben doch schon aufgrund des Gesetzes einen Gewährleistungsanspruch.

Anna: Garantie und Gewährleistung sind nicht dasselbe. Während die Gewährleistung ein gesetzlich geregelter Anspruch ist, den der Käufer gegenüber dem Verkäufer hat, ist die Garantie eine freiwillige Zusage. Diese Zusage kann entweder der Verkäufer tätigen oder ein Dritter, meist der Hersteller.

Was garantiert wird, ist der jeweiligen Vereinbarung zu entnehmen. Ist die Garantie unklar formuliert, sollte davon ausgegangen werden, dass nur die Gewährleistungsbestimmungen geändert werden.

Garantie	
unechte	**echte**
wird zwischen den Parteien des Kaufvertrages abgeschlossen und besteht häufig in einer Änderung der Gewährleistungsbestimmungen. Ihr genauer Umfang ist dem Inhalt der Vereinbarung zu entnehmen.	Ein Dritter (z. B. Hersteller) steht für einen bestimmten Erfolg ein oder übernimmt die Gefahr eines allfälligen Schadens. Der Käufer hat dadurch einen zusätzlichen Anspruch neben der Gewährleistung.
Beispiele: ● Der Verkäufer gewährt 30 Monate Garantie: Verlängerung der Gewährleistungsfrist. ● Der Verkäufer garantiert, dass innerhalb von 12 Monaten keine Fehler auftreten: Er steht daher innerhalb des ersten Jahres auch für Fehler ein, die im Zeitpunkt der Übergabe nicht vorhanden waren.	**Beispiel:** Der Hersteller garantiert dem Endverbraucher, der die Sache bei einem Händler gekauft hat, dass innerhalb von 24 Monaten keine Fehler auftreten: Hier hat der Kunde einen Gewährleistungsanspruch gegenüber dem Händler **und** einen Anspruch aus dem Garantievertrag gegen den Hersteller.

Für **Garantieerklärungen gegenüber Konsumenten** bestehen besondere Formvorschriften. Unter anderem muss die Garantie schriftlich erfolgen und der Unternehmer muss darauf hinweisen, dass der Konsument neben der Garantie seine Gewährleistungsansprüche geltend machen kann. Weiters muss der Inhalt der Garantie deutlich umschrieben werden.

Eigentumsvorbehalt = **title retention**

Eigentumsvorbehalt

Michael: In den Verkaufsunterlagen der ING4TECH steht, dass ein Eigentumsvorbehalt vereinbart wird. Was soll damit erreicht werden?

Anna: Dies ist eine Sicherheit für den Verkäufer.

Grundsätzlich erwirbt der Käufer im Zeitpunkt der Übergabe Eigentum am Kaufgegenstand, unabhängig davon ob er bezahlt hat oder nicht.

Wird der Käufer zwischen Übergabe und vereinbartem Zahlungszeitpunkt zahlungsunfähig (insolvent), erhält der Verkäufer meist nur einen geringen Teil des Kaufpreises. Die Ware kann er nicht mehr zurückfordern, da er nicht mehr Eigentümer ist.

Damit der **Eigentumsvorbehalt** gültig ist, muss die entsprechende Vereinbarung bereits bei Vertragsabschluss getroffen werden. Erklärungen, die nach Vertragsabschluss einseitig erfolgen, z. B. auf der Rechnung, reichen nicht aus, um einen Eigentumsvorbehalt zu begründen.

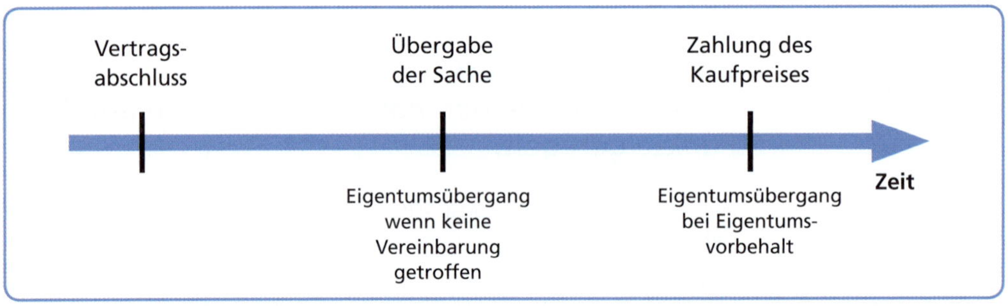

Wurde ein Eigentumsvorbehalt vereinbart, bleibt der Verkäufer bis zur vollständigen Bezahlung Eigentümer und kann die Sache zurückfordern, wenn der Käufer nicht zahlt.

Zum Konkurs s. S. 250ff.

Der Eigentumsvorbehalt bietet für den Gläubiger einen erhöhten Schutz im Falle der Zahlungsunfähigkeit des Käufers, da die Sache nicht in die Konkursmasse fällt.

Konventionalstrafe = **penalty (for breach of contract)**

Pönale (Vertragsstrafe, Konventionalstrafe)

Erfüllt ein Vertragspartner den Vertrag nicht oder schlecht und trifft ihn daran ein Verschulden, kann der andere Teil, wenn ihm dadurch ein Schaden entsteht, verlangen, dass ihm dieser Schaden ersetzt wird.

Beispiel

Es wurde vereinbart, dass eine Maschine am 17. Mai übergeben wird. Da der Verkäufer dieser Verpflichtung nicht nachgekommen ist, muss der Käufer die Maschine bis zur tatsächlichen Übergabe bei einem Dritten gegen Entgelt mieten.

Dieses Mietentgelt stellt den Schaden dar, der durch die verspätete Lieferung entstanden ist, und kann als Schadenersatz vom Verkäufer gefordert werden.

Der Geschädigte hat die Pflicht, den Schaden so gering wie möglich zu halten!

Ist der Schaden eingetreten, kommt es häufig zum Streit, wie hoch er war (z. B. ob die Sache nicht billiger gemietet hätte werden können). Um derartige Streitigkeiten zu vermeiden und um Druck auf den Vertragspartner auszuüben, wird oft eine Konventionalstrafe vereinbart. Diese ist ein im Vertrag vereinbarter pauschalierter Schadenersatz, der auch zu zahlen ist, wenn kein Schaden eingetreten ist.

Beispiel

Von einem Konsumenten kann ein die Pönale übersteigender Schaden nur dann verlangt werden, wenn dies ausdrücklich vereinbart wurde.

Die ING4TECH hat eine Schaufensterdekoration bestellt. Dabei wurde als Liefertermin der 17. Mai vereinbart. Für den Fall der nicht zeitgerechten Lieferung ist im Vertrag ein Pönale vorgesehen. Tatsächlich erfolgt die Lieferung erst einen Monat später, da der Lieferant zu spät mit der Herstellung begonnen hat.

Auch wenn der ING4TECH kein Schaden entstanden ist, kann sie die vereinbarte Vertragsstrafe vom Verkäufer fordern.

Ist der Schaden höher als das vereinbarte Pönale, kann der tatsächliche Schaden vom anderen verlangt werden, wenn der andere Unternehmer ist.

Trifft die ING4TECH ein Mitverschulden an der Verspätung, ist die Vertragsstrafe herabzusetzen.

Beispiel

Ein Geschäftslokal der ING4TECH wird eingerichtet. Als spätester Termin für die Lieferung und Montage wird der 25. Juni vereinbart. Für den Fall der verspäteten Lieferung wurde eine Konventionalstrafe vereinbart. Die ING4TECH hat zwischen Bestellung und vereinbartem Liefertermin kleinere Änderungswünsche bekanntgegeben. Die tatsächliche Lieferung erfolgte im Juli.

Hier trifft die ING4TECH aufgrund der Änderungswünsche ein Mitverschulden, daher muss der Lieferant das Pönale nicht (zur Gänze) zahlen.

Auf dieses richterliche Mäßigungsrecht kann nicht verzichtet werden.

Derjenige, der die Bezahlung der Vertragsstrafe versprochen hat, kann verlangen, dass ein Gericht die Höhe der versprochenen Konventionalstrafe überprüft und diese gegebenenfalls herabsetzt.

Um auf den Vertragspartner Druck auszuüben, dass er seinen vertraglichen oder gesetzlichen Verpflichtungen nachkommt, können Sicherstellungen, z. B. ein Haftungsrücklass, vereinbart werden.

Haftungsrücklass

Tritt während der Gewährleistungs- oder Garantiefrist ein Mangel auf, für den der Verkäufer einzustehen hat, hat der Auftragnehmer diesen zu reparieren oder ein neues Gerät bereitzustellen. Tut er dies nicht freiwillig, müsste der Auftraggeber seinen Anspruch gerichtlich durchsetzen. Ist der Lieferant insolvent oder hat er seinen Geschäftsbetrieb eingestellt, besteht auch gerichtlich keine Möglichkeit, den Gewährleistungsanspruch durchzusetzen.

Beispiel

Haftungsrücklass = **deduction, retention**

Die ING4TECH lässt von der Tischlerei Karl Richter GmbH eine neue Geschäftseinrichtung anfertigen. Drei Monate nach der Lieferung und Montage der Einrichtung wird die Karl Richter GmbH aufgelöst und im Firmenbuch gelöscht.

Vier Monate später stellt sich heraus, dass einige Laden nicht schließen. Die ING4TECH möchte aufgrund ihres Gewährleistungsanspruches, dass der Mangel behoben wird.

Da die Fa. Karl Richter GmbH nicht mehr existiert, kann die ING4TECH ihren Gewährleistungsanspruch nicht durchsetzen; sie muss die kaputten Laden von einem anderen Unternehmen gegen Bezahlung reparieren lassen.

Die **Höhe des Rücklasses** kann frei vereinbart werden. Zu hohe Rücklässe verursachen dem Lieferanten jedoch Kosten, die er auf die Preise überwälzen wird; zu geringe bieten keine Sicherheit. Daher werden üblicherweise 3–5 % des Angebotspreises als Haftungsrücklass vereinbart.

Kosten für den Sicherungsgeber sind z. B. Zinsverluste.

Um dem Auftraggeber allfällige Schwierigkeiten zu ersparen, kann ein Haftungsrücklass vereinbart werden, den der Auftraggeber zur Bezahlung allfälliger Reparaturkosten verwenden kann, wenn der Auftragnehmer seinen Pflichten nicht nachkommt.

Nach Ablauf der Gewährleistungs- bzw. der vereinbarten Garantiefrist ist der Haftungsrücklass zurückzustellen.

Grundsätzlich kann frei vereinbart werden, wie die Sicherstellung erfolgt. Sie sollte jedoch so erfolgen, dass der Käufer rasch, einfach und sicher das Geld bekommt, wenn er die Sicherheit beansprucht. Der Verkäufer hingegen möchte möglichst geringe Kosten tragen.

In der Praxis ist die **Bankgarantie** das gebräuchlichste Sicherstellungsmittel. Dabei verpflichtet sich ein Geldinstitut über Auftrag des Schuldners, auf Aufforderung (= Garantiefall) eine bestimmte Summe Geldes zu zahlen. Dies kann an bestimmte Voraussetzungen gebunden sein. Zumeist wird die Bankgarantie auf Dauer der Gewährleistung befristet.

Pfand = **pledge, security, mortgage**

Pfand

Michael: Meine Eltern haben bei der Bank ein Darlehen aufgenommen, weil wir unser Haus umbauen. Die Bank hat ein Pfandrecht am Grundstück verlangt. Warum tut die Bank das?

Anna: Die Bank sichert sich damit ab. Sollten deine Eltern das Darlehen nicht zurückzahlen können, kann die Bank das Grundstück versteigern lassen und aus dem Versteigerungserlös die offenen Forderungen tilgen.

Wird eine verpfändete Sache verkauft, bleibt das **Pfandrecht** bestehen.

Schuldner und Gläubiger können vereinbaren, dass für eine bestimmte Schuld **eine Sache haften soll.** Auch das Pfandrecht wird erworben durch:

Die Pfandsache kann Eigentum des Kreditnehmers oder einer anderen Person sein, der Eigentümer muss jedoch der Verpfändung zustimmen.

Erwerb des Pfandrechts		
Rechtsgrund (Titel)	und	**Übergabe (Modus)**

Die Pfandsache muss dem Pfandgläubiger tatsächlich übergeben werden. Eine Übergabe durch Zeichen reicht nicht.

Beispiel

Es muss bestimmt werden, für welche Schuld die Pfandsache haften soll. Dies ist insbesondere dann wichtig, wenn zwischen den beiden mehrere Kreditgeschäfte bestehen.

Robert Müller nimmt bei der Bank ein Darlehen auf. Seine Freundin Karola Grieger verpfändet dafür ihr Auto.

Gibt Karola Grieger dem Pfandgläubiger nur den Typenschein und fährt mit dem Auto weiter, hat der Pfandgläubiger kein Pfandrecht erworben, sie muss auch das Auto dem Pfandgläubiger übergeben.

Kann Robert Müller das Darlehen nicht zurückzahlen, haftet er mit seinem kompletten Vermögen (Sparbücher, Eigentumswohnung ...) für die Schuld.

Die Bank kann auch das Auto von Karola Grieger versteigern lassen und damit die Schuld abdecken. Auf das übrige Vermögen von Karola Grieger kann die Bank nicht zugreifen.

Robert Müller haftet persönlich. Daneben besteht eine Sachhaftung des verpfändeten Autos.

Der Pfandgläubiger hat die Pfandsache sorgfältig zu verwahren und darf sie nicht benutzen. Auch erwirbt er kein Eigentum an den Früchten der Pfandsache (z. B. Zinsen).

Kommt der Kreditnehmer seinen Verpflichtungen nicht nach, kann der Kreditgeber die verpfändete Sache verwerten und aus dem Erlös der Verwertung die Forderung abdecken. Die Verwertung erfolgt idR durch öffentliche Versteigerung, lediglich bei Waren, die einen Börse- oder Marktpreis haben (z. B. Wertpapiere), kann der Pfandgläubiger diese frei verkaufen.

Häufig werden **Wertpapiere** verpfändet. Da dieses zumeist auf einem Konto bei der Bank gehalten werden, ist die Abwicklung einfach, da nur ein Pfandvertrag geschlossen werden muss, die Übergabe kann unterbleiben, da die Bank die Wertpapiere bereits verwahrt. Diese Form der Sicherheit wird **Wertpapierlombard** genannt.

Aus dem Verkaufspreis werden

1. zuerst die Verfahrenskosten abgedeckt und
2. danach erhält der Kreditgeber seine offenen Forderungen.
3. Ist danach immer noch etwas vom Verkaufspreis über, erhält dies der Kreditnehmer; ist hingegen die Schuld nicht zur Gänze bezahlt, kann der Kreditgeber auf das übrige Vermögen des Kreditnehmers zugreifen.

Andere Gläubiger können auf die verpfändete Sache nicht zugreifen und sich daraus befriedigen. Der Pfandgläubiger wird daher bei Verwertung der Pfandsache bevorzugt. Er hat dadurch eine größere Wahrscheinlichkeit, seine Forderung zu bekommen.

Zahlt der Kreditnehmer seine Schuld zurück, dann ist der Pfandgläubiger verpflichtet, die Pfandsache zurückzugeben. Der Pfandschuldner kann dann wieder frei über die Sache verfügen.

Bürgschaft

Michael: Die ING4TECH ist eine GmbH. Bei der GmbH haften die Gesellschafter nicht für Schulden des Unternehmens. Der Geschäftsführer hat mir erzählt, dass er für die ING4TECH eine Bürgschaft übernommen hat und nun mit seinem Privatvermögen für die Schulden der ING4TECH haftet. Warum hat er das getan?

Anna: Banken möchten sicher sein, dass Kredite zurückgezahlt werden. Die Wahrscheinlichkeit, dass ein Kredit zurückgezahlt wird, ist größer, wenn Sicherheiten vorhanden sind. Eine mögliche Sicherheit ist eine Bürgschaft. Dabei kann die Bank auf das Vermögen des Schuldners, der ING4TECH, und auf das Vermögen des Bürgen, des Geschäftsführers, zugreifen. Die Wahrscheinlichkeit, dass die Bank das Geld erhält, wird dadurch größer.

Bei einer Bürgschaft verspricht ein Dritter (der Bürge) dem Kreditgeber, den Kredit zurückzuzahlen, wenn er das Geld nicht vom Kreditnehmer erhält. Der Bürge haftet für diesen Betrag mit seinem gesamten Vermögen.

Der Kreditgeber wird prüfen, ob er den Bürgen akzeptiert. Daher wird der Kreditgeber auch die Einkommens- und Vermögensverhältnisse des Bürgen durchleuchten, da für ihn ein Bürge nur dann ein Vorteil ist, wenn er zahlungsfähig ist.

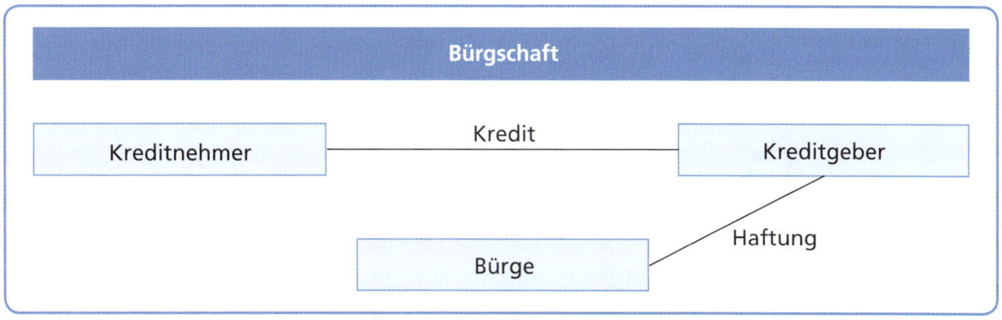

Bürgschaft = **guarantee, security**

Der Bürge kann sich auch nur für einen Teil der Schuld verbürgen oder seine Bürgschaft zeitlich begrenzen.

Da der Bürge verspricht, eine fremde Schuld zu zahlen, möchte ihn die Rechtsordnung vor übereilten Handlungen schützen. Daher müssen

- Bürgschaften immer **schriftlich** abgegeben werden. Eine sichere digitale Signatur reicht nicht aus;
- Bürgen vom Kreditgeber **gewarnt** werden, wenn diesem bekannt ist, dass der Schuldner unmittelbar vor dem finanziellen Zusammenbruch steht oder der Kredit nur zur Umschuldung dient.

Die Haftung des Bürgen hängt von der Art der Bürgschaftserklärung ab. Folgende Formen der Bürgschaft unterscheidet das Gesetz:

Exekution: Eintreibung der Forderung mithilfe des Gerichts. (Siehe Kapitel 6)

- **Ausfallsbürgschaft:** Dieser verpflichtet sich zu zahlen, wenn gegen den Hauptschuldner erfolglos Exekution geführt wurde. Daher muss der Gläubiger zuerst versuchen, die Forderung gerichtlich einzutreiben, und kann erst danach für den unbeglichenen Teil den Bürgen in Anspruch nehmen.
- **gemeine (gewöhnliche) Bürgschaft:** Der Gläubiger muss den Hauptschuldner mahnen und ihm eine angemessene Frist zur Zahlung gewähren. Erst nach erfolglosem Verstreichen der Frist darf er den Bürgen in Anspruch nehmen.
- **solidarische Bürgschaft (Bürge und Zahler):** In diesem Fall haftet der Bürge wie der Hauptschuldner und kann ohne vorherige Mahnung des Hauptschuldners vom Gläubiger zur Zahlung aufgefordert werden.

Banken akzeptieren idR nur **solidarische Bürgschaften.**

Die **Bürgschaft erlischt,** wenn

- die Schuld bezahlt wurde,
- die Zeit, für die die Bürgschaftserklärung abgegeben wurde, verstrichen ist,
- der Bürge vom Gläubiger aus der Bürgschaft entlassen wurde.

Grundbuch = **land register**

7 Das Grundbuch

Rechte an unbeweglichen Sachen werden durch Eintragung in das Grundbuch erworben.

Michael: Mein großer Bruder und seine Freundin möchten ein Einfamilienhaus bauen. Sie haben bereits ein passendes Grundstück gefunden und verhandeln mit dem Eigentümer. Doch woher wissen sie, ob er wirklich der Eigentümer ist?

Anna: Der Eigentümer eines Grundstückes muss im Grundbuch eingetragen sein. Es wird beim Bezirksgericht geführt und jedermann kann ohne Angabe von Gründen Einsicht nehmen.

Das **Grundbuch** ist ein **öffentliches Verzeichnis sämtlicher Grundstücke**, das vom zuständigen Bezirksgericht geführt wird. In das Grundbuch werden die **an einem Grundstück bestehenden Rechte** eingetragen.

Das **Grundbuch** wird in Form einer EDV-Datenbank geführt.

Daneben gibt es **Hilfseinrichtungen:**
- Grundbuchsmappe
- Grundstücksverzeichnis
- Straßenverzeichnis
- Personenverzeichnis

Das Grundbuch besteht aus:

- dem **Hauptbuch** und
- der **Urkundensammlung.**

Die Anfertigung von Auszügen ist kostenpflichtig.

Das Hauptbuch gliedert sich in Grundbuchseinlagen. In dieser Einlage sind ein oder mehrere Grundstücke und die damit verbundenen Rechte und Pflichten zusammengefasst. Jede Grundbuchseinlage hat eine Einlagezahl, die dem leichteren Auffinden dient.

Jedermann kann ohne Angabe von Gründen Einsicht nehmen und Auszüge verlangen.

Derjenige, dessen Rechte beschränkt, aufgehoben, belastet oder übertragen werden sollen, muss ausdrücklich zustimmen. Dies wird **Aufsandungserklärung** genannt.

Was eingetragen ist, gilt. Wenn jemand nicht das Gegenteil weiß, kann er sich darauf verlassen, dass die **Grundbuchseintragungen richtig** sind.

Eintragungen in das Grundbuch erfolgen grundsätzlich **nur auf Antrag**. Die Unterschriften auf dem Antrag müssen **durch einen Notar oder ein Gericht beglaubigt werden**. Die Eintragung ist **gebührenpflichtig**.

Es gilt das **Prioritätsprinzip**: Was zuerst beantragt wird, wird eingetragen.

Das Grundbuch wurde früher als gebundenes Buch geführt. Dabei gab es für jede Grundbuchseinlage drei Blätter. Deren Bezeichnungen haben sich erhalten:

Das **A-Blatt (Gutbestandsblatt)** ist gegliedert in:

A1-Blatt, darin ist u. a. zu finden:
- Grundstücksnummer
- Adresse
- Benutzungsart (z. B. Acker, Wiese, Baufläche)

A2-Blatt mit u. a.:
- mit der Liegenschaft verbundene Rechte (z. B. Dienstbarkeit)
- bestimmte Beschränkungen (z. B. Wasserschutzgebiet)

Das **B-Blatt (Eigentumsblatt)** enthält:
- Name und Adresse des bzw. der Eigentümer
- Eigentumsanteile
- Persönliche Beschränkungen des Eigentümers (z. B. Minderjährigkeit, Konkurs)

Im **C-Blatt (Lastenblatt)** werden u. a. eingetragen:
- Hypotheken
- Belastungs- und Veräußerungsverbote
- Dienstbarkeiten

```
GRUNDBUCH 10027 Horn                                        EINLAGEZAHL  1435
BEZIRKSGERICHT Horn
***************************************************** ABFRAGEDATUM  2018-04-20
Letzte TZ  2815/2006
************************************ A1 *************************************
   GST-NR  G BA (NUTZUNG)          FLÄCHE  GST-ADRESSE
  1026/7     Baufl.(Gebäude)          109  Riedenburgstraße 36
  1026/9     Baufl.(begrünt)          106
  1026/10    Baufl.(begrünt)          295
   GESAMTFLÄCHE                       510
************************************ A2 *************************************
************************************ B **************************************
   2 ANTEIL: 1/2
     Müller  Werner Mag.
     GEB: 1963-08-24 ADR: Frömmlgasse 2       1210
      a 2815/2006 IM RANG 2724/2006 Kaufvertrag 2006-10-13 Eigentumsrecht
      b 2815/2006 Vorkaufsrecht
   3 ANTEIL: 1/2
     Winter    Susanne Mag.
     GEB: 1964-07-16 ADR: Löhrgasse 22       1150
      a 2815/2006 IM RANG 2724/2006 Kaufvertrag 2006-10-13 Eigentumsrecht
      b 2815/2006 Vorkaufsrecht
************************************ C **************************************
  1    auf Anteil B-LNR 2
      a 2815/2006 Schuldschein und Pfandurkunde 2006-10-13
          PFANDRECHT                                            EUR 53.045,--
          8 % Z, 13 % VZ, 11 % ZZ, NGS EUR 10.600,-- für
          Bausparkasse der österreichischen Sparkassen
          Aktiengesellschaft
  2    auf Anteil B-LNR 2
      a 2815/2006
          VORKAUFSRECHT gem Punkt VIII. Kaufvertrg 2006-10-13 für
          Winter  Mag Susanne geb 1964-07-16
          IM RANGE NACH LNR 1
  3    auf Anteil B-LNR 3
      a 2815/2006 Schuldschein und Pfandurkunde 2006-10-13
          PFANDRECHT                                            EUR 53.045,--
          8 % Z, 13 % VZ, 11 % ZZ, NGS EUR 10.600,-- für
          Bausparkasse der österreichischen Sparkassen
          Aktiengesellschaft
  4    auf Anteil B-LNR 3
      a 2815/2006
          VORKAUFSRECHT gem Punkt VIII. Kaufvertrag 2006-10-13 für
          Müller  Mag Werner geb 1963-08-24
          IM RANGE NACH LNR 3
```

Eigentumserwerb an einem Grundstück

Grundbucheintrag = **land register entry**

Das Eigentum an einem Grundstück wird erworben durch:

Eigentumserwerb an Liegenschaften		
Rechtsgrund (Vertrag)	und	**Eintragung in das Grundbuch**

Der Eigentümer eines Grundstückes muss im Grundbuch eingetragen sein.

Man muss zusätzlich zum Kaufpreis mit bis zu 10 % an **Nebenkosten** rechnen: Grunderwerbsteuer (3,5 %), Maklerprovision (bei Inanspruchnahme eines Immobilienmaklers), Kosten für Vertragserrichtung und Treuhandschaft sowie Unterschriftenbeglaubigung, Gebühr für Eintragung im Grundbuch (1,1 %).

Für den Bau oder Kauf von Eigentumswohnungen oder Eigenheimen gibt es in Österreich **staatliche Unterstützung** im Rahmen der Wohnbauförderung.

Praktische Hinweise für den Kauf und Verkauf von Immobilien

Vor Abschluss des Kaufvertrages sollte ein **aktueller Grundbuchsauszug** eingeholt werden. Damit kann man Folgendes überprüfen:

- ob der Verkäufer wirklich Eigentümer der Liegenschaft ist
- ob das Grundstück mit Pfandrechten belastet ist, die vor dem Kauf gelöscht oder übernommen werden müssen
- ob sonstige Belastungen wie Dienstbarkeiten aufscheinen, die den Wert der Immobilie mindern könnten

Die Abwicklung eines Immobilien-Kaufvertrages kann mehrere Monate in Anspruch nehmen. Der Käufer will den Kaufpreis erst dann bezahlen, wenn er im Grundbuch als Eigentümer eingetragen ist. Der Verkäufer möchte jedoch sichergehen, dass er den Kaufpreis auch erhalten wird. Zur Absicherung ist es daher empfehlenswert, einen Treuhandvertrag mit einem Notar oder Rechtsanwalt abzuschließen. Dann wird der Kaufpreis auf ein Treuhandkonto überwiesen. Der Treuhänder darf das Geld erst dann an den Verkäufer weiterleiten, wenn die Grundbuchseintragung erfolgt ist.

Zur Absicherung während der Kaufverhandlungen und Vertragsabwicklung kann der Verkäufer auch einen Rangordnungsbescheid über die beabsichtigte Veräußerung beantragen und diesen an den Käufer oder den Treuhänder übergeben. Damit wird der grundbücherliche Rang (der „Platz des künftigen Eigentümers im Grundbuch") ein Jahr lang „besetzt" und man ist sicher, dass kein anderer Käufer zuvorkommen kann. Es wird nämlich auf diesem Grundbuchsrang nur diejenige Person eingetragen, die den Bescheid vorlegt.

Beim Kauf einer neu errichteten Eigentumswohnung von einem sogenannten Bauträger schützt den Käufer das Bauträgervertragsgesetz, z. B. müssen Zahlungen nur entsprechend dem Baufortschritt an einen Treuhänder geleistet werden.

Hypothek = **mortgage, pledge on real estate**

Hypothek

Ein Pfandrecht an einem Grundstück wird Hypothek genannt. Diese wird erworben durch:

Erwerb einer Hypothek		
Rechtsgrund (Vertrag)	und	**Eintragung in das Grundbuch**

Da Grundstücke zumeist sehr wertvoll sind, werden sie häufig mehrfach verpfändet. Auch hier gilt das **Prioritätsprinzip.**

Beispiel

Auf einem Grundstück lasten folgende Hypotheken:

1. Pfandrecht für die Landeshypothekenanstalt € 35.000,–
2. Pfandrecht für den Wohnhaus-Wiederaufbaufonds € 49.000,–
3. Pfandrecht für die Allgemeine Bausparkasse € 45.000,–

Wird das Grundstück im Rahmen einer Exekution versteigert und wird dabei ein Erlös von € 120.000,– erzielt, wird dieser wie folgt verteilt:

1. Zuerst werden die Verfahrenskosten (Gerichtsgebühren, Anwaltskosten, ...) abgedeckt.
2. Danach erhält die Landeshypothekenanstalt ihre offene Forderung in Höhe von € 35.000,–.
3. Die nächste Zahlung erhält der Wohnhaus-Wiederaufbaufonds, maximal € 49.000,–.
4. Ist danach noch Geld von der Versteigerung übrig, bekommt es die Allgemeine Bausparkasse.

Die Gläubiger können versuchen, dass sie den nach der Verteilung noch offenen Teil ihrer Forderungen aus dem sonstigen Vermögen des Schuldners bekommen. Da die Zwangsversteigerung eines der letzten Mittel ist, das Gläubiger anwenden, um ihre Forderungen bezahlt zu erhalten, sind die Chancen, noch zu Geld zu kommen, sehr gering.

Dienstbarkeit = **encumbrance, easement, servitude**

Dienstbarkeit

Dienstbarkeiten sind beschränkte dingliche Nutzungsrechte an einer fremden Sache. Der Eigentümer diese Sache ist verpflichtet, zugunsten eines anderen etwas zu dulden oder zu unterlassen.

Dienstbarkeiten werden auch als **Servituten** bezeichnet.

Beispiel
Die Dienstbarkeit kann im A2-Blatt des Grundstückes der Meixners (herrschendes Grundstück) eingetragen werden und im C-Blatt des Nachbargrundstückes (dienendes Grundstück).

Auf das Grundstück von Gerlinde und Robert Meixner gelangt man nur über das Grundstück der Nachbarn. Daher vereinbaren die Meixners mit den Nachbarn, dass diese ihnen gestatten, über das Grundstück zu gehen. Dieses Wegerecht ist eine Dienstbarkeit.

Wird die Dienstbarkeit in das Grundbuch eingetragen, dann besteht sie auch gegenüber neuen Eigentümern.

Üben

SbX ID: 2302

A B C D E

SbX
Ü 2.15
mit automatischer Aufgabenkontrolle
ID: 2302

Ü 2.15: Eigentumserwerb A

Kennzeichnen Sie, ob die Aussagen richtig oder falsch sind, und begründen Sie Ihre Antwort:

	richtig/ falsch	Begründung
Eigentum an einer beweglichen Sache erwirbt man, wenn man den Kaufpreis zahlt.		
Der Dieb, der eine Sache behalten möchte, wird Inhaber dieser Sache.		
Eigentum an einer unbeweglichen Sache erwirbt man, wenn man in das Grundbuch eingetragen wird.		
Beim Versendungskauf erwirbt ein Konsument Eigentum, wenn die Post die Sache dem Konsumenten übergibt.		

SbX
Ü 2.16
mit automatischer Aufgabenkontrolle
ID: 2302

Ü 2.16: Vertragsabschluss A

Kennzeichnen Sie, ob die Aussagen richtig oder falsch sind, und begründen Sie Ihre Antwort:

	richtig/ falsch	Begründung
Ein Vertrag kommt durch zwei übereinstimmende Willenserklärungen zustande.		
Auch wenn man zur Willenserklärung gezwungen wurde, ist der Vertrag gültig.		
An ein Vertragsangebot ist der Anbieter nicht gebunden.		
Das Ausstellen von Waren in einem Schaufenster ist ein Angebot, einen Vertrag abzuschließen.		
Werden Sachen im Internet angeboten, müssen diese jedem, der sie bestellt, geliefert werden.		
Wo die Ware zu übergeben ist, kann frei vereinbart werden.		

SbX
Ü 2.17
mit automatischer Aufgabenkontrolle
ID: 2302

Ü 2.17: Fern- und Auswärtsgeschäftegesetz B

Entscheiden Sie, ob in folgenden Fällen das Fern- und Auswärtsgeschäftegesetz anzuwenden ist:

a) Eine Unternehmerin bestellt im Internet Werkzeug bei einem Unternehmen, mit dem sie noch nie Geschäfte getätigt hat.
b) Ein Privater bestellt per Fax eine Ware, die in einer Teleshoppingsendung angepriesen wurde.

c) Eine Wohnungsbesitzerin ruft einen Elektriker an, da eine Störung zu beheben ist.
d) Ein Unternehmer nimmt an einer Werbefahrt nach Ungarn teil und kauft eine Matratze für sein Bett.
e) Eine Jugendliche bestellt im Internet eine Musikanlage, die sie im Geschäft abholt.
f) Nach einer Feier steigt eine Person in ein Taxi und lässt sich nach Hause bringen. Der Fahrpreis beträgt € 32,50.

SbX
Ü 2.18
mit automatischer Aufgabenkontrolle
ID: 2302

Ü 2.18: Gewährleistung A

Kennzeichnen Sie, ob die Aussagen richtig oder falsch sind, und begründen Sie Ihre Antwort:

	richtig/falsch	Begründung
Für jede neue Sache muss der Verkäufer Gewähr leisten.		
Die Gewährleistungsfrist beträgt ein halbes Jahr.		
Die Gewährleistung umfasst auch den Ersatz von Verletzungen, die die gekaufte Sache bei der Benutzung verursacht hat.		
Gewähr leisten muss der Hersteller der Sache.		

Ü 2.19: Zahlungsverzug A

Die Müllerei GmbH bestellt bei der Fa. Winter e. U. Waren. Zum vereinbarten Zahlungszeitpunkt wurde die offene Rechnung noch nicht beglichen.

a) Wie oft muss der Verkäufer den Käufer mahnen, bevor rechtliche Schritte zulässig sind?
b) Was kann der Verkäufer im Falle des Zahlungsverzuges verlangen?

Ü 2.20: Eigentumsübertragung B

G. Heiner und F. Trimmel vereinbaren am 3.5.20.. , dass Trimmel Heiners PC kauft. Am 16.5.20.. übergibt Heiner das Gerät an Trimmel. Am 29.5.20.. bezahlt Trimmel den noch offenen Kaufpreis.

a) Wann hat Trimmel Eigentum an diesem PC erworben? (Begründung!)
b) Muss der private Verkäufer Heiner dem Käufer Gewähr leisten?

Ü 2.21: Verspätete Fertigstellung B

Ein Unternehmen lässt seine Geschäftsräume herrichten. Was kann vereinbart werden, damit dem Unternehmen kein Schaden entsteht, falls die Auftragnehmer nicht rechtzeitig fertig werden?

Ü 2.22: Versandhandel B

Günther Klein bestellt bei einem Versandhandel einen Hometrainer, den er im Wohnzimmer aufstellen möchte. Auf dem Transport geht die Sendung verloren. Klein will daher nicht bezahlen, obwohl der Händler nachweisen kann, dass er das Paket zur Post gebracht und aufgegeben hat.

a) Wann wird Klein Eigentümer des Hometrainers?
b) Klären Sie, ob Klein das Entgelt für die Bestellung bezahlen muss.

Ü 2.23: Reparaturkosten B

Gerda Grün hat einen Unfall mit ihrem Pkw gehabt. Sie fährt in eine Werkstätte, die das Auto besichtigt und ihr danach eine Auflistung der für eine Reparatur notwendigen Arbeiten und der dabei anfallenden Kosten übergibt. Da ihr der Preis für die Reparatur zu hoch erscheint, fährt sie noch in eine zweite Werkstätte und lässt sich auch dort eine derartige Auflistung geben.

a) Wie nennt man eine derartige Preisauflistung?
b) Können die Werkstätten dafür Entgelt verlangen?
c) Wenn Gerda Grün eine der beiden Werkstätten mit der Reparatur beauftragt, kann diese dann einen höheren Preis als in der Aufstellung verlangen?

Sichern

SbX ID: 2303

Sachenrecht

Das **Sachenrecht** regelt, wer über eine Sache verfügen darf. Da Sachenrechte gegenüber jedermann durchsetzbar sind, können an einer Sache nur die im Gesetz vorgesehenen Rechte begründet werden:

- Eigentum
- Pfandrecht
- Dienstbarkeit
- Reallast
- Baurecht

Eigentum

Eigentum ist das umfassendste Recht an einer Sache. Der Eigentümer kann im Rahmen der Gesetze mit einer Sache tun und lassen, was er will, und jeden anderen davon ausschließen.

Eigentum wird **von einer anderen Person erworben,** wenn alter Eigentümer und Erwerber eine Absprache treffen, dass das Eigentum übergehen soll, und die Sache dem neuen Eigentümer übergeben wird. Soll Eigentum an einem Grundstück übertragen werden, muss der Eigentumsübergang in das **Grundbuch** einverleibt werden.

Verträge

Verträge regeln die Rechtsbeziehungen zwischen den Vertragsparteien. Da nur sie davon betroffen sind, kann der Inhalt frei vereinbart werden. Verträge kommen durch **übereinstimmende Willenserklärungen** von mindestens zwei Personen zustande. Zum Schutz der Vertragsparteien

- müssen diese die erforderliche Geschäftsfähigkeit aufweisen,
- muss der Inhalt des Vertrages erlaubt und möglich sein,
- dürfen keine Willensmängel vorliegen.

Im Vertrag können neben den Hauptpunkten – welche Leistungen ausgetauscht werden sollen – noch weitere Punkte geregelt werden. Enthält der Vertrag keine Regelungen, finden die gesetzlichen Bestimmungen Anwendung. Verträge sind nur gegenüber dem Vertragspartner durchsetzbar.

Gewährleistung

Der Verkäufer einer Sache muss **Gewähr leisten,** dass die Sache im Zeitpunkt der Übergabe der Vereinbarung entspricht.

Sicherheiten

Die Vertragspartner können als Sicherheit, dass der andere Teil seine Verpflichtung erfüllt, vereinbaren:

- **Eigentumsvorbehalt:** Durch einen Eigentumsvorbehalt wird Eigentum erst mit der Zahlung erworben.
- **Pönale:** Pönale ist pauschalierter Schadenersatz.
- **Pfand**
- **Bürgschaft:** Der Bürge haftet mit seinem ganzen Vermögen für eine fremde Schuld.

Vokabeln dieser Lerneinheit

Sachenrecht	law of property
Innehabung	occupation (habitation)
Besitz	possession
Eigentum	ownership
Miteigentum	co-ownership
Vertrag	contract
Schuldner	debtor
Gläubiger	creditor
Angebot	offer
Annahme	acceptance
Kostenvoranschlag	costing, quotation, estimate of costs
Ware	goods
allgemeine Vertrags-bedingungen	general terms of the contract
Geschäftsbedingungen	terms of business, trading conditions
Rücktrittsrecht	right of recession of a contract
Umtausch	change, exchange
Vertragserfüllung	performance (fulfilment) of a contract
Erfüllungszeitpunkt	terms of performance (date of fulfilment)
Mahnung	reminder
Absprache	agreement, verbal arrangement
Fixgeschäft	firm bargain (deal), fixed transaction, time bargain
Erfüllungsort	place of performance
Zahlung	payment
Anzahlung	advance payment
Zahlungsziel	term of payment

Zahlungsverzug	default of payment
Leistungsstörung	defaults of service
Gewährleistung	warranty, guarantee
Beschreibungen	descriptions
Proben	samples, specimens
Muster	samples, prototypes
Prospekte	leaflets, brochures
Mängel	deficiencies, faults, errors
bewegliche Sachen	movables, chattels
Beweislast	burden of proof
Beweislastumkehr	reversal of the burden of proof
unbeweglich	immovable
Mängelbehebung	corrective action
Reparatur	repair
Nachtrag fehlender Teile	shipment of missing parts
Austausch	replacement, substitution, exchange
Nebenabrede	subsidiary agreement
Eigentumsvorbehalt	title retention
Konventionalstrafe	penalty (for breach of contract)
Haftungsrücklass	deduction, retention
Pfand	pledge, security, mortgage
Bürgschaft	guarantee, security
Grundbuch	land register
Grundbucheintrag	land register entry
Hypothek	mortgage, pledge on real estate
Dienstbarkeit	encumbrance, easement, servitude

SbX ID: 2303

Im SbX finden Sie diese Zusammenfassung als Audio-Wiederholung sowie eine Bildschirmpräsentation mit den Grafiken dieser Lerneinheit.

Wissen

A B C D E

W 2.6: Kauf eines DVD-Players B

Karl Sommer betritt am 3. Mai das Geschäftslokal der Elektronik GmbH und besichtigt einen DVD-Player. Im Verkaufsgespräch preist der Verkäufer die Vorzüge des Gerätes an, erklärt, dass das Gerät DVDs trotz fremden Ländercodes abspielen kann, und verspricht 5% Nachlass auf die angeschriebenen Preise. Zwei Tage später kommt Karl Sommer nochmals in das Geschäft und bestellt das Gerät. Da es nicht lagernd ist, holt er es am 10. Mai. Am 15. Mai überweist er den Rechnungsbetrag mittels Online-Banking.

a) Wie lange ist der Verkäufer an sein Angebot, 5% des Preises nachzulassen, gebunden?
b) Wann hat Karl Sommer Eigentum am DVD-Player erworben?
c) Hat Karl Sommer Ansprüche gegen den Verkäufer oder den Hersteller, wenn das Gerät wegen des Ländercodes DVDs, die in den USA gekauft wurden, nicht abspielen kann?

W 2.7: Umtausch A

Daniel Sommer erhält von seiner Freundin eine Krawatte für den Schulball geschenkt, die sie in einem Geschäft in Wien gekauft hat. Da seine Freundin sieht, dass ihm die Krawatte nicht gefällt, meint sie, sie habe noch die Rechnung und könne daher die Krawatte umtauschen.

Muss der Verkäufer die Krawatte umtauschen oder zurücknehmen, wenn beim Kauf darüber nicht gesprochen wurde? (Begründung)

W 2.8: Umtausch D

Ein Notar bestellt für seine Wohnung bei einem Unternehmen im Internet eine Spielkonsole. Als er sie geliefert bekommt, packt er das Gerät aus, stellt es auf, verbindet es mit seinem Fernseher und verwendet es. Nach einer Woche Verwendung sieht er ein anderes Gerät, das ihm besser gefällt. Daher möchte er das im Internet bestellte zurückgeben.

Analysieren Sie die Rechtslage.

W 2.9: Rücktrittsrecht C

Eine Jugendliche bestellt im Internet ein Spiel für ihren PC. Dieses wird in einer versiegelten Verpackung geliefert. Sofort als sie es bekommt, reißt sie die Verpackung auf und möchte das Spiel spielen. Allerdings kann der PC die Daten nicht lesen, da er ein unpassendes Betriebssystem hat.

Prüfen Sie, ob die Jugendliche vom Vertrag zurücktreten kann.

W 2.10: Lieferzeitpunkt D

Ein Verbraucher bestellt im Internet eine Ware. Auf der Website waren keine Angaben über die Lieferfrist zu finden. Auf dem letzten Button, den der Verbraucher zu drücken hatte, stand das Wort „Bestellen". Er erhält die Lieferung nach 6 Wochen.

a) Begründen Sie, ob ein gültiger Vertrag zustande gekommen ist.
b) Wenn ein gültiger Vertrag zustande gekommen ist: Erläutern Sie, ob der Verbraucher die Ware annehmen muss.

W 2.11: Nichtbezahlung des Kaufpreises B

Die Verwertung erfolgt durch Versteigerung und Verteilung des Erlöses an die Gläubiger.

Ernst Zobel kauft ein Fernsehgerät. Da er nicht über genügend Geld verfügt, wird Ratenzahlung vereinbart. Zobel kann auch andere Schulden nicht bezahlen. Bei der folgenden Klage stellt sich heraus, dass Zobel mittellos ist und nichts bezahlen kann.

a) Kann das Fernsehgerät von Zobels Gläubigern verwertet werden?
b) Was hätte der Verkäufer vereinbaren können, damit er nicht Kaufpreis und Gerät verliert?
c) Wann wäre die Vereinbarung abzuschließen gewesen?
d) Könnte durch diese Vereinbarung der Verkäufer jederzeit „sein" Gerät zurückverlangen?

W 2.12: Verpfändung eines Autos D

Fritz Grüner erhält von Georg Walder ein Darlehen über € 1.000,–. Sie vereinbaren, dass das Auto Grüners als Pfand dienen soll. Da Grüner das Auto für seine Arbeit benötigt, vereinbaren sie weiters, dass er es bei sich behält; nur wenn er mit der Rückzahlung in Verzug gerät, muss er das Auto an Walder übergeben.

Erläutern Sie, ob ein Pfandrecht begründet wurde.

W 2.13: Ausmalen einer Wohnung B

Carola Müllner möchte ihre Wohnung ausmalen lassen. Daher lässt sie sich von einem Malermeister ein Angebot samt Kostenvoranschlag geben. Aufgrund dieses Angebotes erteilt sie dem Malerbetrieb den Auftrag zum Ausmalen.

a) Darf der Unternehmer für das Angebot ein Entgelt verlangen, wenn nichts vereinbart wurde?
b) Als der Malermeister die Hälfte der Arbeiten erledigt hat, stellt er fest, dass er aufgrund schlechter Beschaffenheit der Wände mehr Zeit benötigt, als er im Kostenvoranschlag vorgesehen hat. Kann er von Carola Müllner verlangen, dass sie diese zusätzliche Zeit bezahlt?

c) Zu welchem Zeitpunkt muss Carola Müllner die Arbeit bezahlen, wenn nichts vereinbart wurde?
d) Wie kann der Unternehmer Carola Müllner dazu bringen, schnell zu bezahlen, ohne rechtliche Schritte zu setzen?
e) Zwei Monate nachdem der Maler seine Arbeit beendet hat, blättert die Farbe von der Wand. Welche rechtlichen Möglichkeiten hat Carola Müllner, damit die Wand wieder in Ordnung kommt?

W 2.14: **Bürgschaft** B

F. Huber verspricht mündlich, dass er für S. Greiner als Bürge und Zahler haftet. Greiner ist am Tag der Fälligkeit nicht auffindbar. Daher wendet sich der Gläubiger an Huber. Dieser verweigert die Zahlung mit dem Hinweis, dass der Gläubiger nicht versucht hätte, die Schuld beim Schuldner einzutreiben und er (Huber) nur für die Hälfte der Schuld hafte.

a) Prüfen Sie, ob eine gültige Bürgschaft vorliegt. (Ja/Nein, Begründung)
b) Klären Sie, ob der Einwand von Huber richtig ist, wenn die Bürgschaft gültig ist.

W 2.15: **Grundstückskauf** D

Thomas Erner möchte ein Grundstück kaufen. Als er es besichtigt, erzählen ihm Nachbarn, dass eine Dienstbarkeit, ein Wegerecht, darauf lastet.

a) Erklären Sie, was eine Dienstbarkeit ist.
b) Wo kann sich Thomas Erner überzeugen, ob das Gerücht der Wahrheit entspricht?
c) Wenn das Gerücht der Wahrheit entspricht, gilt das Wegerecht auch gegenüber einem neuen Eigentümer?

W 2.16: **Hypothek** A

Franz Trimmel verpfändet sein Grundstück. Die Hypothek wurde ordnungsgemäß im Grundbuch vermerkt. Kurz danach kauft Robert Klein das Grundstück.

a) Wo wird das Grundbuch geführt? In welcher Form wird es geführt?
b) Wer hat in das Grundbuch Einsicht?
c) Wo können Sie in das Grundbuch Einsicht nehmen?
d) Muss Klein die Hypothekarschuld zurückzahlen?

W 2.17: **Verwertung eines Pfandes** C

Nach der Versteigerung der Pfandsache bleibt noch ein unbeglichener Rest der Schuld. Der Schuldner verweigert die Bezahlung mit dem Hinweis, dass die Pfandsache weit unter ihrem Wert versteigert wurde und überdies der Gläubiger das Risiko trage, dass bei einer Versteigerung genug hereinkomme.

a) Ist der Schuldner im Recht? (Begründung)
b) Stellen Sie dar, wie der Erlös einer derartigen Versteigerung aufgeteilt wird.

W 2.18: **Hypothek** B

Sie kaufen ein Grundstück. Der Voreigentümer hat bei der Bank ein Darlehen über € 80.000,– aufgenommen, wofür im Grundbuch eine Hypothek über € 50.000,– eingetragen wurde. Anlässlich des Kaufs wurden über die Hypothek keine Vereinbarungen getroffen.

Sie besitzen neben dem Grundstück ein Auto, Wertpapiere, Sparbücher und eine Eigentumswohnung.

a) Bleibt die Hypothek im Grundbuch eingetragen?
b) Wer haftet für die Schuld?
c) Das Darlehen wird nicht zurückbezahlt. Welche Möglichkeiten hat der Hypothekargläubiger, zu seinem Geld zu kommen? (Was kann er von Ihnen verlangen? Kann er auch von anderen Personen etwas verlangen?)

W 2.19: Kauf eines Buches B

Bestellschein ausfüllen und faxen!

Bestellhotline: Telefon:+43 1 510 10-100, Fax: +43 1 510 10-999, bestellen@rechtsverlag.at

JA, ich bestelle:

☐ **Steuern im Verein**
Br. EUR 18,80, ISBN 978-3-1111-1298-7

☐ **Vereinsgründung – ein Handbuch**
Br. EUR 17,30, ISBN 978-3-1111-1372-5

☐ **Steuertipps aktuell**
Br. EUR 19,90, ISBN 978-3-111-4357-2

☐ **Senden Sie mir bitte den elektronischen Newsletter**

Preise inkl. MWSt., zzgl Versandkosten. Lieferung unter Eigentumsvorbehalt. Loseblattausgaben, Datenträger und Sammelwerke zur Fortsetzung bis auf Widerruf; der Widerruf entfaltet keine Wirksamkeit für bereits erhaltene, sondern nur für zukünftige Lieferungen und hat schriftlich zu erfolgen; Irrtum und Preisänderungen vorbehalten. Ich bin damit einverstanden, dass ich gelegentlich insbesondere per Fax, per E-Mail oder telefonisch über Neuerscheinungen informiert werde. Die Zustimmung kann jederzeit schriftlich widerrufen werden. Kundenbezogene Daten werden zur Kundenbetreuung gespeichert. Ich stimme einer Verwendung und Verwertung meiner personenbezogenen Daten für die ordnungsgemäße Vertragserfüllung, für die Abrechnung und zur Bewerbung eigener Verlagsprodukte – durch konventionelle sowie elektronische Werbezusendungen – zu. Konsumenten iSd § 1 KSchG sind unbeschade der in § 5f KSchG angeführten Ausnahmen innerhalb von sieben Werktagen ab dem Tag des Einlangens der Lieferung gem § 5e KSchG zum Vertragsrücktritt berechtigt. Stand Juni 2015

Kundennummer
Vor-, Zuname/Titel
Unternehmen
Tel. E-Mail-Adresse
Straße
PLZ Ort
Datum/Unterschrift

Da Sie Kassier bei einem Verein sind, benötigen Sie Informationen über die Steuern, die der Verein zu bezahlen hat. Als Sie das oben abgebildete Flugblatt sehen, beschließen Sie, das Buch „Steuern im Verein" zu bestellen. Sie füllen daher die Bestellung aus und schicken sie ein.

a) Wer hat das Angebot gestellt?
b) Eine Woche nach Absenden des Faxes erhalten Sie vom Verlag folgenden Brief:

> Lieber Interessent!
>
> Leider mussten wir den Preis für das von Ihnen bestellte Buch aufgrund erhöhter Produktionskosten anpassen. Wir erlauben uns daher, Ihnen für das Buch € 25,– zu verrechnen.
>
> Mit freundlichen Grüßen

Welche Auswirkungen hat dies auf den Vertrag?
Müssen Sie das Buch zu diesem Preis annehmen?

c) Da Sie drei Wochen, nachdem Sie das Fax abgesendet haben, das Buch noch immer nicht erhalten haben, beschließen Sie, es in einer Buchhandlung zu kaufen. Am Tag nach dem Kauf bringt die Post das Buch. Müssen Sie es behalten und bezahlen?
d) Zu welchem Zeitpunkt werden Sie Eigentümer des Buches?
e) Dürfen Sie als Eigentümer das Buch jemand anderen borgen?
f) Beim Durchblättern des Buches sehen Sie, dass es unbedruckte Seiten enthält. Welche Ansprüche gewährt Ihnen das Gesetz?
g) Sie zahlen den Rechnungsbetrag per Banküberweisung.
Wann müssen Sie zahlen? Wer hat die Überweisungskosten zu tragen? Wer trägt die Verantwortung, dass der Betrag auf dem Konto des Empfängers einlangt?
h) Auf der Rechnung des Verlages steht, dass der Verlag bis zur vollständigen Bezahlung Eigentümer bleibt.
Was soll mit dieser Klausel erreicht werden?
Ist sie in dieser Form zulässig?
i) Da Sie vier Wochen nach Erhalt des Buches noch nicht bezahlt haben, verlangt der Verlag von Ihnen Verzugszinsen. In welcher Höhe darf er dies, wenn nichts vereinbart wurde?

Ein kurzer Kompetenz-Check, bevor's weitergeht!

Kompetenz-Check

	☺	😐	☹
Ich kann erläutern, wie Eigentum erworben wird.			
Ich kann erläutern, wie ein Vertrag abgeschlossen wird.			
Ich kann erläutern, wie man Gewährleistungsansprüche geltend macht.			
Ich kann erläutern, welche Nebenabreden in Verträgen getroffen werden können.			

Lerneinheit 4

Schadenersatzrecht

SbX
Alle SbX-Inhalte zu dieser Lerneinheit finden Sie unter der ID: 2400.

Schadenersatzrecht = **law of damages, tort law**

Michael: Ich habe in der Zeitung gelesen, dass Exxon für das Schiffsunglück vor Alaska, als ein Tankschiff leck wurde, mehrere Millionen Dollar Schadenersatz zahlen musste. Auch die ING4TECH liefert verschiedene Maschinen und Teile, die Schäden verursachen können. Kann auch unserem Unternehmen eine derart hohe Zahlung drohen?

Anna: Nein, in Österreich gelten andere Regeln. Für Schäden muss nur gehaftet werden, wenn dem Schädiger ein Vorwurf gemacht werden kann, und Schadenersatz kann nur in der Höhe des tatsächlichen Schadens gefordert werden. In den USA sind Schadenersatzzahlungen auch eine Form von Strafe.

Lernen

SbX ID: 2401

1 Voraussetzungen für einen Schadenersatzanspruch

Nicht jeder Schaden muss ersetzt werden, oft sind erlittene Schäden auch selbst zu tragen.

„Jedermann ist berechtigt, vom Schädiger den Ersatz des Schadens, den dieser aus Verschulden zugefügt hat, zu fordern …“

Rechtsquellen: ABGB, Dienstnehmerhaftpflichtgesetz (DNHG), Eisenbahn- und Kraftfahrzeughaftpflichtgesetz (EKHG), Amtshaftungsgesetz (AHG), Produkthaftungsgesetz (PHG)

Dieser Grundsatz des § 1295 ABGB soll einerseits zum Ausgleich für erlittene Schäden führen. Andererseits soll die drohende Pflicht zum Schadenersatz ein Anreiz zur Schadensvermeidung durch sorgfältiges Verhalten sein.

Schädiger = **person claimed to be liable**

Michael: Beim Fußballspielen im Garten hat mein Freund versehentlich das Fenster eines Nachbarhauses getroffen, die Scheibe ist zerbrochen. Muss er den Schaden ersetzen?

Anna: Dein Freund muss die zerbrochene Fensterscheibe ersetzen.

Voraussetzungen:
- Schaden (Glasbruch)
- Verursachung (ohne den Schuss wäre die Scheibe nicht zerbrochen)
- Rechtswidrigkeit (Sachbeschädigung ist verboten)
- Verschulden (Fahrlässigkeit)

Möglicherweise ist der Schaden durch die Privat-Haftpflichtversicherung in der Haushaltsversicherung von Michaels Eltern gedeckt.

Geschädigter = **person sustaining the damage**

Damit ein Schadenersatzanspruch besteht, müssen folgende Voraussetzungen vorliegen, die grundsätzlich vom Geschädigten **bewiesen** werden müssen:

Die Pflicht, einen Anspruch vor Gericht beweisen zu müssen, stellt für den Geschädigten einen oft prozessentscheidenden Aufwand dar (**„Beweislast“**).

Voraussetzungen für einen Schadenersatzanspruch

- **Eintritt des Schadens**
- **Verursachung (Kausalität)**
- **Rechtswidrigkeit**
- **Verschulden**

Schadenersatzanspruch = **claim for damages, claim of indemnification, claim for compensation**

Ein Schaden kann auch durch eigene Handlungen oder durch höhere Gewalt (z. B. Naturkatastrophen) entstanden sein.

Einen zufälligen Schaden trägt der Eigentümer bzw. die Eigentümerin.

Verursachung = **causation, causality**

- **Eintritt des Schadens**

Der Schaden (Verminderung eines Vermögens, Verletzung einer Person) kann durch eine **Handlung oder Unterlassung** entstehen. Man prüft: Würde der Betroffene ohne das Schadensereignis besser dastehen?

- **Verursachung (Kausalität)**

Das Verhalten des Schädigers muss die Ursache für den erlittenen Schaden sein. Man prüft: Wäre der Schaden auch ohne Handlung/Unterlassung des Schädigers eingetreten?

Rechtswidrigkeit = **illegality, unlawfulness**

- **Rechtswidrigkeit**

Das Verhalten des Schädigers muss gegen ein **Gesetz** oder gegen eine **Vertragspflicht** verstoßen.

Beispiele

StGB = Strafgesetzbuch

- Bei einer Rauferei bricht einer dem anderen die Nase: Körperverletzung ist nach § 83 StGB verboten und strafbar (Verstoß gegen ein Gesetz).
- Mit dem Verkauf von Schikarten entsteht die Pflicht zur Pistensicherung. Wenn sich ein Schifahrer auf der Piste an einer ungesicherten Liftstütze verletzt, wurde gegen eine vertragliche Pflicht verstoßen.

Notwehr ist auch bei strafbaren Handlungen ein Rechtfertigungsgrund.

Rechtfertigungsgrund Notwehr:

In Ausnahmefällen entsteht trotz rechtswidrigen Verhaltens keine Schadenersatzpflicht, z. B. wenn ein Schaden **in Notwehr** zugefügt wurde. Notwehr liegt vor, wenn ein gegenwärtiger oder drohender Angriff auf eigene oder fremde Rechtsgüter **im erforderlichen Ausmaß** abgewehrt wird.

Beispiel

Jemand wird überfallen, wehrt sich mit einem Pfefferspray und verletzt damit den Angreifer.

Verschulden = **fault, blame**

- **Verschulden**

Das kausale und rechtswidrige Verhalten muss dem Schädiger auch **persönlich vorwerfbar** sein, d. h., er hätte es vermeiden sollen und auch vermeiden können.

Die **Art des Verschuldens** entscheidet über die Höhe der Schadenersatzpflicht.

Vorsatz = **intention, deliberate action, deliberately**

Fahrlässigkeit = **negligence**

leichte Fahrlässigkeit = **light negligence**

grobe Fahrlässigkeit = **gross negligence**

Arten des Verschuldens

- **Vorsatz**
  Schaden wird **wissentlich und gewollt** herbeigeführt
- **Fahrlässigkeit**
  Schaden entsteht durch **mangelnde Sorgfalt**
  - **leichte Fahrlässigkeit**
    Dieser Fehler kann gelegentlich auch einem sorgfältigen Menschen passieren.
  - **grobe Fahrlässigkeit**
    Dieser Fehler passiert einem ordentlichen Menschen keinesfalls.

Beispiel

Grundsätzlich ist man ab dem vollendeten 14. Lebensjahr für sein Handeln verantwortlich und schadenersatzpflichtig.

Beispiele für vorsätzlich herbeigeführte Schäden:

- Randalierer schlagen bei einer Demo Schaufenster ein.
- Bei einer Auseinandersetzung in einer Disco verletzt ein Besucher einen anderen mit einer abgeschlagenen Bierflasche schwer.

Beurteilung der Fahrlässigkeit:

Hier wird auf die **jeweils üblichen Sorgfaltspflichten der Berufsgruppen** abgestellt (die Sorgfaltspflichten eines Buchhalters, einer Bankangestellten, eines Baggerfahrers, einer Ärztin).

Beispiel

Ein sorgfältiger Berg- und Schiführer fährt nicht bei schlechten Witterungsverhältnissen und Lawinenwarnstufe vier in einen über 35 Grad steilen Hang ein.

Die **Abgrenzung zwischen leichter und grober Fahrlässigkeit** ist in der Praxis sehr schwierig.

Beispiele

Beispiele für fahrlässiges Handeln im Straßenverkehr:
- leichte Fahrlässigkeit: geringe Geschwindigkeitsübertretung bei guten Fahr- und Sichtverhältnissen
- grobe Fahrlässigkeit: Fahren im betrunkenen Zustand, Überfahren einer roten Ampel

2 Art und Umfang des Schadenersatzes

Die Pflicht zum Schadenersatz trifft den Schädiger oft härter als eine strafrechtliche Verurteilung.

Schadenersatz = **payment of damages, indemnity, damages, compensation**

Beispiel: Auf einer Baustelle wird ein Kran beschädigt. Schaden am Kran = positiver Schaden; Ertrag aus dem zukünftigen Einsatz des Kranes = entgangener Gewinn

Häufig bewirkt eine rechtswidrige Handlung sowohl strafrechtliche Folgen als auch die Pflicht, den entstandenen Schaden zu ersetzen. Dabei können die Schadenersatzzahlungen wesentlich höher sein als eine eventuelle Geldstrafe, z. B. für eine schwere Körperverletzung mit bleibenden Schäden bei einer Rauferei.

Schadensarten

Arten von Schäden

- **Vermögensschaden**
  - positiver Schaden
  - entgangener Gewinn
- **Personenschaden**
  - Körperverletzung
  - Tod
- **ideeller Schaden** („Gefühlsschaden")

Vermögensschaden = **damage to property, financial damage**

Der ursprüngliche Zustand ist vom Schädiger wiederherzustellen **(Naturalrestitution).** Ist dies nicht möglich, ist als Ersatz eine Geldzahlung zu leisten.

Umfang der Ersatzpflicht

Die **Höhe des Schadenersatzes** hängt bei **Vermögensschäden** vom **Verschulden** ab:
- bei **leichter Fahrlässigkeit** ist weniger zu ersetzen: (nur) der positive Schaden
- bei **grober Fahrlässigkeit** der Schaden und der entgangene Gewinn
- bei **Vorsatz** zusätzlich noch der Wert der besonderen Vorliebe, z. B. Beschädigung von Sammlerobjekten wie Oldtimern

Verunstaltungsentschädigung: Ersatz für bleibende, auffällige Verunstaltungen (z. B. große Narbe im Gesicht)

Personenschaden = **personal injury**

Bei **Personenschäden** bestehen folgende Ansprüche:
- Heilungskosten
- Verdienstentgang (unabhängig vom Grad des Verschuldens)
- Schmerzengeld
- Verunstaltungsentschädigung

Im Fall von **bleibenden Schäden** besteht ein Anspruch auf eine **Rente.** Bei **Tod** haben die **Unterhaltsberechtigten** einen **Rentenanspruch.**

SbX

Als Orientierungshilfen für den Ersatz von ideellen Schäden dienen z. B. eine Aufstellung von Schmerzengeldsätzen oder die „Frankfurter Liste" für entgangene Urlaubsfreude (ID: 2401).

ideeller Schaden = **immaterial damage**

Ideelle Schäden sind nicht in Geld messbar und werden nur in **Ausnahmefällen** ersetzt: **Schmerzengeld** für erlittene Körperverletzung, Trauerschmerzengeld wegen des Verlustes naher Angehöriger („Schockschaden"), Ersatz für entgangene Urlaubsfreude. In solchen Fällen wird die erlittene seelische Beeinträchtigung von einem gerichtlich beeideten medizinischen Sachverständigen beurteilt. Das Gutachten dient als Grundlage für die freiwillige Zahlung oder den gerichtlichen Zuspruch von pauschalen Schadenersatzbeträgen.

Mitverschulden des Geschädigten

Eigene Fehler des bzw. der Geschädigten führen zu einer anteilsmäßigen Minderung des Schadenersatzanspruches

Beispiel
Fremdverschulden = **damage inflicted by third parties, damage by fault of others**

Bei Nichtanlegen des Sicherheitsgurtes oder Fehlen eines Sturzhelmes kann der Schmerzengeldanspruch eines Verletzten gemindert werden.

Schadensminderungspflicht

Ein Geschädigter muss sich um Schadensverhinderung oder -begrenzung bemühen, sonst sind seine Ansprüche vermindert (z. B. ärztliche Behandlung nach einer Verletzung).

Haftung mehrerer Schädiger

Unfall- und Haftpflichtversicherungen decken die wichtigsten Bereiche von Schadenersatzforderungen ab.

Wurde der Schaden durch mehrere Personen **vorsätzlich** herbeigeführt, haften diese **solidarisch.** Bei **fahrlässiger Schädigung** haftet jeder für seinen **Anteil.** Hat einer den ganzen Schaden ersetzt, steht ihm ein **Regressanspruch** gegen die Mithaftenden zu.

Verjährung = **limitation period**

Verjährung

Schadenersatzansprüche **verjähren** drei Jahre nach Eintritt des Schadens (wenn der Schädiger bekannt ist), danach können sie nicht mehr eingeklagt werden.

Wird der Schaden erst später entdeckt oder dauert die Klärung der Ursache länger, beginnt die Verjährungsfrist erst ab Kenntnis von Schaden und Schädiger zu laufen.

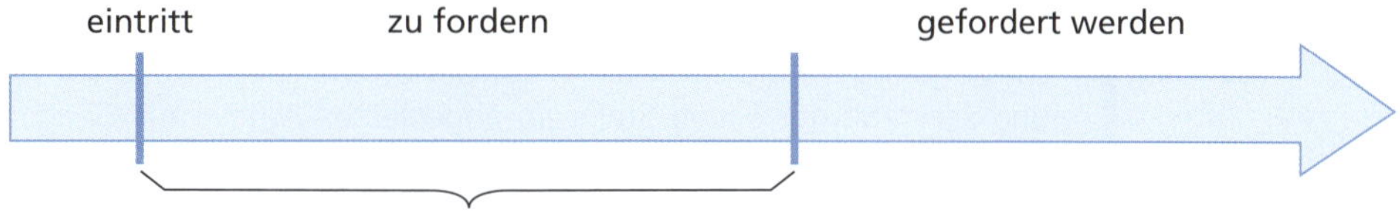

Haftung = **liability, responsibility**

3 Haftung für fremdes Verschulden

Kunden, die durch das Verhalten eines Angestellten geschädigt wurden, haben (auch) einen Schadenersatzanspruch gegenüber dem Unternehmen als Arbeitgeber.

Oft hat man bei der Vertragsabwicklung Kontakt zu mehreren Personen: dem Eigentümer des Unternehmens, dessen Angestellten, Lehrlinge, Subunternehmer oder Beauftragte. Im Schadensfall ist es schwierig oder unmöglich, den Verantwortlichen ausfindig zu machen.

Anna: Zur Veranlagung meiner Ersparnisse halte ich ein Wertpapierdepot bei der Anlage-Bank AG. Neulich habe ich meinem Kundenbetreuer einen limitierten Kaufauftrag für Aktien erteilt. Der Kaufabrechnung musste ich jedoch entnehmen, dass die Aktien zu einem über dem Limit liegenden Kurs gekauft wurden. Wer ersetzt mir die Differenz?

Michael: Du kannst die Kursdifferenz von der Anlage-Bank AG (vertreten durch die Vorstände bzw. Geschäftsstellenleiter) zurückfordern.

Beispiel: Ein Bauunternehmen haftet für Schäden, die sein Baggerfahrer an einem Stromkabel verursacht.

Besorgungsgehilfenhaftung: Hier besteht kein Vertrag zwischen Unternehmer und Geschädigtem. Der Unternehmer haftet für Schäden von Dritten nur, wenn der Gehilfe untüchtig oder wissentlich gefährlich ist.

Haftung für Erfüllungsgehilfen

Ein Vertragspartner haftet für das Verschulden von **allen Personen, die ihn bei der Vertragserfüllung unterstützen** (= Erfüllungsgehilfen). Kunden sollen durch den Einsatz von Subunternehmern oder Gehilfen nicht schlechter gestellt werden.

Wenn bei der Vertragsabwicklung ein Schaden entsteht, kann man sich **direkt an den Unternehmer** (je nach Rechtsform) wenden.

Haftung von Dienstnehmern

Anna: Muss der Anlageberater, der das Limit falsch eingegeben hat, der Bank den bezahlten Schaden ersetzen?

Michael: Ob der Anlageberater der Bank den Schaden ersetzen muss, hängt von seinem Verschulden ab. Bei einer entschuldbaren Fehlleistung (z.B. bei wenig Berufserfahrung, Übernahme eines neuen Aufgabengebietes, Überlastung) muss die Bank den Schaden selbst tragen.

Die **Haftungsbeschränkung für Dienstnehmer** wird mit der stärkeren wirtschaftlichen Position des Dienstgebers begründet (siehe Kapitel Arbeitsrecht).

Wenn Dienstnehmer bei der Arbeit dem Dienstgeber oder Kunden Schaden zufügen, müssen sie diesen bei „entschuldbaren Fehlleistungen" gar nicht, bei leichter Fahrlässigkeit nur teilweise ersetzen.

Die meisten Haushaltsversicherungen beinhalten eine Haftpflichtversicherung für die im gemeinsamen Haushalt wohnenden Kinder.

Haftung von Aufsichtspersonen

Aufsichtspflichtige Personen wie Eltern, Lehrer oder Pfleger haften für Schäden, welche die anvertrauten Kinder, Schüler oder Kranken verursachen. Diese Haftung besteht jedoch nur dann, wenn sie die **zumutbare Aufsichtspflicht** verletzt haben. Was in der konkreten Situation zumutbar ist, wird im Einzelfall beurteilt (abhängig von: Alter des Kindes, Gefährlichkeit der Tätigkeit, Zahl der zu beaufsichtigenden Kinder etc.).

Bei Beschädigung des Autos durch das Kind haftet in diesem Fall der/die Erziehungsberechtigte.

Beispiel

Ein vierjähriges Kind spielt allein auf der öffentlichen Straße vor dem Grundstück der Eltern und zerkratzt mit einem Stein ein abgestelltes Auto. Laut Gerichtsentscheidung haftet die Mutter wegen Verletzung der Aufsichtspflicht.

Amtshaftung

Bund, Länder, Gemeinden und sonstige Körperschaften des öffentlichen Rechts haften für Schäden, die ihre Beamten und Vertragsbediensteten (Organe) **in Vollziehung der Gesetze** jemandem schuldhaft zugefügt haben.

Beispiel

Der Bund haftet für Schäden von Unbeteiligten, die bei einem bewaffneten Polizeieinsatz entstehen.

Haftung des Wohnungsinhabers

Für herabfallende Gegenstände haftet der Wohnungsinhaber.

Der **Wohnungsinhaber** haftet für Schäden durch

- Herabfallen einer gefährlich aufgehängten oder aufgestellten Sache
- Herauswerfen oder Herausgießen aus einer Wohnung.

Beispiel

Partygäste werfen Flaschen vom Balkon der Wohnung, diese treffen einen Passanten auf dem Gehsteig. Es haftet der Eigentümer, Mieter oder der Benützer der Wohnung, in der die Party veranstaltet wurde.

4 Haftung für gefährliche Sachen

Wer haftet für Schäden bei einem Autounfall? Wer haftet für Verletzungen durch einen Hundebiss? Wer haftet, wenn jemand auf einem eisigen Gehsteig ausrutscht?

Verkehrssicherungspflicht Wer eine Gefahrenquelle schafft, muss sich darum kümmern, dass Dritte dadurch nicht gefährdet werden – soweit das zumutbar ist.

In bestimmten Fällen gibt es eine gesetzlich geregelte Haftung des Verantwortlichen – unabhängig vom Verschulden. Dadurch soll die Allgemeinheit vor Gefahren geschützt werden, die z.B. beim Betrieb von Kraftfahrzeugen entstehen.

Haftung für den Zustand eines Bauwerkes

Der Besitzer eines Gebäudes oder Gebäudeteiles (Gerüst, Zaun, Tor, Baum) haftet für Schäden durch Einsturz oder Ablösung.

Beispiel

Ein Gartentor wird durch einen Windstoß aufgerissen, dadurch wird ein Pkw beschädigt. Es haftet der Besitzer des Hauses.

Wege müssen durch den Halter im Winter geräumt und gestreut werden.

Haftung für den Zustand eines Weges

Der Halter eines Weges haftet den Benützern für Schäden durch den mangelhaften Zustand des Weges – jedoch nur bei **grober Fahrlässigkeit.**

Beispiel

Ein Passant rutscht vor dem Eingang eines Geschäftes auf dem eisglatten Weg aus und verletzt sich. Es haftet der Besitzer des Geschäftes.

Hunde müssen je nach Situation und Gefährlichkeit angeleint werden und einen Maulkorb tragen.

Haftung für Tiere

Wird durch ein Tier ein Schaden verursacht, haftet

- wer es angetrieben, gereizt oder nachlässig verwahrt hat,
- der Tierhalter, wenn er nicht für die sorgfältige Verwahrung oder Beaufsichtigung gesorgt hat

Beispiel

Ein Hundehalter haftet, wenn er den Hund jemandem anvertraut, der ihn nicht halten kann und deswegen ein Radfahrer zu Sturz kommt.

Eine Pferdehalterin haftet, wenn die Pferde wegen eines zu niedrigen Zaunes auf die Straße laufen und dort einen Autounfall verursachen.

Haftung für Kraftfahrzeuge

Michael: Mein Freund Andreas hat mir neulich sein Auto geliehen. Unglücklicherweise habe ich damit beim Einparken ein anderes Auto beschädigt. Am Pkw von Andreas ist dabei kein Schaden entstanden. Wer zahlt die Reparatur?

Anna: Für den Schaden am geparkten Pkw haftet in erster Linie die gesetzliche Haftpflichtversicherung von Andreas, dem Halter des Fahrzeuges. Die Versicherungsprämie wird aufgrund des Bonus-Malus-Systems steigen. (Subsidiär würdest auch du haften, da du den Unfall verursacht und verschuldet hast.)

subsidiär = nachrangig

Halter ist die Person, welche das Fahrzeug auf eigene Kosten benützt und über die Verwendung des Fahrzeuges bestimmt.

Für Unfälle beim Betrieb von Pkw, Lkw, Motorrädern etc. haftet der **Fahrzeughalter.** Diese Kfz müssen eine Geschwindigkeit von mind. 10 km/h erreichen können.

Die Haftung ist **verschuldensunabhängig (Gefährdungshaftung)** und kann bei schweren Verkehrsunfällen zu hohen Schadenersatzzahlungen führen. Daneben besteht noch die Haftung des Lenkers bzw. der Lenkerin bei Verschulden.

Zum Schutz von Kfz-Halter und -Opfer besteht die **gesetzliche Pflicht zum Abschluss einer Haftpflichtversicherung.**

Weitere Fälle der **Gefährdungshaftung:**

- für den Betrieb von Eisenbahnen und Luftfahrzeugen, Seilbahnen, Sessel- und Schleppliften
- für Atomanlagen
- für Stromleitungen
- für Schäden durch Arbeiten mit gentechnisch veränderten Organismen

Für Schäden aus Unfällen am Schilift kann eine verschuldensunabhängige Haftung der Betreibergesellschaft bestehen, z. B. wenn die Betriebsvorschriften nicht eingehalten werden oder der Lift bei einer gefährlichen Situation nicht sofort abgestellt wird.

Haftung der Gastwirte für eingebrachte Sachen

Beherbergungsbetriebe und Betreiber von Badeanstalten und Garagen haften als **Verwahrer** für die von den Gästen übergebenen oder an den angewiesenen Ort gebrachten Sachen.

Es besteht eine **Haftungsobergrenze** von € 1.100,– (für Geld und Wertsachen von € 550,–).

5 Produkthaftung
Wer haftet, wenn jemand durch ein mangelhaftes Produkt geschädigt wird?

Die **Produkthaftung** umfasst nur Schäden an anderen Sachen.

Produkthaftung = **product liability**

Mängel an Produkten werden durch Gewährleistungs- und eventuelle Garantieansprüche behoben. Durch fehlerhafte Produkte können jedoch auch Schäden an Personen und anderen Sachen entstehen. Besonders bei ausländischen Produkten ist es oft schwierig, die Verantwortlichen dafür zu belangen.

Definition

Produkthaftungsgesetz = **product liability law**

Das **Produkthaftungsgesetz (PHG)** legt eine **verschuldensunabhängige Haftung des Herstellers** für Personen- und Sachschäden **durch fehlerhafte Produkte** fest.

Beispiel

Die schadhafte Pumpe einer Heizungsanlage verursacht einen Wasserschaden im Nachbarraum. Der Hersteller haftet nach dem PHG für den Ersatz des Wasserschadens. Die Pumpe muss im Rahmen der Gewährleistung innerhalb der gesetzlichen Frist repariert oder ausgetauscht werden.

Hersteller und Importeure sind verpflichtet, als **Vorsorge** für eventuelle Schadenersatzansprüche eine **Versicherung** abzuschließen oder Rücklagen zu bilden.

Als Hersteller gilt:
- der Produzent des End- oder eines Teilproduktes
- wer seinen Namen oder Marke auf dem Produkt anbringt
- wer das Produkt in den Europäischen Wirtschaftsraum einführt (Importeur)
- der Händler, wenn die vorgenannten Hersteller nicht feststellbar sind

Haftung
- Mehrere Unternehmen oder Personen haften solidarisch, haben jedoch **wechselseitige Regressansprüche.**
- Bei **Sachschäden** besteht die Haftung nur gegenüber Konsumenten mit einem Selbstbehalt von € 500,–.
- **Personenschäden** sind unbegrenzt zu ersetzen.

Verjährung

Wie alle Schadenersatzansprüche verjähren Forderungen nach dem Produkthaftungsgesetz innerhalb von drei Jahren ab Schadenseintritt oder ab Kenntnis von Schaden und Schädiger. Zehn Jahre, nachdem dieses Produkt das Werk verlassen hat, erlischt die Haftung.

Üben

SbX ID: 2402

A B C D E

SbX
Ü 2.24
mit automatischer Aufgabenkontrolle
ID: 2402

Ü 2.24: Voraussetzungen für Schadenersatzanspruch A

Welche Voraussetzungen müssen für einen Schadenersatzanspruch vorliegen? Kreuzen Sie die richtige/n Lösung/en an!

- ☐ Die Handlung muss ursächlich für den Schaden sein.
- ☐ Der Schaden muss aus Rücksichtslosigkeit zugefügt worden sein.
- ☐ Die Handlung muss gegen ein Gesetz verstoßen.
- ☐ Es muss schon ein schwerwiegender Fehler passiert sein.

Ü 2.25: Haftung für Unternehmen A

Wie nennt man die Möglichkeit eines Kunden, sich wegen Schadenersatz bei der Vertragsabwicklung durch einen Subunternehmer an den Unternehmer zu wenden?

Ü 2.26: Haftung für Aufsichtspersonen A

Wann haften Aufsichtspersonen für Schäden durch die ihnen Anvertrauten?

Ü 2.27: Haftung für Tiere A

Wer haftet für Schäden, die durch Tiere angerichtet werden?

Ü 2.28: Haftung für Autounfälle A

Wer haftet für Schäden durch Autounfälle?

SbX
Ü 2.29 **mit automatischer Aufgabenkontrolle ID: 2402**

Ü 2.29: Art des Verschuldens B

Kennzeichnen Sie die folgenden Verschuldensformen mit **V** für **Vorsatz**, **LF** für **leichte Fahrlässigkeit** und **GF** für **grobe Fahrlässigkeit!**

	Unfall beim Autofahren mit Sommerreifen bei winterlichen Fahrverhältnissen
	Verwüstung von Blumenbeeten und Ausreißen von Verkehrsschildern
	Streifen des Nachbar-Pkws beim langsamem Rückwärts-Einparken
	Verletzung eines Fußgängers bei nächtlichem Mopedfahren ohne Licht

SbX
Ü 2.30 **mit automatischer Aufgabenkontrolle ID: 2402**

Ü 2.30: Höhe des Schadenersatzes B

Kennzeichnen Sie die folgenden Aussagen mit **R** für **richtig** und **F** für **falsch!**

	Je schwerer das Verschulden, desto mehr muss ersetzt werden.
	Der entgangene Gewinn ist nur bei Vorsatz zu ersetzen.
	Bei Körperverletzung steht immer ein Verdienstentgang zu.
	Eigenes Verschulden des Geschädigten wird nicht berücksichtigt.
	Wenn mehrere Täter jemand vorsätzlich am Körper verletzen, muss jeder von ihnen den gesamten Schaden zahlen.
	Schadenersatzforderungen können zeitlich unbegrenzt geltend gemacht werden.

Ü 2.31: Produkthaftung B

Welche der folgenden Schäden werden aufgrund der Produkthaftung nach dem PHG ersetzt? Kreuzen Sie die richtige Lösung an!

- ☐ Bei der Explosion eines schadhaften Druckkochtopfes wird der Koch verletzt.
- ☐ Der neu gekaufte MP3-Player ist defekt.
- ☐ Eine fehlerhafte Schutzvorrichtung verursacht den Defekt eines Motors.

SbX
Ü 2.32 **mit automatischer Aufgabenkontrolle ID: 2402**

Weitere Übungsaufgabe im SbX

Ü 2.32: Schadenersatzrecht B

Lösen Sie ein Kreuzworträtsel zum Thema „Schadenersatz".

Sichern

SbX ID: 2403

Ziele des Schadenersatzrechts

- Ausgleichsfunktion
- Anreiz zur Schadensvermeidung

Voraussetzungen für einen Schadenersatzanspruch

- Eintritt des Schadens
- Verursachung (Kausalität)
- Rechtswidrigkeit
- Verschulden

Höhe des Schadenersatzes

Abhängig vom Verschulden:
- **leichte Fahrlässigkeit:** positiver Schaden
- **grobe Fahrlässigkeit:** positiver Schaden und entgangener Gewinn
- **Vorsatz:** zusätzlich Wert der besonderen Vorliebe

Ansprüche bei Personenschäden

- Heilungskosten
- Verdienstentgang
- Schmerzengeld
- Verunstaltungsentschädigung
- Rente bei bleibenden Schäden
- Rente für Unterhaltsberechtigte bei Tod

ideelle Schäden

Schadenersatz nur in Ausnahmefällen; Beispiele: Schmerzengeld, Trauerschmerzengeld, Ersatz für entgangene Urlaubsfreude

Mitverschulden des Geschädigten

Eine **Mitschuld des Geschädigten** führt zur Minderung des Schadenersatzanspruches.

Schadensminderungspflicht

Geschädigte müssen zur **Schadensbegrenzung** beitragen, sonst erhalten sie weniger Schadenersatz.

Verjährung

Drei Jahre nach Eintritt des Schadens und Kenntnis des Schädigers **verjährt** der **Schadenersatzanspruch.**

Haftung für fremdes Verschulden

- **Haftung für Erfüllungsgehilfen:** Unternehmer haftet für alle Personen, die ihm bei der Vertragserfüllung unterstützen.
- **Haftung von Aufsichtspersonen:** Diese haften bei Verletzung der zumutbaren Aufsichtspflicht.
- **Amtshaftung:** Staat haftet für Schäden durch Organe bei Gesetzesvollziehung.

Haftung für gefährliche Sachen

- Haftung des Wohnungsinhabers
- Haftung für den Zustand eines Bauwerkes
- Haftung für den Zustand eines Weges
- Haftung für Tiere
- Haftung für Kraftfahrzeuge
- Haftung der Gastwirte für eingebrachte Sachen

Produkthaftung

Im Rahmen der **Produkthaftung** besteht eine **verschuldensunabhängige Haftung des Herstellers** für **Schäden durch fehlerhafte Produkte**

Vokabeln dieser Lerneinheit

Schadenersatzrecht	law of damages, tort law
Schädiger	person claimed to be liable
Geschädigter	person sustaining the damage
Schadenersatzanspruch	claim for damages, claim of indemnification, claim for compensation
Verursachung	causation, causality
Rechtswidrigkeit	illegality, unlawfulness
Verschulden	fault, blame

Vorsatz	intention, deliberate action; deliberately
Fahrlässigkeit	negligence
leichte Fahrlässigkeit	light negligence
grobe Fahrlässigkeit	gross negligence
Schadenersatz	payment of damages, indemnity, damages, compensation
Vermögensschaden	damage to property, financial damage
Personenschaden	personal injury
ideeller Schaden	immaterial damage

Fremdverschulden	damage inflicted by third parties, damage by fault of others
Verjährung	limitation period
Haftung	liability, responsibility

Produkthaftung	product liability
Produkthaftungs-gesetz	product liability law

SbX ID: 2403

Im SbX finden Sie diese Zusammenfassung als Audio-Wiederholung sowie eine Bildschirmpräsentation mit den Grafiken dieser Lerneinheit.

Wissen

A B C D E

W 2.20: Disco-Rauferei D

Innsbruck: Ein junger Mann aus Landeck traute seinen Ohren nicht. € 7.200,– unbedingte Geldstrafe und fünf Monate bedingte Haft fasste er am Landesgericht für schwere Körperverletzung aus. Der Vorbestrafte hatte bei einer Disco-Schubserei ein Whisky-Glas abgeschlagen und einen Besucher attackiert. Resultat: Zwei durchtrennte Handsehnen. „Für eine so massive Verletzung muss man auch die Folgen tragen", so die Richterin.
(Auszug aus der „Tiroler Tageszeitung")

a) Beschreiben Sie anhand dieses Falles den Unterschied zwischen Strafrecht und Zivilrecht (Schadenersatzrecht)!
b) Prüfen Sie, ob die Voraussetzungen für einen Schadenersatzanspruch vorliegen!
c) Was kann der verletzte Disco-Besucher verlangen?
d) Wie lange kann der Verletzte mit seinen Schadenersatzforderungen warten?

W 2.21: Haften Eltern für Kinder? B

Ist der oft zu findende Hinweis „Eltern haften für ihre Kinder" richtig? Begründen Sie Ihre Meinung!

W 2.22: Kfz-Haftpflichtversicherung B

Warum ist für den Betrieb eines Kfz eine gesetzliche Haftpflichtversicherung vorgesehen? Beschreiben Sie die Haftungsregeln!

W 2.23: Mountainbike D

Die Gabel des neuen Mountainbikes (Kauf im Sportgeschäft) bricht, dabei verletzt sich der Radfahrer schwer. Welche Ansprüche können gegen wen erhoben werden?

W 2.24: Schadenersatzfälle C

Sammeln Sie Tageszeitungen der letzten Woche und bringen Sie diese in den Unterricht mit! Suchen Sie gruppenweise nach Beispielen für Schadenersatzfälle!

Berichten Sie der Klasse folgendermaßen:
- Kurzfassung des Sachverhaltes
- Prüfung der Voraussetzungen für einen Schadenersatzanspruch
- Beschreibung der Ansprüche

Ein kurzer Kompetenz-Check, bevor's weitergeht!

Kompetenz-Check

	☺	😐	☹
Ich kann die Voraussetzungen für einen Schadenersatzanspruch nennen.			
Ich kann erläutern, welche Schäden ersetzt werden.			
Ich kann die Regelungen des Produkthaftungsgesetzes nennen.			

3 RECHTE UND PFLICHTEN DER MITARBEITER

Worum geht's in diesem Kapitel?

Zum Ausgleich der unterschiedlichen Interessen von Mitarbeitern und Unternehmen wurden Interessenvertretungen bzw. der Betriebsrat geschaffen. Die Aufgabe dieser Institutionen ist u. a., dass die Gesetze, welche die Rechte und Pflichten der Mitarbeiter regeln, eingehalten werden.

In diesen Gesetzen ist beispielsweise festgehalten, welche Gruppen von Arbeitnehmern es im Unternehmen gibt, wie ein Arbeitsvertrag zustande kommt oder wie ein Arbeitsverhältnis beendet werden kann. Auch die Rechte und Pflichten der Arbeitnehmer und des Arbeitgebers während des aufrechten Arbeitsverhältnisses sind durch Gesetze bestimmt.

Wenn Sie dieses Kapitel bearbeitet haben,

- wissen Sie, welche überbetrieblichen Interessenvertretungen es in Österreich gibt,
- kennen Sie die Aufgaben des Betriebsrates,
- wissen Sie, wie ein Arbeitsvertrag zustande kommt,
- kennen Sie die wichtigsten Rechte und Pflichten der Arbeitnehmer und Arbeitgeber während des aufrechten Arbeitsverhältnisses,
- wissen Sie, wie ein Arbeitsverhältnis beendet werden kann,
- kennen Sie die Systeme der sozialen Sicherheit.

Dieses Kapitel leistet einen Beitrag zur Erfüllung folgender Deskriptoren:

„Ich kenne die wichtigsten Rechte und Pflichten aus einem Arbeitsverhältnis."

„Ich verstehe wichtige Bestimmungen über die Begründung von Arbeitsverhältnissen."

„Ich kann ein Arbeitsverhältnis beenden und Ansprüche geltend machen."

A B C D E

In diesem Kapitel finden Sie Übungsaufgaben, praxisbezogene Fallbeispiele und Aufgaben zur Lernkontrolle und zur Kompetenzüberprüfung auf den Handlungsebenen A **Wiedergeben,** B **Verstehen,** C **Anwenden** und D **Analysieren & Interpretieren.**

Dieses Kapitel umfasst folgende Lerneinheiten:

1 Überbetriebliche Interessenvertretungen

2 Arbeitsrecht

3 Sozialrecht

Lerneinheit 1
Überbetriebliche Interessenvertretungen

SbX
Alle SbX-Inhalte zu dieser Lerneinheit finden Sie unter der ID: 3100.

Michael: In der Zeitung liest man immer wieder über die Sozialpartner und ihren Einfluss auf Politik und Wirtschaft. Wer sind denn diese Sozialpartner?

Anna: In Österreich wird seit dem 2. Weltkrieg versucht, die unterschiedlichen Interessen der Arbeitnehmer und Arbeitgeber durch Verhandlungen der Interessenvertretungen der Arbeitnehmer und der Interessenvertretungen der Arbeitgeber auszugleichen. Deshalb wird in Österreich nur sehr wenig gestreikt und die wirtschaftliche Entwicklung verlief ohne große Konflikte. Der zugewonnene Wohlstand wurde zwischen Arbeitnehmern und Arbeitgebern geteilt. Diese Zusammenarbeit wird „Sozialpartnerschaft" genannt.

Lernen

Sozialpartnerschaft = **social partnership**

1 Entwicklung der Sozialpartnerschaft
Die Sozialpartnerschaft hat in Österreich eine lange Tradition.

Mitte des 19. Jahrhunderts wurden die ersten Interessenvertretungen der Händler, Gewerbetreibenden und Industriellen gegründet. Seit Ende des 20. Jahrhunderts werden sie **Wirtschaftskammern** genannt.

www.arbeiterkammer.at

1920 wurden die **Arbeiterkammern** geschaffen, bei welchen die meisten Arbeitnehmer Mitglied sein müssen.

WKO WIRTSCHAFTSKAMMER ÖSTERREICH
http://portal.wko.at

Auch für einige sogenannte **„freien Berufe"** (Ziviltechniker, Ärzte, Notare, Wirtschaftstreuhänder …) wurden durch Gesetz Vertretungen errichtet. Daneben existieren noch weitere Interessenvertretungen, bei denen die Mitgliedschaft freiwillig ist.

Interessenvertretung = **syndicate/representation of interest/lobby group**

freie Berufe = **unregulated profession**

Die **wichtigsten bundesweiten Interessenvertretungen** sind:

Interessen-vertretung für:	Unternehmen	Freie Berufe (z. B.: Wirtschaftstreuhänder, Notare, Ärzte)	Arbeitnehmer	Land- und Forstwirtschaft	
				Selbständige	Unselbständige
Pflichtmitgliedschaft	Wirtschaftskammer	Jeweilige Kammer (Patentanwaltskammer, Kammer der Architekten und Ingenieurkonsulenten)	Arbeiterkammer	Landwirtschaftskammer	Landarbeiterkammer
Freiwillige Mitgliedschaft	z. B.: Industriellenvereinigung, Gewerbeverein		Gewerkschaft		

Rechtlich unterscheiden sich die **gesetzlichen Interessenvertretungen** von den **freiwilligen:**

Pflichtmitgliedschaft = **compulsory membership**

freiwillige Mitgliedschaft = **voluntary membership**

Interessenvertretungen	
gesetzliche Interessenvertretungen (Kammern)	**freiwillige Interessenvertretungen**
• Errichtung durch Gesetz	• Errichtung durch private Vereinbarung als Verein
• Aufgaben und Tätigkeit in Grundzügen gesetzlich geregelt	• Aufgaben und Tätigkeit im Vereinsstatut festgelegt
• Kreis der Mitglieder durch Gesetz bestimmt	• freiwilliger Ein- und Austritt
• Aufsichtsrecht des Staates, welches sicherstellt, dass die Kammern die Gesetze einhalten	• kein besonderes Aufsichtsrecht des Staates
• Höhe der Beiträge und Form der Zahlung sind gesetzlich festgelegt	• Höhe der Beiträge und Form der Zahlung beschließt der Verein

Arbeiterkammer = **Austrian Chamber of Labour**

2 Arbeiterkammer

Die Arbeiterkammer ist die gesetzliche Interessenvertretung der Arbeitnehmer.

Michael: Mir haben Kollegen erzählt, dass sie mehr verdienen als ich. Ich möchte wissen, ob ich korrekt entlohnt werde. An wen kann ich mich wenden?

Anna: Da fragst du am besten bei der Arbeiterkammer nach oder bei der Gewerkschaft, wenn du Mitglied bist.

Die Arbeiterkammer vertritt die Interessen der Arbeitnehmer. Diese müssen aufgrund gesetzlicher Vorschriften Mitglied sein.

Die **Kammer für Arbeiter und Angestellte (AK)** ist eine öffentlich-rechtliche Körperschaft, d. h., sie ist eine juristische Person, die durch Gesetz errichtet wurde und **die Interessen der Arbeitnehmer vertritt.**

Zu ihren **Aufgaben** gehört u. a.

- Mitwirkung bei allen Maßnahmen, die
  - das Arbeitsverhältnis oder
  - die wirtschaftliche und soziale Lage der Arbeitnehmer bzw. Pensionisten berühren;
- Überwachung der Einhaltung arbeitsrechtlicher Vorschriften;
- Betrieb von Bildungseinrichtungen (z. B. bfi: Berufsförderungsinstitut);
- Aufgaben des Konsumentenschutzes;
- Rechtsberatung und gerichtliche Vertretung ihrer Mitglieder in arbeits- und sozialrechtlichen Belangen;
- Entsendung von Arbeitnehmervertretern:
  - als Laienbeisitzer im arbeitsgerichtlichen Verfahren;
  - in die Organe der Sozialversicherungsträger;
  - in sonstige Kommissionen und Beiräte.

Für jedes Bundesland gibt es eine Arbeiterkammer, die gemeinsam auf Bundesebene als Bundesarbeitskammer (BAK) auftreten.

Die einzelnen Landeskammern bilden auf Bundesebene die **Bundeskammer für Arbeiter und Angestellte** (Bundesarbeitskammer = BAK). In der Regel agiert der Präsident der Arbeiterkammer Wien auch als Repräsentant der Bundesarbeitskammer. Die Geschäfte der Bundesarbeitskammer werden von der AK Wien geführt.

Bundeskammer für Arbeiter und Angestellte (Bundesarbeitskammer)

AK Wien | AK NÖ | AK OÖ | AK Sbg | AK Tirol | AK Vbg | AK Bgld | AK Ktn | AK Stmk

Merkmale:
- Selbstverwaltungskörper
- Pflichtmitgliedschaft
- Finanzierung durch Kammerumlage

Aufgaben:
- Arbeitnehmerschutz
- Rechtsvertretung
- Konsumentenschutz
- Kollektivvertragsfähigkeit kraft Gesetz

Gewerkschaft = **trade union**

3 Gewerkschaft

Die Gewerkschaft ist die freiwillige Interessenvertretung der Arbeitnehmer.

Die Mitarbeiter eines Betriebes möchten einen Betriebsrat errichten, der ihre Interessen gegenüber der Betriebsleitung vertreten soll. Da sie nicht genau wissen, wie sie dabei vorgehen sollen, wenden sie sich an die Gewerkschaft, die entsprechende Informationen und Schulungen anbietet.

Der **Österreichische Gewerkschaftsbund (ÖGB)** ist ein Verein, der versucht, **Verbesserungen für die Arbeitnehmerinnen und Arbeitnehmer** zu erreichen.

ÖGB

Aufgabe der Gewerkschaft ist die Vertretung der Interessen der Arbeitnehmer. Die Mitgliedschaft bei der Gewerkschaft ist freiwillig.

Gewerkschaft und Arbeiterkammer arbeiten eng zusammen.

Er verfolgt folgende Ziele:
- Vertretung der Interessen der Mitglieder
  - im Arbeitsleben
  - in der Freizeit
  - im Kulturbereich
  - im Bildungsbereich
- Beratung und Hilfe der Mitglieder in arbeits- und sozialrechtlichen Fragen
- Mitarbeit bei wirtschaftspolitischen Fragen, z. B. im Rahmen der Sozialpartnerschaft
- Abschluss von Kollektivverträgen

Die Sozialpartner unterhalten bzw. fördern diverse Einrichtungen, welche die Interessen ihrer Mitglieder unterstützen sollen. Beispielsweise sind die ordentlichen Mitglieder des **Vereins für Konsumenteninformation (VKI)** der Österreichische Gewerkschaftsbund, die Bundeskammer für Arbeiter und Angestellte, außerordentliches Mitglied ist die Republik Österreich. Ziel des gemeinnützigen, nicht auf Gewinn gerichteten Vereins ist
- die Beratung der Allgemeinheit über Eigenschaften von Gütern und
- Hilfe der Konsumenten bei Rechtsgeschäften.

VKI

www.konsument.at

4 Wirtschaftskammer

Die Wirtschaftskammer ist die gesetzliche Interessenvertretung der Unternehmer.

Michael: Wenn ich einmal tatsächlich ein Unternehmen gründen möchte: Wo kann ich als Selbständiger Informationen und Unterstützung dafür bekommen?

Anna: Für eine Betriebsgründung bekommst du bei der Wirtschaftskammer Informationen und Hilfestellungen.

Die Wirtschaftskammer vertritt die Interessen der Unternehmer, die aufgrund gesetzlicher Vorschriften Mitglied sein müssen.

Die **Wirtschaftskammer** ist eine durch Gesetz errichtete öffentlich-rechtliche Körperschaft, welche **die Interessen der Unternehmer zu vertreten hat.** Die Mitgliedschaft ist für fast alle Selbständigen, ausgenommen Land- und Forstwirte sowie Angehörige freier Berufe, **verpflichtend.**

Für jedes Bundesland gibt es eine Wirtschaftskammer, die gemeinsam auf Bundesebene als **Wirtschaftskammer Österreich (WKO)** auftreten.

Wirtschaftskammer = Austrian Economic Chambers

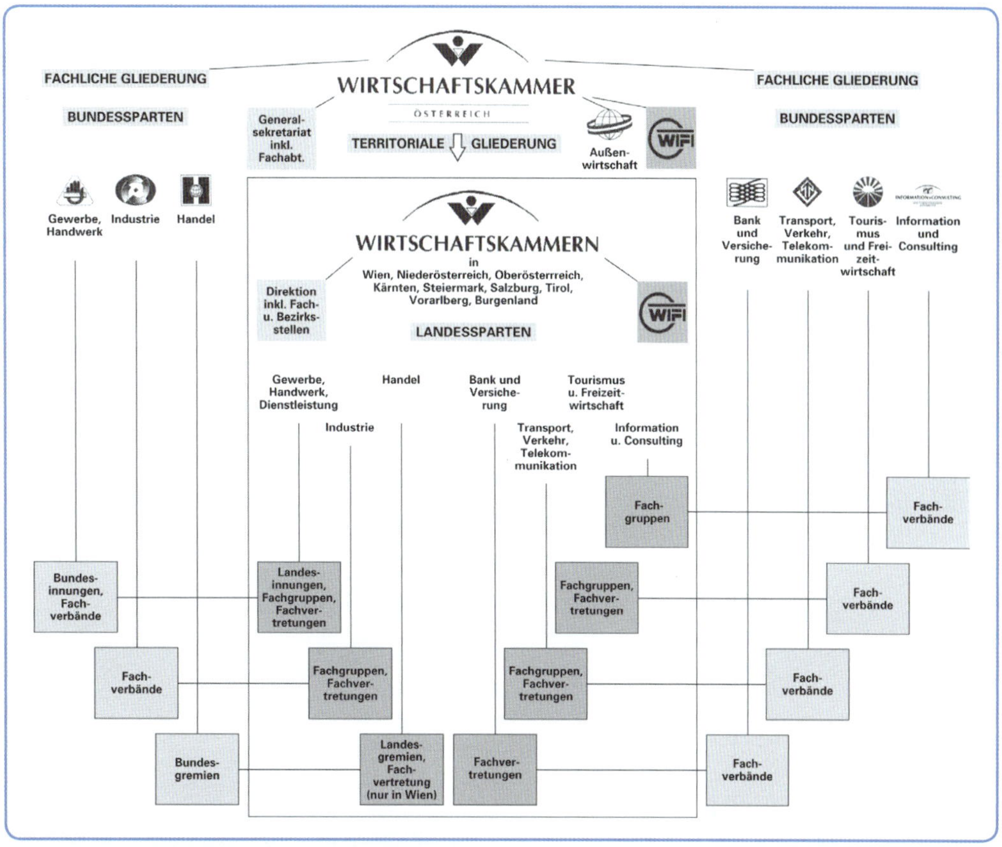

Die **Wirtschaftskammer** ist **gegliedert:**

- **territorial** in 9 Landeskammern
- **fachlich** in 7 Sparten

Um den unterschiedlichen Interessen und Problemen der Mitglieder besser gerecht zu werden, werden Betriebe, die ähnliche Leistungen erbringen, fachlich zusammengefasst **(Fachverbände, Fachgruppen).**

Aufgaben der **Wirtschaftskammern** sind z. B.

- die **Lehrlingsstellen** zu führen. Diese haben
  - Lehrverträge, die bei ihnen anzumelden sind, zu protokollieren,
  - Lehrabschlussprüfungen durchzuführen,
  - Unternehmen und Lehrlinge zu beraten.
- **Meisterprüfungsstellen** zu führen, die Meister- und sonstige gewerberechtliche Befähigungsprüfungen abnehmen
- **Stellungnahmen zu Gesetzesvorschlägen** abzugeben
- **Entsendung von Arbeitgebervertretern:**
  - als Laienbeisitzer im arbeits- und handelsgerichtlichen Verfahren
  - in die Organe der Sozialversicherungsträger
  - in sonstige Kommissionen und Beiräte
- Abschluss der meisten **Kollektivverträge**
- Förderung der **Aus- und Weiterbildung** (z. B. WIFI)
- **Information** der Mitglieder in betriebswirtschaftlichen Angelegenheiten
- kostenlose **Rechtsberatung** der Mitglieder;
- Hilfe durch **Betriebsberatungen,** Gründungsberatungen und Förderungsberatungen;
- Initiierung der **Nachfolgebörse,** die Personen sucht, die ein bestehendes Unternehmen übernehmen möchten;
- Führung der **Außenhandelsstellen,** die helfen, Kontakte mit ausländischen Unternehmen und Kunden zu knüpfen, bspw. durch Teilnahme an ausländischen Messen

Die Wirtschaftkammer wird einerseits im staatlichen Auftrag tätig (z. B. bei Führung der Lehrlings- und Meisterprüfungsstellen), andererseits bietet sie Service und Hilfe für ihre Mitglieder

5 Freiwillige Interessenvertretungen der Unternehmen

Neben der Wirtschaftskammer existieren weitere Vereinigungen, die die Interessen der Unternehmen vertreten.

Die freiwilligen Interessenvertretungen der Unternehmen haben die Aufgabe, Verbesserungen für ihre Mitglieder durchzusetzen.

Die **freiwilligen Interessenvertretungen der Unternehmen** versuchen, die Interessen ihrer Mitglieder durch **Lobbying und Information der Öffentlichkeit** zu unterstützen.

iv INDUSTRIELLEN VEREINIGUNG

Bei den neben der Wirtschaftskammer existierenden Vereinigungen, die ebenfalls den Interessen der Unternehmen Gehör verschaffen, ist die Mitgliedschaft freiwillig.

Industriellenvereinigung = **Federation of Austrian Industries**

Beispielsweise ist bei der **Vereinigung österreichischer Industrieller (Industriellenvereinigung oder IV)** – ebenso wie beim ÖGB – die Mitgliedschaft freiwillig.

Die Industriellenvereinigung vertritt die **Interessen von Industriebetrieben durch:**

- volkswirtschaftliche Analysen,
- Aufbereiten von wirtschaftlichen Zahlen und Daten für Meinungsbildungsprozesse,
- Information,
- Öffentlichkeitsarbeit und Lobbying im Interesse der Mitglieder.

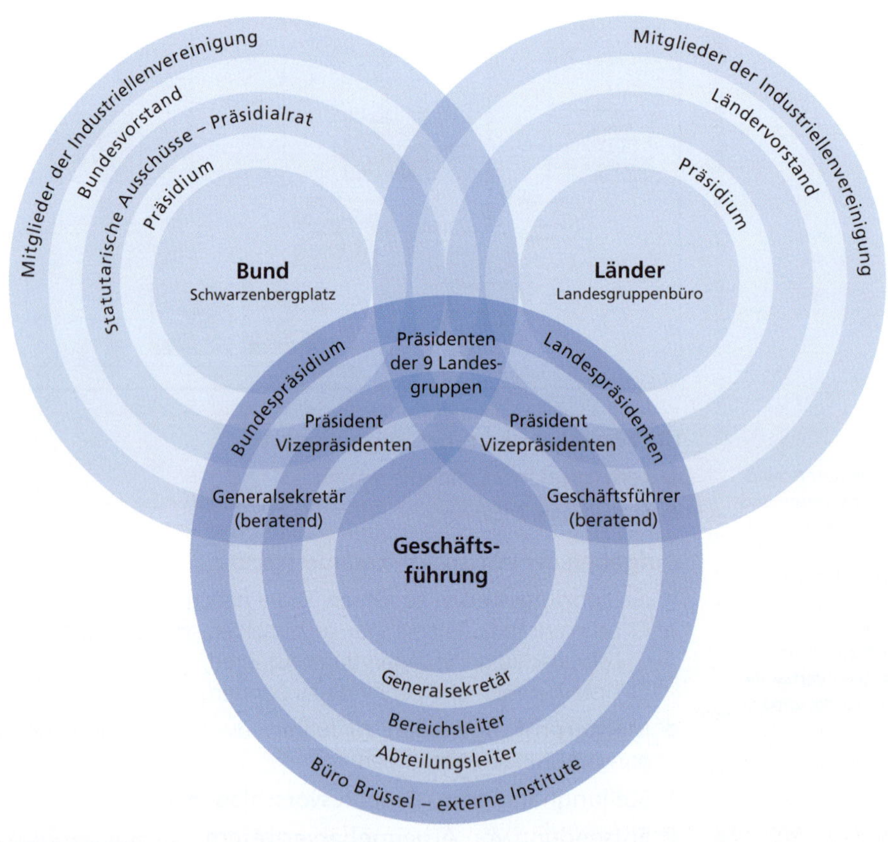

Industriellenvereinigung

Die **freiwillige Interessenvertretung von Gewerbebetrieben** ist der **Österreichische Gewerbeverein.**

www.oegv.at

Üben

SbX ID: 3102

A B C D E

SbX
Ü 3.1 mit automatischer Aufgabenkontrolle
ID: 3102

Ü 3.1: Mitgliedschaft bei Interessenvertretungen A

Bei welcher Kammer müssen, bei welcher Interessenvertretung können folgende Personen Mitglied sein?

Tätigkeit	Pflichtmitgliedschaft	freiwillige Interessenvertretung
angestellter Programmierer		
Unternehmer, der technisches Büro leitet		
selbständiger Landwirt		
Lagerarbeiter		
Inhaber einer Papierfabrik		
Portier		
Patentanwalt		
Ziviltechniker		

Ü 3.2: Präsidenten der Interessenvertretungen A

Wie heißt:

a) der Präsident der Wirtschaftskammer Österreich?

b) der Präsident der Vereinigung österreichischer Industrieller?

c) der Präsident der Bundesarbeitskammer?

d) der Präsident des österreichischen Gewerkschaftsbundes?

SbX
Ü 3.4 mit automatischer Aufgabenkontrolle
ID: 3102

Weitere Übungsaufgaben im SbX

Ü 3.3: Die Aufgaben der Wirtschaftskammer B

Bearbeiten Sie die Rechercheaufgaben zu den Angeboten der Wirtschaftskammer.

Ü 3.4: Pflichtmitgliedschaft – freiwillige Mitgliedschaft B

Vervollständigen Sie die Übersicht.

Sichern

SbX ID: 3103

Sozialpartnerschaft

In Österreich erfolgt der Ausgleich der unterschiedlichen Interessen der Arbeitgeber und Arbeitnehmer im Rahmen der **Sozialpartnerschaft.**

Funktionen der Kammern

Kammern sind die **gesetzlichen Interessenvertretungen** der **Arbeitgeber und Arbeitnehmer.** Diese haben teilweise staatliche Aufgaben zu erfüllen, wie Abnahme von Prüfungen, welche für die Berufsausübung notwendig sind. Überdies bieten sie auch Weiterbildung und Service für ihre Mitglieder.

freiwillige Vereinigungen

Daneben existieren **freiwillige Vereinigungen,** welche die sozialen und wirtschaftlichen Interessen ihrer Mitglieder fördern. Diese sind **nicht durch gesetzliche Vorgaben** in ihrem Tätigkeitsbereich gebunden.

Es besteht eine **enge Zusammenarbeit** zwischen den gesetzlichen und freiwilligen Interessenvertretungen.

Vokabeln dieser Lerneinheit

Sozialpartnerschaft	social partnership
Interessenvertretung	syndicate/representation of interest/lobby group
freie Berufe	unregulated profession
Pflichtmitgliedschaft	compulsory membership
freiwillige Mitgliedschaft	voluntary membership
Arbeiterkammer	Austrian Chamber of Labour
Gewerkschaft	trade union
Wirtschaftskammer	Austrian Economic Chambers
Industriellenvereinigung	Federation of Austrian Industries

SbX ID: 3103

Im SbX finden Sie diese Zusammenfassung als Audio-Wiederholung sowie eine Bildschirmpräsentation mit den Grafiken dieser Lerneinheit.

Wissen

A B C D E

W 3.1: Unentgeltliche Rechtsauskünfte bei arbeitsrechtlichen Fragen A

Der Monteur Karl Gruber meint, dass die Arbeitszeiteinteilung in dem Unternehmen, in dem er arbeitet, ungesetzlich sei. Der Unternehmer hingegen meint, das Gesetz einzuhalten.

a) An wen kann sich Karl Gruber für eine unentgeltliche Rechtsauskunft wenden?

b) An wen kann sich der Unternehmer für eine unentgeltliche Rechtsauskunft wenden?

W 3.2: Arbeitsgericht B

Wie wird im arbeitsgerichtlichen Verfahren sichergestellt, dass die Sicht der Arbeitnehmer und Arbeitgeber bei der Urteilsfindung berücksichtigt werden?

W 3.3: Gesetzesbegutachtung B

Die Regierung plant ein Gesetz, das die zulässigen Arbeitszeiten neu regelt. Wie wird sichergestellt, dass dabei die Interessen der Unternehmer und Arbeitnehmer berücksichtigt werden?

W 3.4: Unternehmenseröffnung B

Sie wollen in Ihrer Heimatgemeinde einen Handel mit EDV-Zubehör eröffnen.

a) Bei welcher Interessenvertretung müssen Sie Mitglied werden?

b) Da Sie noch wenig Erfahrung haben, benötigen Sie Informationen über die Branche. Wo können Sie diese erhalten?

c) Sie beschließen, einen Lehrling aufzunehmen. Wo müssen Sie den Lehrvertrag protokollieren lassen?

W 3.5: Interessenvertretung der Gewerbetreibenden A

Suchen Sie im Internet die freiwillige Interessenvertretung der Gewerbetreibenden.

Ein kurzer Kompetenz-Check, bevor's weitergeht!

Kompetenz-Check

	☺	😐	☹
Ich kann erläutern, wer Mitglied der Arbeiterkammer ist.			
Ich kann erläutern, wer Mitglied der Wirtschafskammer ist.			
Ich kann die Aufgaben der Kammern nennen.			
Ich kann die wichtigsten freiwilligen Interessenvertretungen nennen.			

Lerneinheit 2
Arbeitsrecht

SbX
Alle SbX-Inhalte zu dieser Lerneinheit finden Sie unter der ID: 3200.

Michael: Die ING4TECH ist ein großes Unternehmen. Damit alle Arbeiten erledigt werden können, muss das Unternehmen viele Mitarbeiter beschäftigen. Es ist genau geregelt, wann mit der Arbeit zu beginnen ist, wann Pausen sind, und wenn man erkrankt, muss man dies den Vorgesetzten mitteilen.

Aber es gibt auch Personen, die kommen und gehen, wann sie wollen. Die erledigen ihre Arbeit zu Hause: Karl beispielsweise, der vor zwei Jahren mit der Schule fertig geworden ist und jetzt auf der Fachhochschule studiert, übersetzt Texte für die ING4TECH. Dies macht er zu Hause, wann er will. Im Unternehmen ist er fast nie anzutreffen. Er kommt nur zu Besprechungen und gibt die fertigen Texte ab. Hat er einen Arbeitsvertrag wie ich?

Anna: Grundsätzlich gibt es mehrere Möglichkeiten, wie ein Unternehmen Arbeiten erledigen lassen kann. Es kann eine Person anstellen und mit dieser einen Arbeitsvertrag abschließen – oder es lässt die Arbeiten von einem anderen Unternehmen erledigen und schließt mit diesem einen Werkvertrag ab. Karl wird wahrscheinlich mit der ING4TECH einen Werkvertrag abgeschlossen haben.

Überblick

Dienstvertrag = employment contract

Werkvertrag	Dienstvertrag (Arbeitsvertrag)
Auftragnehmer ist selbständiger Unternehmer	Vertragspartner ist Mitarbeiter des Unternehmens

Bei der Entscheidung, ob ein Arbeitnehmer eingestellt wird oder die Arbeiten an ein anderes Unternehmen weitergegeben werden, sind die damit verbundenen Kosten und Gestaltungsmöglichkeiten zu bedenken:

Werkvertrag

Werkunternehmer	Werkbesteller
Selbständiger Unternehmer, der Leistung erbringt	Auftraggeber: Privater oder anderer Unternehmer

Arbeitsvertrag

Arbeitnehmer	Arbeitgeber

Werkvertrag = contract of work and material

Werkvertrag	Arbeitsvertrag
• Der Werkunternehmer schuldet Erfolg. • Der Werkunternehmer trägt das Risiko, dass das Werk nicht gelingt. • Der Werkunternehmer muss für das Werk Gewähr leisten. • Der Werkunternehmer möchte seine allgemeinen Unternehmenskosten abgedeckt haben und zusätzlich einen Gewinn erwirtschaften. • Die Zeiteinteilung kann der Werkunternehmer frei gestalten. • Der Werkunternehmer kann sich jederzeit von anderen vertreten lassen. • Der Werkunternehmer verwendet i. d. R. eigene Betriebsmittel (Werkzeug, Maschinen, ...).	• Der Arbeitnehmer schuldet das Bemühen, trägt aber kein Erfolgsrisiko. • Arbeitnehmer haben auch Anspruch auf Bezahlung für Zeiten, in denen sie nicht anwesend sind. • Der Arbeitgeber muss neben dem Entgelt auch lohnabhängige Abgaben tragen. • Einem Arbeitnehmer können im Rahmen des Weisungsrechts weitere Aufgaben übertragen werden. • Die Zeiteinteilung legt der Arbeitgeber – evtl. in Absprache mit dem Arbeitnehmer – fest. • Ein Arbeitnehmer ist auch zu entlohnen, wenn keine Arbeiten vorhanden sind. • Der Arbeitnehmer muss die Arbeiten persönlich durchführen, er darf sich nicht vertreten lassen. • Der Arbeitnehmer verwendet Betriebsmittel des Dienstgebers.

Lernen

SbX ID: 3201

SbX Eine Präsentation zum Thema „Arbeitsrecht“ finden Sie unter der ID: 3201.

1 Rechtsgrundlagen

Wie alle anderen Bereiche ist auch das Arbeitsleben durch Rechtsvorschriften geregelt.

Arbeitsrecht = labour law

Grundsätzlich gilt auch im Arbeitsrecht der **Stufenbau der Rechtsordnung.** Dieser wird jedoch durch spezifische arbeitsrechtliche Normen ergänzt:

Der Stufenbau der Rechtsordnung im Arbeitsrecht

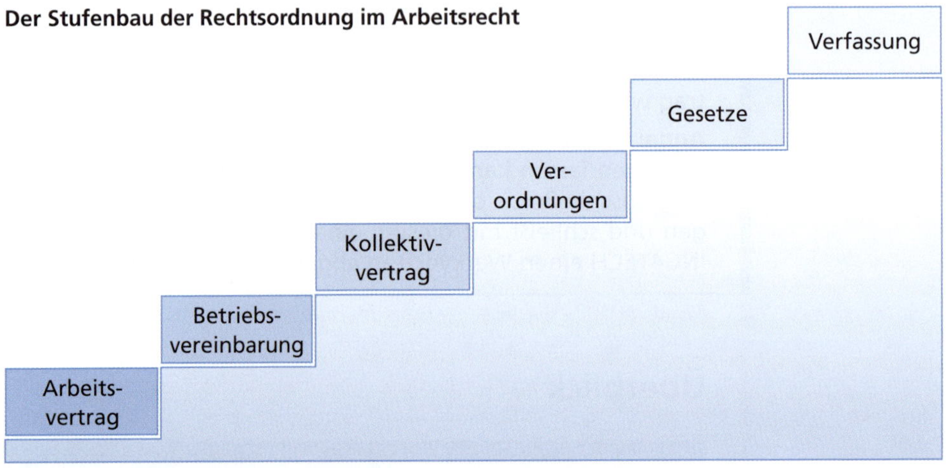

Im Allgemeinen dürfen die übergeordneten Vorschriften, die den größeren Rahmen bilden, nur zugunsten der Arbeitnehmer durchbrochen werden.

Der Kollektivvertrag

Kollektivvertrag = collective (group) contract

Michael: Ich bekomme für meine Arbeit bei der ING4TECH mehr bezahlt als meine Klassenkameraden, die bei anderen Unternehmen arbeiten. Können Unternehmen den Mitarbeitern bezahlen, was sie wollen, oder gibt es dafür Regeln?

Anna: Die Höhe des Entgelts, das ein Unternehmen mindestens bezahlen muss, ist im Kollektivvertrag festgelegt. Die ING4TECH hat den Kollektivvertrag der eisen- und metallverarbeitenden Industrie anzuwenden. Auch wenn jemand als Chemiker oder Gärtner bei der ING4TECH arbeitet, ist er nach diesem Kollektivvertrag zu bezahlen.

Würde der Chemiker in einer Putzerei arbeiten, dann wäre der Kollektivvertrag anzuwenden, der für die Putzerei gilt.

Der **Kollektivvertrag** ist eine **schriftliche Vereinbarung** zwischen kollektivvertragsfähigen **Interessenvertretungen der Arbeitgeber und der Arbeitnehmer.**

Der Kollektivvertrag ist eine spezielle Rechtsnorm, die nur im Arbeitsrecht vorkommt.

Im Kollektivvertrag sind die **Mindestansprüche der Arbeitnehmer** festgelegt.

Für den Inhalt des Kollektivvertrages gibt das Gesetz einen Rahmen vor. Diesen müssen die Vertragsparteien jedoch nicht ausnützen. I. d. R. enthält der Kollektivvertrag Regeln über:

- Löhne bzw. Gehälter (Mindestsätze)
- Zulagen für Überstunden, Sonntags-, Feiertags- und Nachtarbeit
- Sonderzahlungen
- Freizeitansprüche bei Arbeitsverhinderungen
- Kündigungsfristen
- Arbeitszeit

Aufgrund der Außenseiterwirkung gilt der Kollektivvertrag für sämtliche Arbeitnehmer des Betriebes.

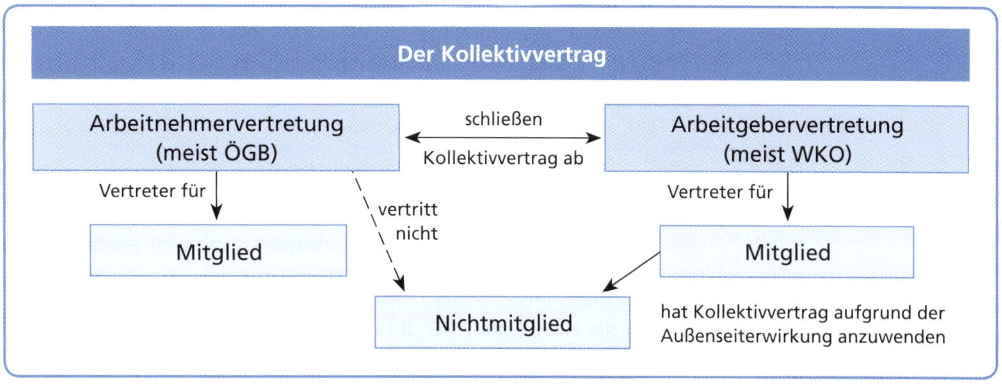

Der Kollektivvertrag muss **im Betrieb zur allgemeinen Einsicht aufliegen!**

Der Kollektivvertrag gilt in erster Linie für sämtliche Mitglieder einer der beiden Kollektivvertragsparteien. Er bindet daher die Mitglieder der Vertragsparteien. Hat der Unternehmer den Kollektivvertrag anzuwenden, weil er von seiner Interessenvertretung abgeschlossen wurde, dann **gilt er auch gegenüber Arbeitnehmern, die nicht Mitglieder des ÖGB** sind. Dies nennt man **Außenseiterwirkung.** Verboten sind auch Regelungen, die differenzieren, ob jemand Mitglied der Kollektivvertragspartei (ÖGB) ist oder nicht.

Beispiele

Der Kollektivvertrag für Angestellte der Industrie wurde zwischen der Sektion Industrie der Bundeskammer der gewerblichen Wirtschaft und dem Österreichischen Gewerkschaftsbund, Gewerkschaft der Privatangestellten, abgeschlossen.

- Die ING4TECH ist Mitglied der Sektion Industrie. Robert Winter ist Gewerkschaftsmitglied und bei der ING4TECH im Verkauf beschäftigt. Franz Grumann ist kein Gewerkschaftsmitglied und bei der ING4TECH in der Buchhaltung beschäftigt.
  Die ING4TECH muss den Kollektivvertrag auf beide Arbeitsverhältnisse anwenden: Winter ist als Gewerkschaftsmitglied davon erfasst; Grumann aufgrund der Außenseiterwirkung.
- Die Fa. Trimmel GmbH besitzt keine Gewerbeberechtigung und ist daher nicht Kammermitglied, obwohl sie dieselbe Leistung wie die ING4TECH erbringt. Trotzdem unterliegt auch sie dem Kollektivvertrag. Müsste sie ihn nicht einhalten, wäre sie besser gestellt als korrekt (mit Gewerbeberechtigung und Kammermitgliedschaft) arbeitende Unternehmen.
- Die Fa. Sommer besitzt ein Haus und vermietet Wohnungen. Sie beschäftigt zwei Angestellte, die Gewerkschaftsmitglieder sind. Für Hausbesitzer wurde kein Kollektivvertrag abgeschlossen. Daher sind auf ihre Arbeitsverhältnisse keine Kollektivverträge anzuwenden.

Welcher Kollektivvertrag gilt, richtet sich nach der (Kammer-)Mitgliedschaft des Arbeitgebers.

Die in Österreich abgeschlossenen Kollektivverträge differenzieren üblicherweise:

- **Angestelltenkollektivverträge** gelten nur für Angestellte und werden fachlich weiter differenziert, z. B.:
  - Angestellte in Gewerbebetrieben
  - Angestellte in Industriebetrieben
  - Handelsangestellte
- **Arbeiterkollektivverträge** gelten nur für Arbeiter und sind fachlich stärker gegliedert, z. B.:
  - Kollektivvertrag für Arbeiter der chemischen Industrie
  - Kollektivvertrag für Arbeiter des chemischen Gewerbes
  - Kollektivvertrag für Arbeiter der eisen- und metallerzeugenden und -verarbeitenden Industrie
  - Kollektivvertrag für Arbeiter des eisen- und metallerzeugenden und -verarbeitenden Gewerbes

2 Innerbetriebliche Arbeitnehmervertretung

Vertretung der Interessen der Belegschaft gegenüber dem Betriebsinhaber

Michael: Bei der ING4TECH ist Arbeitsbeginn um 7:00 Uhr Früh. Wer hat dies festgelegt?

Anna: Da die ING4TECH mehr als 5 Arbeiter und mehr als 5 Angestellte beschäftigt, gibt es einen Arbeiter- und einen Angestelltenbetriebsrat. Der Arbeiterbetriebsrat hat mit der Unternehmensleitung eine Betriebsvereinbarung abgeschlossen. In dieser ist festgelegt, dass in der Fertigung die Arbeit um 7:00 Uhr morgens beginnt.

Das **Arbeitsverfassungsgesetz** ist ein einfaches Bundesgesetz, das unter anderem die Grundsätze der betrieblichen Mitbestimmung regelt.

Zum friedlichen Ausgleich der unterschiedlichen Interessen von Arbeitgebern und Arbeitnehmern ist im Arbeitsverfassungsrecht die Schaffung von Belegschaftsorganen vorgesehen.

Belegschaftsorgane sind zu bilden, wenn in einem Betrieb **dauernd mindestens 5 Arbeitnehmer** beschäftigt sind.

Nicht mitzurechnen bei der Zahl der Arbeitnehmer und daher auch **nicht wahlberechtigt** sind:

- Personen, die das 18. Lebensjahr noch nicht vollendet haben
- Ehegatten und nahe Verwandte des Betriebsinhabers
- Heimarbeiter
- leitende Angestellte, das sind Personen, die auf die Führung des Unternehmens einen maßgeblichen Einfluss haben
- Betriebsinhaber bzw. bei Kapitalgesellschaften Vorstands- oder Geschäftsführungsmitglieder

Der **Betriebsrat** ist das Organ, das die Interessen der Mitarbeiter gegenüber dem Betriebsinhaber vertritt.

Betriebsrat = **work committee, shop council**

Folgende Organe sind im Arbeitsverfassungsrecht vorgesehen, wenn **mindestens 5 Arbeiter und 5 Angestellte** im Betrieb beschäftigt sind:

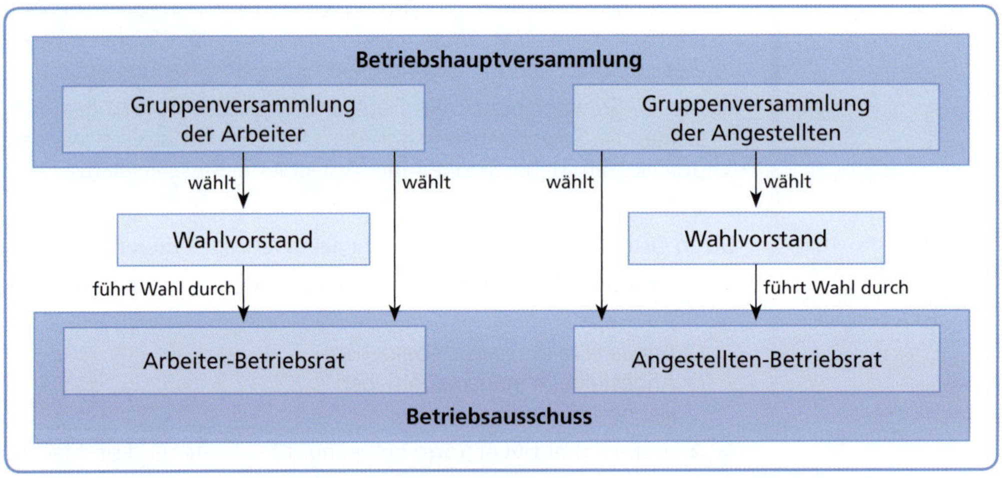

Die **Betriebs(haupt)versammlung** ist die Versammlung aller Arbeitnehmer des Betriebes.

Aufgaben der Gruppenversammlung

Sowohl für die Gruppe der Arbeiter als auch für die Gruppe der Angestellten ist eine eigene **Gruppenversammlung** vorgesehen, bei der nur Arbeiter bzw. nur Angestellte stimmberechtigt sind. Sie wählen den jeweiligen Wahlvorstand und Betriebsrat. Der Betriebsrat hat der Gruppenversammlung bzw. der Betriebsversammlung zu berichten und ist ihr auch verantwortlich. Sie kann ihn auch wieder abwählen.

Die **Gruppenversammlungen** können beschließen, dass ein gemeinsamer Betriebsrat Arbeiter und Angestellte vertritt.

Sind **insgesamt mehr als 5 Arbeitnehmer** beschäftigt, aber **nicht mindestens 5 Arbeiter und 5 Angestellte,** so reduzieren sich die Belegschaftsorgane auf:

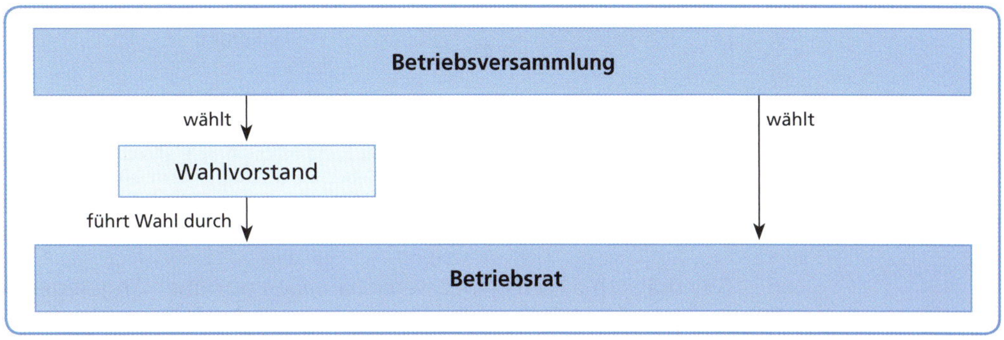

Der **Wahlvorstand** wird von der Betriebsversammlung bzw. von den Gruppenversammlungen gewählt und hat die Wahl vorzubereiten und durchzuführen.

Wahlrecht bei der Betriebsratswahl

Wahlrecht	
Aktiv (Recht, zu wählen)	**Passiv (Recht, gewählt zu werden)**
• Vollendung des 18. Lebensjahres • Beschäftigung im Betrieb • kein Ausschluss von der Nationalratswahl • nicht beschränkt auf österreichische Staatsbürger	• Vollendung des 18. Lebensjahres • im Betrieb seit mindestens 6 Monaten beschäftigt • aktives Wahlrecht zum Nationalrat • nicht beschränkt auf österreichische Staatsbürger • muss nicht unbedingt zur wählenden Gruppe (Arbeiter, Angestellte) gehören

Der **Betriebsrat** ist das eigentliche **Vertretungsorgan gegenüber dem Arbeitgeber.** Er wird für eine Periode von **4 Jahren** gewählt. Die **Zahl seiner Mitglieder** richtet sich nach der Zahl der wahlberechtigten Arbeitnehmer und ist **im Arbeitsverfassungsgesetz festgelegt.**

Sind im Betrieb mehr als 5 Jugendliche unter 18 Jahren beschäftigt, so haben sie einen **Jugendvertrauensrat** zu wählen, der die Interessen dieser Arbeitnehmer vertritt.

Die **Behindertenvertrauensperson** vertritt die Interessen der im Betrieb beschäftigten Behinderten.

Der Arbeitgeber hat dem Betriebsrat die Zeit, die zur Erfüllung seiner Aufgaben notwendig ist, zu geben. Ab 151 Arbeitnehmern kann der Betriebsrat verlangen, dass ein Mitglied zur Gänze von der Arbeit freigestellt wird.

Besteht ein Unternehmen aus mehreren Betrieben, so sind zusätzlich folgende Organe zu bilden:

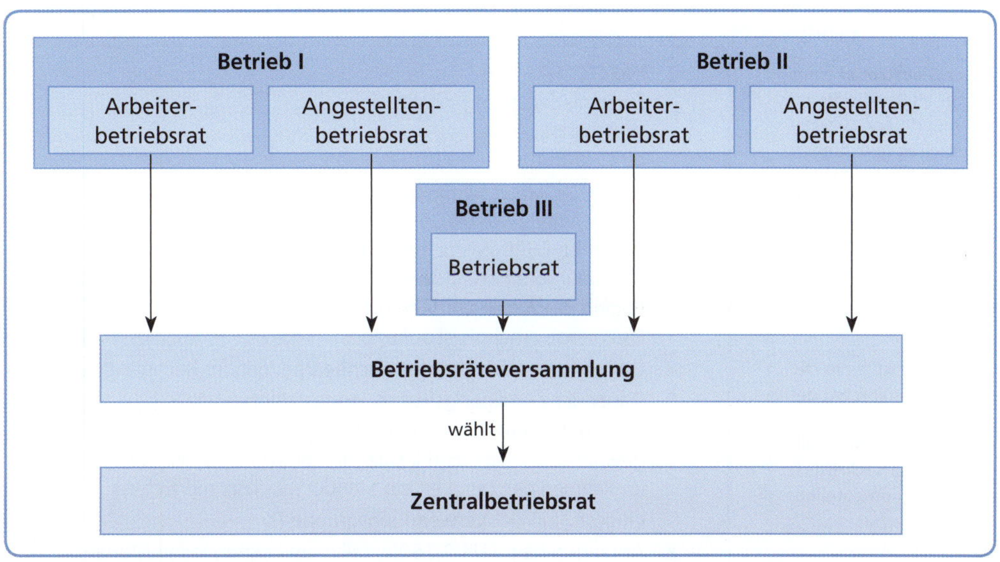

Beschäftigt ein Unternehmen in mehreren Mitgliedstaaten der EU Arbeitnehmer, dann ist ein **europäischer Betriebsrat** zu errichten.

Betriebsvereinbarung

Vereinbarungen zwischen dem Betriebsrat und dem Arbeitgeber nennt man **Betriebsvereinbarung.** Sie muss **schriftlich abgeschlossen** und **im Betrieb kundgemacht** werden.

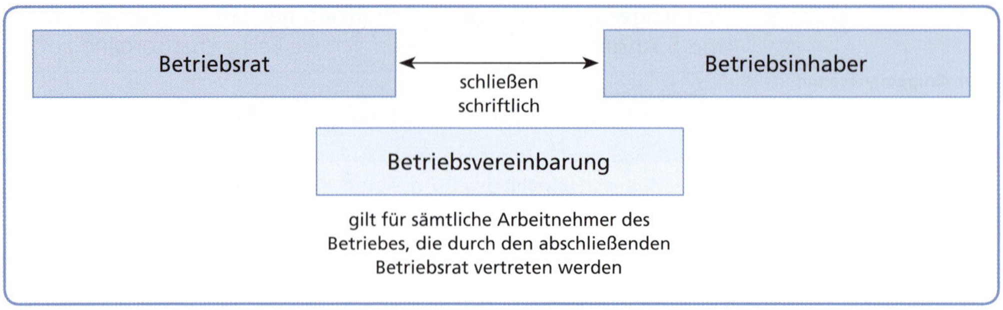

Grundsätzlich dürfen Betriebsvereinbarungen **nur über Angelegenheiten** abgeschlossen werden, **die das Arbeitsverfassungsgesetz vorsieht.** Sie dürfen weiters nicht die im Kollektiv- oder Arbeitsvertrag vorgesehenen Arbeitsbedingungen verschlechtern.

Das Gleichbehandlungsgebot gilt für alle Arbeitnehmer.

Der Arbeitgeber darf aufgrund des Gleichbehandlungsgrundsatzes **keinen Arbeitnehmer ohne sachlichen Grund schlechter behandeln als die übrigen.** Daher müssen Betriebsvereinbarungen auf sämtliche vergleichbaren Arbeitsverhältnisse angewandt werden.

3 Der Arbeitsvertrag

Durch den Arbeitsvertrag verpflichtet sich der Arbeitnehmer zur Arbeitsleistung.

Es gibt auch Vorschriften, von denen überhaupt nicht abgewichen werden darf. Sie werden **„zwingendes Recht"** genannt, z.B. darf der Arbeitnehmer nicht gegen Entgelt auf seinen Urlaub verzichten, auch wenn er dies wünscht.

Durch den **Arbeitsvertrag** werden die **gegenseitigen Rechte und Pflichten der Vertragspartner geregelt.** Dabei darf von den übrigen Vorschriften i.d.R. nur zugunsten des Arbeitnehmers abgewichen werden. Enthält der Arbeitsvertrag keine Bestimmungen, so gelten die gesetzlichen oder kollektivvertraglichen Regeln.

Der Arbeitsvertrag ist an keine bestimmte Form gebunden, d.h. er kann

- mündlich,
- schriftlich oder
- durch schlüssige Handlung (konkludent)

abgeschlossen bzw. geändert werden.

Dauert das Arbeitsverhältnis nicht länger als einen Monat, muss kein Dienstzettel ausgestellt werden.

Wurde der Arbeitsvertrag mündlich abgeschlossen, dann muss der Arbeitgeber die wesentlichen Inhalte des mündlichen Vertrages in einem **Dienstzettel** zusammenfassen:

Der **Dienstzettel** dient nur als Beweis der im mündlichen Arbeitsvertrag getroffenen Vereinbarungen. Er darf daher nicht vom bereits vereinbarten Vertrag abweichen.

Ändert sich einer der Punkte, dann hat der Arbeitgeber dies dem Arbeitnehmer innerhalb eines Monats schriftlich mitzuteilen.

1. ING4TECH GmbH
   Zweigniederlassung Innsbruck
   Weinhartstr. 4
   6020 Innsbruck
2. Name der Arbeitnehmerin: Monika Zwirler
   SV-Nummer:2786 03 05 78
   Anschrift: 6300 Wörgl, Innsbrucker Str. 34
   Staatsbürgerschaft: Österreich
3. Beginn des Arbeitsverhältnisses: 1. Juni 2015
   Das Dienstverhältnis ist auf unbestimmte Zeit abgeschlossen. Ein Probemonat gilt als vereinbart.
4. vorgesehene Verwendung: Sachbearbeiterin im Rechnungswesen
5. Dauer der Kündigungsfrist: lt. Angestelltengesetz
   Kündigungstermin: 15. und Letzter jeden Monats
6. gewöhnlicher Arbeits-(Einsatz-)ort: 6020 Innsbruck, Weinhartstr. 4, wobei aufgabenbedingt im Rahmen der Tätigkeit ein Standortwechsel möglich ist
7. eingestuft in der Verwendungsgruppe D
8. Anfangsgehalt: EUR 2.250,–, fällig am Letzten jeden Monats
9. Ausmaß des jährlichen Erholungsurlaubes: 25 Arbeitstage
10. vereinbarte wöchentliche Arbeitszeit: 38,5 Stunden
11. Für das Arbeitsverhältnis gelten die Bestimmungen des Kollektivvertrages für Angestellte in der Industrie.
    Die Kollektivverträge liegen zur Einsichtnahme beim Betriebsrat auf.

Michael: Eine Freundin hat sich um einen neuen Job beworben und wurde zu einem Bewerbungsgespräch eingeladen. Da das Unternehmen 180 km von ihrem Wohnort entfernt ist und sie zeitig in der Früh dort sein soll, muss sie am Vortag anreisen und dort nächtigen. Wer zahlt die Kosten dafür?

Anna: Vor dem Abschluss eines Arbeitsvertrages werden die Stellenbewerber oft zu persönlichen Vorstellungsgesprächen eingeladen. Dieses Bewerbungsgespräch kann dem Bewerber Kosten verursachen, wie Fahrtspesen, Nächtigungskosten ... Das einladende Unternehmen hat dem Stellenbewerber diese Kosten zu ersetzen, ausgenommen, es hat ausdrücklich darauf hingewiesen, dass es diese Kosten nicht übernimmt.

Durch die Angabe des Entgelts soll sich die Verhandlungsposition des Arbeitnehmers verbessern.

Schaltet ein Unternehmen oder ein Arbeitsvermittler ein **Stelleninserat,** dann muss es **geschlechtsneutral ausgeschrieben** werden und es ist darin das **kollektivvertragliche Mindestentgelt (in Euro)** anzugeben sowie auf die **Bereitschaft zur Überzahlung hinzuweisen,** wenn eine solche besteht. Die Überzahlung muss nicht beziffert werden.

Arbeitsverhältnis = **employment**

Einteilung der Arbeitsverhältnisse

Arbeitsverhältnisse	
Dauer	**Tätigkeit**
• Probearbeitsverhältnis • befristet • unbefristet	• Angestellte • Arbeiter • Lehrlinge

Dauer eines Arbeitsverhältnisses

Probearbeitsverhältnis

Die **Probezeit** muss vereinbart werden und darf maximal einen Monat dauern. Dies kann auch im Kollektivvertrag geschehen.

Um Arbeitnehmer und Arbeitgeber die Möglichkeit zu geben, zu klären, ob sie zusammenpassen, kann der **erste Monat als Probemonat** vereinbart werden.

Während der Probezeit können beide Seiten das Arbeitsverhältnis jederzeit, ohne Angabe von Gründen, beenden. Allfällige besonders gesetzlich geregelte **Kündigungsbeschränkungen** (z.B. für werdende Mütter, Präsenzdiener, Behinderte, Belegschaftsvertreter) finden diesfalls keine Anwendung. Der Arbeitnehmer muss jedoch das vereinbarte Entgelt für die bis zum Zeitpunkt der Beendigung geleistete Arbeit erhalten.

Befristete Arbeitsverhältnisse

Bei **befristeten Arbeitsverhältnissen** wurde bereits bei Vertragsabschluss vereinbart, dass sie zu einem bestimmten Zeitpunkt enden.

Beispiele für zulässige Befristungen

Dieses Ende kann
- kalendermäßig fixiert sein (z.B. das Arbeitsverhältnis endet am 31. Mai 201 .) oder
- an den Eintritt eines bestimmten Ereignisses gebunden sein (z.B. Genesung eines erkrankten Mitarbeiters, Rückkehr einer Mitarbeiterin aus dem Karenzurlaub ...).

Der Endzeitpunkt muss objektiv feststellbar sein und darf nicht von einer der Vertragsparteien willkürlich beeinflusst werden können.

Beispiele für unzulässige Befristungen

Unzulässig sind daher folgende Endtermine:
- auf die Dauer eines nicht näher festgelegten Bedarfes,
- bis zum Ende der Saison,
- auf Dauer der Urlaubszeit ...

Eine **Aneinanderreihung mehrerer befristeter Arbeitsverträge (= Kettenarbeitsverträge)** ist **grundsätzlich unzulässig,** auch wenn zwischen den einzelnen Verträgen eine kurze Unterbrechung bestand. Sie gelten als ein zusammenhängender Vertrag, um Nachteile für den Arbeitnehmer zu verhindern.

Beispiele für zulässige Kettenarbeitsverträge

- Saisonarbeiten
- Verlängerung der Probezeit auf Ersuchen des Arbeitnehmers bei ungenügender Leistung

Unbefristete Arbeitsverhältnisse

Bei **unbefristeten Arbeitsverhältnissen** wird von vornherein kein Ende festgelegt. Der Vertrag endet erst, wenn ein **Endigungsgrund** vorliegt, z. B. Tod des Arbeitnehmers, oder eine Vertragspartei tätig wird, z. B. kündigt.

Michael: Da meine Praxis am 3. Juli begonnen hat und am 30. Juli endet, musste die ING4TECH für mich keinen Dienstzettel ausstellen. Mein Arbeitsverhältnis war befristet. Da das Beginn- und Enddatum festgelegt war, war die Befristung zulässig.

Tätigkeit

Lehrling = **apprentice**

Angestelltengesetz = **law for employees**

Berufsausbildungsgesetz = **vocational education law**

Unterscheidung nach Berufsgruppen		
Angestellte	**Arbeiter**	**Lehrlinge**
Angestelltengesetz (AngG)	ABGB GewO 1859	Berufsausbildungsgesetz (BAG)

Michael: Franz hat während der Schulferien bei der ING4TECH in der Montage gearbeitet und wurde als Arbeiter eingestuft, ebenso wie andere, fix beim Unternehmen Beschäftigte. Der Vorarbeiter war hingegen angestellt. War das korrekt?

Anna: Montagearbeiten sind keine Angestelltentätigkeiten. Es kann aber vertraglich vereinbart werden, dass für Mitarbeiter, die keine Angestelltentätigkeiten verrichten, das Angestelltengesetz bzw. Teile davon gelten. Diese Mitarbeiter werden Vertragsangestellte genannt. Der Vorarbeiter war daher Vertragsangestellter.

Angestellte

Die **Tätigkeit** der Angestellten ist im Angestelltengesetz umschrieben.

Angestellter = **employee**

Die wichtigste Rechtsgrundlage für Angestellte bildet das Angestelltengesetz 1921 (AngG). Aufgrund dieses Gesetzes gilt als **Angestellter,** wer:

- kaufmännische Tätigkeiten (z. B. Vertreter; Mitarbeiter im Ein- oder Verkauf, in der Buchhaltung, Kundenbetreuung, Lagerleiter ...) oder
- höhere, nichtkaufmännische Tätigkeiten (z. B. Konstrukteur, Fahrlehrer, Ausbilder im Betrieb ...) oder
- Kanzleiarbeiten (z. B. Sekretariat ...)

verrichtet.

Angestellte müssen jedenfalls eine bestimmte Entscheidungsbefugnis haben.

Beispiel

Ein Mitarbeiter in einem Verkaufslokal, der den Kunden die Ware übergibt und den vorgeschriebenen Preis kassiert, selbst aber keinerlei Entscheidungen hinsichtlich Preisnachlass, Werbung, Warenbestellung, ... treffen darf, ist kein Angestellter.

Für die Zuordnung als „Arbeiter" oder „Angestellter" kommt es auf die tatsächlich geleisteten Arbeiten an.

Beispiel

Ein Mitarbeiter wird als Hubstaplerfahrer aufgenommen. Aufgrund dieser Tätigkeit wäre er als Arbeiter anzusehen, was auch vereinbart wurde. Nach einiger Zeit wurde ihm die Aufgabe übertragen, bei bestimmten Waren die notwendigen Lagermengen festzulegen und bei Bedarf einzukaufen. Dabei blieb es ihm auch überlassen, wo er einkauft.

Durch die Übertragung neuer Aufgaben und die Übernahme dieser durch den Mitarbeiter wurde stillschweigend der Arbeitsvertrag geändert. Aufgrund der tatsächlich ausgeübten Tätigkeit ist er als Angestellter einzureihen und auch zu entlohnen, unabhängig davon, was zu Beginn vereinbart war!

Arbeiter

Mitarbeiter, die weder Angestellte noch Lehrlinge sind, gehören zur Gruppe der Arbeiter. Sie verrichten im Wesentlichen handwerkliche Arbeiten – auch hochqualifizierte – oder Hilfsdienste.

Als Arbeiter gelten beispielsweise:

- Reinigungskräfte, auch wenn sie Büroräume reinigen
- Personen, die im Büro einfachste Hilfsdienste verrichten (z. B. kopieren, Briefe kuvertieren, Karteikarten einlegen ...),
- aber auch Vorarbeiter und qualifizierte Facharbeiter, wie Uhrmacher, Mechaniker, Monteure ...

Für Arbeiter sind die Regeln des Kollektivvertrages besonders bedeutsam, da moderne gesetzliche Bestimmungen fehlen.

Das Arbeitsverhältnis der Arbeiter wird durch die Gewerbeordnung aus 1859 (!) und durch das allgemeine bürgerliche Gesetzbuch (ABGB) geregelt.

Arbeiter = **worker**

4 Rechte und Pflichten aus dem Arbeitsvertrag

Der Arbeitsvertrag beinhaltet für Arbeitnehmer und Arbeitgeber zahlreiche Rechte und Pflichten.

Durch Abschluss des Arbeitsvertrages übernehmen die Vertragsparteien Pflichten und erhalten Rechte.

Die Hauptpflicht des **Arbeitnehmers** ist die **Arbeitsleistung.**

Die Hauptpflicht des **Arbeitgebers** ist die **Entgeltzahlung.**

Rechte = **rights**

Pflichten = **obligations, denties**

Arbeitsvertrag

Arbeitnehmer		**Arbeitgeber**
Pflicht zur • Arbeit • Treue • Leistung von Schadenersatz	→	Erhalt von • Arbeitsleistung • Treue • Schadenersatz
Erhalt von • Entgelt • Fürsorge	←	Pflicht zur • Entgeltzahlung • Fürsorge

Arbeitspflicht

Der **Arbeitnehmer** ist verpflichtet, die **vereinbarten Arbeiten persönlich und sorgfältig auszuführen.** Er muss nicht für den Erfolg seiner Arbeiten einstehen und darf sich nicht von anderen Personen vertreten lassen.

Beispiel

Einem Mitarbeiter wird aufgetragen, eine Internetseite zu erstellen. Da er dies zum ersten Mal macht, gelingt es ihm nicht, die Seite so zu gestalten, wie es ihm aufgetragen wurde. Obwohl er nicht die geforderte Leistung erbracht hat, die Arbeit misslungen ist, hat er Anspruch auf das vereinbarte Entgelt.

Der Mitarbeiter darf auch nicht einen Freund zur Arbeit schicken und den Tag anderswo verbringen.

Grundsätzlich hat der Arbeitnehmer seine Arbeit nur in dem Unternehmen zu leisten, mit dem er den Vertrag abgeschlossen hat.

Welche Arbeiten der Mitarbeiter zu erledigen hat, ergibt sich aus dem **Arbeitsvertrag.** Darin werden die Tätigkeiten allgemein umschrieben. Innerhalb dieses Rahmens kann der Arbeitgeber die jeweils auszuführenden Arbeiten genauer bestimmen. Dies nennt man **Weisungs- oder Direktionsrecht.** Doch dürfen nicht andere als die im Arbeitsvertrag vereinbarten Arbeiten verlangt werden.

Beispiel

Unzulässig wäre beispielsweise:

- von einem gewerblichen Arbeiter häusliche Tätigkeiten (Kochen, Geschirr spülen, Wäsche waschen) zu verlangen;
- von einem reisenden Angestellten Mitfahrdienste (be- und entladen) auf einem Lkw zu verlangen.

Michael: Im Arbeitsvertrag eines Freundes steht, dass er für den Standort in Steyr aufgenommen ist. Für die Anfahrt erhält er € 50,– Fahrtkostenzuschuss. Der Arbeitgeber möchte ihn nun nach Amstetten versetzen und den Fahrtkostenzuschuss streichen, obwohl er weiter fahren muss. Darf er das?

Anna: Der Arbeitgeber darf nicht einseitig den Arbeitsvertrag ändern. Wurde im Arbeitsvertrag Steyr als Arbeitsort festgelegt, darf der Freund nicht an einem anderen Standort eingesetzt werden.

Ist die Versetzung vertraglich zulässig oder stimmt der Arbeitnehmer zu und kommt es dadurch zu einer Verschlechterung (hier Streichung des Fahrtkostenzuschusses), dann ist zusätzlich die Zustimmung des Betriebsrates notwendig.

Aus einer längeren vom Arbeitnehmer unwidersprochenen Verwendung an einem bestimmten Arbeitsplatz kann nicht auf eine stillschweigende Vertragsänderung geschlossen werden. In Katastrophenfällen ist der Arbeitnehmer jedoch verpflichtet, auch andere Arbeiten zu leisten, um einen Schaden vom Betrieb abzuwenden.

An welchem **Ort** der Arbeitnehmer seine Tätigkeit auszuüben hat, ergibt sich:

- aus dem Arbeitsvertrag, wenn darin Vereinbarungen getroffen wurden oder
- schlüssig aus dem Standort des Betriebes oder
- aus der Art der Tätigkeit (z. B. Reisender, Bauarbeiter, Monteur ...)

Die Festlegung der genauen Arbeitsstelle innerhalb des Betriebes steht dem Arbeitgeber grundsätzlich frei.

Treuepflicht

Michael: Die ING4TECH programmiert unter anderem Lagerverwaltungssoftware. Ein Freund, der sich gerade als Programmierer selbständig gemacht hat, möchte ebenfalls Lagerverwaltungssoftware erstellen und hat mich gefragt, ob ich bei ihm in meiner Freizeit mitarbeiten möchte. Falls ich einmal ein fixer Mitarbeiter bei der ING4TECH bin: Dürfte ich das?

Anna: Wenn du mit dem Freund einen Arbeitsvertrag abschließt, würdest du als Unselbständiger deinem Arbeitgeber Konkurrenz machen. Dies verstößt gegen das Wettbewerbsverbot.

Würde der Freund gänzlich andere Software erstellen, die von Unternehmen nicht statt unserer Lagerverwaltungssoftware gekauft wird, wie Programme für die Steuerung von Maschinen, würde dies nicht gegen das Wettbewerbsverbot verstoßen.

Ausgenommen davon sind Geschäfts- und Betriebsgeheimnisse, von denen der Arbeitnehmer gesetzwidrig Kenntnis erlangt hat. Diese darf er auch nach Beendigung des Arbeitsverhältnisses nicht weitergeben.

Die Treuepflicht ist die Verpflichtung des Arbeitnehmers, die **Interessen des Betriebes zu wahren.** Sie **gilt nur während des aufrechten Arbeitsverhältnisses.** Nach Beendigung des Arbeitsverhältnisses gilt sie nur, wenn es gesondert vereinbart wurde **(Konkurrenzklausel).**

Die Treuepflicht umfasst insbesondere:

Verschwiegenheitspflicht = **secrecy (confidentiality)**

- **Verschwiegenheitspflicht:** Betriebs- und Geschäftsgeheimnisse dürfen nicht weitergegeben werden, außer der Arbeitgeber hat der Weitergabe zugestimmt. Der Arbeitnehmer muss nicht ausdrücklich auf diese Pflicht hingewiesen werden!
- **Geschenkannahmeverbot:** Der Arbeitnehmer darf ohne Wissen und Zustimmung des Arbeitgebers keine Geschenke von Dritten fordern, sich versprechen lassen oder annehmen, wenn dadurch seine Entscheidungen beeinflusst werden können.

Beispiel

Ein Mitarbeiter der Einkaufsabteilung der ING4TECH wird von einem Verkäufer zu einer Reise eingeladen. Durch die Reise soll der Einkäufer veranlasst werden, beim Verkäufer einzukaufen, auch wenn dieser nicht das beste Angebot legt. Der Mitarbeiter der Einkaufsabteilung darf nicht an der Reise teilnehmen, außer der Arbeitgeber hat zugestimmt.

Ausnahme vom Geschenkannahmeverbot

Übliche Geschenke von geringem Wert zu besonderen Anlässen, z. B. Aufmerksamkeiten zu Weihnachten, Trinkgelder, dürfen jedoch angenommen werden.

Wettbewerbsverbot = **restrained of trade**

- **Wettbewerbsverbot** (Konkurrenzverbot): Der Arbeitnehmer darf dem Arbeitgeber weder selbständig noch unselbständig Konkurrenz machen. Er darf das im Betrieb gesammelte Wissen nicht für eigene Geschäfte ausnutzen.

Das Wettbewerbsverbot ist auch während der Kündigungsfrist zu beachten.

Konkurrenzklauseln dürfen nur vereinbart werden, wenn das Entgelt eine bestimmte Höhe übersteigt.

Vom Wettbewerbsverbot ist die **Konkurrenzklausel** zu unterscheiden: Dies ist eine Vereinbarung, durch die sich der Arbeitnehmer verpflichtet, **nach seinem Ausscheiden aus dem Betrieb bestimmte Tätigkeiten nicht auszuüben.** Diese verbotenen Tätigkeiten

- müssen im Geschäftszweig des Arbeitgebers liegen,
- dürfen hinsichtlich Tätigkeit, Zeit und Ort im Verhältnis zu den Interessen des Arbeitgebers keine unbillige Erschwerung des Fortkommens des Arbeitgebers enthalten,
- dürfen die Erwerbstätigkeit nicht überhaupt ausschließen,
- dürfen ein Jahr nicht übersteigen.

Beispiel

Verboten wäre beispielsweise:

- einem Vertreter, der das Bundesland Salzburg betreut hat, die Betreuung ganz Österreichs zu verbieten;
- einem CNC-Programmierer die Erstellung von CNC-Programmen in sämtlichen Betrieben Österreichs zu verbieten;
- einem Maschineneinsteller bei einem Hersteller von Elektromotoren die Aufnahme irgendeiner Tätigkeit in der Elektroindustrie zu verbieten.

Unwirksamkeit der Konkurrenzklausel

Verschuldet der Arbeitgeber die **Auflösung des Arbeitsverhältnisses,** so **gilt die Konkurrenzklausel nicht!** Die Klausel wird auch unwirksam, wenn sich die Tätigkeit des Arbeitnehmers wesentlich ändert und die Vertragsbestimmung nicht angepasst wurde.

Beispiel

Ein Mitarbeiter ist als Netzwerktechniker in einem EDV-Unternehmen tätig. Er bildet sich weiter und wird im Außendienst Berater für ein spezielles Softwarepaket. Wird die Konkurrenzklausel nicht angepasst, gilt sie für die neue Tätigkeit nicht und ist daher unwirksam.

Sonstige Verbote:

Der Arbeitnehmer muss seine gesamte Arbeitskraft dem Betrieb zur Verfügung stellen.

Nebenbeschäftigungen dürfen grundsätzlich ausgeübt werden, jedoch können sie vertraglich verboten werden. Unzulässig ist eine Nebenbeschäftigung, wenn durch sie die höchstzulässige Arbeitszeit überschritten wird oder der Arbeitnehmer derart beansprucht wird, dass er seine Aufgaben nicht mehr erfüllen kann.

Beispiel

Ein Arbeiter arbeitet täglich von 7:00 Uhr morgens bis 15:30 Uhr als Kfz-Mechaniker. Nebenbei arbeitet er abends von 17:00 Uhr bis 01:00 Uhr Früh als Taxifahrer.

Er überschreitet dadurch einerseits die höchstzulässige Arbeitszeit, andererseits wird er – da er zu wenig Schlaf hat – nicht in der Lage sein, seine Arbeiten mit der nötigen Aufmerksamkeit zu verrichten.

Verboten ist auch die Verbreitung unwahrer Behauptungen über den Arbeitgeber und dessen Betrieb sowie von Behauptungen, die eine Schädigung des Arbeitgebers bezwecken.

Schadenersatzpflicht = **obligation to pay damages (obligation to indemnifiy**

Schadenersatzpflicht

Michael: Meine Eltern haben in der Wohnung Installationsarbeiten durchführen lassen. Dem Monteur ist dabei ein Hammer aus der Hand gefallen und die Fliesen wurden beschädigt. Wer ersetzt den Schaden?

Anna: Deine Eltern können den Ersatz des Schadens vom Unternehmer oder vom Monteur verlangen. Derjenige, der herangezogen wird, muss dies dem anderen sofort mitteilen, damit ungerechtfertigte Forderungen abgewehrt werden können.

Vorsatz = **intention, deliberate action**

Fahrlässigkeit = **negligence**

leichte Fahrlässigkeit = **light negligence**

grobe Fahrlässigkeit = **gross negligence**

entschuldbare Fehlleistung = **excusable mistake (error), fault**

Die ab S. 72 besprochenen Regeln über den Schadenersatz gelten auch im Arbeitsrecht. Da der Arbeitgeber aber wirtschaftlich stärker ist, werden diese Regeln durch das Dienstnehmerhaftpflichtgesetz zugunsten des Arbeitnehmers abgeändert.

Verursacht der Arbeitnehmer bei seiner Tätigkeit im Betrieb schuldhaft und rechtswidrig einen Schaden, so hat er dafür einzustehen. Welchen Teil des Schadens der Arbeitnehmer zu ersetzen ist, hängt vom Verschuldensausmaß ab. Das Dienstnehmerhaftpflichtgesetz (DNHG) unterscheidet folgende Verschuldensgrade:

Art des Verschuldens

Vorsatz
- Schaden wird wissentlich und gewollt herbeigeführt.
- Der Schaden ist voll zu ersetzen.

Fahrlässigkeit
Schaden entsteht durch mangelnde Sorgfalt.

- **leichte Fahrlässigkeit**
  Ersatz kann vom Gericht ganz oder teilweise erlassen werden.
- **grobe Fahrlässigkeit**
  Ein Teil des Schadens ist jedenfalls zu ersetzen.

entschuldbare Fehlleistung
- Schaden wäre nur durch besondere Aufmerksamkeit verhinderbar gewesen.
- Schaden muss nicht ersetzt werden.

Beispiel

Entschuldbare Fehlleistung oder Fahrlässigkeit?

Ein Arbeiter bohrt mit einer Bohrmaschine ein Loch in eine Wand und beschädigt dabei ein Wasserrohr.

1. **Entschuldbare Fehlleistung** liegt vor, wenn der Arbeiter sonst aufmerksam ist. Weil er bereits andere Tätigkeiten zugewiesen bekam, vergaß er, zu kontrollieren, wo die Rohre liegen.
2. **Leichte Fahrlässigkeit** liegt vor, wenn an der Wand zwar eine Wasserarmatur installiert ist, der Arbeiter jedoch aufgrund der Gegebenheiten davon ausgehen konnte, dass das Loch an einer Stelle gebohrt wird, wo normalerweise kein Rohr verlegt ist.
3. **Grobe Fahrlässigkeit** liegt vor, wenn an der Wand eine Wasserarmatur installiert ist und der Arbeiter aufgrund der Gegebenheiten nicht davon ausgehen konnte, dass das Loch an einer Stelle gebohrt wird, wo normalerweise kein Rohr verlegt ist. Er hat sich nicht vergewissert, dass das Rohr dort nicht ist.
4. **Vorsatz** liegt vor, wenn er bewusst das Rohr angebohrt hat.

Diese Regeln gelten auch, wenn der Arbeitnehmer den Schaden einem anderen (z. B. Kunden) zugefügt hat. Der andere kann sowohl den Arbeitnehmer als auch den Arbeitgeber zum Schadenersatz heranziehen. Derjenige, der zum Ersatz herangezogen wird, muss dies seinem Partner, dem Mitarbeiter bzw. dem Arbeitgeber, sofort mitteilen, damit ungerechtfertigte Forderungen abgewehrt werden können.

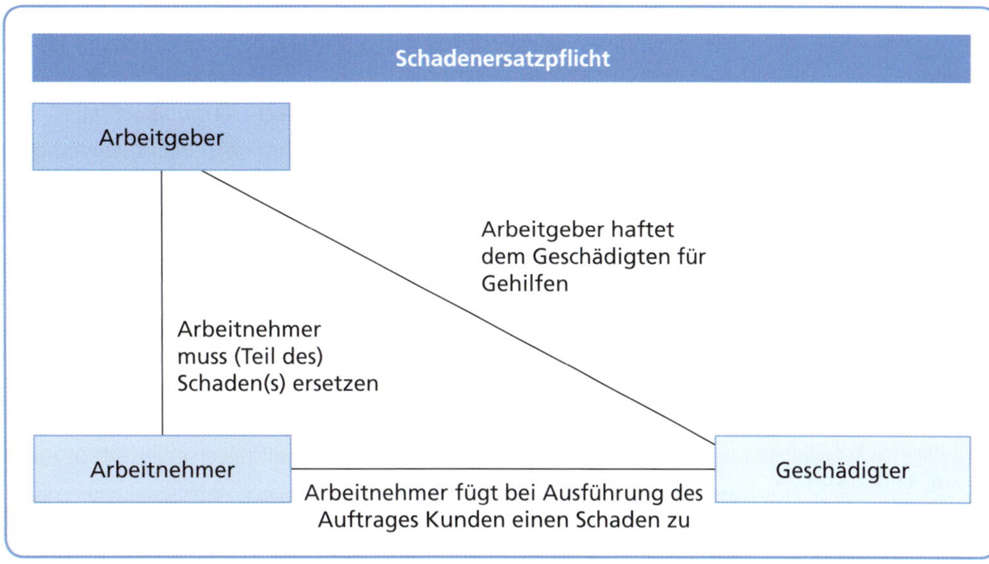

Will der Arbeitgeber den Schaden vom Arbeitnehmer ersetzen, so hat er ihn davon in Kenntnis zu setzen. Der Arbeitnehmer kann:

- binnen 14 Tagen widersprechen. Der Arbeitgeber muss dann den Schaden gerichtlich geltend machen. Ein Richter entscheidet, ob der Arbeitnehmer den Schaden ersetzen muss, und falls ja, ob der ganze Schaden oder nur ein Teil davon zu ersetzen ist.
- nichts unternehmen. In diesem Fall darf der Arbeitgeber den geltend gemachten Schaden vom Lohn abziehen (aufrechnen).

Betriebliche Ausbildungskosten

Michael: Kürzlich hat sich eine Freundin von mir bei einem Unternehmen beworben. Der Chef hat gesagt, dass sie in SAP geschult wird. Wenn sie allerdings innerhalb von 5 Jahren das Unternehmen verlässt, muss sie die gesamten Schulungskosten zurückzahlen.

Anna: Da es sich bei der SAP-Schulung um eine Ausbildung handelt, die deine Freundin auch in anderen Unternehmen nutzen kann, ist die Vereinbarung des Ersatzes der Schulungskosten zulässig. Die Höhe des Ersatzes muss allerdings im Laufe der 5 Jahre sinken.

Nur für Ausbildungsmaßnahmen darf Ersatz vom Arbeitnehmer gefordert werden. Kosten der Einschulung sind jedenfalls vom Arbeitgeber zu tragen.

Schulung = **training, schooling**

Folgende Formen dert Schulung können unterschieden werden:

Betriebliche Schulungsmaßnahmen	
Einschulung	**Ausbildung**
Dadurch soll der Mitarbeiter mit den Tätigkeiten und Gegebenheiten seines Arbeitsplatzes vertraut gemacht werden. Die Einschulung erfolgt i. d. R. am Arbeitsplatz oder im Betrieb.	Durch Ausbildungsmaßnahmen erhält der Mitarbeiter Fertigkeiten, Kenntnisse und Wissen, die auch in anderen Unternehmen eingesetzt und verwertet werden können.
Beispiele: • Einschulung für ein spezielles EDV-Programm, welches in diesem Unternehmen verwendet wird. • Einschulung auf die Produkte des Unternehmens	Beispiele: • Erwerb des ECDL (European Computer Driving Licence, Europäischer Computerführerschein) • Pilotenausbildung

Ein pauschaler Kostenersatz ist unzulässig.

Grundsätzlich sind die **Kosten für betriebliche Schulungen vom Arbeitgeber zu tragen.**

Es kann jedoch – bei Beginn des Arbeitsverhältnisses oder vor der Schulungsmaßnahme – **schriftlich vereinbart** werden, dass der Mitarbeiter die tatsächlich angefallenen **Ausbildungskosten zu ersetzen** hat.

Die Vereinbarung des Ersatzes darf jedoch nicht zu einer unzumutbaren Beschränkung des Kündigungsrechtes führen. Daher

- darf der Ersatz die Kosten des Dienstgebers nicht überschreiten,
- muss idR die Ersatzpflicht längstens 4 Jahre nach der Ausbildung enden,
- muss die Höhe des Ersatzes mit der seit der Ausbildung vergangenen Zeit sinken (Aliquotierung).

Entgeltzahlungspflicht

Hauptpflicht des Arbeitgebers ist, das **vereinbarte Entgelt zu bezahlen.** Nur wenn ausdrücklich vereinbart wurde, dass die Arbeitsleistung unentgeltlich erfolgt, braucht der Arbeitgeber nichts zu bezahlen!

Die Höhe des Entgelts ergibt sich aus dem Arbeitsvertrag. Es darf allerdings nicht das im Kollektivvertrag festgesetzte Entgelt unterschreiten.

Je nach Arbeitnehmergruppe wird das Entgelt unterschiedlich bezeichnet:

Arbeitsentgelt		
Arbeiter	**Angestellte**	**Lehrlinge**
Lohn	Gehalt	Lehrlingsentschädigung

In den Kollektivverträgen der Angestellten sind verschiedene Beschäftigungsgruppen vorgesehen, welche für die Höhe der Entlohnung maßgeblich sind:

Auszug aus dem Rahmenkollektivvertrag für Angestellte der Industrie

Die Einteilung der Beschäftigungsgruppen gilt für Arbeiter und Angestellte.

Der **Angestellte** ist in jene Verwendungsgruppe einzureihen, deren Tätigkeit er überwiegend ausübt.

Der **Kollektivvertrag** unterscheidet elf Beschäftigungsgruppen. Die Verwendungsgruppe K ist die am höchsten entlohnte.

Beschäftigungsgruppe D

Arbeitnehmerinnen und Arbeitnehmer, die Tätigkeiten nach allgemeinen Richtlinien und Anweisungen ausführen.

Arbeitnehmer mit abgeschlossener Berufsausbildung (insbesondere Lehrabschlussprüfung oder Abschlussprüfungszeugnis über das Erlernen „wesentlicher Teile eines Lehrberufes" bei integrativer Berufsausbildung), auch solche mit einer Lehrabschlussprüfung in technologisch verwandten bzw. technologisch ähnlichen Berufen, wenn diese Qualifikation zumindest für Teile der Tätigkeit von Bedeutung ist.

Weiters Arbeitnehmerinnen und Arbeitnehmer, die gleichwertige Kenntnisse und Fertigkeiten durch eine qualifizierte Ausbildung in einem Betrieb und einschlägige Arbeitserfahrung erworben haben.

Für Berufsanfängerinnen und Berufsanfänger nach Abschluss der Schulausbildung kann das Mindestgehalt dieser Beschäftigungsgruppe für höchstens 12 Monate um bis zu 5% unterschritten werden.

Beschäftigungsgruppe E

Arbeitnehmerinnen und Arbeitnehmer, die Tätigkeiten nach allgemeinen Richtlinien und Anweisungen selbständig ausführen.
Für diese Tätigkeiten sind Kenntnisse und Fertigkeiten erforderlich, die typischerweise durch eine mehrjährige fachliche Schul- oder Berufsausbildung sowie praktische Arbeitserfahrung oder durch qualifizierte Ausbildung in einem Betrieb und längere einschlägige Arbeitserfahrung erworben wurden.

Ferner Absolventinnen und Absolventen von berufsbildenden höheren Schulen, wenn diese Qualifikation für erhebliche Teile der Tätigkeit von Bedeutung ist. Bei diesen Arbeitnehmerinnen und Arbeitnehmern kann, sofern noch keine Berufstätigkeit verrichtet wurde, während der ersten 18 Monate das Mindestgehalt dieser Beschäftigungsgruppe um bis zu 5 % unterschritten werden.

Beschäftigungsgruppe F

Arbeitnehmerinnen und Arbeitnehmer, die schwierige Tätigkeiten selbständig ausführen.

Für diese Tätigkeiten sind vertiefte Fachkenntnisse und längere praktische Arbeitserfahrung erforderlich.

Ferner Absolventinnen und Absolventen von berufsbildenden höheren Schulen, wenn sie die für schwierige und selbständig ausgeführte Tätigkeiten erforderliche Arbeitserfahrung erworben haben.

Beschäftigungsgruppe G

Arbeitnehmerinnen und Arbeitnehmer, die schwierige und verantwortungsvolle Tätigkeiten selbständig ausführen.

Für diese Tätigkeiten sind besondere Fachkenntnisse erforderlich, die typischerweise Arbeitnehmerinnen und Arbeitnehmer besitzen, die

a) – eine Berufsausbildung (Lehrabschlussprüfung) absolviert und
- eine langjährige Arbeitserfahrung in Beschäftigungsgruppe F erworben haben,
- entsprechende Verantwortung tragen und
- praktische und theoretische Fachkenntnisse besitzen, die über das im Rahmen der Berufsausbildung (Lehrabschlussprüfung) vermittelte Fachwissen hinausgehen

oder

b) eine berufsbildende höhere Schule absolviert und die für die selbständige Ausführung schwieriger und verantwortungsvoller Tätigkeiten erforderliche Arbeitserfahrung erworben haben.

Ferner Arbeitnehmerinnen und Arbeitnehmer, die mit der dauernden Führung von mindestens 3 Arbeitnehmerinnen und Arbeitnehmern betraut sind, von denen mindestens 2 der Beschäftigungsgruppe F angehören.

Weiters Arbeitnehmerinnen und Arbeitnehmer, die in beträchtlichem Ausmaß mit der Leitung von Projekten betraut sind und dabei im Sinne der Tätigkeitsmerkmale der Beschäftigungsgruppe tätig werden.

Für Berufsanfängerinnen und Berufsanfänger nach Abschluss der Hochschulausbildung kann das Mindestgehalt dieser Beschäftigungsgruppe für höchstens 18 Monate um bis zu 5 % unterschritten werden.

In einigen Angestelltenkollektivverträgen ist vorgesehen, dass das Gehalt alle 2 Jahre steigt. Diese Steigerung nennt man **Biennalsprung.**

Entgeltfortzahlung

Michael: Ich muss während meiner Arbeitszeit zu einer Gerichtsverhandlung als Zeuge. Muss ich dafür Urlaub nehmen?

Anna: Du bist aus wichtigen Gründen ohne dein Verschulden an der Arbeitsleistung gehindert. Der Arbeitgeber muss dir die dafür nötige Zeit freigeben und das Entgelt für diese Zeit weiterzahlen.

Der Arbeitgeber hat in bestimmten Fällen das Entgelt weiterzubezahlen, auch wenn keine Leistung erbracht wird. Die wichtigsten Fälle sind:

Krankheit

Legt der Arbeitnehmer diese Bestätigung nicht vor, so verliert er für diese Zeit den Anspruch auf Entgelt. Die Nichtvorlage bildet aber keinen Entlassungsgrund!

Erkrankt der Arbeitnehmer oder **erleidet er einen Unfall, ohne** ihn **grob fahrlässig oder vorsätzlich herbeigeführt zu haben,** so behält er **für eine bestimmte Zeit den Anspruch auf Entlohnung.** Er hat die Verhinderung so bald als möglich dem Arbeitgeber mitzuteilen und – auf Verlangen des Arbeitgebers – durch eine Bestätigung nachzuweisen.

SbX

Eine grafische Darstellung der Dauer der Entgeltfortzahlung finden Sie unter der ID: 3201.

Sämtliche Arbeitnehmer haben sofort nach Arbeitsbeginn Anspruch auf **Entgeltfortzahlung.** Diese ist abhängig von den bisherigen Arbeitsjahren und ist wie folgt gestaffelt:

Dauer des Dienstverhältnisses	Dauer der Entgeltfortzahlung bei Krankheit bzw. Unglücksfall pro Arbeitsjahr		Dauer der Entgeltfortzahlung bei Arbeitsunfall bzw. Berufskrankheit pro Anlassfall
	volles Entgelt	halbes Entgelt	
bis 1 Jahr	6 Wochen	4 Wochen	8 Wochen
1–15 Jahre	8 Wochen	4 Wochen	8 Wochen
15–25 Jahre	10 Wochen	4 Wochen	10 Wochen
über 25 Jahre	12 Wochen	4 Wochen	10 Wochen

Mit Beginn eines neuen Arbeitsjahres entsteht ein neuer Anspruch, auch wenn im alten Jahr der Anspruch bereits erschöpft war.

Dem Arbeitgeber steht es frei, ob er eine Bestätigung verlangt, und falls ja, ob er sie bereits ab dem ersten Krankheitstag oder erst nach längerer Krankheitsdauer verlangt.

Verhinderung aus sonstigen wichtigen Gründen

Ist der **Arbeitnehmer durch wichtige Gründe ohne sein Verschulden** an der Arbeitsleistung gehindert, so besteht weiterhin **Anspruch auf Entgelt während höchstens einer Woche** je Ereignis. Die Gründe müssen allgemein akzeptiert und auf Verlangen dem Arbeitgeber nachgewiesen werden.

Anspruch auf Entgeltfortzahlung besteht nicht bei Gründen, welche die Allgemeinheit treffen, wie Seuchen, Kriege, Erdbeben, Terror.

Diese **Gründe** können **beispielsweise** sein:

- **tatsächliche:** Störungen des Verkehrsmittels, Elementarereignisse, wie Lawine (trifft dieses Ereignis einen größeren Personenkreis und besteht kein Zusammenhang mit der Arbeit, gilt es nicht als Hinderungsgrund), Arztbesuch
- **rechtliche:** behördliche Ladung, Ausübung des Wahlrechts
- **sittliche:** Teilnahme an Begräbnis, Hochzeit

Kollektivverträge enthalten häufig eine Aufzählung der Gründe und der dabei anzuerkennenden Zeiten. Wenn der Arbeitnehmer im Einzelfall mehr Zeit benötigt, muss ihm diese gewährt werden.

Auszug aus dem Kollektivvertrag für Angestellte der Elektro- und Elektronikindustrie (KVAngEEI)

Der Arbeitnehmer hat Anspruch auf Freistellung von der Arbeit unter Fortzahlung seines Entgeltes bei:

a) eigener Eheschließung	3 Arbeitstage
b) Eheschließung eines Kindes, Stief- oder Adoptivkindes, eines Elternteiles sowie von Geschwistern, wenn die Hochzeit auf einen Arbeitstag fällt	1 Arbeitstag
c) Entbindung der Ehefrau bzw. der Lebenspartnerin	1 Arbeitstag
d) Wohnungswechsel im Fall eines bereits bestehenden eigenen Haushaltes oder im Fall der Gründung eines eigenen Haushaltes	2 Arbeitstage
e) Tod des Ehegatten/der Ehegattin bzw. eines Elternteiles	2 Arbeitstage
f) Tod eines Kindes	2 Arbeitstage
g) Tod des Lebenspartners/der Lebenspartnerin, wenn ein gemeinsamer Haushalt bestanden hat	2 Arbeitstage
h) Tod eines Geschwister-, Stief-, Groß- oder Schwiegerelternteiles, auch wenn kein gemeinsamer Haushalt bestanden hat	1 Arbeitstag
i) Teilnahme an dem Begräbnis in den Fällen der lit. e bis h, wenn der Tag des Begräbnisses auf einen Arbeitstag fällt	1 weiterer Arbeitstag
j) Teilnahme an Abordnungen zu Begräbnissen, wenn eine solche im Einvernehmen mit dem Arbeitgeber erfolgt	die notwendige Zeit
k) Begräbnis innerhalb der Europäischen Union außerhalb des Wohnortes des Arbeitnehmers in den Fällen der lit. e bis h:	die notwendige Zeit für die Hin- und Rückfahrt zum Begräbnisort im Höchstausmaß eines weiteren Arbeitstages

Ansprüche im Sinne der lit. a sowie c bis h bestehen auch dann, wenn das jeweilige Ereignis auf einen ohnedies arbeitsfreien Tag des Arbeitnehmers fällt. Sie müssen jedoch im Zusammenhang mit dem Ereignis konsumiert werden.

Die eingetragene Partnerschaft ist der Ehe gleichzuhalten.

Der Eintritt eines derartigen Ereignisses ist dem Arbeitgeber nachzuweisen und, soweit möglich, vorher mitzuteilen.

Ist der Arbeitnehmer bereit, seine Arbeit zu erbringen, wird er aber durch Umstände gehindert, die der Arbeitgeber zu vertreten hat, so gebührt ihm für diese Zeit das vereinbarte Entgelt.

Beispiele

- Stromausfall,
- Materialmangel,
- Auftragsmangel,
- Maschinenausfall …

Fürsorgepflicht

Der Arbeitgeber muss bei Gestaltung der Arbeitsabläufe auf die Gesundheit der Arbeitnehmer Rücksicht nehmen.

Da der Arbeitnehmer sehr weitgehend auch persönlich in den Betrieb eingegliedert und vom Arbeitgeber abhängig ist, hat dieser dem Arbeitnehmer nicht nur das vereinbarte Entgelt zu leisten, sondern darüber hinaus auch die Arbeitsbedingungen so zu gestalten, dass das Leben und die Gesundheit des Arbeitnehmers geschützt und auch die sonstigen Interessen des Arbeitnehmers gewahrt werden.

Pflicht zur Gleichbehandlung

Der Arbeitgeber darf keinen Mitarbeiter ohne sachlichen Grund benachteiligen.

Beispiel

Wenn die ING4TECH zwei HTL-Absolventen ohne Praxis für die Arbeitsvorbereitung aufnimmt und beide dieselbe Tätigkeit ausüben, dann darf sie nicht einem der beiden mehr bezahlen als dem anderen.

Hat hingegen einer der beiden eine Zusatzqualifikation oder unterscheiden sich die Aufgabenbereiche, dann liegt ein sachlicher Grund vor und es können unterschiedliche Gehälter bezahlt werden.

5 Urlaub und Arbeitszeit

Der Arbeitnehmer muss auch Gelegenheit haben, sich zu regenerieren.

SbX
Eine Rechercheaufgabe zum Urlaubsrecht finden Sie unter der ID: 3201.

Eine übermäßige Beanspruchung führt zu gesundheitlichen Schäden. Daher ist den Mitarbeitern Zeit zu geben, sich zu erholen. Der Erholung dient einerseits der Urlaub, andererseits sind bei der täglichen Arbeitszeit Schranken zu beachten.

Urlaub

Urlaub = **leave (of absence)**

Während der **ersten 6 Monate eines Arbeitsverhältnisses** entsteht der **Urlaubsanspruch im Verhältnis** (= aliquot) zur zurückgelegten Dienstzeit. Nach diesen 6 Monaten steht der volle Urlaubsanspruch für das erste Arbeitsjahr zu. Mit Beginn jedes neuen Arbeitsjahres entsteht der volle Urlaubsanspruch für dieses Arbeitsjahr.

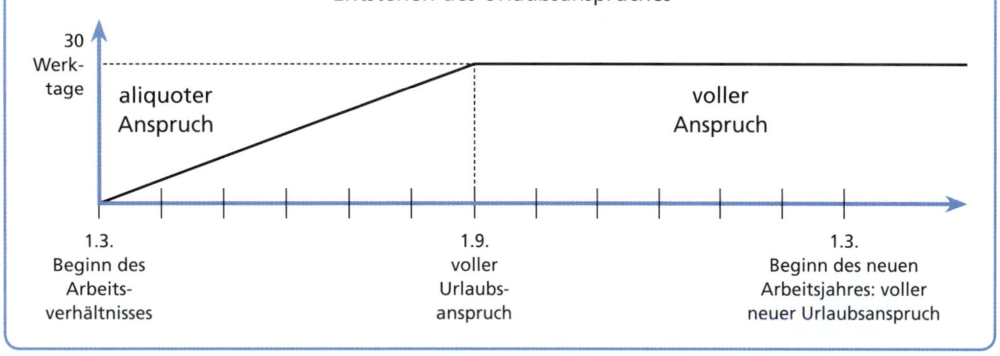

Das **Urlaubsausmaß beträgt 30 Werktage** und erhöht sich **nach 25 Dienstjahren** auf **36 Werktage.** Bei der Berechnung der Dienstjahre werden teilweise auch Ausbildungszeiten und Zeiten, die bei anderen Arbeitgebern verbracht wurden, berücksichtigt.

Das Urlaubsgesetz sieht vor, dass der **Urlaub in 2 Teilen verbraucht** werden kann, wobei **ein Teil mindestens 6 Werktage** umfassen muss. Es wird jedoch akzeptiert, dass der Urlaub auf Wunsch des Arbeitnehmers auch **in mehreren kleineren Teilen verbraucht** werden kann.

Zu den **Werktagen** zählen alle Kalendertage ausgenommen Sonn- und Feiertage – daher auch der Samstag! Davon sind die **Arbeitstage** zu unterscheiden: Dies sind jene Tage, an denen der Arbeitnehmer tatsächlich arbeitet.

Der Urlaub ist grundsätzlich in dem Jahr zu verbrauchen, in dem er angefallen ist. Wird er nicht innerhalb der beiden auf das Urlaubsjahr folgenden Jahre verbraucht, so verfällt er:

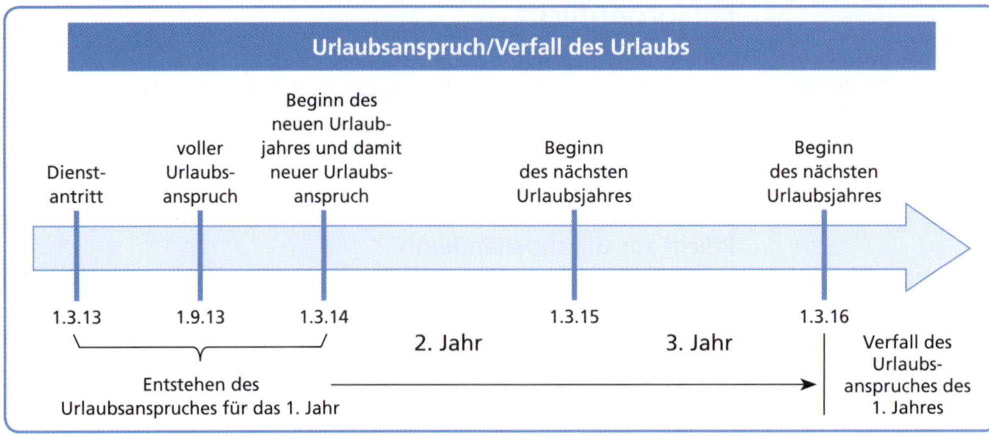

Vereinbarungen, dass der Arbeitnehmer auf den Urlaub verzichtet und dafür Geld erhält, sind unzulässig.

Betriebsvereinbarungen über **Betriebsurlaube** sind unzulässig.

Der **Termin,** zu dem der Urlaub konsumiert wird, ist **zwischen Arbeitgeber und Arbeitnehmer zu vereinbaren.** Dabei ist auf die Erfordernisse des Betriebes und die Erholungsmöglichkeiten des Arbeitnehmers Rücksicht zu nehmen.

Michael: Mein Vater hat eine Woche seines Urlaubs im Bett verbringen müssen, weil er krank wurde. Da kann er sich doch nicht erholen. Gilt diese Zeit auch als Urlaub?

Anna: Erkrankt ein Arbeitnehmer während seines Urlaubes länger als 3 Kalendertage, so hat er dies unverzüglich dem Arbeitgeber mitzuteilen und nach der Rückkehr aus dem Urlaub eine ärztliche Bestätigung vorzulegen. Die Krankheitstage (= Werktage) werden nicht auf den Urlaub angerechnet! Der Arbeitnehmer darf den Urlaub nicht eigenmächtig verlängern. Er muss zum vereinbarten Zeitpunkt seine Arbeit wieder aufnehmen und den noch offenen Urlaub neu vereinbaren.

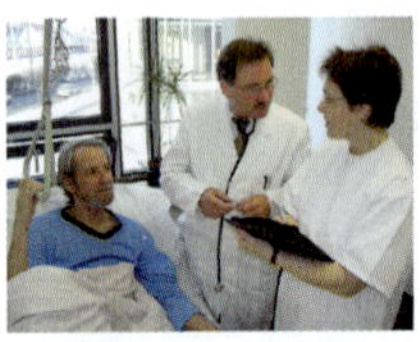

Krankheit unterbricht Urlaub.

Pflegefreistellung

Pflegefreistellung = **nursing leave**

Haben mehrere Personen Anspruch auf **Pflegefreistellung,** können sie selbst entscheiden, wer die Pflegefreistellung in Anspruch nimmt.

Ist ein Arbeitnehmer an der Arbeitsleistung gehindert, weil er

- sein leibliches Kind
  - aufgrund einer Erkrankung pflegen muss oder
  - bei einem stationären Aufenthalt in einem Kranken- oder Pflegeheim begleitet

oder

- einen im gemeinsamen Haushalt lebenden
  - nahen Angehörigen
  - Ehegatten, eingetragener Partner, Lebensgefährten
  - Eltern, Großeltern ...
  - Kinder des Partners, Enkel ..

  aufgrund einer Erkrankung pflegen muss oder
- sein Kind aufgrund des Ausfalles der ständigen Betreuungsperson betreuen muss,

hat er aus diesem Grund Anspruch auf eine Woche bezahlte Freizeit pro Jahr. Diese Woche wird nicht auf den Urlaub angerechnet und kann nicht in den folgenden Jahren verbraucht werden! Auf Verlangen des Arbeitgebers ist der Arbeitnehmer verpflichtet, die Notwendigkeit der Pflege bzw. Betreuung in geeigneter Form nachzuweisen.

Für die Betreuung von Kindern unter 12 Jahren steht eine weitere Woche Pflegefreistellung zu.

Beispiel

Arbeitet der Arbeitnehmer 40 Stunden je Woche, so kann er in jedem Kalenderjahr 40 Stunden Pflegefreistellung beanspruchen. Diese 40 Stunden müssen nicht zusammenhängend sein, auch ein stundenweiser Verbrauch ist möglich!

Wurde eine wöchentliche Arbeitszeit von 20 Stunden vereinbart, so besteht auch nur ein Anspruch auf 20 Stunden Pflegefreistellung.

Karenz

Während der Karenzierung ruht die Entgeltpflicht des Arbeitgebers.

Unter Karenz(urlaub) versteht man jede Freistellung von der Arbeitsleistung **gegen Entfall der Bezüge.** Sie kann zwischen Arbeitgeber und Arbeitnehmer grundsätzlich frei vereinbart werden.

Michael: Eine Freundin meiner Schwester, Tamara, ist schwanger. Der Vater des Kindes ist noch Student ohne eigenes Einkommen. Tamara befürchtet, ihr Chef könnte sie kündigen, wenn er von der Schwangerschaft erfährt. Da sie als Chemielaborantin arbeitet, hat sie außerdem Angst davor, dass diese Tätigkeit ihrem Kind schaden könnte.

Anna: Tamara muss unbedingt die Schwangerschaft dem Arbeitgeber/der Arbeitgeberin bekanntgeben, da dadurch erst sämtliche Schutzbestimmungen zu wirken beginnen. Das heißt, es besteht nunmehr der Kündigungsschutz und Tamara darf keine Arbeiten verrichten, die ihr oder dem Baby schaden könnten. Außerdem bekommt Tamara während der Schutzfrist Wochengeld bezahlt und kann einen Antrag auf Kinderbetreuungsgeld stellen.

Karenz = **maternity leave**

Mutterschaft (Elternschaft) = **maternity (parentship)**

Mutterschaft (Elternschaft)

Besonders geregelt sind die Karenz und der Schutz der Mutter anlässlich

- der Geburt,
- Adoption und
- der unentgeltlichen Inpflegenahme eines Kindes.

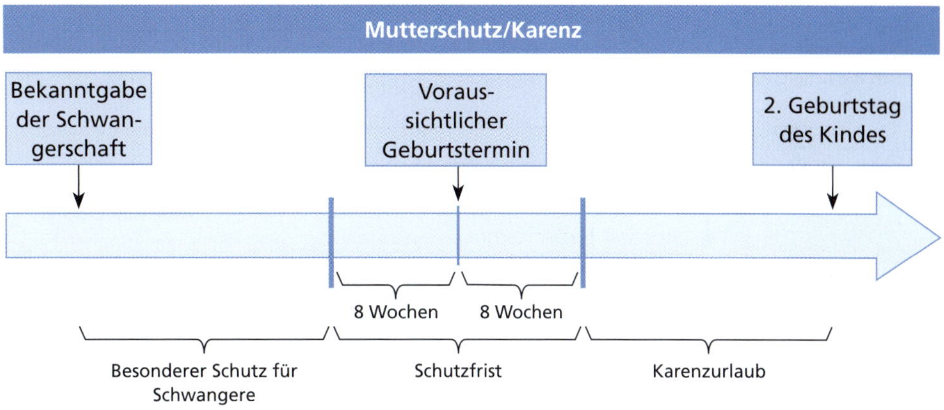

Für das Entgelt während der Schutzfrist kommt die zuständige Krankenkasse auf (= Wochengeld).

Der Vater kann eine Karenzierung nur beanspruchen, wenn er mit dem Kind im gemeinsamen Haushalt lebt.

Werdende Mütter haben ihre Schwangerschaft unverzüglich dem Arbeitgeber zu melden, welcher wiederum das Arbeitsinspektorat zu verständigen hat. Die Arbeitnehmerin darf dann nicht mit Arbeiten betraut werden, die das werdende Kind gefährden können. Der Arbeitsinspektor kann auch bestimmte Tätigkeiten verbieten oder ein gänzliches Beschäftigungsverbot erlassen.

8 Wochen vor dem voraussichtlichen Geburtstermin bis 8 Wochen danach besteht ein **absolutes Beschäftigungsverbot (Schutzfrist)!** In bestimmten Fällen verlängert sich die Frist nach der Geburt auf 12 Wochen.

Im Anschluss an die Schutzfrist kann bis zum **2. Geburtstag des Kindes eine Karenzierung** beansprucht werden. Die Karenzierung kann entweder von der Mutter oder vom Vater beansprucht werden. Es kann auch gewechselt werden, wobei jeder Elternteil zweimal Karenz beanspruchen darf, die mindestens 3 Monate dauern muss. Anlässlich des ersten Wechsels können beide Elternteile gemeinsam 1 Monat Karenz beanspruchen.

Weitere gesetzlich geregelte Fälle der Karenz

Für die Sterbebegleitung naher Angehöriger oder die Begleitung schwerst erkrankter Kinder können Arbeitnehmer **Familienhospizkarenz** beantragen.

Arbeitnehmer und Arbeitgeber können eine **Karenzierung zum Zwecke der Weiterbildung** für eine Zeitdauer von mindestens 2 Monaten und höchstens 1 Jahr vereinbaren. Während dieser Zeit besteht Anspruch auf Weiterbildungsgeld. Dieses wird vom AMS bezahlt. Voraussetzung für die Inanspruchnahme der Bildungskarenz ist, dass das Arbeitsverhältnis seit mindestens 6 Monaten besteht.

Arbeitszeit

Rechtsgrundlage: Arbeitszeitgesetz (ArbZG) Die Arbeitszeitvorschriften gelten u. a. nicht für leitende Angestellte.

Grundsätzlich unterscheiden Gesetz und Kollektivvertrag:

Tätigkeit	
Arbeit	**Arbeitsbereitschaft**
Ausübung der vereinbarten Tätigkeit, wobei diese körperliche bzw. geistige Anstrengung erfordert.	Verpflichtung, bei Abruf oder Eintritt eines bestimmten Ereignisses tätig zu werden. z. B.: • Feuerwehr • Portier

Wochenarbeitszeit

Wird ein Arbeitnehmer bei mehreren Arbeitgebern beschäftigt, sind die Arbeitszeiten zusammenzuzählen und unterliegen insgesamt den durch die Arbeitszeitgesetze geregelten Grenzen.

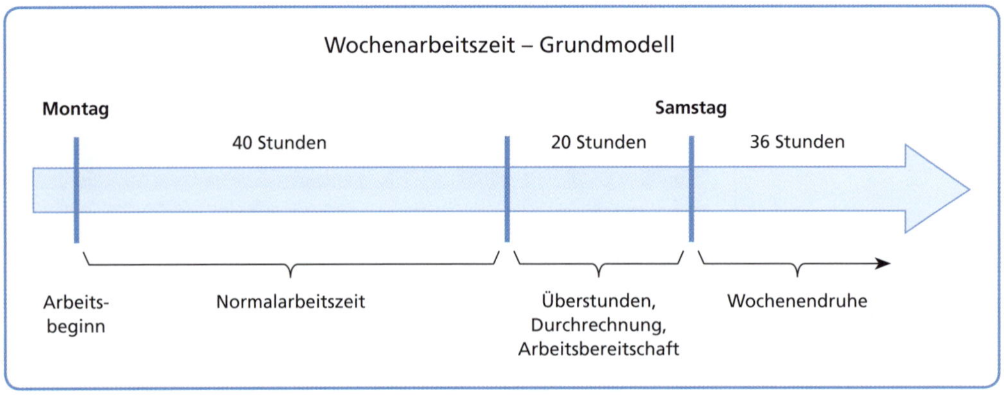

Normalarbeitszeit ist die aufgrund des Arbeitsvertrages zu leistende Arbeitszeit. Sie beträgt nach dem Arbeitszeitgesetz (AZG) **maximal 40 Stunden wöchentlich.**

Einige Kollektivverträge sehen jedoch eine kürzere wöchentliche Normalarbeitszeit vor.

Auszug aus dem Kollektivvertrag für Angestellte der Elektro- und Elektronikindustrie (KVAngEEI)

> Die wöchentliche Normalarbeitszeit beträgt ausschließlich der Pausen 38,5 Stunden. Bestehende kürzere Normalarbeitszeiten bleiben aufrecht. Die Normalarbeitszeit ist nach Möglichkeit auf 5 Tage zu verteilen.

Der Kollektivvertrag kann vorsehen, dass innerhalb eines Durchrechnungszeitraumes in einzelnen Wochen mehr als 40 Stunden und in anderen weniger gearbeitet wird, sodass im Durchschnitt die vereinbarte Normalarbeitszeit nicht überschritten wird **(Bandbreitenmodell).** Der Kollektivvertrag kann auch den Betriebsrat zum Abschluss einer derartigen Vereinbarung ermächtigen.

Bei Arbeitsbereitschaft darf länger gearbeitet werden.

Wenn die Tätigkeit regelmäßig und in erheblichem Umfang aus **Arbeitsbereitschaft** besteht (z. B. Portier), kann der Kollektivvertrag eine Verlängerung der wöchentlichen Normalarbeitszeit auf höchstens 60 Wochenstunden zulassen.

Der Arbeitnehmer hat Anspruch auf eine ununterbrochene wöchentliche **Ruhezeit von mindestens 36 Stunden.** Sie hat spätestens Samstag um 13 Uhr (für Arbeitnehmer, die unbedingt notwendige Abschluss-, Reinigungs-, Instandhaltungs- oder Instandsetzungsarbeiten erledigen, um 15 Uhr) zu beginnen und den Sonntag einzuschließen.

Diese Ruhezeit wird **Wochenendruhe** genannt. Wird ein Arbeitnehmer während dieser Zeit beschäftigt, so gebührt ihm stattdessen während der Woche eine Wochenruhe von 36 Stunden, die einen ganzen Wochentag einzuschließen hat.

Für bestimmte Tätigkeiten, z. B. Messen oder Verkaufstätigkeiten, gelten Ausnahmen.

Durch Betriebsvereinbarung kann festgelegt werden, dass bei vorübergehend auftretendem besonderem Arbeitsbedarf Arbeitnehmer an vier Wochenenden oder Feiertagen pro Jahr beschäftigt werden können. Diese vier Wochenenden dürfen nicht aufeinander folgen.

Tagesarbeitszeit

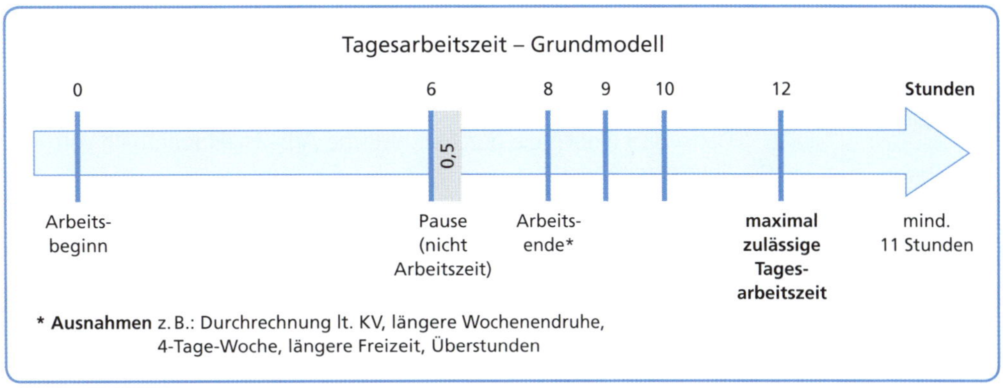

Die generelle Festsetzung von Beginn und Ende der täglichen Arbeitszeit sowie der Dauer und Lage der Pausen kann in Betrieben, in denen ein Betriebsrat besteht, durch **Betriebsvereinbarung** erfolgen.

Durch Betriebsvereinbarung kann eine abweichende Pausenregelung vereinbart werden.

Das AZG sieht grundsätzlich eine **tägliche Normalarbeitszeit** von 8 Stunden vor. Unter bestimmten Umständen darf die Tagesarbeitszeit verlängert werden:

- auf bis zu 9 Stunden (längere zusammenhängende Freizeit – freitags Frühschluss, Schichtarbeit …)
- auf bis zu 10 Stunden (4-Tage-Woche, Einarbeiten von Fenstertagen, Vereinbarung im Kollektivvertrag …)
- auf bis zu 12 Stunden (Überstundenarbeit, Schichtarbeit, Arbeitsbereitschaft)

Beträgt die **Tagesarbeitszeit mehr als 6 Stunden,** so ist sie durch eine **mindestens halbstündige Pause** zu unterbrechen. Diese Pause zählt nicht zur Arbeitszeit! Nach Beendigung der Tagesarbeitszeit besteht Anspruch auf mindestens 11 Stunden Ruhezeit. Durch den Kollektivvertrag kann sie für Männer auf 10 Stunden reduziert werden.

Überstunden

Überstunden = **overtime**

Überstunden liegen vor, wenn die **gesetzlich festgelegte Maximalarbeitszeit von 40 Stunden je Woche überschritten wird.** Die Zeiten zwischen durch Arbeits- oder Kollektivvertrag vereinbarter Normalarbeitszeit und gesetzlicher Maximalarbeitszeit wird **Mehrarbeit** genannt.

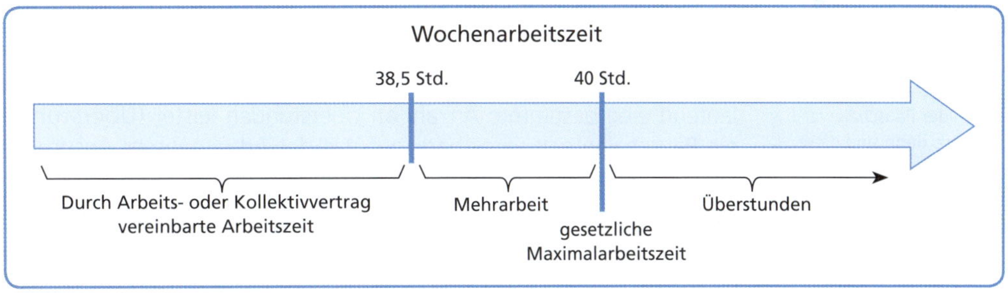

Beispiel

Ein Unternehmen hat mit einem Mitarbeiter eine wöchentliche Arbeitszeit von 15 Stunden vereinbart. Da einige Kollegen krank sind, arbeitet der Mitarbeiter in einer Woche ausnahmsweise 25 Stunden. Die 10 Stunden, die er mehr als die vertraglich vereinbarte Arbeitszeit leistet, sind Mehrarbeit, keine Überstunden.

Eine Angestellte ist vollzeitbeschäftigt. Der Kollektivvertrag sieht eine wöchentliche Arbeitszeit von 38,5 Stunden vor. Da ein Auftrag fertiggestellt werden muss, arbeitet sie in einer Woche 45 Stunden Sie leistet in dieser Woche 1,5 Stunden Mehrarbeit und 5 Überstunden.

Michael: Ein Freund hat mir erzählt, dass der Betrieb, in dem er beschäftigt ist, derzeit sehr viele Aufträge hat und er manchmal 14 Stunden täglich arbeiten muss. Ist dies eigentlich erlaubt?

Anna: Das Gesetz sieht vor, dass auch bei Leistung von Überstunden die Tagesarbeitszeit 12 Stunden nicht überschreiten darf. Daher verstößt der Betrieb, in dem dein Freund tätig ist, gegen das Gesetz.

Zulässigkeit von Überstunden

Wenn **erhöhter Arbeitsbedarf** gegeben ist,

- darf die Tagesarbeitszeit maximal 12 Stunden betragen und
- es dürfen max. 20 Überstunden je Woche geleistet werden.

Dabei darf jedoch die durchschnittliche Arbeitszeit innerhalb von 17 Wochen 48 Stunden nicht überschreiten.

Zur Vornahme von **Vor- und Abschlussarbeiten,** wie Reinigung oder Instandhaltung, darf die tägliche Arbeitszeit um eine halbe Stunde (Überstunde) verlängert werden. Jedoch ist auch hier die 20- bzw. 60-Stunden-Grenze zu beachten.

Bei Vorliegen von **Notfällen** gibt es keine Beschränkungen für die Zahl der Überstunden.

Beispiel

In einem Unternehmen ist eine Kühlanlage ausgefallen, wodurch produzierte Lebensmittel zu verderben drohen. Es dürfen Überstunden geleistet werden, um die Kühlanlage zu reparieren oder die Lebensmittel an einem anderen Ort zu lagern. Sobald diese Arbeiten abgeschlossen sind, gelten die normalen Arbeitszeitgrenzen.

Die **Leistung von Überstunden muss vereinbart werden,** der Arbeitnehmer kann grundsätzlich nicht zur Leistung gezwungen werden. Die Vereinbarung kann auch im Arbeits- oder Kollektivvertrag erfolgen.

Arbeitnehmerinnen und Arbeitnehmer können die Leistung von Überstunden, durch die die Tagesarbeitszeit von 10 Stunden oder die Wochenarbeitszeit von 50 Stunden überschritten wird, ablehnen. Deswegen dürfen sie nicht benachteiligt werden.

Beispiel

Ein Mitarbeiter hat 5 Überstunden geleistet. Für diese Überstunden ist laut Gesetz der Stundenbezug und ein 50%iger Zuschlag zu zahlen.

Arbeitgeber und Arbeitnehmer können vereinbaren, dass diese Überstunden in Freizeit abgegolten werden. Der Mitarbeiter hat Anspruch auf 7,5 Stunden Freizeit. 5 Stundenbezüge + 50 % (2,5 Stunden) Zuschlag.

Für Überstunden, durch die die Tagesarbeitszeit von 10 Stunden oder die Wochenarbeitszeit von 50 Stunden überschritten wird, können **Arbeitnehmerinnen bzw. Arbeitnehmer bestimmen,** ob die Abgeltung in Geld oder durch Zeitausgleich erfolgen soll.

Werden in einem längeren Zeitraum mehr Überstunden geleistet, als in der Pauschale vereinbart, dann sind diese zusätzlich zu bezahlen.

Es kann auch – ausdrücklich oder stillschweigend – vereinbart werden, dass der Arbeitnehmer laufend eine bestimmte Anzahl an Überstunden leistet **(Überstundenpauschale).** Dafür wird ein Pauschalentgelt vereinbart, auf das der Arbeitnehmer Anspruch hat, unabhängig von der Zahl der tatsächlich geleisteten Überstunden.

Laut Gesetz besteht ein Anspruch auf 25 % Zuschlag für Mehrarbeit von teilzeitbeschäftigten Mitarbeitern. Vollbeschäftigte Mitarbeiter, die Mehrarbeit leisten, haben keinen Anspruch auf einen Zuschlag. Im Arbeits- oder Kollektivvertrag kann ein solcher aber vereinbart werden.

Gleitzeit

Gleitzeit ermöglicht dem Arbeitnehmer, seine Arbeitszeit innerhalb bestimmter Grenzen frei zu bestimmen.

Gleitzeit = **flexi-time**

In der ING4TECH gibt es eine Betriebsvereinbarung, die bestimmt, dass Angestellte Gleitzeit in Anspruch nehmen können, d. h., die Arbeitnehmer können Beginn und Ende ihrer täglichen Arbeitszeit selbst festlegen. In dieser Vereinbarung müssen folgende Punkte enthalten sein:

- **Dauer der Gleitzeitperiode:** Das ist der Durchrechnungszeitraum, in dem die Normalarbeitszeit erreicht werden muss. Meist wird vereinbart, dass eine bestimmte Anzahl an Mehr-/Weniger-Stunden in die nächste Periode (Monat) übertragen werden kann. Überschreiten die geleisteten Stunden diesen Wert (Normalarbeitszeit + zulässige Mehrstunden), liegen Überstunden vor.
- Die **Rahmenzeit** ist jener Zeitraum, innerhalb dessen der Arbeitnehmer den Arbeitsbeginn und das Arbeitsende selbst festlegen kann. Nicht erforderlich, aber üblich ist die Festlegung einer **Kernzeit,** innerhalb der sämtliche Arbeitnehmer anwesend sein müssen.
- **Dauer und Lage der Normalarbeitszeit:** Diese wird zur Zeit- bzw. Entgeltberechnung benötigt, wenn der Arbeitnehmer an der Arbeitsleistung verhindert ist, z. B. im Falle einer Erkrankung, an Feiertagen oder bei Amtswegen.

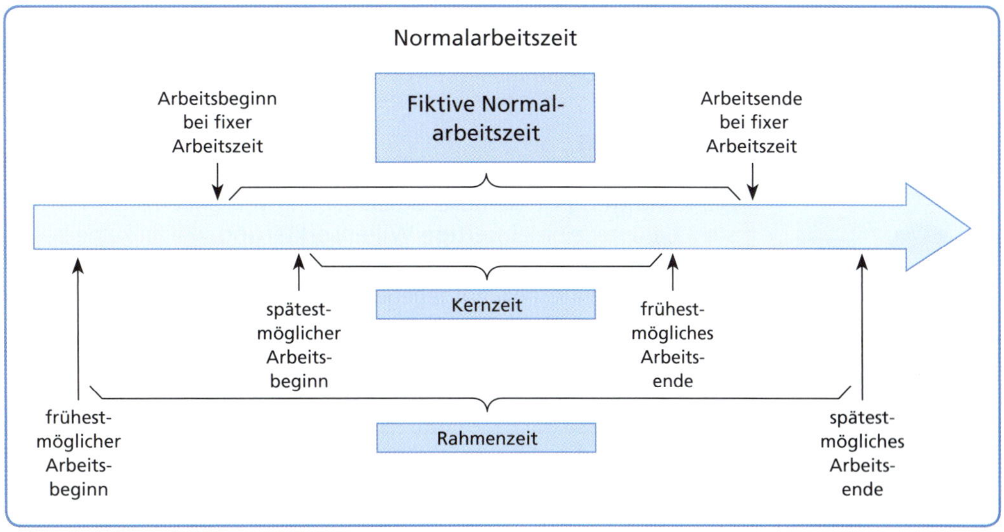

Beendigung eines Arbeitsverhältnisses = **termination of employment**

6 Beendigung eines Arbeitsverhältnisses

Es gibt verschiedene Möglichkeiten, ein Arbeitsverhältnis zu beenden.

Michael: Im Herbst muss ich wieder in die Schule. Wie kann ich mein Arbeitsverhältnis mit der ING4TECH beenden?

Anna: Da du bereits bei Beginn deines Arbeitsverhältnisses mit der ING4TECH ein Ende vereinbart hast, ist dein Arbeitsverhältnis befristet und endet zum vorher vereinbarten Termin.

Ein Arbeitsverhältnis endet in folgenden Fällen:

- Zeitablauf
- Tod des Arbeitnehmers
- einvernehmliche Beendigung
- Kündigung
- vorzeitige Beendigung aus wichtigem Grund (Austritt/Entlassung)

Zeitablauf

Befristete Arbeitsverhältnisse sind grundsätzlich nicht kündbar.

Ein **befristetes Arbeitsverhältnis** endet mit Ablauf der vorher vereinbarten Zeit, dabei muss keine der beiden Vertragsparteien tätig werden.

Tod des Arbeitnehmers

Der Arbeitnehmer muss seiner Arbeitspflicht persönlich nachkommen. Sein **Tod beendet** daher diese **Pflicht.**

Durch den **Tod des Arbeitgebers** wird das **Arbeitsverhältnis grundsätzlich nicht aufgelöst.** Ausnahme: höchstpersönliche Dienstleistungen, z. B. Krankenpflege, Privatsekretär.

Einvernehmliche Lösung

einvernehmliche Lösung = **by mutual agreement**

Ein Vertrag entsteht durch Einigung der Vertragsparteien. Genauso wie sich die Parteien einigen können, ein Arbeitsverhältnis zu beginnen, können sie sich **einigen, ein Arbeitsverhältnis zu beenden.**

3 Rechte u. Pflichten der Mitarbeiter

Arbeitnehmer und Arbeitgeber können das Ende des Arbeitsverhältnisses frei vereinbaren.

Grundsätzlich kann auch dieser Vertrag ohne Einhaltung besonderer Formvorschriften oder Termine abgeschlossen werden. Nur bei besonders geschützten Arbeitnehmergruppen sind zu deren Schutz bestimmte Formvorschriften einzuhalten.

Kündigung

Die **Kündigung** ist die übliche Beendigung von unbefristeten Arbeitsverhältnissen. Man versteht darunter eine **einseitige Willenserklärung,** die an keine bestimmte Form gebunden ist und die sowohl der Arbeitgeber als auch der Arbeitnehmer aussprechen kann. Darin wird dem Partner der **Wille** bekanntgegeben, **das Arbeitsverhältnis zu beenden.** Es müssen keine Gründe vorliegen!

Arbeitnehmer und Arbeitgeber können durch einseitige Erkärung das Arbeitsverhältnis beenden.

Kündigung = **dismissal (notice to quit)**

Damit die Kündigung gültig ist, müssen bestimmte Fristen und Termine eingehalten werden:

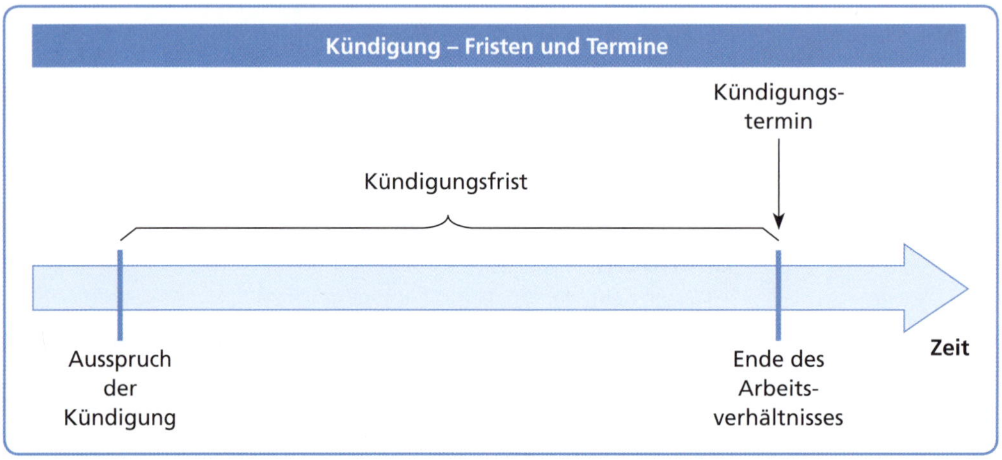

Das Gesetz enthält Regeln über die einzuhaltenden Kündigungsfristen und -termine:

Kündigungsfristen		
Dauer des Arbeitsverhältnisses	**Kündigung durch Arbeitgeber**	**Kündigung durch Arbeitnehmer**
0–2 Jahre	6 Wochen	1 Monat
2–5 Jahre	2 Monate	1 Monat
5–15 Jahre	3 Monate	1 Monat
15–25 Jahre	4 Monate	1 Monat
mehr als 25 Jahre	5 Monate	1 Monat

Kündigt der Arbeitgeber, so ist der **Kündigungstermin** das Quartalsende (31.3., 30.6., 30.9., 31.12). Kündigt der Arbeitnehmer, so ist der Kündigungstermin der letzte Tag des Kalendermonats.

Durch **Arbeits- oder Kollektivvertrag** können die Fristen verlängert und die Termine anders geregelt werden. Häufig wird vereinbart, dass zulässige Kündigungstermine für beide Vertragspartner der 15. und der Letzte jeden Monats sind.

Die Kündigungsfrist des Arbeitgebers darf keinesfalls kürzer sein als die des Arbeitnehmers.

Werden die Fristen bzw. Termine nicht eingehalten, so endet das Arbeitsverhältnis zu dem in der Kündigungserklärung angegebenen Zeitpunkt. Bis zum Ablauf der ordnungsgemäßen Kündigungsfrist hat der schuldlose Partner Anspruch auf Schadenersatz.

Beispiel

Ein Arbeitnehmer im 3. Dienstjahr erhält am 20. Juni ein Kündigungsschreiben, in dem ihm mitgeteilt wird, dass sein Arbeitsverhältnis zum 31. August gekündigt wird. Weder sein Arbeitsvertrag noch der Kollektivvertrag enthalten Regeln hinsichtlich Kündigungsfrist oder Kündigungstermin. Es gelten daher die gesetzlichen Regeln. Diese sehen für Arbeitnehmer im 3. Dienstjahr eine Kündigungsfrist von 2 Monaten zum Quartalsende vor. Der nächste zulässige Kündigungstermin (Quartalsende) wäre daher der 30. September. Das Arbeitsverhältnis endet am 31. August, der Arbeitnehmer hat aber Anspruch auf das Entgelt bis zum Ende der ihm laut Gesetz zustehenden Kündigungsfrist, das ist der 30. September.

Keine Fortzahlungspflicht besteht bei Beendigung während der Probezeit.

Ein Arbeitnehmer kann **auch während eines Krankenstandes gekündigt** werden. Diesfalls endet das Arbeitsverhältnis zum angegebenen Kündigungstermin, der Anspruch auf Bezahlung des Krankenentgelts bleibt bis zum Ende des Krankenstandes bzw. Ablauf der Fortzahlungsfrist bestehen.

Änderungskündigung

Der Arbeitgeber ist grundsätzlich nicht berechtigt, einseitig die Arbeitsverträge zu ändern, auch wenn dies die wirtschaftliche Situation des Betriebes rechtfertigt. Er kann daher nur im Einvernehmen mit dem einzelnen Arbeitnehmer den Arbeitsvertrag ändern **(= Verschlechterungsvereinbarung).** Häufig geschieht dies in der Form, dass der Arbeitgeber dem Mitarbeiter kündigt und ihm gleichzeitig das Angebot macht, einen neuen Vertrag zu schlechteren Bedingungen abzuschließen, wobei die Ansprüche aus dem alten Vertrag gewahrt bleiben (z. B. Dienstzeit für Abfertigung, Urlaub ...). Schlechtere Bedingungen können sein: geringeres Entgelt, Entfall von Nebenleistungen, wie Dienstwagen oder Zusatzurlaub.

Verschlechterungen müssen alle Mitarbeiter gleichmäßig treffen, es dürfen nicht willkürlich einige besser und andere schlechter gestellt werden.

Besonders geschützte Arbeitnehmer

Für besonders schutzbedürftige Arbeitnehmer gibt es weitergehende Kündigungsschutzbestimmungen. Zu dieser Gruppe gehören:

- werdende Mütter
- Präsenz- und Zivildiener bzw. Frauen im Ausbildungsdienst
- Behinderte
- Belegschaftsvertreter (Betriebsräte, Jugendvertrauensräte, Mitglieder der Wahlkommission)
- wegen der Geburt eines Kindes karenzierte Mitarbeiter

Vorzeitige Auflösung aus wichtigem Grund (Austritt, Entlassung)

Der Grund muss jedenfalls so wichtig sein, dass eine Weiterbeschäftigung während der Kündigungsfrist unzumutbar ist.

Liegt ein wichtiger Grund vor, so kann das Arbeitsverhältnis **mit sofortiger Wirkung beendet** werden. Dies gilt auch für befristete Arbeitsverhältnisse. Wird die Beendigung vom Arbeitgeber ausgesprochen, so spricht man von **Entlassung,** spricht sie der Arbeitnehmer aus, nennt man sie **Austritt.**

Auch längere Abwesenheit wegen Krankheit oder Unfall bilden nie einen Entlassungsgrund. Bleibt ein Arbeitnehmer ohne Nachricht dem Arbeitsplatz fern, dann kann dies i. d. R. nicht als Austritt gewertet werden. Der Arbeitnehmer verliert allerdings für diese Zeit den Anspruch auf Entgelt.

Austrittsgründe sind beispielsweise:

- gesundheitliche Gefährdung des Arbeitnehmers bei Fortsetzung der Tätigkeit
- Nichtbezahlung des vereinbarten Entgelts durch den Arbeitgeber
- Tätlichkeiten, Sittlichkeits- und Ehrverletzungen durch den Arbeitgeber

Entlassungsgründe sind beispielsweise:

- dauernde Arbeitsunfähigkeit
- Begehen einer Straftat, die ihn des Vertrauens des Arbeitgebers unwürdig macht (bei Angestellten muss dies nicht Folge einer Straftat sein!)
- beharrliches Unterlassen der Arbeitsleistung
- beharrliche Verletzung der Pflichten aus dem Arbeitsvertrag
- Ehrenbeleidigung, Körperverletzung oder Drohung gegenüber dem Arbeitgeber, seinen Familienangehörigen oder Arbeitskollegen

Beispiel

Die Austritts- und Entlassungsgründe sind für Arbeiter und Angestellte unterschiedlich geregelt.

Der Arbeitgeber sagt zu einem Mitarbeiter vor seinen Kollegen, dass er ein „Schwein" sei und sich „schleichen" soll.

In der Regel wird dies eine erhebliche Ehrverletzung darstellen, die den Mitarbeiter zum sofortigen Austritt berechtigt. Ob diese Bemerkung tatsächlich als Austrittsgrund ausreicht, kann nur im Einzelfall geklärt werden, da der übliche Umgangston im Unternehmen, die Ursachen der Äußerung, der Bildungsgrad der Gesprächspartner sowie die Beleidigungsabsicht zu klären sind. Wird eine Äußerung von einem leitenden Angestellten oder in einem Büro gemacht, wird eher eine Beleidigung vorliegen, als wenn diese Äußerung auf einer Baustelle gemacht wird, wo ein rauerer Umgangston herrscht.

Wird eine arbeitsvertragliche Pflicht verletzt, muss i. d. R. der **Arbeitgeber den Arbeitnehmer zuerst auf seine Pflichten hinweisen (verwarnen).** Erst wenn der Arbeitnehmer danach sein Verhalten weiterhin fortsetzt, ist eine Entlassung gerechtfertigt.

Beispiel

- Ein Arbeitnehmer erscheint öfters ohne ausreichenden Grund verspätet zur Arbeit. Der Arbeitgeber verwarnt ihn und droht ihm die Entlassung an, falls er wieder zu spät kommt. Beim nächsten Zuspätkommen wird eine Entlassung gerechtfertigt sein.
- Ein Mitarbeiter betritt mit einer brennenden Zigarette einen Lagerraum, in dem Benzin und andere leicht entzündliche Stoffe gelagert sind. Alle Mitarbeiter wurden mehrfach auf das Brandrisiko aufmerksam gemacht und es wurde ihnen verboten, diesen Raum mit offenem Feuer zu betreten. Hier ist eine Entlassung wegen der besonderen Gefahr auch ohne vorherige Verwarnung zulässig.
- Auch eine Straftat, die außerhalb der Arbeitszeit begangen wurde, kann einen Entlassungsgrund bilden, wenn sie negative Folgen für den Betrieb haben kann. Wenn ein bei einem privaten Wachunternehmen Beschäftigter in seiner Privatzeit in Uniform beim Kunden Batterien im Wert von € 9,90 stiehlt, dann liegt ein Entlassungsgrund vor, da er als Arbeitnehmer in einem Bewachungsunternehmen unbescholten und zuverlässig sein muss.

Eine kurze Überlegungsfrist (ca. 1 Tag) ist jedoch zulässig.

Liegt ein Austritts- bzw. Entlassungsgrund vor, ist die vorzeitige Auflösung aus wichtigem Grund **sofort geltend zu machen.** Wird die vorzeitige Beendigung nicht unverzüglich ausgesprochen, so gilt die Tat als verziehen.

Wird die vorzeitige Beendigung unbegründet (ohne Vorliegen eines Austritts- oder Entlassungsgrundes) ausgesprochen, so endet das Arbeitsverhältnis trotzdem zum angegebenen Zeitpunkt. Der schuldlose Vertragspartner kann vom anderen Teil Schadenersatz (Kündigungsentschädigung) verlangen.

Für die Arbeitnehmer, die einem besonderen Kündigungsschutz unterliegen, besteht auch ein besonderer Entlassungsschutz!

Ansprüche bei Beendigung eines Arbeitsverhältnisses

Postensuchtage

Während der Kündigungsfrist hat der Arbeitnehmer Anspruch auf Freizeit, um eine neue Stelle zu suchen.

Der Arbeitnehmer hat auf sein Verlangen **bei Kündigung durch den Dienstgeber** während der Kündigungsfrist **Anspruch auf bezahlte Freizeit** im Ausmaß von mindestens ⅕ der wöchentlichen Arbeitszeit (= 8 Arbeitsstunden je Arbeitswoche bei 40-Stunden-Woche).

Der Anspruch entfällt, wenn der Arbeitnehmer während der Kündigungsfrist freigestellt wird. Der Kollektivvertrag kann abweichende Regelungen vorsehen.

Abfertigung = **compensation payment**

Die **Abfertigung** wird nicht ausbezahlt, wenn der Arbeitnehmer kündigt, unberechtigt vorzeitig austritt oder gerechtfertigt entlassen wird.

Die angesparten Ansprüche können in ein neues Dienstverhältnis mitgenommen werden.

Abfertigung

Der Arbeitgeber hat ab dem 2. Arbeitsmonat für sämtliche Dienstnehmer laufend **1,53 % des Bruttobezuges an eine Mitarbeitervorsorgekasse** zu zahlen. Die Mitarbeitervorsorgekasse hat die eingezahlten Mittel am Kapitalmarkt zu veranlagen und – abzüglich der angefallenen Verwaltungskosten – für Leistungen anlässlich der Beendigung von Arbeitsverhältnissen zu verwenden.

Bei **Beendigung des Arbeitsverhältnisses** kann der Arbeitnehmer den angesparten Betrag:

- **sich auszahlen lassen,** sofern mindestens 3 Jahre eingezahlt wurde und die Beendigung nicht durch den Arbeitnehmer verursacht wurde. Hat er sich den Betrag auszahlen lassen, muss bis zur nächsten Barauszahlung wiederum mindestens 3 Jahre eingezahlt werden.
- auf die **Mitarbeitervorsorgekasse** des neuen Dienstgebers übertragen lassen.

Ersatz für nicht verbrauchten Urlaub

Wird das Arbeitsverhältnis beendet, so hat der Arbeitnehmer **Anspruch auf Urlaub bis zum Tag der Beendigung.** Hat er im Zeitpunkt des Ausscheidens mehr Urlaub konsumiert, als ihm aufgrund dieser Regelung zusteht, braucht er – außer bei verschuldeter Beendigung – nichts zurückzuerstatten.

Hat er hingegen nicht den gesamten **noch offenen Urlaub** verbraucht, so ist dieser – soweit zumutbar – **während der Kündigungsfrist zu konsumieren.** Für den dann noch **verbleibenden Urlaub** gebührt ein **finanzieller Ersatz.**

Arbeitszeugnis

Michael: Wenn ich mich um eine neue Stelle bewerbe, wird das Unternehmen ein Zeugnis des bisherigen Arbeitgebers sehen wollen. Darf es Bemerkungen beinhalten, wenn ich selbst kündige?

Anna: Deine Sorgen sind unbegründet, da im Arbeitszeugnis keine Bemerkungen enthalten sein dürfen, die deine Chancen gefährden, einen neuen Arbeitsplatz zu erhalten.

Durch das **Arbeitszeugnis** weist der Arbeitnehmer seine im Arbeitsleben erworbenen Erfahrungen nach.

Anlässlich der Beendigung des Arbeitsverhältnisses hat der Arbeitnehmer **Anspruch auf Ausstellung eines schriftlichen Arbeitszeugnisses** durch den Arbeitgeber.

Darin sind zumindest

- die **Bezeichnung des Arbeitgebers,**
- die **persönlichen Daten** (Vorname, Familienname, Geburtsdatum und -ort, Adresse) des Arbeitnehmers,
- die **Art** (allgemeine Bezeichnungen wie Geschäftsführer reichen nicht) **und Dauer der Tätigkeit** sowie
- eine allfällige Teilnahme an **Ausbildungsmaßnahmen**

anzuführen. Weitere Angaben sind zulässig, jedoch dürfen keine Bemerkungen enthalten sein, die das Fortkommen des Arbeitnehmers erschweren, auch wenn sie der Wahrheit entsprechen.

Das Arbeitszeugnis ist ein wichtiges Dokument bei der Arbeitssuche.

Die Kosten für die Ausstellung des Zeugnisses hat der Arbeitgeber zu tragen.

Arbeitszeugnis = **certificate of employment**

Dr. Peter Neubauer
Management-Beratungs Ges.m.b.H.

A-1010 Wien, Hegelgasse 7
Tel.: +43 1 539 74-0, Fax: +43 1 539 74-99
E-Mail: office@neubauer-management.at
www.neubauer-management.at
Firmenbuchgericht: Handelsgericht Wien
FN 157346a ATU17066321 DVR 0562881

Frau
Petra Weiß
Minoritenplatz 5
1014 Wien

Wien, 9. 11. 20..

Zeugnis

Frau Petra Weiß, geboren am 13.10.1962, wohnhaft in 1014 Wien, Minoritenplatz 5, war in der Zeit von 1. 3. 1992 bis 31. 6. 20 . . in unserem Unternehmen tätig.

Nach kurzer Einarbeitungszeit übernahm Frau Weiß rasch die eigenverantwortliche, organisatorische und administrative Betreuung eines unserer internationalen Partner. In diesem Zusammenhang hatte sie neben den anfallenden Sekretariatsarbeiten auch eine Reihe selbständiger Aufgaben zu erfüllen, die von der eigenständigen Erledigung der Korrespondenz in Deutsch und Englisch über die Pflege telefonischer Klientenkontakte bis zur selbstständigen Betreuung einzelner Projekte reichten.

Aufgrund ihrer guten Leistungen wurde Frau Weiß nach kurzer Zeit in unserem Hause als EDV-Beraterin ausgebildet und sie unterstützte bereits nach kurzer Zeit unser EDV-Team äußerst erfolgreich. Sie übernahm rasch selbständig zahlreiche Projekte, wobei ihr die anvertrauten Arbeiten von der Bestimmung der Zielfirmen, das Recherchieren in diversen Wirtschafts- und Fachbereichen in ganz Europa mit Unterstützung aller modernen Kommunikationsinstrumentarien, über die Ansprache von geeigneten Personenkreisen bis zur ordnungsgemäßen Ablageverwaltung dieses Bereiches reichten und auch die aktive Klienten- und Bewerberbetreuung mit beinhaltet war. Aufgrund ihres Erfolges in diesem Bereich übernahm Frau Weiß immer mehr internationale Koordinationsaufgaben innerhalb unserer Unternehmensgruppe und entwickelte sich dank ihres Engagements, ihres Einsatzes und ihrer Kompetenz zu einer anerkannten und international respektierten EDV-Beraterin unserer Unternehmensgruppe. In dieser Funktion unterstützte sie alle unsere Mitarbeiter, plante und organisierte den internationalen Informationsfluss. Sie teilte das sich angeeignete und erarbeitete Wissen mit allen internationalen Kollegen und Kolleginnen und forcierte und unterstützte die Weiterentwicklung des gesamten EDV-Bereiches in allen Niederlassungen europaweit aktiv und erfolgreich.

Frau Weiß verlässt unsere Unternehmensgruppe auf eigenen Wunsch, was wir sehr bedauern, da wir mit ihr nicht nur eine für uns sehr wertvolle, loyale und zuverlässige Mitarbeiterin verlieren, die bei Klienten und Mitarbeitern gleichermaßen beliebt war, sondern die in ihrer Funktion als EDV-Koordinatorin mit ihrem Engagement, ihrer Einsatzfreude und Loyalität nicht leicht ersetzbar ist.

Persönlich lernten wir Frau Weiß als äußerst motivierte, teamorientierte und hilfsbereite Kollegin kennen, die durch ihr verantwortungsbewusstes Agieren ihren Beitrag zum Erfolg unseres Unternehmens in hohem Ausmaß geleistet hat.

Wir können Frau Weiß jederzeit bestens weiterempfehlen und wünschen ihr für ihren weiteren Berufs- und Lebensweg viel Erfolg und alles Gute.

Dr. Peter Neubauer

Management-Beratungs GesmbH

Der Grund für die Beendigung muss nicht angegeben werden.

allgemeiner Kündigungsschutz = **general dismissal protection**

Allgemeiner Kündigungsschutz

Eine Kündigung kann jederzeit ohne Angabe von Gründen ausgesprochen werden. Lediglich die Fristen und Termine müssen eingehalten werden.

Um willkürliche Kündigungen hintanzuhalten, die ausgesprochen werden, weil der Arbeitnehmer seine Rechte wahrnimmt:

- Mitgliedschaft bei bzw. Tätigkeit in der Gewerkschaft
- Einberufung einer Betriebsversammlung
- Bewerbung als Betriebsrat

- Tätigkeit als Sicherheitsvertrauensperson, Leiter des sicherheitstechnischen Dienstes oder Arbeitsmediziner
- bevorstehende Einberufung zum Präsenzdienst
- berechtigte Geltendmachung von Ansprüchen aus dem Arbeitsverhältnis

oder

- die einen Arbeitnehmer wirtschaftlich besonders hart treffen würden,

ist in Betrieben, in denen ein Betriebsrat eingerichtet ist, eine **Mitwirkung des Betriebsrates** vorgesehen:

In Betrieben, in denen ein **Betriebsrat** gewählt wurde, ist dieser vom Arbeitgeber vor Ausspruch einer Kündigung anzuhören.

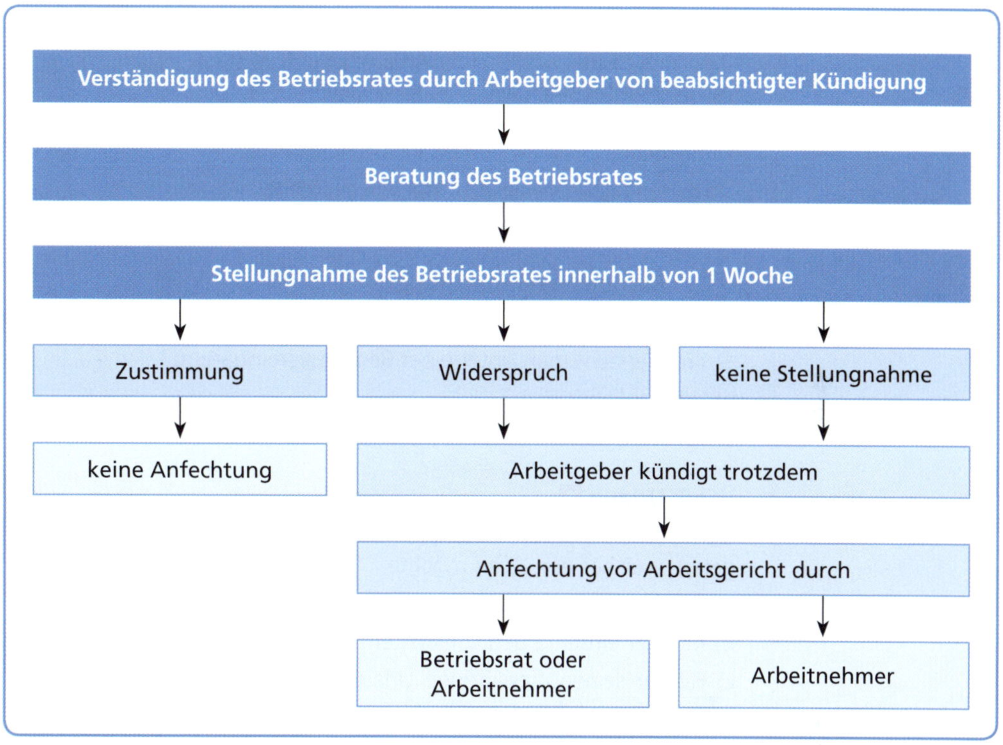

Allgemeiner Entlassungsschutz

Da auch eine ungerechtfertigte Entlassung das Arbeitsverhältnis beendet und der Arbeitnehmer nur Anspruch auf Entgelt bis zum regulären Kündigungstermin hat, könnte der Arbeitgeber den Kündigungsschutz umgehen, indem er die Arbeitnehmer grundlos entlässt. Daher besteht auch ein **allgemeiner Entlassungsschutz** in Betrieben, in denen ein Betriebsrat gewählt wurde.

Üben

SbX ID: 3202

A B C D E

Ü 3.5: Dienstvertrag A

Muss ein Dienstvertrag schriftlich abgeschlossen werden?

Ü 3.6: Vertretung A

Darf sich ein Arbeitnehmer durch jemand anderen vertreten lassen?

SbX
Ü 3.7 mit automatischer Aufgabenkontrolle
ID: 3202

Ü 3.7: Arbeitszeit A

Schreiben Sie zu jeder der folgenden Aussagen, ob Sie richtig oder falsch ist, und begründen Sie Ihre Antwort:

	R/F	Begründung
Es dürfen ohne Zustimmung des Arbeitsinspektors maximal 5 Überstunden je Woche geleistet werden.		
Die gesetzliche Normalarbeitszeit von 40 Stunden darf vertraglich verlängert, aber nicht verkürzt werden.		
Arbeitnehmer sind verpflichtet, Überstunden zu leisten, wenn es der bzw. die Vorgesetzte verlangt.		
Geplante Pausen während der Arbeitszeit (z. B. Mittag) gelten als Arbeitszeit und sind daher zu bezahlen.		
Nach längstens 7 Stunden Arbeit gebührt dem Arbeitnehmer eine mindestens halbstündige Pause.		
Es dürfen täglich maximal 12 Stunden gearbeitet werden.		

Ü 3.8: Betriebsvereinbarung B

Ein Unternehmen legt die tägliche Arbeitszeit in Form einer Betriebsvereinbarung fest.

a) Was versteht man unter einer Betriebsvereinbarung?

b) Wer schließt sie ab?

c) Für wen gilt sie?

Ü 3.9: Urlaub B

Gerhard Reiter ist seit 17 Jahren im selben Betrieb beschäftigt. Er sieht ein günstiges Urlaubsangebot, welches er nutzen möchte.

a) Wie hoch ist sein gesetzlicher Urlaubsanspruch?

b) Kann er einseitig den Urlaubstermin festlegen?

c) Falls er seinen diesjährigen Urlaub bereits verbraucht hat, kann er dafür Pflegeurlaub oder Karenzurlaub beanspruchen?

Ü 3.10: Nicht verbrauchter Urlaub B

Darf ein Mitarbeiter mit dem Arbeitgeber vereinbaren, dass er seinen Urlaub nicht konsumiert, dafür aber eine Entschädigung erhält?

Ü 3.11: Probezeit B

In einem Arbeitsvertrag ist der erste Monat als Probemonat vereinbart. Welche Konsequenzen hat dies?

Ü 3.12: Schadenersatz B

Wenn der Arbeitnehmer durch besondere Unachtsamkeit an einer Maschine des Arbeitgebers einen Schaden verursacht hat, muss er diesen ersetzen?

SbX
Ü 3.13 mit automatischer Aufgabenkontrolle
ID: 3202

Ü 3.13: Treuepflicht B

Kennzeichnen Sie, ob folgende Verhaltensweisen korrekt sind:

	Korrekt? Ja/Nein	Begründung
Ein im Service tätiger Mitarbeiter erhält von einem Kunden € 10,– Trinkgeld.		
Ein Mitarbeiter erzählt einem Freund, der bei einem Mitbewerber beschäftigt ist, wer Kunde des Unternehmens ist und welche Konditionen diese erhalten.		
Ein Servicetechniker, der Kopiergeräte repariert, betreibt nebenbei ein Reparaturunternehmen für Kopiergeräte derselben Marke.		

	Korrekt? Ja/Nein	Begründung
Ein vollbeschäftigter Buchhalter arbeitet jede Nacht als Kellner.		

Ü 3.14: Entlassung B

Erklären Sie, wodurch sich eine Entlassung von einer Kündigung unterscheidet.

SbX
Ü 3.15
mit automatischer Aufgabenkontrolle
ID: 3202

Ü 3.15: Kündigung B

Schreiben Sie zu jeder der folgenden Aussagen, ob sie richtig oder falsch ist und begründen Sie Ihre Antwort:

	R/F	Begründung
Eine Kündigung darf nur ausgesprochen werden, wenn ein Grund vorliegt.		
Befristete Arbeitsverhältnisse enden mit der Kündigung.		
Der Betriebsrat darf bei einer Kündigung eine Stellungnahme abgeben.		
Eine Kündigung beendet das Arbeitsverhältnis sofort.		
Für Präsenzdiener besteht ein besonderer Kündigungsschutz.		

Ü 3.16: Betriebsrat B

Wie viele Mitarbeiter müssen in einem Betrieb beschäftigt sein, damit ein Betriebsrat gewählt werden muss?

Ü 3.17: Arbeitszeugnis B

Fritz Weiner war 11 Jahre bei der Fa. Technik GmbH beschäftigt. Bei der Beendigung des Arbeitsverhältnisses bekommt er ein Zeugnis, in dem unter anderem zu lesen ist:

„Herr Weiner hat die ihm übertragenen Aufgaben zu seiner vollsten Zufriedenheit erfüllt. Er ist nicht immer pünktlich erschienen."

Prüfen Sie, ob Fritz Weiner das Zeugnis so hinnehmen muss.

3 Rechte u. Pflichten der Mitarbeiter

SbX
Ü 3.18–Ü 3.19 mit automatischer Aufgabenkontrolle
ID: 3202

Weitere Übungsaufgaben im SbX

Ü 3.18: Arbeitsrecht – Begriffe B
Vervollständigen Sie die Übersicht zum Individualarbeitsrecht.

Ü 3.19: Individualarbeitsrecht B
Lösen Sie ein Kreuzworträtsel zum Thema.

Sichern

SbX ID: 3203

Kollektivvertrag

Der **Kollektivvertrag** wird zumeist zwischen der Bundeskammer der gewerblichen Wirtschaft und dem ÖGB abgeschlossen. Darin werden die Entlohnungs- und Arbeitsbedingungen einer Branche festgelegt.

Betriebsrat

Die Interessen der Belegschaft gegenüber dem Betriebsinhaber vertritt der **Betriebsrat.**

Betriebsvereinbarungen

Vereinbarungen, welche die Arbeitsbedingungen innerhalb eines Betriebes regeln, nennt man **Betriebsvereinbarungen.** Diese werden zwischen Betriebsinhaber und Betriebsrat schriftlich abgeschlossen.

Rechte und Pflichten aus dem Arbeitsvertrag

Durch den Arbeitsvertrag verpflichtet sich der Arbeitnehmer zur Arbeitsleistung. Dabei übernehmen die Vertragsparteien folgende Rechte bzw. Pflichten:

Pflichten aus dem Arbeitsvertrag	
des Arbeitnehmers	**des Arbeitgebers**
• Arbeitspflicht • Treuepflicht • Schadenersatzpflicht	• Entgeltzahlungspflicht • Fürsorgepflicht • Pflicht zur Gleichbehandlung

Arbeitszeit

Die **gesetzliche Normalarbeitszeit** beträgt **40 Stunden je Woche,** welche durch den Kollektivvertrag verkürzt werden kann. Auch im Falle einer anderen Verteilung der Arbeitszeit oder der Leistung von Überstunden dürfen maximal 12 Stunden je Tag bzw. 60 Stunden je Woche gearbeitet werden.

Urlaub

Jeder Arbeitnehmer hat im Jahr **Anspruch auf mindestens 30 Werktage Erholungsurlaub.**

Beendigung des Arbeitsverhältnisses

Das **Arbeitsverhältnis endet** durch

- Zeitablauf,
- Tod des Arbeitnehmers,
- einvernehmliche Beendigung,
- Kündigung,
- Austritt,
- Entlassung.

Vokabeln dieser Lerneinheit

Dienstvertrag	employment contract
Werkvertrag	contract of work and material
Arbeitsrecht	labour law
Kollektivvertrag	collective (group) contract
Betriebsrat	work committee, shop council
Arbeitsverhältnis	employment
Lehrling	apprentice
Angestelltengesetz	law for employees
Berufsausbildungsgesetz	vocational education law
Angestellter	employee
Arbeiter	worker
Rechte	rights
Pflichten	obligations, denties
Verschwiegenheitspflicht	secrecy (confidentiality)
Wettbewerbsverbot	restrained of trade
Schadenersatzpflicht	obligation to pay damages (obligation to indemnifiy
Vorsatz	intention, deliberate action

Fahrlässigkeit	negligence
leichte Fahrlässigkeit	light negligence
grobe Fahrlässigkeit	gross negligence
entschuldbare Fehlleistung	excusable mistake (error), fault
Schulung	training, schooling
Urlaub	leave (of absence)
Pflegefreistellung	nursing leave
Karenz	maternity leave
Mutterschaft (Elternschaft)	maternity (parentship)
Überstunden	overtime
Gleitzeit	flexi-time
Beendigung eines Arbeitsverhältnisses	termination of employment
einvernehmliche Lösung	by mutual agreement
Kündigung	dismissal (notice to quit)
Abfertigung	compensation payment
Arbeitszeugnis	certificate of employment
allgemeiner Kündigungsschutz	general dismissal protection

SbX
ID: 3203

Im SbX finden Sie diese Zusammenfassung als Audio-Wiederholung sowie eine Bildschirmpräsentation mit den Grafiken dieser Lerneinheit.

Wissen

A B C D E

W 3.6: **Kollektivvertrag** D

Gerhard Müller, gelernter Mechaniker, kein Gewerkschaftsmitglied, arbeitet als Maschineneinsteller in einer Druckerei, die Mitglied des Fachverbandes der grafischen Industrie ist. Der Kollektivvertrag für Arbeiter in der eisen- und metallerzeugenden und -verarbeitenden Industrie sieht eine wöchentliche Arbeitszeit von 38,5 Stunden, der Kollektivvertrag für Arbeiter der grafischen Industrie eine wöchentliche Arbeitszeit von 37 Stunden vor.

a) Wer schließt den Kollektivvertrag ab?
b) Gilt der Kollektivvertrag für Müller?
c) Wie viele Stunden muss Müller arbeiten, wenn im Arbeitsvertrag keine Regelung enthalten ist?
d) Kann im Arbeitsvertrag eine andere Arbeitszeit vereinbart werden?

W 3.7: **Arbeitsvertrag** C

Ein Unternehmen hat einen neuen Mitarbeiter aufgenommen. Da es überprüfen möchte, ob er die ihm zugewiesenen Arbeiten entsprechend erfüllen kann, wird eine Probezeit vereinbart und ein auf 6 Monate befristeter Arbeitsvertrag abgeschlossen. Da das Unternehmen nach Ablauf der Frist immer noch unschlüssig ist, schließt es unmittelbar nach Ablauf des ersten Vertrages einen weiteren auf 6 Monate befristeten Vertrag. Während der zweiten 6 Monate beschließt es, den Mitarbeiter zu kündigen.

a) Dürfen derartige Verträge abgeschlossen werden?
b) Sind bei Abschluss eines Dienstvertrages Formvorschriften einzuhalten?
c) Darf der Mitarbeiter gekündigt werden, wenn der Vertrag gültig ist?
d) Das Unternehmen erkennt bereits 2 Wochen nach Tätigkeitsbeginn, dass der Mitarbeiter ungeeignet ist. Es beschließt daher, den Arbeitsvertrag mit dem nächsten Tag zu beenden. Ist ein derartiges Vorgehen zulässig?

W 3.8: **Arbeiter oder Angestellter?** B

Werner Reiter wurde als Mitarbeiter im Lager aufgenommen. Er hat die Waren mittels Gabelstapler einzulagern und auf Anforderung herbeizuholen.

a) Ist er aufgrund dieser Tätigkeit Arbeiter oder Angestellter?
b) Er besucht Kurse und bildet sich fort. Da er sich auch im Unternehmen bewährt, wird er zum Lagerverwalter befördert. In dieser Funktion hat er das Material zu disponieren und ist für die rechtzeitige Nachschaffung unter Beachtung kaufmännischer Grundsätze verantwortlich. Ändert dies etwas an seinem arbeitsrechtlichen Status?

W 3.9: **Karriere** D

Ein Unternehmen bezahlt einer Mitarbeiterin weniger als männlichen Kollegen, die dieselbe Arbeit verrichten. Als ein neuer Abteilungsleiter bestellt werden soll und sich auch die Mitarbeiterin bewirbt, meint der Vorgesetzte, dass Frauen in diesem Unternehmen nicht Abteilungsleiter werden könnten.

Ist das Verhalten des Vorgesetzten rechtlich in Ordnung?

W 3.10: **Betriebsurlaub** D

Ein Unternehmen beschließt, jeden Sommer den Betrieb 4 Wochen zu sperren und Betriebsurlaub zu machen. Während dieser Zeit müssen sämtliche Mitarbeiter ihren Urlaub konsumieren. Dies erfolgt in Form einer Betriebsvereinbarung.

Ist dies rechtlich korrekt?

W 3.11: **Konstrukteur** B

Werner Dremmel ist als Konstrukteur beschäftigt. Er hat daher genaue Kenntnisse über die neuen, im Unternehmen entwickelten Geräte. In seinem Dienstvertrag wird vereinbart, dass er 2 Jahre nach seinem Ausscheiden aus dem Betrieb keine Tätigkeit in der gleichen Branche annehmen darf.

a) Wie nennt man eine derartige Vereinbarung?

b) Ist sie in dieser Form zulässig?
c) Darf Dremmel während des aufrechten Dienstverhältnisses Informationen über seine Tätigkeit an andere weitergeben?

W 3.12: Arbeitszeit D

Max Winter arbeitet als technischer Zeichner. Vergangenen Dienstag betrug seine Arbeitszeit:

Arbeitsbeginn:	7:00 Uhr
Mittagspause:	12:00 Uhr bis 12:20 Uhr
Ende der Normalarbeitszeit:	17:00 Uhr

Aufgrund erhöhten Arbeitsbedarfes (eine Zeichnung musste fertiggestellt werden) arbeitete er bis 21:00 Uhr. Als er dies einem Freund erzählte, meinte dieser, dass derartige Arbeitszeiten gegen das Arbeitszeitgesetz verstoßen würden.

Begründen Sie die Meinung des Freundes.

W 3.13: Beendigung eines Arbeitsverhältnisses D

Die Firma Hillebrand KG ist mit einem Mitarbeiter, Robert Mischer, geb. 24. März 1984 in Wien, beschäftigt seit 1. April 2003 als angestellter Verkäufer, unzufrieden, da er zu spät kommt und unfreundlich ist. Daher möchte sie das Arbeitsverhältnis beenden. Weder im Kollektiv- noch im Arbeitsvertrag sind Regelungen über die Beendigung des Arbeitsverhältnisses zu finden. Es kommen ausschließlich die gesetzlichen Bestimmungen zur Anwendung.

a) Welche Ansprüche hat Mischer anlässlich der Beendigung des Arbeitsverhältnisses?
b) Wenn die Kündigung am 2. Juni des heurigen Jahres ausgesprochen wird, wann endet frühestens das Arbeitsverhältnis?
c) Formulieren Sie den Text für ein Arbeitszeugnis!

W 3.14: Betriebsrat B

In der Fa. Müller GmbH wurde sowohl ein Arbeiter- als auch ein Angestelltenbetriebsrat gewählt. Bei einer Besprechung teilt der Betriebsinhaber dem Arbeiterbetriebsrat mit, dass er den Angestellten Meier kündigen möchte. Der Betriebsrat stimmt zu.

Ist das Vorgehen rechtlich korrekt?

W 3.15: Betriebsratswahl D

Ein Kleinbetrieb beschäftigt den Mann der Betriebsinhaberin, 1 Angestellte, 3 Arbeiter und einen 17-jährigen Lehrling. Ist ein Betriebsrat zu wählen?

W 3.16: Ausbildung B

Ein Unternehmen bezahlt einem Mitarbeiter die Ausbildung zum Autobuslenker. Er wird für die Teilnahme am Kurs und für das Lernen gegen Bezahlung der Bezüge von der Arbeit freigestellt. Dafür verlangt das Unternehmen, dass er die doppelten Kurskosten zurückzahlt, falls er innerhalb der nächsten 8 Jahre aus dem Unternehmen ausscheidet.

Ist dies rechtlich korrekt?

Ein kurzer Kompetenz-Check, bevor's weitergeht!

Kompetenz-Check

	☺	😐	☹
Ich kann die Bedeutung von Kollektivverträgen erläutern.			
Ich kann die wichtigsten Aufgaben des Betriebsrates nennen.			
Ich kann erläutern, wie ein Arbeitsverhältnis begründet wird.			
Ich kann die wichtigsten Rechte und Pflichten aus einem Arbeitsvertrag nennen.			
Ich kann erläutern, wie ein Arbeitsverhältnis beendet wird.			

Lerneinheit 3
Sozialrecht

SbX
Alle SbX-Inhalte zu dieser Lerneinheit finden Sie unter der ID: 3300.

Sozialrecht = **social law**

Michael: Die ING4TECH beschäftigt viele Mitarbeiter. Ist schon einmal ein Arbeitsunfall passiert? Wer kommt für die Heilungskosten auf?

Gestern hat mir eine Kollegin erzählt, dass sie nächsten Monat pensioniert wird. Wer bezahlt ihre Pension?

Ein anderer Kollege hat gekündigt und beginnt 3 Monate später bei einem anderen Unternehmen. Wovon lebt er während dieser 3 Monate?

Anna: Alle Arbeitnehmer sind in Österreich sozialversichert. Die Sozialversicherung schützt bei Krankheit, Arbeitsunfall, Arbeitslosigkeit und sichert Personen im Alter ein Einkommen. Daneben gibt es auch für Familien und Personen, die nicht arbeiten können, Hilfeleistungen, die vom Staat finanziert werden.

Lernen

SbX ID: 3301

1 Das System der sozialen Sicherheit
Vorsorgen ist besser als Heilen.

Sozialversicherung = **social security institutions**

Menschen sind im Laufe ihres Lebens mit verschiedenen Ereignissen konfrontiert: Schwangerschaft, Arbeitslosigkeit, Krankheit, Alter oder Tod. Ein gut funktionierendes Sozialsystem bietet eine Absicherung gegen den Verlust des Erwerbseinkommens und hilft, die Armut zu bekämpfen.

Die Sozialversicherung

Rechtsquellen: ASVG, GSVG, AlVG jeweils in der geltenden Fassung

Träger: eine Organisation, die eine Einrichtung betreibt

Hauptverband der österreichischen Sozialversicherungsträger: Als Dachorganisation ist er z. B. zuständig für den Abschluss von Gesamtverträgen mit Ärzten sowie der Vertretung der Sozialversicherung nach außen.

Quelle: **www.bmask.gv.at, www.sozialplattform.at**

Selbstverwaltung: Der Staat lässt bestimmte Bereiche von jenen Personen (Einrichtungen) verwalten, die ein eigenes Interesse daran haben (Subsidiaritätsprinzip).

Vorteile: kostengünstiger, Entlastung der staatlichen Verwaltung

Die Verwaltung und Durchführung der Kranken-, Unfall- und Pensionsversicherung erfolgt durch 21 Sozialversicherungsträger (Stand: Sommer 2018), die im **Hauptverband der österreichischen Sozialversicherungsträger** zusammengefasst sind.

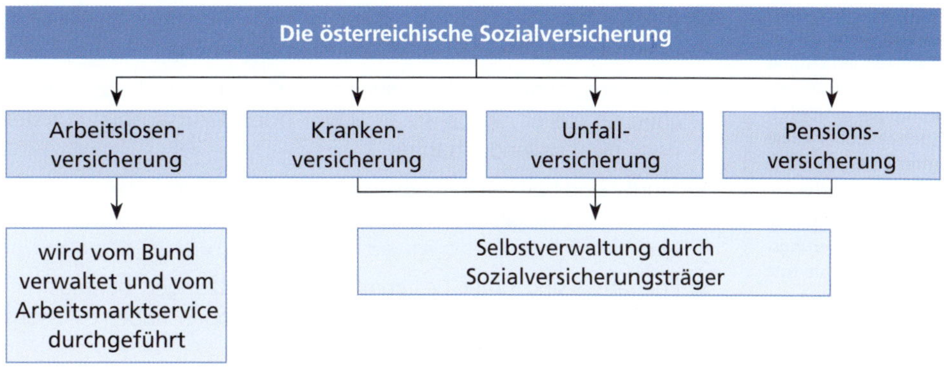

Teilbereiche der Sozialversicherung

Die wichtigsten Sozialversicherungsträger:

- die Pensionsversicherungsanstalt (PVA)
- die 9 Gebietskrankenkassen (je eine für jedes Bundesland, z. B. OÖGKK)
- die Allgemeine Unfallversicherungsanstalt (AUVA)
- die Sozialversicherungsanstalt der gewerblichen Wirtschaft (SVA d. GW)
- die Sozialversicherungsanstalt der Bauern (SVB)

Kapitaldeckungsverfahren: Jeder spart für seine eigene Altersversorgung an.

Generationenvertrag: Durch die Bevölkerungsentwicklung („weniger Junge, mehr Alte") entstehen Probleme bei diesem Finanzierungssystem.

Finanzierung:

Finanziert wird die Sozialversicherung hauptsächlich durch die **Beiträge der Arbeitgeber und Arbeitnehmer.** Der **Bund** leistet **Zuschüsse.** Die Finanzierung erfolgt in Form des **Umlageverfahrens:** Die derzeit geleisteten Beiträge der Versicherten werden nicht für deren Absicherung gesammelt (Kapitaldeckungsverfahren), sondern sie werden z. B. gleich für Pensionszahlungen (Generationenvertrag) verwendet.

Prämienbemessung:

Die Beitragshöhe richtet sich nach dem Einkommen der Versicherten (es bestehen jedoch Höchstbeitragsgrundlagen). Die Leistungen sind nicht prämienabhängig (Solidaritätsprinzip). Ausnahmen: Geldleistungen wie Krankengeld, Wochengeld oder die Pension

Pflichtversicherung:

Die Versicherung tritt mit der Aufnahme der Beschäftigung automatisch ein.

SbX

Eine Statistik der Sozialausgaben finden Sie unter der ID: 3301.

Freiwillige Versicherung/Selbstversicherung:

Diese Möglichkeit besteht, falls das Gesetz keine Pflichtversicherung vorsieht. Voraussetzung ist in der Krankenversicherung ein Wohnsitz im Inland.

Die Krankenversicherung

Krankenversicherung = **health insurance**

Michael: Ich möchte im August meinen Urlaub in Spanien verbringen. Bin ich dort eigentlich versichert, falls ich krank werde oder einen Unfall habe?

Anna: Da Spanien im EU-Raum liegt, kannst du mit der europäischen Krankenversicherungskarte ärztliche Hilfe in Anspruch nehmen. Es könnte allerdings auch sein, dass du die Rechnung zuerst bezahlen und sie zu Hause dann bei deiner Krankenkasse einreichen musst. – Andere Länder, andere Sitten!

Versicherter Personenkreis:

- unselbständig Erwerbstätige (Arbeiter, Angestellte, Lehrlinge ...)
- selbständig Erwerbstätige (Gewerbetreibende, Bauern)
- freie Dienstnehmer
- sonstige selbständig Erwerbstätige (z. B. Hebammen, Musiker ...)
- Arbeitslose
- Pensionisten, Präsenzdiener, Kriegshinterbliebene
- Familienangehörige ohne eigenen Versicherungsschutz können einen Antrag auf Mitversicherung stellen, wenn sie in Schul- oder Berufsausbildung stehen und das 27. Lebensjahr noch nicht vollendet haben.
- Kinder sind beitragsfrei mitversichert, wenn sie nicht selbst krankenversichert sind. Kinder, die das 18. Lebensjahr bereits vollendet haben, müssen einen Antrag auf Mitversicherung stellen.
- Ehegatten sind unter bestimmten Voraussetzungen beitragsfrei mitversichert (z. B. wenn sie Kinder erziehen oder 4 Jahre hindurch erzogen haben). Ansonsten ist ein Zusatzbeitrag zu entrichten.
- Lebensgefährten: Sie können sich nicht mitversichern, wenn keine gemeinsamen Kinder vorhanden sind. In diesem Fall ist eine freiwillige Weiterversicherung bei der Gebietskrankenkasse zu beantragen.

Freie Dienstnehmer sind Personen, die sich auf bestimmte oder unbestimmte Zeit zu Dienstleistungen für einen Dienstgeber verpflichten. Sie unterliegen der Vollversicherung nach dem ASVG, wenn sie aus dieser Tätigkeit ein Entgelt beziehen, die Dienstleistungen persönlich erbringen und über keine wesentlichen eigenen Betriebsmittel verfügen.

Es handelt sich um eine subsidiäre Versicherungspflicht, d. h., sie tritt nur dann ein, wenn der Dienstnehmer nicht bereits aus anderen Gründen sozialversichert ist.

Aufgaben:

Die Krankenversicherung trifft u. a. Vorsorge für:

- die Früherkennung von Krankheiten und die Erhaltung der Volksgesundheit
- die Gesundheitsförderung
- eine ausreichende medizinische Versorgung bei Krankheit und körperlichen Gebrechen

Jeder und jede Versicherte erhält jährlich eine Aufstellung über die von der Krankenversicherung erbrachten Leistungen.

Krankengeld: gebührt ab dem vierten Tag der Arbeitsunfähigkeit. Die Auszahlung erfolgt erst nach dem Ende der Entgeltfortzahlung für maximal 52 Wochen. Wird das Entgelt zur Hälfte fortgezahlt, gebührt auch das halbe Krankengeld.

Wochengeld: gebührt für die letzten acht Wochen vor der voraussichtlichen Entbindung, für den Tag der Entbindung und für die ersten acht Wochen nach der Entbindung. (12 Wochen bei Mehrlings-, Kaiserschnitt- oder Frühgeburten)

Höhe: der Durchschnittsverdienst der letzten 13 Wochen vor der Geburt

- die medizinischen Maßnahmen der Rehabilitation
- den Fall der Mutterschaft
- Zahnbehandlungen und Zahnersatz

Leistungen (Auszug):

- Vorsorgeuntersuchungen, Jugendlichenuntersuchungen
- Familienberatung, Impfungen
- ärztliche Hilfe, Heilmittel (Arzneien), Heilbehelfe (Brillen), Zahnbehandlung und Zahnersatz
- Hauskrankenpflege, Anstaltspflege
- Krankengeld
- Mutterschaftshilfe: ärztlicher Beistand, Hebammenbeistand, Heilmittel und Heilbehelfe, Wochengeld. Anspruch besteht nur, wenn die Schwangere einen Verdienstentgang erleidet.
- Rehabilitation und Kuraufenthalte

Die Versicherungsleistungen erhält man mit der **E-Card:** Auf der Karte sind nur Name, akademischer Grad und Versicherungsnummer gespeichert; außerdem enthält sie Informationen über den Krankenversicherungsträger.

Die Rückseite ist gleichzeitig die **europäische Krankenversicherungskarte.** Sie garantiert die kostenlose Behandlung bei Vertragsärzten und öffentlichen Spitälern in der gesamten EU, im EWR-Raum und in der Schweiz. Die E-Card kann auch kostenlos als **Bürgerkarte** aktiviert werden.

Vorderseite

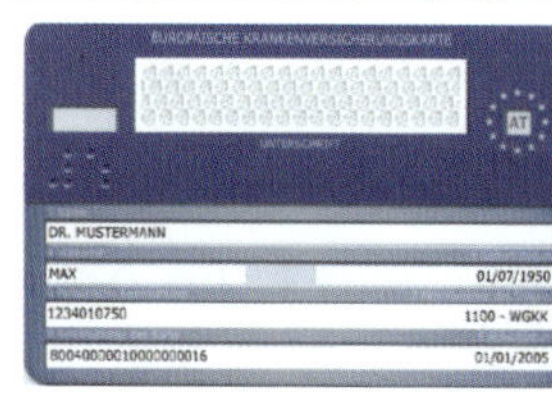

Rückseite

Unfallversicherung = **accident insurance**

Geringfügig Beschäftigte: unterliegen nur der Unfallversicherung; sie sind daher in der Regel weder kranken- noch pensions- oder arbeitslosenversichert.

Den Beitrag hat zur Gänze der Dienstgeber zu bezahlen.

Die Unfallversicherung

Versicherter Personenkreis:

- selbständig und unselbständig Erwerbstätige
- freie Dienstnehmer
- Schüler und Studenten
- freiberuflich Selbständige (z. B. Ärzte, Tierärzte ...)
- geringfügig Beschäftigte

Arbeitsunfälle sind Unfälle, die sich im örtlichen, zeitlichen und ursächlichen Zusammenhang mit der Beschäftigung, die die Versicherung begründet, ereignen, z. B. auch Unfälle, die sich auf dem Weg von und zur Arbeitsstätte ereignen oder beim Besuch berufsbildender Kurse.

Aufgaben:

Die Unfallversicherung trifft **Vorsorge** für:

- die Verhütung von Arbeitsunfällen und Berufskrankheiten
- die Erste-Hilfe-Leistung bei Arbeitsunfällen
- die Unfallheilbehandlung
- die Rehabilitation von Versehrten
- die Entschädigung nach Arbeitsunfällen und Berufskrankheiten

Berufskrankheit: z. B. durch Lärm verursachte Schwerhörigkeit

Leistungen:

- ärztliche Hilfe
- Heilmittel, Heilbehelfe
- berufliche und soziale Maßnahmen der Rehabilitation
- Pflege in Kranken-, Kur- und sonstigen Anstalten
- Beistellung von Körperersatzstücken
- Versehrtenrente und Hinterbliebenenrente

Soziale Rehabilitation: Durch Zuschüsse wird die Wohnungs- oder Pkw-Anschaffung bzw. Adaptierung gefördert.

Pensionsversicherung = **pension insurance**

Die Pensionsversicherung

Versicherter Personenkreis: alle unselbständig und selbständig Erwerbstätigen

Die **Finanzierung** erfolgt durch Beiträge der Arbeitgeber und Arbeitnehmer. Der Staat leistet Zuschüsse (Ausgleichszulage). Vor allem im Bereich der Pensionsversicherung bestehen Finanzierungsprobleme. Der Staat wird daher in Zukunft die Ansprüche der Pensionisten nicht mehr in gewohnter Höhe abdecken können. Eine mögliche Abhilfe soll das **Drei-Säulen-Modell** bieten: Neben dem Staat (Absicherung der Mindestpension) sollen auch der Versicherte und der Arbeitgeber zur Absicherung des gewohnten Lebensstandards herangezogen werden.

Laut WIFO wird die Zahl der über 60-Jährigen bis 2030 um 55 % zunehmen.

Pensionsarten:

- **Alterspension:** Derzeit besteht in Österreich noch ein geschlechtsspezifischer Unterschied beim Pensionsantrittsalter („Regelpensionsalter"). Für Männer beginnt der Anspruch mit dem vollendeten 65. Lebensjahr, für Frauen mit dem vollendeten 60. Lebensjahr. Durch Übergangsbestimmungen soll eine schrittweise Angleichung erfolgen.

  Ab 1. Jänner 2033 beträgt das **Regelpensionsalter** für Frauen und Männer jedoch einheitlich 65 Jahre.
- **Korridorpension:** Darunter versteht man jene Pensionen, die ab dem 62. Lebenjahr beantragt werden können, wenn 450 Versicherungsmonate (37,5 Jahre) erworben wurden. Der Korridor reicht von 62 bis 65 Jahren. Bis zum 68. Lebensjahr kann ein Bonus erworben werden.

Der Begriff **Schwerarbeit** ist durch Verordnung festzulegen.

- **Schwerarbeitspension:** Diese Leistung erhalten Personen, die 45 Versicherungsjahre nachweisen können. Sie müssen außerdem innerhalb der letzten 20 Jahre vor Pensionsantritt mindestens 10 Jahre Schwerarbeit verrichtet haben. Diese Pension kann frühestens ab dem 60. Lebensjahr in Anspruch genommen werden.
- **weitere Arten:** Berufsunfähigkeits-/Invaliditätspension, Hinterbliebenenpension

Arbeitslosenversicherung = **unemployment insurance**

Die Arbeitslosenversicherung

Michael: Kann ich eigentlich nach der Matura einen Antrag auf Arbeitslosengeld stellen, wenn ich nicht gleich einen Arbeitsplatz finde?

Anna: Da du die Anwartschaft nicht erfüllen würdest, könntest du auch kein Arbeitslosengeld beziehen. Du könntest jedoch an einer Schulungsmaßnahme des AMS teilnehmen.

Rechtsquelle: Arbeitslosenversicherungsgesetz (AlVG)

Versicherter Personenkreis: alle krankenversicherten unselbständig Erwerbstätigen (außer Beamte)

Selbständige sind in der Arbeitslosenversicherung versichert, wenn sie zuvor unselbständig beschäftigt waren und dadurch Anspruch auf Arbeitslosengeld erworben haben oder wenn sie sich freiwillig versichern lassen.

Leistungen:

- **Arbeitslosengeld:** Je nach Beitragszeiten wird es für einen Zeitraum von 20 bis 39 Wochen gewährt; bei Vollendung des 50. Lebensjahres kann das Arbeitslosengeld 52 Wochen bezogen werden. Besucht der Arbeitslose eine Schulungsmaßnahme, kann das Arbeitslosengeld max. 4 Jahre bezogen werden.

Notlage: Die Befriedigung der notwendigen Lebensbedürfnisse ist nicht möglich.

- **Notstandshilfe:** Wenn der Anspruch auf Arbeitslosengeld ausgeschöpft ist, aber eine Notlage vorliegt, kann auf Antrag Notstandshilfe gewährt werden. Die Höhe beträgt 92 % bis 95 % des Grundbetrags des Arbeitslosengeldes. Bei der Berechnung wird jedoch das Partnereinkommen angerechnet.

Erfüllung der Anwartschaft: Es müssen in diesen Zeiträumen arbeitslosenversicherungspflichtige Beschäftigungen nachgewiesen werden.

SbX
Informationen zur Höhe des Arbeitslosengeldes und der Notstandshilfe erhalten Sie unter der ID: 3301.

Voraussetzungen für die Inanspruchnahme des Arbeitslosengeldes

- Arbeitsfähigkeit
- Arbeitswilligkeit
  - die Bereitschaft, eine zumutbare Beschäftigung anzunehmen, wobei innerhalb der ersten 100 Tage ein Berufsschutz und innerhalb der ersten 120 Tage ein Entgeltschutz besteht
- Verfügbarkeit
  - Schüler und Studenten sind z. B. nicht für die Vermittlung verfügbar.
- Erfüllung der Anwartschaft
  - **erstmalig** innerhalb von 2 Jahren – 52 Wochen
  - **vor dem 25. LJ:** innerhalb von 12 Monaten – 26 Wochen
  - **ansonsten** innerhalb von 1 Jahr – 28 Wochen

2 Systeme zur sozialen Absicherung der Familie
Die Familie ist die Keimzelle des Staates.

Familienbeihilfe = **family allowance**

Um die Belastungen teilweise auszugleichen, die Familien mit Kindern im Vergleich zu Kinderlosen haben, wurde die Familienbeihilfe eingeführt. Der Staat versucht über dieses Instrument u. a. dazu beizutragen, dass die Geburtenrate nicht noch mehr sinkt.

Familienbeihilfe

Rechtsquelle: Familienlastenausgleichsgesetz (FLAG)

Der Anspruch auf diese Leistung ist unabhängig von der Beschäftigung oder vom Einkommen. Voraussetzung ist lediglich der Wohnsitz oder gewöhnliche Aufenthalt im Bundesgebiet.

Dauer des Anspruchs:

- grundsätzlich bis zum vollendeten 18. Lebensjahr
- bei Schülern und Studenten in Ausbildung bis max. zum 24. Lebensjahr (bzw. unter bestimmten Voraussetzungen 25. Lebensjahr). Es müssen jeweils Nachweise über den Studienerfolg erbracht werden.

Nachweis: Pro Studienabschnitt darf max. 1 Semester überschritten werden; Bestätigungen sind an das Finanzamt zu senden.

Neben dem Bezug der Familienbeihilfe dürfen im Kalenderjahr nicht mehr als € 10.000,– brutto dazuverdient werden.

Für erheblich behinderte Kinder gebührt eine **erhöhte Familienbeihilfe.**

Die Finanzierung erfolgt aus dem **Familienlastenausgleichsfonds.** Die **Höhe** ist abhängig von der **Anzahl der Kinder** und deren **Lebensalter.** Die Auszahlung erfolgt monatlich, wobei im September zusätzlich ein Schulstartgeld von € 100,– für Kinder zwischen 6 und 15 Jahren ausbezahlt wird. Mit der Familienbeihilfe wird für jedes Kind ein **Kinderabsetzbetrag** ausbezahlt.

Im Jahr 2016 wurde an ca. 1,2 Mio. Anspruchsberechtigte rund € 3,19 Mrd. an Familienbeihilfe sowie rund € 1,24 Mrd. an Kinderabsetzbetrag ausgezahlt.

Kinderbetreuungsgeld

Kinderbetreuungsgeld = **child care allowance**

Rechtsquelle: Kinderbetreuungsgeldgesetz (KBGG)

Anspruchsvoraussetzungen:

- Bezug von Familienbeihilfe
- gemeinsamer Haushalt mit dem Kind
- Durchführung der erforderlichen Mutter-Kind-Pass-Untersuchungen
- Beachtung der Zuverdienstgrenze (Die Einkünfte dürfen im Kalenderjahr je nach gewähltem Modell € 6.800,– bzw. € 16.200,– nicht übersteigen.)
- Lebensmittelpunkt in Österreich

Familien können zwischen dem **Kinderbetreuungsgeld-Konto (KBG-Konto)** und dem **einkommensabhängigen Kinderbetreuungsgeld (ea KBG)** wählen. Für die Abwicklung ist die Krankenkassa zuständig.

Kinderbetreuungsgeld wird immer nur für das jüngste Kind gewährt.

Ein Zuschuss zum KBG ist möglich, wenn das Einkommen unter eine Mindestgrenze fällt.

Das Kinderbetreuungsgeld-Konto (KBG-Konto)

Die **Bezugshöhe** hängt davon ab, ob nur einer (€ 12.366,20) oder beide Elternteile (€ 15.449,28) das KBG-Konto in Anspruch nehmen.

Die **Bezugsdauer** kann innerhalb eines Zeitrahmens gewählt werden und bestimmt die Höhe des Tagesbetrages: Bezieht nur ein Elternteil das KBG-Konto, kann die Bezugsdauer zwischen 365 Tagen und maximal 851 Tagen ab der Geburt des Kindes gewählt werden. Teilen sich die Eltern das KBG-Konto, kann die Bezugsdauer zwischen 456 und maximal 1.063 Tagen ab der Geburt des Kindes gewählt werden. Je nachdem, welche Anspruchsdauer gewählt wird, beträgt das KBG pro Tag zwischen € 14,53 und € 33,88. Je länger die Anspruchsdauer, desto geringer ist der Tagesbetrag.

Das einkommensabhängige Kinderbetreuungsgeld (ea KBG)

Voraussetzung für den Bezug des ea KBG ist neben den allgemeinen Voraussetzungen, dass man als Mutter in den letzten 182 Tagen vor dem Mutterschutz bzw. als Vater vor der Geburt des Kindes durchgehend in Österreich kranken- und pensionsversichert war und dass man zum Zeitpunkt der Geburt des Kindes ein aufrechtes Arbeitsverhältnis hat.

Die **Bezugshöhe** des ea KBG errechnet sich aus 80 % des Wochengeldes der Mutter bzw. aus 80 % eines fiktiven Wochengeldes für Väter.

Die **Bezugsdauer** liegt zwischen 365 Tagen (wenn das ea KBG nur von einem Elternteil bezogen wird) und 426 Tagen ab der Geburt des Kindes (wenn sich beide Eltern das KBG teilen).

Partnerschaftsbonus

Beziehen beide Elternteile für dasselbe Kind in etwa gleich lang KBG, hat jeder Elternteil Anspruch auf einmalig € 500,– Partnerschaftsbonus.

Gleichzeitiger Bezug

Eltern können sich beim Bezug des KBG abwechseln, es ist ein Wechsel bis zu zwei Mal möglich. Anlässlich des ersten Bezugswechsels können Sie das KBG bis zu 31 Tage überlappend beziehen.

Pflegegeld

Pflegegeld = **nursing allowance, care allowance**

Pflegebedarf: Die pflegebedürftige Person braucht z. B. Hilfe beim Kochen, beim Essen, bei der Körperpflege oder beim Reinigen der Wohnung.

Mit zunehmender Überalterung der Gesellschaft wird das Problem der Pflege immer brisanter. Durch das Bundespflegegesetz bzw. die jeweiligen Landespflegegesetze wurde daher erreicht, dass der Mehraufwand, der durch die Pflege entsteht, zum Teil abgedeckt werden kann. Außerdem kann die Pflege weitgehend selbst organisiert werden.

Anspruchsvoraussetzungen:

- ständiger Pflegebedarf wegen einer körperlichen, geistigen oder psychischen Behinderung
- Der monatliche Pflegebedarf beträgt mehr als 60 Stunden.
- Dieser Zustand wird wahrscheinlich mehr als 6 Monate andauern.

Höhe:

Das Pflegegeld ist pauschaliert in 7 Stufen festgelegt. Die **Auszahlung** erfolgt monatlich. Der **Antrag** ist bei jener Stelle einzubringen, die auch für die Auszahlung der Pension zuständig ist.

SbX **Informationen über die Höhe des Pflegegeldes sowie fünf Rechercheaufgaben finden Sie unter der ID: 3301.**

Linktipp: www.help.gv.at www.bmask.gv.at

Soziale Auffangnetze

Die bedarfsorientierte Mindestsicherung (BMS):

Hilfsbedürftige Personen, die für ihren Lebensunterhalt aus eigener Kraft nicht aufkommen können, sollen durch diese Unterstützung ein menschenwürdiges Leben führen können (2014 betrug die Leistung € 813,99 netto für Alleinstehende).

Voraussetzungen für den Bezug dieser Leistung:

- Eigenes Vermögen muss vorher verwertet werden.
- Arbeitsfähige Personen müssen sich einen Arbeitsplatz suchen bzw. arbeitswillig sein (ansonsten kann die Leistung gestrichen werden).

Die bedarfsorientierte Mindestsicherung löste die Sozialhilfe in Österreich ab.

SbX **Weitere Informationen über die bedarfsorientierte Mindestsicherung finden Sie unter der ID: 3301.**

Üben

SbX ID: 3302

A B C D E

Ü 3.20: Teilbereiche der Sozialversicherung A

Welche Teilbereiche umfasst die Sozialversicherung und durch welche Institutionen erfolgt die Verwaltung?

Ü 3.21: Selbstverwaltung B

Wodurch unterscheidet sich die Selbstverwaltung von der staatlichen Verwaltung?

Ü 3.22: Finanzierung der Sozialversicherung A

Erklären Sie die beiden grundsätzlichen Verfahren zur Finanzierung eines Sozialversicherungssystems.

Ü 3.23: Sozialversicherungsbeitrag B

Sind folgende Aussagen richtig oder falsch?

	richtig	falsch
Wer höhere Sozialversicherungsbeiträge bezahlt, erhält bessere Leistungen (z. B. Medikamente, ärztliche Hilfe).		
Kinder sind bei ihren Eltern mitversichert.		

Ü 3.24: Leistungen der Krankenversicherung A

Welche Leistungen kann man aus der gesetzlichen Krankenversicherung beziehen?

Ü 3.25: Leistungen der Krankenversicherung im Ausland A

a) Kann man im Ausland Leistungen aus der gesetzlichen Krankenversicherung beziehen?

b) Wodurch kann man diese Leistungen in Anspruch nehmen?

Ü 3.26: Unfallversicherung A

Für welche Unfälle kommt die gesetzliche Unfallversicherung auf?

Ü 3.27: Pensionsversicherung A

Durch welches Modell können auch in Zukunft die Pensionen gesichert werden?

Ü 3.28: Arbeitslosenversicherung A

Nennen und erklären Sie die Leistungen aus der Arbeitslosenversicherung.

Ü 3.29: Familienbeihilfe A

Wer finanziert die Familienbeihilfe und wie lange kann diese bezogen werden?

Ü 3.30: Kinderbetreuungsgeld A

Welche Voraussetzungen muss man erfüllen, um Kinderbetreuungsgeld beziehen zu können?

Ü 3.31: Pflegegeld B

a) Wer kann Pflegegeld beziehen?

b) Hängt die Höhe des Pflegegeldes vom Einkommen ab? (Begründung)

SbX
Ü 3.32–Ü 3.33
mit automatischer Aufgabenkontrolle
ID: 6302

Weitere Übungsaufgaben im SbX

Ü 3.32: Sozialrecht – Begriffe B

Vervollständigen Sie die Übersicht zu wesentlichen Begriffen der Lerneinheit.

Ü 3.33: Sozialrecht B

Lösen Sie ein Kreuzworträtsel zum Thema.

Sichern

SbX ID: 3303

Teilbereiche der Sozialversicherung

Die gesetzliche Kranken-, Unfall- und Pensionsversicherung sind zur **Sozialversicherung** zusammengefasst. Es handelt sich hierbei um eine Selbstverwaltung durch die Sozialversicherungsträger.

Arbeitslosenversicherung

Die **Arbeitslosenversicherung** zählt im weitesten Sinn auch zur Sozialversicherung. Sie wird jedoch durch den Staat verwaltet. Die Abwicklung erfolgt über das Arbeitsmarktservice.

Arbeitslosengeld

Wer arbeitsfähig und arbeitswillig ist, dem AMS zur Vermittlung zur Verfügung steht und die Anwartschaft erfüllt hat, hat Anspruch auf **Arbeitslosengeld.** Es wird bis zu einer maximalen Höhe für eine bestimmte Zeit ausbezahlt.

E-Card

Zum Nachweis der Krankenversicherung und für den Bezug von Leistungen aus der Krankenversicherung benötigt man die **E-Card.** Die Rückseite der E-Card ist die europäische Krankenversicherungskarte, die im europäischen Ausland die kostenlose ärztliche Behandlung ermöglicht.

Pension

Die **Pension** ist ein regelmäßig ausbezahltes Einkommen, das einem Versorgungszweck dient (meist der Altersversorgung).

Kinderbetreuungsgeld

Mütter oder Väter, die mit dem Kind im gemeinsamen Haushalt leben, können zwischen dem **Kinderbetreuungsgeld-Konto (KBG-Konto)** und dem **einkommensabhängigen Kinderbetreuungsgeld (ea KBG)** wählen.

Pflegegeld

Um den Mehraufwand, der durch die Pflege physisch, geistig oder psychisch kranker Personen entsteht, teilweise abzudecken, wurde das **Pflegegeld** eingeführt. Es wird pauschaliert in sieben Stufen gewährt.

bedarfsorientierte Mindestsicherung

Damit hilfsbedürftige Menschen, die sich in einer Notlage befinden, ein menschenwürdiges Leben führen können, wird die **bedarfsorientierte Mindestsicherung** gewährt.

Vokabeln dieser Lerneinheit

Sozialrecht	social law
Sozialversicherung	social security institutions
Krankenversicherung	health insurance
Unfallversicherung	accident insurance
Pensionsversicherung	pension insurance

Arbeitslosenversicherung	unemployment insurance
Familienbeihilfe	family allowance
Kinderbetreuungsgeld	child care allowance
Pflegegeld	nursing allowance, care allowance

SbX ID: 3303

Im SbX finden Sie diese Zusammenfassung als Audio-Wiederholung sowie eine Bildschirmpräsentation mit den Grafiken dieser Lerneinheit.

Wissen

A B C D E

W 3.17: Arbeitslosengeld B

Der Angestellte Karl Gruber wurde von seinem Arbeitgeber gekündigt und meldet sich nun beim AMS als arbeitslos.

a) Wovon hängt es ab, ob Herr Gruber überhaupt Arbeitslosengeld bekommt?

b) Wie lange kann Herr Gruber Arbeitslosengeld beziehen?

c) Was passiert, wenn sein Anspruch auf Arbeitslosengeld ausgeschöpft ist und er noch immer keine Arbeit hat?

W 3.18: Krankenversicherung B

Während Herr Gruber arbeitslos ist, bekommt er furchtbare Zahnschmerzen, sodass er einen Zahnarzt aufsuchen muss.

a) Wer bezahlt die Zahnarztrechnung?

b) Was benötigt der Zahnarzt von ihm, um ihn zu behandeln?

W 3.19: Finanzierung der Sozialversicherung D

Diskutieren Sie in Gruppen über die Vor- und Nachteile der verschiedenen Finanzierungsverfahren des Sozialversicherungssystems.

W 3.20: Leistungen der Krankenversicherung D

Überlegen Sie, ob es sinnvoll ist, dass z. B. die Sachleistungen aus der Krankenversicherung nicht prämienabhängig sind.

W 3.21: Mutterschaftsleistungen D

Maria Müller ist schwanger. Sie studiert im 3. Semester BWL und wird von ihren Eltern finanziert. Maria erkundigt sich nun nach verschiedenen Unterstützungsmöglichkeiten, da ihre Eltern andeuten, sie in Zukunft nicht mehr zu unterstützen.

Beraten Sie die Studentin, wo und in welcher Höhe sie Unterstützungen beantragen kann.

W 3.22: Pflegeleistungen D

Martin Ott leidet an Altersdemenz und ist nicht mehr in der Lage, seinen Haushalt alleine zu bewältigen. Er braucht außerdem Hilfe bei der täglichen Körperpflege sowie beim Essen.

Suchen Sie im Internet **(www.help.gv.at)** nach Möglichkeiten der Betreuung und finanziellen Hilfe für Herrn Ott. Diskutieren Sie auch Schwierigkeiten bei der Finanzierung der Pflege allgemein.

Ein kurzer Kompetenz-Check, bevor's weitergeht!

Kompetenz-Check

	☺	😐	☹
Ich kann erläutern, wer in der Sozialversicherung versichert ist.			
Ich kann die Leistungen der Sozialversicherung nennen.			
Ich kann die Zweige der Sozialversicherung nennen.			
Ich kann die wichtigsten Systeme zur sozialen Absicherung von Familien nennen.			

4 ZIVILRECHTLICHE VORSCHRIFTEN FÜR UNTERNEHMEN

Worum geht's in diesem Kapitel?

Zahlreiche Informationen über größere Unternehmen sind im Firmenbuch zu finden, z. B. die Firma, unter der die Geschäfte abgeschlossen werden, wer das Unternehmen vertreten darf, wo das Unternehmen seinen Sitz hat etc.

Nicht immer wird ein Unternehmen von einer Person alleine betrieben, oft schließen sich mehrere zusammen, weil eine Person nicht genug Kapital hat oder weil sie Know-how von anderen benötigt. Die Rechtsordnung bietet dafür verschiedene Rechtsformen an.

Wenn Sie dieses Kapitel bearbeitet haben,

- wissen Sie, für wen das Unternehmensgesetzbuch gilt,
- wissen Sie, wo das Firmenbuch geführt wird und welche Informationen darin zu finden sind,
- wissen Sie, was „Firma" bedeutet und wie sie gebildet wird,
- wissen Sie, wer ein Unternehmen vertreten darf,
- kennen Sie die wichtigsten im Unternehmensgesetzbuch geregelten Vermittler,
- wissen Sie, welche Rechtsformen Unternehmen wählen können,
- kennen Sie die Vor- und Nachteile der verschiedenen Rechtsformen.

Dieses Kapitel leistet einen Beitrag zur Erfüllung folgender Deskriptoren:

„Ich kenne die verschiedenen Rechtsformen der Unternehmen und deren Vor- und Nachteile."

„Ich kann Informationen aus dem Firmenbuch nutzen."

A B C D E

In diesem Kapitel finden Sie Übungsaufgaben, praxisbezogene Fallbeispiele und Wiederholungsfragen zur Kompetenzüberprüfung auf den Handlungsebenen A **Wiedergeben,** B **Verstehen,** C **Anwenden** und D **Analysieren und & Interpretieren.**

Dieses Kapitel umfasst folgende Lerneinheiten:

Lerneinheit 1

Unternehmensrecht

SbX
Alle SbX-Inhalte zu dieser Lerneinheit finden Sie unter der ID: 4100.

Michael: Gestern musste ich zum Verkaufsleiter. Auf dem Türschild stand Prokurist. Als ich ihn fragte, wie die Firma den Verkauf organisiert hat, meinte er, das Unternehmen beschäftige Handelsvertreter. Was bedeutet eigentlich Prokurist? Welche Aufgabe hat ein Handelsvertreter? Und warum hat er Unternehmen statt Firma gesagt?

Anna: Was die Begriffe Firma, Prokurist, Handelsvertreter bedeuten, kannst du im Unternehmensgesetzbuch (UGB) nachlesen. Das Allgemeine Bürgerliche Gesetzbuch regelt Sachverhalte, die jede Person in ihrem Privatbereich betreffen. Im Unternehmensgesetzbuch hingegen sind nur jene Bestimmungen zu finden, die für Unternehmer wichtig sind, zum Beispiel:

- Wer ist Unternehmer?
- Unter welcher Bezeichnung darf ein Unternehmen Geschäfte abschließen?
- Wer darf für ein Unternehmen Verträge unterzeichnen?

Lernen

SbX ID: 4101

SbX
Eine Präsentation zum Thema „Unternehmensrecht“ finden Sie unter der ID: 4101.

1 Unternehmer

Das Unternehmensgesetzbuch (UGB) gilt nur für Unternehmer.

Michael: Für wen gilt das UGB?

Anna: Wird ein Unternehmer im Rahmen seines Unternehmens tätig, sind die Bestimmungen des Unternehmensgesetzbuches (UGB) anzuwenden.

Unternehmer = **entrepreneur**

Auch Non-Profit-Organisationen, die nur ihre Kosten am Markt decken, sind Unternehmen.

Das **Unternehmensgesetzbuch** kennt folgende Möglichkeiten, Unternehmer zu werden:

Unternehmer		
kraft unternehmerischer Tätigkeit	**kraft Rechtsform**	**kraft Eintragung**
Wer ein Unternehmen betreibt, ist Unternehmer.	Bestimmte juristische Personen sind Unternehmer aufgrund ihrer Rechtsform.	Wer zu Unrecht in das Firmenbuch eingetragen ist, gilt als Unternehmer.
gilt für:		
• Einzelunternehmen • Personengesellschaften (OG, KG)	• Aktiengesellschaften • Gesellschaften mit beschränkter Haftung • Genossenschaften • Sparkassen • Europäische wirtschaftliche Interessenvereinigung – EWIV	

Praktisch jeder bzw. jede selbständig Erwerbstätige ist Unternehmer im Sinne des UGB.

Eine unternehmerische Tätigkeit wird ausgeübt, wenn alle folgenden Merkmale erfüllt werden:

- Selbständigkeit, d. h., die Tätigkeit wird auf eigene Rechnung und eigenes Risiko ausgeübt
- die Tätigkeit wird auf Dauer, d. h. über einen längeren Zeitraum, ausgeübt
- Leistungen werden am Markt gegen Entgelt angeboten
- das Unternehmen verfügt über eine entsprechende Organisation, d. h., es geht planmäßig vor

Zu den freien Berufen zählen z. B. Ziviltechniker, Ärzte, Rechtsanwälte, Notare, Steuerberater, Künstler, Schriftsteller, Wissenschafter.

Für **Angehörige freier Berufe** sowie für **Land- und Forstwirte** gelten einige Teile des UGB immer:

- die Vorschriften über die Gesellschaften
- die Regeln über unternehmensbezogene Geschäfte

Die übrigen Vorschriften gelten für diese Unternehmer nur, wenn sie sich in das Firmenbuch eintragen haben lassen oder wenn sie Unternehmer kraft Rechtsform sind.

Nur Unternehmer, die in das **Firmenbuch** eingetragen sind,

- dürfen eine Firma führen,
- dürfen Prokuristen bestellen,
- müssen bestimmte Daten auf ihren Geschäftspapieren angeben.

Firmenbuch = **trade register (directory)**

2 Firmenbuch

Das Firmenbuch ist ein öffentliches Verzeichnis, das rechtlich relevante Informationen über Unternehmen enthält.

Michael: Die ING4TECH möchte Messgeräte beschaffen. Ich wurde beauftragt, die Adresse, die korrekte Firmenbezeichnung des Lieferanten sowie den Namen des Unternehmers ausfindig zu machen. Wo kann ich diese Daten herbekommen?

Anna: Diese Informationen sind im Firmenbuch zu finden. Du kannst dir einen aktuellen Firmenbuchauszug besorgen. Diesen erhält man ohne Angabe von Gründen z. B. bei Gerichten oder Notaren. Dafür ist allerdings eine Gebühr zu bezahlen.

In das **Firmenbuch**

- **müssen** sich
  - Gesellschaften (OG, KG, GmbH, AG)
  - Einzelunternehmer, deren Umsatzerlöse in zwei aufeinanderfolgenden Jahren € 700.000,– übersteigen
- **können** sich
  - alle anderen Unternehmer (Einzelunternehmer mit einem Umsatz unter € 700.000,–, Land- und Forstwirte, Freiberufler)

eintragen lassen.

Unternehmer, die sich **freiwillig** eintragen haben lassen, können die Eintragung jederzeit wieder löschen lassen.

Örtlich zuständig ist jenes Gericht, in dessen Sprengel das Unternehmen seine Hauptniederlassung oder seinen Sitz hat.

Das Firmenbuch wird vom zuständigen Gerichtshof I. Instanz geführt. Dies ist:

- in Wien: Handelsgericht
- in Graz: Landesgericht für Zivilrechtssachen
- sonst: eine Abteilung des zuständigen Landesgerichtes

Berechtigt sind z. B. Gerichte, andere Behörden, Notare, Rechtsanwälte, Banken, Wirtschaftstreuhänder ..., sofern sie über die notwendigen Einrichtungen verfügen.

Es gelten folgende Grundsätze:

- Führung auf zentraler EDV-Anlage. Daher kann jeder Berechtigte Daten über sämtliche österreichischen Unternehmen abfragen.
- Jedermann kann ohne Angabe von Gründen Einsicht nehmen und Auszüge anfertigen lassen.

Für Firmenbuchauszüge sind Gebühren zu bezahlen. Abfragen können auch über das Internet erfolgen. Auch hier fallen Gebühren an.

Die Eintragung in das Firmenbuch wird auch Protokollierung genannt. **Protokollierte Unternehmen** sind daher in das Firmenbuch eingetragene Unternehmen.

Beispiel
für einen Firmenbuchauszug

JUSTIZ FIRMENBUCH — REPUBLIK ÖSTERREICH — FB FIRMENBUCHDATENBANK

Stichtag 4.5.2007 Auszug mit aktuellen Daten FN 289693 w

```
Grundlage dieses Auszuges ist das Hauptbuch, ergänzt um Daten aus der Urkunden-
sammlung.
Letzte Eintragung am 24.02.2007 mit der Eintragungsnummer   1
zuständiges Gericht Landesgericht für ZRS Graz

       FIRMA
  1       TEchXpert e.U.

       RECHTSFORM
  1       Einzelunternehmer

       SITZ in
  1       politischer Gemeinde Graz

       GESCHÄFTSANSCHRIFT
  1       Dr.-Karl-Lueger-Straße 19
          8051 Graz

       GESCHÄFTSZWEIG
  1       Dienstleistungen in der automatischen Datenverarbeitung
          und Informationstechnik gemäß § 5 Abs. 2 GewO 1994

       INHABER
        A   Dipl.Ing. (FH) Martin Wörndle, geb. 28.02.1976
  1         eingetragen

 --- PERSONEN -------------------------------------------------------------

  1     A   Dipl.Ing. (FH) Martin Wörndle, geb. 28.02.1976
  1         Dr.-Karl-Lueger-Straße 19
            8051 Graz

-------------------- VOLLZUGSÜBERSICHT ---------------------------------------

Landesgericht für ZRS Graz

  1 eingetragen am 24.02.2007                Geschäftsfall  51 Fr   767/07 t
      Antrag auf Neueintragung einer Firma  eingelangt am 15.02.2007
```

- Was eingetragen ist, gilt.
- Wenn eine Tatsache nicht eingetragen und bekanntgemacht wurde, kann sich das Unternehmen nicht darauf berufen.

Beispiel

Ein Unternehmen hat die Prokura widerrufen, dies aber noch nicht eintragen lassen. Ein Schuldner zahlt dem Prokuristen eine fällige Schuld. Da der Schuldner nicht weiß, dass die Prokura widerrufen wurde, befreit ihn die Zahlung von seiner Schuld. Weiß hingegen der Schuldner vom Widerruf, weil ihm dies der Unternehmer beispielsweise erzählt hat, so befreit ihn die Zahlung nicht.

Bei juristischen Personen **(AG und GmbH)** sind zusätzlich einzutragen:
- die Höhe des Grund- oder Stammkapitals
- Name und Geburtsdatum der Aufsichtsratsmitglieder

Nur bei der **GmbH** sind überdies einzutragen:
- Namen und Geburtsdatum der Gesellschafter sowie die Höhe ihrer Stammeinlagen

Eingetragen werden:
- die Firma
- die Rechtsform
- der Sitz des Unternehmens und die für Zustellungen maßgebliche Geschäftsanschrift
- kurze Bezeichnung des Geschäftszweiges, in dem das Unternehmen tätig ist (dies wird auch von der Gewerbebehörde überprüft)
- Zweigniederlassungen inkl. Ort, Geschäftsanschrift und Firma, wenn sie von der Firma der Hauptniederlassung abweicht
- Name und Geburtsdatum des Unternehmers bzw. der vertretungsbefugten Organe (Geschäftsführer, Vorstand)
- Name und Geburtsdatum der Prokuristen sowie Beginn und Art ihrer Vertretungsbefugnis
- Liquidation
- Eröffnung eines Insolvenzverfahrens

Eine **Zweigniederlassung,** die selbst in das Firmenbuch eingetragen werden kann, liegt i. d. R. dann vor, wenn sie bei Wegfall der Hauptniederlassung als eigenes Unternehmen weitergeführt werden kann.

Weitere Informationen sind unter **www.usp.gv.at** zu finden.

Jedem Unternehmen wird nach der Anmeldung eine Firmenbuchnummer (FN-Zahl) zugewiesen, die ihm bis zur Löschung erhalten bleibt und die das Auffinden des Unternehmens im Firmenbuch erleichtert.

3 Stellvertretung

Der Stellvertreter handelt für einen anderen.

Stellvertretungen kommen sowohl im privaten wie auch im unternehmerischen Bereich vor; siehe S. 29f.

Stellvertreter = **representation**

Vollmacht = **power of attorney**

Der **Stellvertreter** schließt für einen anderen (den Vertretenen) Rechtsgeschäfte ab. Der Vertretene wird dadurch berechtigt oder verpflichtet.

Handelt der Vertreter im fremden Namen, spricht man von direkter (offener, unmittelbarer) Stellvertretung. Dabei werden folgende Arten unterschieden:

Begründung der Stellvertretung		
Rechtsgeschäft	**Gerichtsbeschluss**	**Gesetz**
Vollmacht	z. B.: Bestellung eines Sachwalters	z. B.: Vertretung der Kinder durch die Eltern

Die erforderliche beschränkte Geschäftsfähigkeit beginnt mit dem vollendeten 14. Lebensjahr.

Soll der Vertretene unmittelbar berechtigt oder verpflichtet werden, müssen **folgende Voraussetzungen** erfüllt sein:
- Die Stellvertretung muss dem Geschäftspartner gegenüber erkenntlich gemacht werden.
- Der Vertreter muss die Berechtigung haben, für den Vertretenen tätig zu werden.
- Der Stellvertreter muss zumindest beschränkt geschäftsfähig sein.

Überschreitet der Bevollmächtigte seine Vollmacht, sind seine Rechtshandlungen grundsätzlich unwirksam:
- Es kommt kein Vertrag zwischen Drittem und Vollmachtgeber zustande, weil die Vollmacht überschritten wurde.
- Es kommt kein Vertrag zwischen Drittem und Bevollmächtigtem zustande, weil der Bevollmächtigte erkennbar nicht für sich selbst handeln wollte.

Die Vollmacht

Grundsätzlich kann jemand einen anderen **ermächtigen,** für ihn Rechtsgeschäfte abzuschließen. Diese Ermächtigung wird **Vollmacht** genannt. Sie berechtigt den Stellvertreter zum Tätigwerden, verpflichtet ihn aber nicht.

Von der Vollmacht ist der Auftrag zu unterscheiden, welcher den Beauftragten verpflichtet, für den Auftraggeber tätig zu werden. Daher muss der Beauftragte dem Auftrag zustimmen.

Die Vollmacht ist eine Willenserklärung, die grundsätzlich formfrei erfolgen kann. Das heißt, sie kann schriftlich, mündlich oder durch schlüssige Handlung erteilt werden. Der Bevollmächtigte übernimmt keine Verpflichtung, daher muss er nicht zustimmen, sondern nur von der Vollmacht wissen.

Man unterscheidet folgende Arten von Vollmachten:

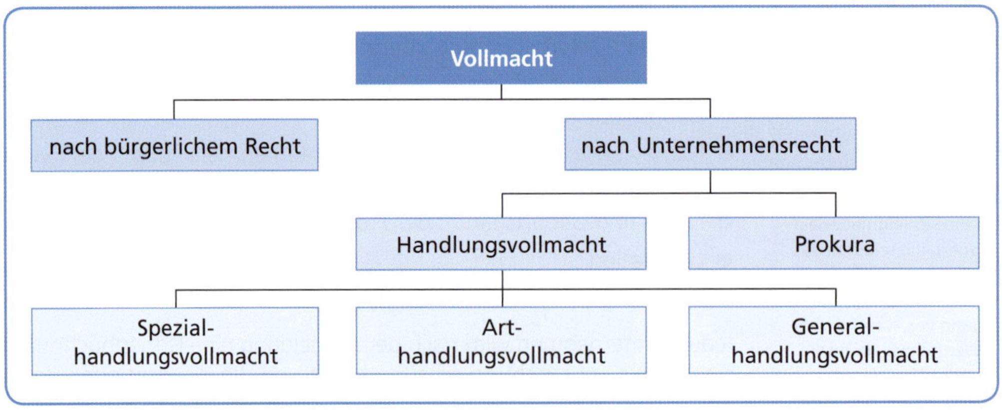

Vollmachten nach bürgerlichem Recht

Diese können von jedermann – auch Nichtunternehmer – erteilt werden. Nach dem Umfang der Vollmacht kann man unterscheiden:

Vollmachten nach bürgerlichem Recht können beliebig eingeschränkt werden, z. B. betraglich, zeitlich, räumlich …

Vollmacht		
Spezialvollmacht	**Artvollmacht**	**Generalvollmacht**
berechtigt, ein einziges, konkret bezeichnetes Geschäft durchzuführen (z. B. Anmeldung eines Autos)	berechtigt zu einer bestimmten Art von Geschäften (z. B. Abwicklung von Zahlungen)	umfasst sämtliche Geschäfte des Auftraggebers, die Gegenstand einer Vertretung sein können

Vollmachten nach Unternehmensrecht

Prokura

Michael: Auf einem Angebot für eine Maschine, das an die ING4TECH gerichtet war, standen vor der Unterschrift die Buchstaben „ppa". Was bedeutet dies?

Anna: Das Angebot wurde von einem Prokuristen unterzeichnet. Wenn im Firmenbuch keine Beschränkungen, wie Gesamtprokura, eingetragen sind, darf er das Unternehmen vertreten und das Angebot bindet das von ihm vertretene Unternehmen.

Die **Prokura** ist eine **spezielle Vollmacht,** die nur in das Firmenbuch **eingetragene Unternehmer** erteilen dürfen. Sie muss ausdrücklich (schriftlich oder mündlich) erteilt und in das Firmenbuch eingetragen werden.

Geschäfte, die nicht zum Unternehmen gehören, darf auch ein Prokurist nicht abschließen, z. B. Konkursanmeldung oder persönliche Geschäfte des Unternehmers, wie Heirat.

Die **Prokura** umfasst **sämtliche Geschäfte,** die im Betrieb irgendeines Unternehmens vorkommen. Folgende Rechtsgeschäfte darf aber auch ein Prokurist nicht tätigen:

1. Betriebsgrundstücke veräußern oder belasten (außer mit Spezialvollmacht)
2. den Betrieb stilllegen oder veräußern
3. Firmenbucheintragungen unterfertigen
4. Inventar und Bilanz unterzeichnen
5. die Prokura erteilen

Die Beschränkung wird zwischen Unternehmer und Prokuristen vereinbart. Jede weitere Person ist Dritter.

Weitere inhaltliche Beschränkungen sind gegenüber Dritten unwirksam! Im Innenverhältnis – im Verhältnis zwischen Unternehmer und Prokuristen – können jedoch Beschränkungen vereinbart werden, deren Nichtbeachtung den Prokuristen schadenersatzpflichtig machen können.

Zu seinem Schutz kann der Unternehmer nur folgende **Einschränkungen in das Firmenbuch** eintragen lassen:

- **Gesamtprokura:** Das Unternehmen wird nur verpflichtet, wenn mindestens 2 Prokuristen gemeinsam unterzeichnen.
- **Gemischte Prokura:** Der Prokurist ist nur gemeinsam mit einem Gesellschafter oder Geschäftsführer zeichnungsberechtigt.
- **Filialprokura:** Die Vertretungsbefugnis ist auf eine oder mehrere Zweigniederlassungen, die selbst im Firmenbuch unter anderer Firma oder mit anderem Zusatz eingetragen sein müssen, beschränkt. Die Haftung des Unternehmers für Handlungen des Prokuristen wird diesfalls aber nicht eingeschränkt.

Andere Beschränkungen der Prokura können nicht in das Firmenbuch eingetragen werden und haben gegenüber Dritten keine Wirkung.

Beispiel

Robert Sommer erhält Prokura. Dabei wurde ihm untersagt, Bestellungen über € 10.000,– zu unterzeichnen. In das Firmenbuch wurden keine Beschränkungen eingetragen. Tätigt er eine Bestellung über € 30.000,–, wird das Unternehmen verpflichtet, es muss den Vertrag erfüllen, da eine derartige Einschränkung Dritten gegenüber wirkungslos ist. Der Unternehmer kann allerdings von Sommer Schadenersatz verlangen, wenn ein Schaden entstanden ist, und ihm die Prokura entziehen.

(per procuram [lat.] = in Vertretung)

Der **Prokurist bzw. die Prokuristin zeichnet** mit der **Firma und seinem/ihrem Namen,** vor den er/sie einen Zusatz setzt, der die Prokura andeutet. Meist: ppa oder pp

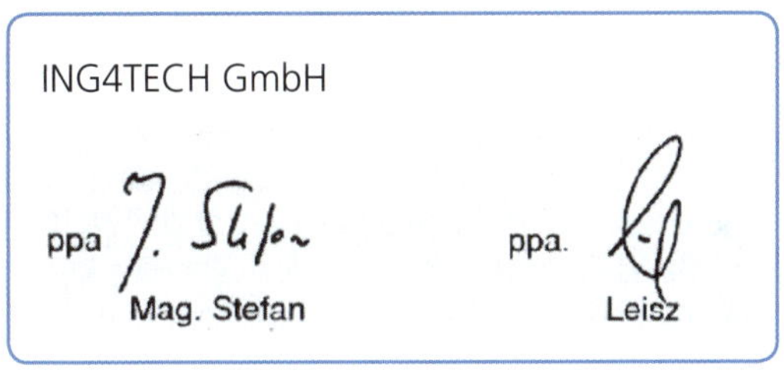

Durch den **Entzug der Prokura** endet ein allenfalls abgeschlossener Dienstvertrag nicht, nur die besonderen, zusätzlichen Berechtigungen, die der Arbeitnehmer aufgrund der Prokura besitzt, entfallen.

Auch die Löschung im Firmenbuch erfolgt nur auf Antrag des Unternehmers.

Die Prokura erlischt:

1. durch **jederzeitigen Widerruf,** wobei kein Grund angegeben werden muss
2. bei **Konkurseröffnung**
3. durch **Tod des Prokuristen,** nicht jedoch des Unternehmers
4. durch **Einstellung des Betriebes**
5. durch **Löschung des Unternehmers aus dem Firmenbuch**

Bei **Beendigung** ist die Prokura auch im **Firmenbuch zu löschen,** sonst gilt sie gegenüber Dritten weiter.

Handlungsvollmacht

Michael: Meine Freundin Karin betreibt einen kleinen Softwareshop. Soviel ich weiß, ist sie nicht in das Firmenbuch eingetragen. Kann sie nun keine Vollmacht erteilen?

Anna: Doch, sie kann Handlungsvollmacht erteilen.

Die **Handlungsvollmacht** ist ebenfalls eine **unternehmensrechtliche Vollmacht,** die **jeder Unternehmer erteilen** kann. Sie berechtigt grundsätzlich nur zur **Vornahme von Geschäften, die in jenem Gewerbe,** in dem der Unternehmer tätig ist, **gewöhnlich vorkommen.**

Handlungsvollmacht kann auch von nicht protokollierten Unternehmen erteilt werden.

Die Handlungsvollmacht kann ausdrücklich oder schlüssig vom Unternehmer oder einem Prokuristen erteilt werden. Sie wird nicht in das Firmenbuch eingetragen.

Folgende **Arten der Handlungsvollmacht** werden unterschieden:

Handlungsvollmacht		
Spezialhandlungsvollmacht	**Arthandlungsvollmacht**	**Generalhandlungsvollmacht**
berechtigt zum Abschluss eines bestimmten Geschäftes	umfasst eine bestimmte Art von Geschäften	umfasst alle gewöhnlich in einem derartigen Betrieb vorkommenden Geschäfte
Beispiel: Kauf eines Grundstückes. Dies umfasst grundsätzlich auch die Vorbereitung und Abwicklung.	Beispiele: ● Inkasso durch Kellner ● Verkauf von Waren durch Verkäufer	

Wenn es die Geschäfte gewöhnlich mit sich bringen, darf ein Handlungsbevollmächtigter einem anderen Vollmacht erteilen, die nur einen Teil der eigenen Vollmacht umfasst.

Der Handlungsbevollmächtigte darf keine Rechtsgeschäfte abschließen, die auch dem Prokuristen untersagt sind. Weiters benötigt er für den Abschluss folgender Geschäfte eine **Spezialvollmacht,** auch wenn sie zum gewöhnlichen Geschäftsbetrieb gehören:

- Eingehen von Wechselverbindlichkeiten
- Aufnahme eines Darlehens
- Vertretung vor Gericht
- Weitergabe seiner Handlungsvollmacht an einen Dritten

Der Handlungsbevollmächtigte zeichnet mit der **Firma** und **seinem Namen,** vor den er einen Zusatz setzt, der die Handlungsvollmacht andeutet; meist **i. V.** (= in Vertretung) oder **i. A.** (= im Auftrag).

Beispiel

Die Mitarbeiterin im Geschäftslokal der ING4TECH nimmt Bestellungen entgegen und gibt Stammkunden geringfügige Preisnachlässe, was dem Eigentümer bekannt ist. Obwohl sie nie dazu ermächtigt wurde, ist der Unternehmer nie dagegen eingeschritten. Sie hat daher stillschweigend eine Artvollmacht zum Verkauf und zur Gewährung von Preisnachlässen erhalten.

Die Fa. Gmeiner ist ein Kleinbetrieb, der mit elektronischen Bauteilen handelt. Ernst Sommer, Generalhandlungsbevollmächtigter der Fa. Gmeiner, möchte für das Unternehmen ein neues, größeres Geschäftslokal kaufen. Da dies kein gewöhnliches Geschäft ist – es wird von der Fa. Gmeiner nicht regelmäßig abgeschlossen –, ist er dazu nicht berechtigt.

Auch in diesem Fall bleibt das Dienstverhältnis bestehen, wenn die Vollmacht erlischt.

Die **Handlungsvollmacht erlischt:**

1. durch **jederzeitigen Widerruf,** wobei kein Grund angegeben werden muss,
2. bei **Konkurseröffnung,**
3. durch Tod **des Handlungsbevollmächtigten,** nicht jedoch des Unternehmers,
4. durch **Einstellung des Betriebes.**

Laden- und Lagervollmacht

Das Gesetz enthält eine Vermutung über die Vollmacht von Beschäftigten in einem Laden.

Wer **in einer Verkaufsstätte** (einem Laden) **tätig ist,** die von Kunden für die Abwicklung von Geschäften betreten wird, gilt als ermächtigt,

- Waren zu verkaufen,
- den Kaufpreis in Empfang zu nehmen,
- Waren zu übernehmen,

soweit dies im Rahmen dieses Geschäftes gewöhnlich geschieht.

Will dies der Inhaber nicht, muss er es den Besuchern seiner Geschäftsräume entsprechend kundmachen.

Beispiel

In einem Verkaufslokal ist eine Kasse eingerichtet und deutlich sichtbar ein Plakat angeschlagen, auf dem zu lesen ist, dass Zahlungen nur an der Kasse zu leisten sind. Diesfalls haben die Verkäufer keine Inkassovollmacht.

Firma = company, enterprise

4 Firma

Unter der Firma betreibt der Unternehmer seine Geschäfte.

Michael: Ich habe für die ING4TECH ein Formular auszufüllen. In ein Feld ist die „Firma" einzutragen. Wie ist das gemeint? Was soll ich da hinschreiben?

Anna: Menschen haben einen Namen, durch den sie von anderen unterschieden werden können. Dieselbe Aufgabe erfüllt die „Firma" für Unternehmen. Die „Firma" unseres Unternehmens lautet: „ING4TECH GmbH".

Die **Firma** ist der in das Firmenbuch **eingetragene Name**, unter dem ein Unternehmer

- seine Geschäfte betreibt,
- die Unterschrift abgibt,
- klagen und geklagt werden kann.

Die Firma wird durch das UGB geschützt.

Die Firma bezeichnet den Unternehmer bzw. die Unternehmerin, nicht das Unternehmen. Sie stellt das wesentlichste Unterscheidungsmerkmal dar. Gut eingeführte, bekannte Firmen stellen einen wirtschaftlichen Wert (= good will) dar, da Kunden diesem Unternehmer Vertrauen entgegenbringen, seine Waren und Leistungen hoch schätzen. Daher ist es wesentlich, dass nicht jedermann die Firma oder sonstige Bezeichnungen des Unternehmers nutzen darf.

Bildung der Firma

Als **Firma** kann **jede Bezeichnung** gewählt werden, die

- zur **Kennzeichnung des Unternehmers** geeignet ist,
- geeignet ist, den **Unternehmer von anderen zu unterscheiden,**
- **nicht irreführend** ist,
- bei freien Berufen einen **Hinweis auf den ausgeübten Beruf** enthält.

Als **Firma** sind auch Marken, Fantasiebezeichnungen und Namen von Personen zulässig.

Scheint in der Firma ein Name auf, dann dürfen bei Einzelunternehmen oder eingetragenen Personengesellschaften nur die Namen des Einzelunternehmers oder unbeschränkt haftender Gesellschafter verwendet werden.

Die **Firma** muss einen **Zusatz** enthalten, der die **aktuelle Rechtsform,** in der das Unternehmen betrieben wird, zeigt:

- **Einzelunternehmer:** „eingetragener Unternehmer" bzw. „eingetragene Unternehmerin", abgekürzt „e. U."
- **offene Gesellschaften:** „offene Gesellschaft", abgekürzt „OG"
- **Kommanditgesellschaften:** „Kommanditgesellschaft", abgekürzt „KG"
- **Aktiengesellschaften:** „Aktiengesellschaft", abgekürzt „AG"
- **Gesellschaften mit beschränkter Haftung:** „Gesellschaft mit beschränkter Haftung", abgekürzt „GmbH"
- **Genossenschaften:** „eingetragene Genossenschaft", abgekürzt „eGen"

Nicht jede Bezeichnung ist als Firma erlaubt.

In der Firma dürfen keine Bezeichnungen aufscheinen, die anderen zustehen, z. B. eine **Marke,** die andere Unternehmen registrieren ließ.

Bei freien Berufen kann statt

- offene Gesellschaft die Bezeichnung „Partnerschaft" bzw. „& Partner"
- Kommanditgesellschaft die Bezeichnung „Kommandit-Partnerschaft"

gewählt werden.

Die Firma muss in lateinischen Buchstaben ausgedrückt werden können. Daher sind Bilder, Sonderzeichen oder besondere grafische Gestaltungen nicht erlaubt. Weiters unzulässig sind unaussprechbare bzw. sinnlose Zeichen oder Buchstabenkombinationen und reine Branchenbezeichnungen. Unzulässig wäre daher z. B. Bau e. U. als Firma.

Grundsätze des Firmenrechts

Michael: Der Vater meines Freundes betreibt in Tulln ein Lebensmittelgeschäft unter der Firma Robert Winter e. U. Mein Freund, der ebenfalls Robert Winter heißt, möchte in Tulln mit einem weiteren Freund einen Betrieb zur Reparatur von Hardware unter Robert Winter KG. eröffnen. Darf er das?

Anna: Dein Freund darf seinen Betrieb nicht „Robert Winter KG" nennen, da sich jede neue Firma von bereits bestehenden unterscheiden muss. Nur ein anderer Rechtsformzusatz ist nicht unterscheidungskräftig. Er wird zumindest einen Firmenzusatz, wie Mechatroniker, oder eine Fantasiefirma wählen müssen.

Die **wichtigsten Grundsätze des Firmenrechts** sind:

- **Firmenwahrheit:** Es dürfen keine Angaben enthalten sein, die über Art, Umfang oder Verhältnisse des Inhabers oder der Inhaberin täuschen können.

Beispiele

Ändert sich die Rechtsform des Unternehmens, muss der Rechtsformzusatz angepasst werden.

- Eine Spedition, die ausschließlich in Österreich tätig ist, nennt sich „Internationale Spedition".
- Ein Einzelunternehmer führt die Firma Viktor Winter KG.
- Jemand, der wie der bekannte Rennfahrer Niki Lauda heißt, möchte die Firma „Niki Lauda Flugunternehmen AG" registrieren lassen. Hier werden die Kunden getäuscht, da jedermann glaubt, dass der bekannte Rennfahrer Inhaber des Unternehmens ist.
- In ein Einzelunternehmen tritt ein Gesellschafter ein. Die Firma des Einzelunternehmers darf mit einem Rechtsformzusatz fortgeführt werden.
- Aus einer Personengesellschaft mit zwei Gesellschaftern tritt ein Gesellschafter aus, wodurch das Unternehmen zu einem Einzelunternehmen wird. Diesfalls ist der Rechtsformzusatz anzupassen.

Namensänderungen kommen z. B. vor bei:
- Adoption,
- Heirat,
- Scheidung.

Ändert sich der Name des Inhabers oder Gesellschafters, darf die Firma fortgeführt werden.

- **Firmenausschließlichkeit:** Jede neue Firma muss sich von den am selben Ort oder in derselben Gemeinde bereits bestehenden Firmen deutlich unterscheiden, z. B. durch einen Zusatz.
- **Verbot der Leerübertragung:** Die Firma darf nur gemeinsam mit dem Unternehmen übertragen werden. Enthält die Firma den Namen des Unternehmers, darf sie fortgeführt werden, wenn der bisherige Inhaber oder dessen Erben ausdrücklich einwilligen. Der Übernehmer kann – muss aber nicht – einen Zusatz, der die Nachfolge andeutet, beifügen.
- **Firmenschutz:** Die Firma darf von keinem anderen Unternehmer verwendet werden.

Arten der Geschäftsbezeichnung

Es ist zu beachten, dass nicht jede Geschäftsbezeichnung die Firma ist, sondern dass im Geschäftsverkehr oft Schlagworte oder Abkürzungen benutzt werden. Daher ist zu unterscheiden:

Auch andere Unternehmensbezeichnungen sind geschützt.

Geschäftsbezeichnungen		
Firma	**Firmenschlagwort (Kurzbezeichnung)**	**Etablissement- oder Geschäftsbezeichnung**
Name des eingetragenen Unternehmers, dessen Bildung und Verwendung im UGB geregelt ist.	Frei gewählter Teil der Firma, der als Schlagwort im Geschäftsleben und in der Werbung genutzt wird. Ist durch das UGB oder das Gesetz gegen den unlauteren Wettbewerb geschützt.	Frei gewählte Bezeichnung des Unternehmens, die auch nicht in das Firmenbuch eingetragene Unternehmer verwenden können. Sie darf nicht täuschen oder zu Verwechslungen führen. Wird durch das Gesetz gegen den unlauteren Wettbewerb geschützt.
Beispiel: ● AL-KO Kober Ges.m.b.H. ● Rigips Austria GesmbH ● Erste Bank der österreichischen Sparkassen AG	Beispiel: ● AL-KO ● Rigips ● Erste	Beispiel: ● Apotheke zur Hl. Maria ● Gasthof zur Post ● Pizzeria La Strada

Dieser Handyshop hat sich Feldmarschall Radetzky (1766–1858) als Geschäftsbezeichnung gewählt.

Jedenfalls ist zu beachten, dass jede **Art von Geschäftsbezeichnung,** die ein bestimmtes Unternehmen kennzeichnet, **geschützt ist** und eine **unbefugte Verwendung verboten und strafbar** ist. Der Berechtigte kann unter Umständen auch Schadenersatz verlangen.

Beispiel

Ein Unternehmen tritt im Geschäftsverkehr unter „GFB & Partner Unternehmensberatung Gesellschaft für betriebswirtschaftliche Beratung" auf. Wenn ein anderes Unternehmen später die Firma „GfB Treuhand Gesellschaft für Betriebswirtschaft Steuerberatungs GmbH" führt, dann kann die Unternehmensberatung verlangen, dass der Steuerberater die Buchstaben GfB nicht verwendet, da die beiden Unternehmen verwechselt werden könnten.

5 Angaben auf Geschäftsbriefen

Bestimmte Informationen müssen auf Geschäftsbriefen enthalten sein.

Diese Angaben sind auch bei elektronischer Kommunikation erforderlich. Sie müssen nicht auf Mitteilungen und Berichten bei einer bestehenden Geschäftsverbindung aufscheinen, für die üblicherweise Vordrucke verwendet werden.

Das **UGB** verpflichtet eingetragene Unternehmer, auf **Geschäftsbriefen und Bestellscheinen** folgende Angaben aufzunehmen:

- Firma
- Rechtsform
- Sitz
- Firmenbuchnummer
- Firmenbuchgericht
- wenn Unternehmen beendet wird: in Liquidation (i. L.)

Ist bei einem **Einzelunternehmen** die Firma nicht der Name des Unternehmers, dann muss auch der Name des Unternehmers aufscheinen.

Genossenschaften haben darüber hinaus die Art der Haftung anzugeben.

Daneben bestehen auch in anderen Gesetzen **Verpflichtungen, bestimmte Informationen bekanntzugeben,** z. B. muss auf Rechnungen die UID aufscheinen, bei **Gewerbebetrieben ist außen der Name oder die Firma des bzw. der Gewerbetreibenden** anzubringen.

6 Im Unternehmensrecht geregelte Vermittler

Die Geschäfte einiger Vermittler sind im Unternehmensrecht speziell geregelt.

SbX
Eine Linkliste zu verschiedenen Formen der Vermittlung finden Sie unter der ID: 4101.

Michael: Die ING4TECH soll Maschinen in die USA liefern. Dafür müssen Transportmittel ausgewählt werden, Platz reserviert und die Zoll- und Transportpapiere ausgefüllt werden. Gibt es in der ING4TECH Spezialisten, die das können?

Anna: Da die ING4TECH nur selten Maschinen in die USA verkauft, werden diese Leistungen von anderen Unternehmen zugekauft.

Die ING4TECH kann sich für die Versendung der Maschinen an eine Spedition wenden. Ihre Aufgabe ist es, die günstigste Transportmöglichkeit zu suchen und die notwendigen Formalitäten zu erledigen.

Der Spediteur stellt auch aus vielen kleinen Transportaufträgen einen Transport zusammen (Sammelladeverkehr), wodurch das Transportmittel besser ausgelastet wird und der Preis für den Auftraggeber sinkt.

Spediteur

Derjenige, der den Transport ausführt, wird **Frächter** oder **Frachtführer** genannt.

§ 407 UGB lautet: „**Spediteur** ist, wer es übernimmt, Güterversendungen durch Frachtführer oder durch Verfrachter von Seeschiffen für Rechnung eines anderen (des Versenders) im eigenen Namen zu besorgen."

Es besteht kein Vertragsverhältnis zwischen Versender und Fachtführer.

Bei einem Speditionsgeschäft werden folgende Verträge abgeschlossen:

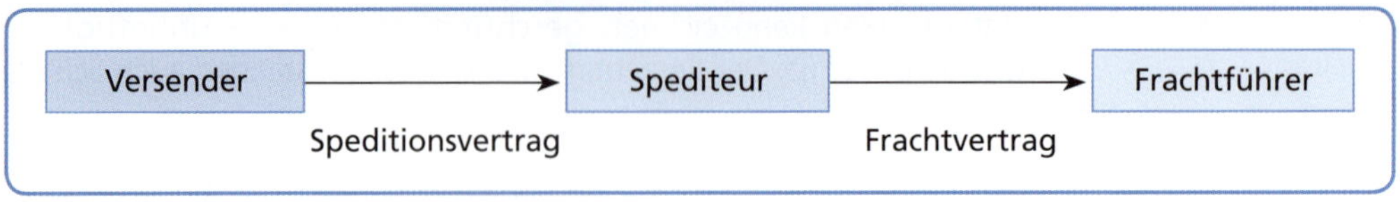

Die Spedition hat wegen ihrer Kosten und Auslagen ein gesetzliches Pfandrecht am Speditionsgut, solange sie über die Sachen verfügen kann.

Eine **Spedition** hat die Aufgabe, den **Warentransport zu organisieren** und damit **verbundene Nebenleistungen** zu erbringen:

- Auswahl des Transportmittels
- Abschluss des Frachtvertrages und Bearbeiten der Frachtpapiere
- Erledigung der Zoll- und Einfuhrformalitäten
- Abschluss einer Transportversicherung
- Organisation der Lagerleistungen, wie Zwischenlagerung, Verpacken, Umpacken, Wiegen der Ware
- Kontrolle der Waren und Dokumente am Bestimmungsort
- Vorfinanzierung der anfallenden Kosten
- evtl. Inkasso beim Kunden

Der Spediteur hat ein **Selbsteintrittsrecht,** d.h., er kann den Transport auch selbst mit eigenen Transportmitteln durchführen.

Speditionsgeschäft = **forwarding (shipping) trade**

Frachtgeschäft = **carrying trade (freighting trade)**

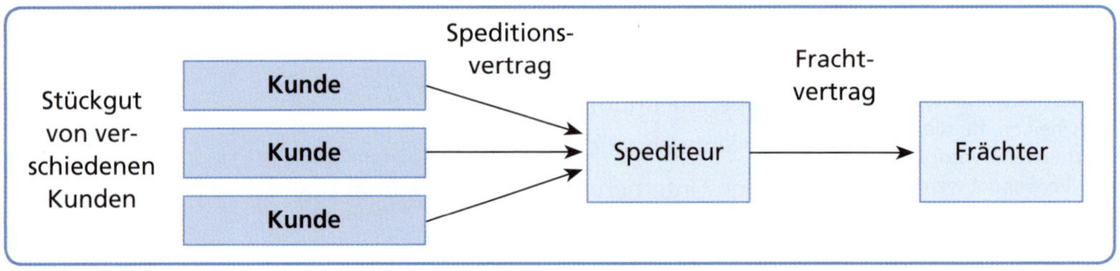

Absatzmittler

Dies sind selbständige Unternehmer, die für andere Unternehmen oder Private **Waren ein- oder verkaufen oder Geschäfte vermitteln.** Dadurch erspart sich der Auftraggeber Kosten – sowohl Personal- als auch Sachkosten.

Kommissionär

Kommissionär = **commissioner**

Der **Kommissionär**

- kauft oder verkauft
- im eigenen Namen
- für fremde Rechnung
- Waren oder Wertpapiere,

ohne ständig damit **beauftragt** zu sein.

Der Auftraggeber wird als **Kommittent** bezeichnet.

Da der **Kommissionär** im eigenen Namen auftritt, kommt das Geschäft zwischen ihm und dem Dritten zustande. Der Geschäftspartner kennt den Kommittenten nicht.

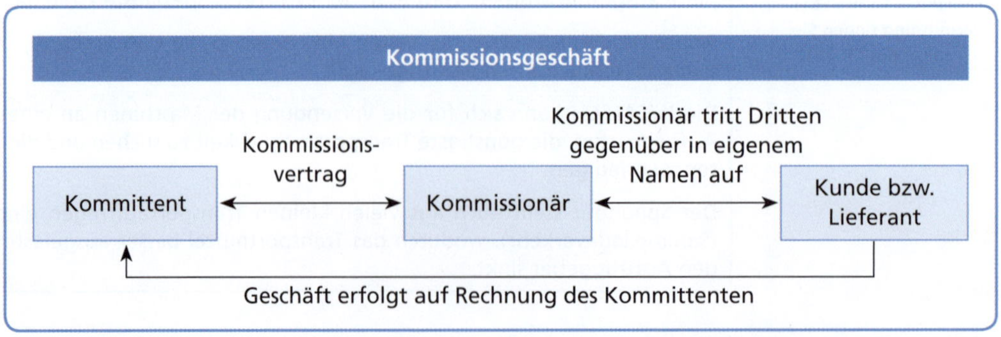

Der Kauf und Verkauf von Wertpapieren durch ein Geldinstitut ist i.d.R. ein **Kommissionsgeschäft**. Auch im Kunst- und Antiquitätenhandel hat das Kommissionsgeschäft Bedeutung.

Der **Kommissionär** hat dabei

- die Interessen des Kommittenten zu wahren,
- die Anordnungen des Auftraggebers zu befolgen und ihm alle erforderlichen Nachrichten zu geben,
- dem Auftraggeber die Waren herauszugeben und Rechenschaft abzulegen.

Beispiel

Auch der Kommissionär hat ein Selbsteintrittsrecht, die Bank kann dem Kunden eigene Wertpapiere verkaufen.

Die ING4TECH beauftragt eine Bank, Wertpapiere zu kaufen. Die Bank besorgt die Wertpapiere an der Börse. Dort tritt sie im eigenen Namen auf, d.h., der Kaufvertrag kommt zwischen der Bank und dem Verkäufer zustande. Allerdings ist sie verpflichtet, diese Papiere dem Auftraggeber herauszugeben, wobei dieser die Kosten und die vereinbarte Provision zu tragen hat.

Es handelt sich daher bei diesem Geschäft um ein **Kommissionsgeschäft.**

Makler = **broker, agent**

Makler

Der **Makler** ist nicht ständig von einem Auftraggeber mit der Vermittlung von Geschäften betraut.

§ 1 Maklergesetz definiert den Makler: „**Makler** ist, wer aufgrund einer privatrechtlichen Vereinbarung (Maklervertrag) für einen Auftraggeber **Geschäfte mit einem Dritten vermittelt,** ohne ständig damit betraut zu sein."

Makler vermitteln daher z.B. **Geschäfte** über:

- An- oder Verkauf von beweglichen Waren
- An- oder Verkauf von Wertpapieren
- Versicherungen
- sonstige Gegenstände des Handelsverkehrs
- Immobilien
- Kredite

Dabei hat der Makler die Interessen des Auftraggebers zu wahren.

Michael: Wenn ein Freund ein Unternehmen gründen möchte, benötigt er ein Geschäftslokal. Er könnte mit der Suche einen Makler beauftragen. Wenn der Makler ein Lokal gefunden hat, muss er dann das Geschäft abschließen? Und muss er die Provision des Maklers zahlen?

Anna: Grundsätzlich muss man nicht jedes Geschäftslokal nehmen, das der Makler vorschlägt. Mietet man aber das vom Makler vorgeschlagene Lokal, wird die Provision fällig. Dies kann man auch nicht umgehen, indem man das Lokal kauft statt mietet oder einen Freund bittet, das Lokal für einen selbst zu mieten.

Der Makler ist nicht verpflichtet, einen Geschäftspartner zu suchen. Er hat dann aber auch keinen Anspruch auf Entgelt.

Aufgabe des Maklers ist es, Personen, die ein Geschäft abschließen wollen, zu suchen, mit dem Auftraggeber zusammenzubringen und die **Vertragspartner zum Geschäftsabschluss zu bewegen.** Das Geschäft wird dann direkt zwischen dem Auftraggeber und dem vom Makler gefundenen Vertragspartner geschlossen. Der Makler schließt grundsätzlich keine Geschäfte für den Auftraggeber ab.

Der Anspruch auf Courtage besteht auch, wenn nicht das beauftragte, sondern ein wirtschaftlich gleichwertiges Geschäft abgeschlossen wird.

Aufgrund des Maklergesetzes hat der Makler Anspruch auf **Provision** (Courtage), wenn

- er aufgrund eines Maklervertrages mit der Geschäftsvermittlung beauftragt wird,
- er sich verdienstlich gemacht hat, d.h., für den Auftraggeber jemanden gefunden hat, der ein entsprechendes Geschäft abschließen möchte und
- das Geschäft abgeschlossen wird.

Da der Makler selbständiger Unternehmer ist, hat er aus der Provision seine sämtlichen Unkosten abzudecken, ausgenommen es ist ausdrücklich vereinbart, dass bestimmte Kosten (z. B. Zeitungsinserat) zusätzlich ersetzt werden.

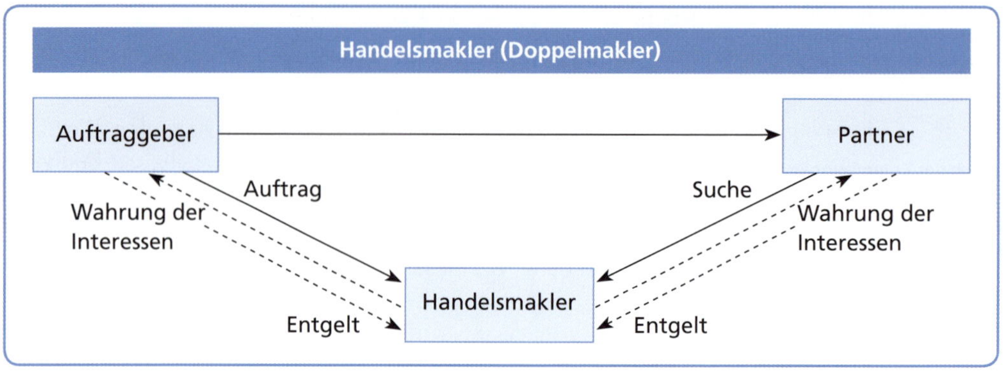

Immobilienmakler, Versicherungsmakler und Handelsmakler sind i. d. R. als Doppelmakler tätig.

Makler können auch als **Doppelmakler** tätig werden. Dabei haben sie die Interessen beider Seiten zu wahren. Beide Vertragspartner müssen dann Maklerprovision zahlen.

Handelsvertreter

Handelsvertreter = **trading agent (commercial agent)**

Handelsvertreter werden auch Handelsagenten genannt.

§ 1 Handelsvertretergesetz lautet: „**Handelsvertreter** ist, wer von einem anderen mit der **Vermittlung oder dem Abschluss von Geschäften,** ausgenommen über unbewegliche Sachen, in dessen Namen und für dessen Rechnung **ständig betraut** ist und diese Tätigkeit selbständig und gewerbsmäßig ausübt."

Der **Handelsvertreter** ist daher
- selbständiger Unternehmer, der
- **ständig** von mindestens einem Geschäftsherrn beauftragt ist,
- Geschäfte zu vermitteln oder im Namen und auf Rechnung des Auftraggebers abzuschließen.

Der Handelsvertreter hat
- sich zu bemühen, Geschäfte zu vermitteln bzw. abzuschließen,
- die Interessen des Auftraggebers mit der nötigen Sorgfalt zu wahren,
- den Geschäftsherrn unverzüglich von jedem Geschäft in Kenntnis zu setzen,
- Anspruch auf Unterstützung durch den Geschäftsherrn (z. B. durch Aushändigung erforderlicher Unterlagen und entsprechender Informationen).

Zur Interessenswahrung gehört auch die Einholung von Informationen über die wirtschaftliche Lage des Geschäftspartners.

Handelsvertreter können auch für mehrere Unternehmen tätig sein.

Zumeist hat der Handelsvertreter nur Vermittlungsvollmacht.

Der Handelsvertreter hat Anspruch auf **Provision** für jedes durch seine Tätigkeit zustande gekommene Geschäft.

Der Handelsvertreter darf in die Geschäftsbücher des Auftraggebers Einsicht nehmen, um die Provisionsabrechnung zu kontrollieren.

Dem Handelsvertreter kann für ein **bestimmtes Gebiet** (Gebietsvertreter) oder einen **bestimmten Kundenkreis** die alleinige Vertretung des Geschäftsherrn zugestanden werden. Diesfalls hat er Anspruch auf Provision für alle Geschäfte mit diesen Kunden, auch wenn sie ohne sein Zutun zustande gekommen sind.

Die allgemeinen Kosten seiner Tätigkeit (Büro, Fahrtkosten ...) hat der Handelsvertreter aus seiner Provision zu bestreiten. Die entstandenen Spesen (Porti, Barauslagen) hat der Geschäftsherr hingegen gesondert zu ersetzen.

Beispiel

Die ING4TECH schließt einen Vertrag mit einem selbständigen Handelsvertreter, in dem sie ihm das Alleinvertretungsrecht für Tirol zugesteht. Die ING4TECH hat dem Vertreter die für die Kundeninformation nötigen Unterlagen, wie Prospekte, Preislisten, Referenzen oder technische Informationen, zur Verfügung zu stellen.

Eines Tages bestellt eine Firma aus Imst bei der ING4TECH eine Maschine. Der Handelsvertreter hat mit diesem Unternehmen nie Kontakt gehabt. Trotzdem besteht Anspruch auf Provision, da die Bestellung aus dem ihm zugewiesenen Bundesland stammt.

Vertragshändler

Die Tätigkeit der Vertragshändler ist nicht gesetzlich geregelt. Sie hat sich in der Praxis entwickelt. Häufig haben Vertragshändler einen Gebietsschutz, d. h., in einem bestimmten Umkreis darf kein anderes Unternehmen mit dem Verkauf derselben Waren betraut werden.

Der **Vertragshändler** ist **selbständiger Unternehmer,** der
- ständig von einem Hersteller Waren kauft und
- diese in eigenem Namen
- auf eigene Rechnung verkauft.

Dabei entlastet der Vertragshändler das Vertriebssystem des Herstellers, indem er diesem Lagerhaltung und Kundenbetreuung abnimmt. Die Firma oder Marke des Herstellers wird dabei oft besonders hervorgehoben.

Beispiele

- Mazda Eder
- Pfaff-Nähmaschinen Brückl OG

Franchising

Auch das Franchising ist nicht gesetzlich geregelt, sondern hat sich in der Praxis entwickelt.

Beim Franchising stellt der **Franchisegeber** dem **Franchisenehmer** gegen **Zahlung einer (Franchise-)Gebühr**
- Know-how,
- Nutzungsrechte an einem Markennamen,
- ein umfassendes Beschaffungs-, Organisations- und Marketingsystem

zur Verfügung.

Franchising wird immer bedeutender. In den USA werden derzeit ca. 50 % der Gastronomiebetriebe im Franchising betrieben und 43 % des Einzelhandelsumsatzes mit Franchising erwirtschaftet.

Der **Franchisenehmer**
- betreibt das Geschäft als selbständiger Unternehmer im eigenen Namen auf eigene Rechnung,
- ist jedoch an die vorgegebenen Produkte und Dienstleistungen sowie
- an die vom Franchisegeber entwickelte Ausstattung des Geschäftes

gebunden.

Dem Franchisegeber kommen dabei zumeist weitgehende Überwachungs- und Weisungsrechte zu. Er hilft auch in betriebswirtschaftlichen Belangen, indem er das Marketing übernimmt, betriebswirtschaftliche Auswertungen und Vergleiche bietet und Hilfestellung leistet.

Beispiele

- Mc Donald's
- Ankerbrot
- Palmers
- Printshop
- Starbucks

Üben

SbX ID: 4102

A B C D E

SbX
Ü 4.1
mit automatischer Aufgabenkontrolle
ID: 4102

Ü 4.1: Unternehmer B

Liegt in folgenden Fällen ein Unternehmen im Sinne des UGB vor?

	Ja/Nein	Begründung
Techniker, der neben seiner Angestelltentätigkeit für diverse Unternehmen Pläne zeichnet		
Tankstelle		

	Ja/Nein	Begründung
Sportverein, der seine Ausgaben durch Mitgliedsbeiträge finanziert		
Druckerei		
Museum, welches Ausgaben durch Eintrittsgelder deckt		

SbX Ü 4.2 mit automatischer Aufgabenkontrolle ID: 4102

Ü 4.2: Firma B

Sind folgende Firmennamen zulässig?

	Ja/Nein	Begründung
Karl Richter – Wasserinstallationen		
Renate Sommer OG		
Fantasmus Ges.mbH		
X e. U.		
Foto KG		

SbX Ü 4.3 mit automatischer Aufgabenkontrolle ID: 4102

Ü 4.3: Mc Donald's B

Dürfen Sie die Bezeichnung Mc Donald's als Firma verwenden?

- Ja, weil
- Nein, weil

SbX Ü 4.4 mit automatischer Aufgabenkontrolle ID: 4102

Ü 4.4: Prokura C

Darf der Prokurist einer Papierhandlung folgende Geschäfte tätigen?

	Ja/Nein	Begründung
Kauf von Waren		
Aufnahme eines Kredites für das Unternehmen		
Bestellung eines Prokuristen		
Vertretung des Unternehmens in einem Schadenersatzprozess vor Gericht		
Anmeldung eines Kfz für das Unternehmen		
Verkauf eines nicht mehr benötigten Grundstückes		

SbX Ü 4.5 mit automatischer Aufgabenkontrolle ID: 4102

Ü 4.5: Handlungsvollmacht C

Darf ein Handlungsbevollmächtigter einer Papierhandlung folgende Geschäfte tätigen?

	Ja/Nein	Begründung
Kauf von Waren		
Aufnahme eines Kredites für das Unternehmen		
Bestellung eines Prokuristen		
Vertretung des Unternehmens in einem Schadenersatzprozess vor Gericht		
Anmeldung eines Kfz für das Unternehmen		
Verkauf eines nicht mehr benötigten Grundstückes		

SbX
Ü 4.6
mit automatischer Aufgabenkontrolle
ID: 4102

Ü 4.6: Firmenbuch A

Sind folgende Aussagen richtig oder falsch? Wenn sie falsch sind, stellen Sie sie richtig:

	richtig/ falsch	Korrektur
Jeder, der eine selbständige Tätigkeit ausübt, muss sich in das Firmenbuch eintragen lassen.		
Einsicht in die im Firmenbuch gespeicherten Daten haben ausschließlich staatliche Behörden.		
Jedermann kann bei Gericht einen Firmenbuchauszug erhalten, wofür Gebühren zu zahlen sind.		
Eintragungen in das Firmenbuch erfolgen auf Antrag des Unternehmers.		
Auch wenn jemand im Firmenbuch als Prokurist eingetragen ist, darf man sich nicht darauf verlassen, sondern muss im Unternehmen nachfragen.		
Das Firmenbuch wird von der Gemeinde geführt.		
Wird ein neues Unternehmen eröffnet, wird es automatisch in das Firmenbuch eingetragen.		
Eintragungen in das Firmenbuch sind gratis.		

SbX
Ü 4.7
mit automatischer Aufgabenkontrolle
ID: 4102

Ü 4.7: Angaben auf Geschäftsbriefen A

Welche Angaben müssen auf Geschäftsbriefen aufscheinen?

SbX
Ü 4.8
mit automatischer Aufgabenkontrolle
ID: 4102

Ü 4.8: Vermittler A

Wie werden Unternehmen, die folgende Geschäfte abwickeln, fachlich korrekt genannt:

a) Selbständiges Unternehmen, welches Geschäfte vermittelt, ohne ständig damit betraut zu sein

b) Unternehmen, welches Warentransporte durchführt

c) Selbständiges Unternehmen, welches ständig für andere Unternehmen Geschäfte abschließt

d) Unternehmen, welches Warentransporte organisiert

e) Selbständiges Unternehmen, welches Marke, Know-how und Marketing eines anderen nutzt

f) Selbständiges Unternehmen, welches einmalig für ein anderes Unternehmen Waren verkauft

SbX
Ü 4.9
mit automatischer Aufgabenkontrolle
ID: 4102

Ü 4.9: Gültigkeit des UGB B

Sind folgende Aussagen richtig oder falsch? Wenn sie falsch sind, stellen Sie sie richtig:

	richtig/ falsch	Korrektur
Auch für Ärzte gelten sämtliche Vorschriften des UGB.		
Landwirte können sich in das Firmenbuch eintragen lassen.		
Gründen Ziviltechniker eine Gesellschaft, dann müssen sie sich in das Firmenbuch eintragen lassen.		
Jeder Architekt darf eine Firma führen.		

SbX
Ü 4.10–Ü 4.12
mit automatischer Aufgabenkontrolle
ID: 4102

Weitere Übungsaufgaben im SbX

Ü 4.10: Unternehmensrecht B

Bearbeiten Sie einen Test zu verschiedenen Bereichen des Unternehmensrechts.

Ü 4.11: Angaben auf Geschäftsbriefen B

Stellen Sie sich einem Quiz mit fünf Fragen.

Ü 4.12: Vermittler im Unternehmensrecht B

Vervollständigen Sie die Übersicht zu den verschiedenen Formen der Vermittlung.

Sichern

SbX ID: 4103

Geltungsbereich des UGB

Das **Unternehmensgesetzbuch** enthält Regelungen für Unternehmer.

Unternehmer ist, wer ein Unternehmen betreibt – das ist eine auf Dauer angelegte selbständige Tätigkeit, die eine Organisation erfordert. Daher ist praktisch jeder und jede Selbständige Unternehmer.

Firmenbuch

Die meisten Gesellschaften sowie Einzelunternehmer mit einem Jahresumsatz über € 700.000,– müssen sich in das **Firmenbuch** eintragen lassen, den übrigen Unternehmern steht es frei. Das Firmenbuch wird beim zuständigen Landes- oder Handelsgericht geführt.

Firma

In das Firmenbuch eingetragene Unternehmer führen eine **Firma,** unter der sie im Geschäftsverkehr auftreten.

Stellvertretung

Das UGB sieht **besondere Formen der Stellvertretung** vor:

Die **Prokura** als umfassende Vollmacht und

die **Handlungsvollmacht,** deren Umfang eingeschränkter ist.

Das **UGB** enthält auch **Regelungen für bestimmte Unternehmen:**

Speditionsgeschäft

Speditionen organisieren Transporte von Waren und erbringen damit im Zusammenhang stehende Nebenleistungen.

Frachtgeschäft

Frachtführer transportieren Waren zu Lande, zur See oder in der Luft.

Makler

Makler vermitteln Geschäfte, ohne ständig damit betraut zu sein.

Kommissionäre

Kommissionäre kaufen oder verkaufen Waren im eigenen Namen für fremde Rechnung. Sie sind nicht ständig von einem Unternehmen beauftragt.

Handelsvertreter

Handelsvertreter sind von einem Unternehmen ständig beauftragt, für dieses Geschäfte zu vermitteln oder abzuschließen. Sie handeln daher im fremden Namen, auf fremde Rechnung.

Vokabeln dieser Lerneinheit

Unternehmer	entrepreneur
Firmenbuch	trade register (directory)
Stellvertreter	representation
Vollmacht	power of attorney
Firma	company, enterprise
Speditionsgeschäft	forwarding (shipping) trade

Frachtgeschäft	carrying trade (freighting trade)
Kommissionär	commissioner
Makler	broker, agent
Handelsvertreter	trading agent (commercial agent)

SbX ID: 4103

Im SbX finden Sie diese Zusammenfassung als Audio-Wiederholung sowie eine Bildschirmpräsentation mit den Grafiken dieser Lerneinheit.

Wissen

A B C D E

W 4.1: Unternehmensbezeichnung D

Robert Winter lässt über seinem Geschäftslokal die Bezeichnung „EDV-Doktor" anbringen. In einer Nebenstraße eröffnet ein anderes Unternehmen und wirbt als „EDV-Doktor". Prüfen Sie, ob Winter dagegen etwas unternehmen kann.

W 4.2: Fortführung der Firma C

Die Fa. Franz Eisenmann – Elektroinstallationen beendet ihre Tätigkeit. Da die Firma bekannt ist, will Franz Grüner den Namen weiterführen.

a) Ist dies möglich (wie bzw. unter welchen Bedingungen)?
b) Welche Vorteile erlangt er dadurch?
c) Welche Nachteile muss er dafür in Kauf nehmen?

W 4.3: Erteilung der Prokura C

Martina Sommer ist Unternehmerin. Sie führt eine eingetragene Hausverwaltung. Da sie überlastet ist, sagt sie zu ihrem Mann, dass er ab nun Prokurist sei, und bittet ihn, das Unternehmen bei einem Prozess vor Gericht zu vertreten.

Klären Sie, ob er jetzt dazu berechtigt ist, und begründen Sie Ihre Antwort.

W 4.4: Umfang der Vollmacht C

Karin Tremmel kauft in einem Geschäft Kleidung, gibt dem Mitarbeiter des Unternehmens den Kaufpreis und verlässt das Geschäft. Als sie vor dem Geschäftslokal stehen bleibt, kommt der Unternehmer und verlangt den Kaufpreis, da er meint, der Mitarbeiter sei nicht berechtigt gewesen, den Kaufpreis in Empfang zu nehmen. Sie müsse nun sehen, dass sie das Geld vom Verkäufer zurückbekomme.

Prüfen Sie, ob der Unternehmer im Recht ist, und begründen Sie Ihre Antwort.

W 4.5: Erteilung einer Vollmacht C

Die Frau von Robert Winter erledigt für ihren Mann die Büroarbeiten und unterschreibt die Lieferscheine. Auch die Rechnungen wurden bisher immer pünktlich bezahlt. Diesmal lehnt Winter die Bezahlung der Lieferung ab, da er behauptet, seine Frau sei dazu nicht berechtigt, Lieferscheine zu unterschreiben.

Klären Sie, ob Winter die Bezahlung mit Erfolg ablehnen kann, und begründen Sie Ihre Antwort.

W 4.6: Umfang der Prokura C

Franz Grüner hat Richard Weiner zum Prokuristen bestellt, ihm aber untersagt, Darlehen aufzunehmen. Trotzdem nimmt Weiner bei der Bank einen Kredit über € 15.000,– für das Unternehmen auf.

Muss der Kredit vom Unternehmen zurückbezahlt werden? Ist eine derartige Einschränkung möglich?

W 4.7: Grundstücksverkauf A

Franz Bauer verkauft für die Karl Müller OG ein Grundstück. Auf dem Vertrag setzt er vor seinen Namen die Buchstaben ppa.

a) Erklären Sie, was ppa bedeutet.
b) Prüfen Sie, ob er dieses Geschäft abschließen darf.

W 4.8: Generalhandlungsvollmacht A

Ein Generalhandlungsbevollmächtigter soll das Unternehmen in einem Schadenersatzprozess vor Gericht vertreten. Ist er dazu berechtigt? (Begründung)

W 4.9: Abschluss eines Versicherungsvertrages B

Ein Unternehmen möchte eine Feuerversicherung abschließen. Erklären Sie, wer das Unternehmen beraten und unter den vielen Anbietern eine günstige Versicherung vermitteln kann.

W 4.10: Warentransport C

Sie möchten Waren nach Portugal versenden. Das Paket ist für die Post zu groß, füllt aber keinen Lkw. Erklären Sie, wie das Paket günstig transportiert werden kann.

W 4.11: Firma A

In Krems gibt es seit langem die Fa. „Winter OG", die elektrische Geräte vertreibt. Karin Winter und Manfred Reimer möchten einen Handel mit Schreibgeräten eröffnen, wobei Winter unbeschränkt haftet, Reimer nicht. Prüfen Sie, ob sie dafür als Firma „Winter KG" wählen können.

W 4.12: Angaben auf Geschäftsbriefen D

Die Winter OG mailt Ihnen eine Bestellung. Darin scheinen neben den Bestelldaten nur die Firma und der Sitz auf. Erfüllt die E-Mail die gesetzlichen Anforderungen?

W 4.13: Wohnungskauf C

Karla Meitner benötigt eine Wohnung. Sie sieht in der Zeitung das Inserat eines Maklers und vereinbart mit diesem einen Besichtigungstermin. Da ihr die Wohnung gefällt, möchte sie diese mieten.

a) Klären Sie, wer die Parteien des Mietvertrags sind.
b) Prüfen Sie, ob der Makler gegenüber Karla Meitner Anspruch auf Provision hat.
c) Wenn der Makler weiß, dass an dem Haus in nächster Zeit größere Reparaturarbeiten durchgeführt werden, die die Betriebskosten erhöhen, muss er Karla Meitner darüber informieren?

Ein kurzer Kompetenz-Check, bevor's weitergeht!

Kompetenz-Check

	☺	😐	☹
Ich kann erläutern, für wen die Vorschriften des UGB gelten.			
Ich kann erläutern, welche Informationen im Firmenbuch zu finden sind.			
Ich kann die Bedeutung der Firma erläutern.			
Ich kann die im UGB geregelten Typen der Stellvertretung nennen.			

SbX
Alle SbX-Inhalte zu dieser Lerneinheit finden Sie unter der ID: 4200.

Lerneinheit 2
Gesellschaftsrecht

Michael: Die ING4TECH ist eine GmbH, mein Freund betreibt sein Unternehmen als Einzelunternehmer und mein Vater arbeitet in einer KG. Wozu gibt es diese verschiedenen Rechtsformen? Es müsste doch eine genügen.

Anna: Jede Rechtsform weist andere Besonderheiten auf und hat spezielle Vor- und Nachteile. Grundsätzlich kann jeder Unternehmer zwischen den verschiedenen Rechtsformen frei wählen und die für ihn beste heraussuchen. Wählen kann man aber nur unter den vom Gesetz vorgegebenen Rechtsformen. Neue, nicht im Gesetz vorgesehene Rechtsformen dürfen nicht geschaffen werden. Es können jedoch auch verschiedene Rechtsformen kombiniert werden.

Lernen

SbX ID: 4201

1 Überblick

Bei der Auswahl der Rechtsform ist sorgfältig vorzugehen.

SbX
Eine Präsentation zum Thema „Gesellschaftsrecht" finden Sie unter der ID: 4201.

Bei der **Wahl der Rechtsform** ist unter anderem zu bedenken:

- Kapitalbeschaffungsmöglichkeiten
- Haftung
- Geschäftsführungsbefugnis
- Vertretung
- Mitarbeit
- Publizitätspflicht
- Gewerbeberechtigung
- Steuern
- Sozialversicherung
- Mitbestimmungsmöglichkeiten
- Gründungkosten und laufende Kosten

Für Unternehmen, die in mehreren Mitgliedstaaten der EU tätig sind, gibt es weitere Rechtsformen.

Da Unternehmen, die in einem Mitgliedstaat der EU registriert sind, ihre Tätigkeit in allen Staaten der EU ausüben dürfen, können auch österreichische Betriebe in der Rechtsform, die in den Gesetzen eines anderen EU-Mitgliedstaates geregelt ist, betrieben werden.

Folgende Rechtsformen stellt das Gesetz für Unternehmen zur Verfügung:

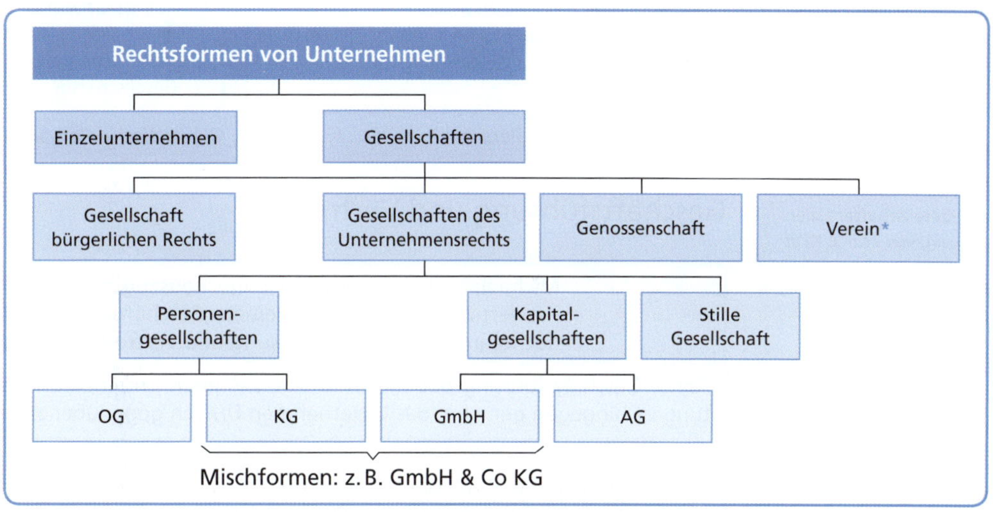

* Der Verein wurde bereits in Kapitel 2, **Bürgerliches Recht** behandelt.

Rechtsform = **legal form**

In der Tabelle sind nur Unternehmen enthalten, die Mitglied der Wirtschaftskammer sind. Quelle WKO

Die Häufigkeit der Rechtsformen zeigt folgende Statistik:

Rechtsform	Zahl der Unternehmen in Österreich
Einzelunternehmen (nur Mitglieder der Wirtschaftskammer)	504.534
Offene Gesellschaften	9.431
Kommanditgesellschaften	21.717
Gesellschaften mit beschränkter Haftung	102.102
Aktiengesellschaften	1.311
Genossenschaften	819
Vereine	3.771
Sonstige	2.667

Unterschiede Personengesellschaft – Kapitalgesellschaft

Personengesellschaft = **partnership**

Personengesellschaften unterscheiden sich von Kapitalgesellschaften:

Personengesellschaften	Kapitalgesellschaften
Mindestens 2 Gesellschafter	Auch 1 Gesellschafter möglich
Unternehmen wird von den Gesellschaftern geführt	Unternehmen kann von angestellten Managern geführt werden
Gesellschafter haften auch mit ihrem Privatvermögen für alle Schulden der Gesellschaft	Gesellschafter haften nur mit ihrer Einlage; für Schulden der Gesellschaft haftet nur die Gesellschaft
Vertrauen der Gesellschafter untereinander notwendig	Abstimmung der Gesellschafter erfolgt in formeller Versammlung
Gesellschafter haben Kontrollrechte	Gesellschafter haben nur Anspruch auf Abschrift des Jahresabschlusses
Gesellschafter zahlen für Gewinn der Gesellschaft Einkommensteuer	Gesellschaft zahlt für Gewinn Körperschaftsteuer, bei Ausschüttung fällt zusätzlich Kapitalertragsteuer an
keine juristische Person	juristische Person

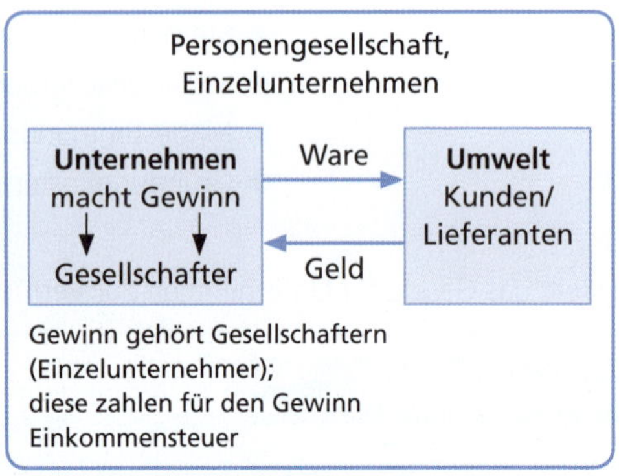

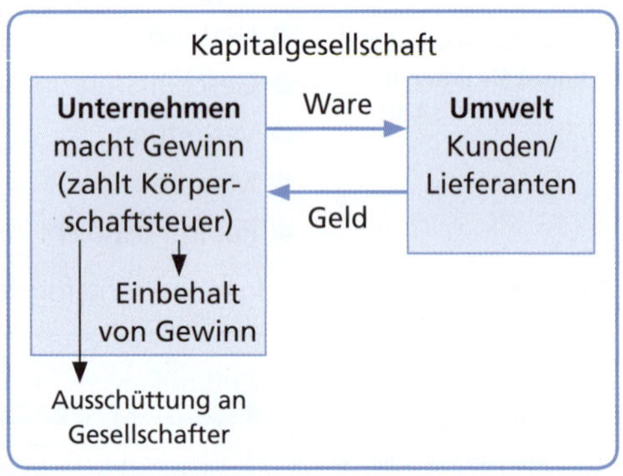

Kapitalgesellschaft = **litmited liability company (cooperation/ capital company**

Der Gewinn von Kapitalgesellschaften wird mit 25 % KÖSt besteuert, unabhängig ob er im Unternehmen behalten oder an die Gesellschafter ausgeschüttet wird. Für Ausschüttungen an die Gesellschafter fallen zusätzlich 27,5 % KESt an.

Geschäftsführung und Vertretung

Michael: Ich habe einen Firmenbuchauszug gesehen, in dem stand: „Der Prokurist vertritt gemeinsam mit einem Geschäftsführer." Ich verstehe das nicht. Ich dachte immer, Geschäftsführung und Vertretung bedeuten dasselbe.

Anna: Geschäftsführung bedeutet, im Unternehmen Entscheidungen zu treffen. Mit Vertretung ist hingegen gemeint, das Unternehmen Dritten gegenüber zu verpflichten.

In jedem Unternehmen müssen unter anderem

- Beschlüsse gefasst werden,
- Anweisungen erteilt werden,
- Entscheidungen über die Herstellung oder Einstellung von Produkten gefällt werden,
- Verträge mit Kunden und Lieferanten geschlossen werden,
- Arbeitsverträge geschlossen und beendet werden,
- Ansuchen an Behörden gerichtet werden.

Die ersten drei Tätigkeiten haben keine Auswirkungen auf Personen außerhalb des Unternehmens, die letzten drei aufgezählten Handlungen wirken auch gegenüber Unternehmensexternen. Daher wird unterschieden:

Jede Vertretungshandlung umfasst auch eine Geschäftsführungshandlung, nicht aber umgekehrt.

Vertretung = **representation**

Geschäftsführung = **managing director**

Leitungsbefugnis	
Geschäftsführung	**Vertretung**
betrifft das Rechtsverhältnis der Gesellschafter untereinander und die Verwaltung der Gesellschaft (= Innenverhältnis)	umfasst alle Rechtshandlungen, die das Unternehmen gegenüber Dritten berechtigt oder verpflichtet (= Außenverhältnis)
Beispiel: ● Führung der Bücher ● Entscheidung über die Errichtung einer neuen Abteilung	**Beispiel:** ● Kauf von Waren ● Eingabe bei Gericht

Einzelunternehmen = **private trading form**

2 Einzelunternehmen

Nur eine Person ist Eigentümer des Unternehmens.

Ein Einzelunternehmen kann jede erlaubte Tätigkeit ausüben. Das UGB ist uneingeschränkt nur anzuwenden, wenn es unternehmerisch tätig wird.

Wird ein freier Beruf oder eine landwirtschaftliche Tätigkeit ausgeübt oder vermietet das Unternehmen Liegenschaften, dann gelten nur einzelne Bestimmungen des UGB.

Bei einem **Einzelunternehmen** gibt es nur **einen einzigen Eigentümer,** der

- **allein das notwendige Kapital aufbringt.** Es gibt keine Bestimmungen, die ein bestimmtes Mindestkapital vorsehen.
- **allein das gesamte Risiko trägt** und auch mit seinem Privatvermögen für die Verbindlichkeiten des Unternehmens haftet. Dabei ist es gleichgültig, ob er das Geschäft unter der Firma oder seinem bürgerlichen Namen abgeschlossen hat, das Unternehmen oder er persönlich geklagt wird.
- **selbst das Unternehmen** leitet und dadurch die alleinige Entscheidungsbefugnis hat. Grundsätzlich steht ihm allein die Geschäftsführung und Vertretung zu, welche er allerdings delegieren kann.
- **alleine den erwirtschafteten Gewinn erhält,** aber auch alleine allfällige Verluste zu tragen hat.
- **nur Kredit erhält, wenn er eine entsprechende Bonität aufweist.**

Verbindlichkeiten = Schulden

Mit **Bonität** ist die Kreditwürdigkeit einer Person oder eines Unternehmens gemeint. Das heißt, ob ein Schuldner fähig und willens ist, seinen Verpflichtungen aus dem Kreditverhältnis nachzukommen.

Das Problem bei dieser Rechtsform ist, dass das Unternehmen nur vom Unternehmer abhängt. Kann er nicht (mehr) mitarbeiten, geht das Unternehmen häufig zugrunde, da der Unternehmer oft nicht vorsorgt, dass rechtzeitig ein Vertreter bzw. Nachfolger vorbereitet wird.

Gesellschaft bürgerlichen Rechts = **private company (private partnership)**

3 Gesellschaft bürgerlichen Rechts (GesbR)

Wenn mehrere Personen ihre Leistungen einem gemeinsamen Zweck widmen, liegt eine Gesellschaft bürgerlichen Rechts vor.

Die Gesellschaft bürgerlichen Rechts ist im ABGB geregelt und liegt vor, wenn mindestens zwei Personen gemeinsam einen bestimmten Zweck verfolgen. Dieser Zweck kann

- ein wirtschaftlicher (Vermietung einer Wohnung, Betrieb eines kleinen Unternehmens) oder
- ein ideeller, nicht auf Gewinn gerichteter (Erhalt eines Museums)

sein.

Michael: Eine Bekannte meiner Eltern besitzt gemeinsam mit ihrem Ehemann eine Eigentumswohnung. Da sie jetzt übersiedelt sind, haben sie die Wohnung vermietet. Sind sie jetzt Unternehmer?

Anna: Auch wenn die beiden Ehepartner keine Absprachen getroffen haben, entsteht durch die Vermietung der gemeinsamen Wohnung eine Gesellschaft bürgerlichen Rechts.

Die GesbR ist nicht in das Firmenbuch (oder ein anderes Register) einzutragen und führt auch keine Firma.

Die Gesellschaft bürgerlichen Rechts kommt durch Abschluss eines **formfreien Vertrages** zustande. Das heißt, der Vertrag kann schriftlich, mündlich oder durch schlüssige Handlung abgeschlossen werden.

Auf die **GesbR** ist das **UGB nicht anzuwenden.** Werden jedoch **Umsatzerlöse von mehr als € 700.000,–** im Geschäftsjahr erzielt, dann bestimmt das UGB, dass die Gesellschaft im Firmenbuch **als OG** zu protokollieren ist.

Die Pflichten können im Gesellschaftsvertrag abweichend geregelt werden.

Pflichten der Gesellschafter:

- **Mitwirkung in der Gesellschaft**
- **Treuepflicht:** Die Gesellschafter müssen die Interessen der Gesellschaft wahren und haben jede Schädigung der Gesellschaft zu unterlassen; sie dürfen auch kein für die Gesellschaft schädliches Nebengeschäft betreiben.
- **Beitragspflicht:** Die Gesellschafter müssen die vereinbarte Einlage leisten. Diese kann bestehen in
  - Geld oder
  - Sachen oder
  - Rechten oder
  - Arbeit.

Wurde nichts anderes vereinbart, haben alle Gesellschafter

- im selben Ausmaß mitzuarbeiten und
- dasselbe Stimmrecht.

Jeder Gesellschafter ist zur Geschäftsführung und Vertretung gegenüber Dritten berechtigt. Grundsätzlich gilt **Einzelgeschäftsführung** und **Einzelvertretung,** außer der Gesellschaftsvertrag sieht anderes vor. Widerspricht ein Gesellschafter einer Geschäftsführungs- oder Vertretungsmaßnahme, darf sie der Gesellschafter, der sie vornehmen wollte, nicht durchführen.

solidarisch = für den gesamten Betrag

Die Gesellschafter haften solidarisch mit ihrem Privatvermögen für sämtliche Schulden der Gesellschaft. Muss ein Gesellschafter für die Gesellschaft haften, kann er von den anderen Ersatz fordern.

Dieser Name ist **keine** Firma.

Betreibt die Gesellschaft ein Unternehmen bzw. tritt sie gegenüber Dritten auf, dann kann dies unter einem **gemeinsamen Namen** geschehen. Dieser Name

- muss auf das Bestehen einer Gesellschaft hindeuten,
- muss zur Kennzeichnung geeignet sein,
- darf nicht irreführend sein.

Dem Geschäftspartner müssen die Namen bzw. die Firmen und die Anschriften der Gesellschafter offengelegt werden.

Die sich aus derartigen Geschäften ergebenden Rechte und Pflichten stehen nicht der Gesellschaft, sondern den Gesellschaftern zu.

Aus Geschäften der Gesellschaft werden die Gesellschafter berechtigt und verpflichtet, nicht die Gesellschaft.

Die Gesellschaft selbst kann keine Rechte und Pflichten erwerben und auch nicht in das Grundbuch eingetragen werden. Sie kann auch keine Gewerbeberechtigung erwerben. Am Vermögen der Gesellschaft besteht entweder Miteigentum oder ein Gesellschafter alleine ist Eigentümer der Sache.

Soll ein neuer Gesellschafter aufgenommen werden, müssen alle bisherigen Gesellschafter zustimmen.

Die Gesellschaft wird unter anderem beendet durch

- Zeitablauf,
- Beschluss der Gesellschafter,
- Tod eines Gesellschafters (außer im Vertrag wurde anderes vereinbart),
- Kündigung eines Gesellschafters,
- Verlust des Gesellschaftsvermögens.

Offene Gesellschaft = **open partnership**

4 Offene Gesellschaft (OG)

Die OG ist eine Personengesellschaft, bei der sämtliche Gesellschafter solidarisch für sämtliche Schulden der Gesellschaft haften.

Michael: Ich habe eine Statistik gesehen, die gezeigt hat, dass es in Österreich nur ganz wenige offene Gesellschaften gibt. Angeblich ist diese Rechtsform mit großen Gefahren verbunden, da man mit seinem ganzen Privatvermögen für Handlungen der übrigen Gesellschafter haftet. Stimmt das?

Anna: Jeder Gesellschafter haftet tatsächlich mit seinem Privatvermögen (z. B. Sparbüchern, Wohnung, Auto und anderen Vermögenswerten) für die Gesellschaftsschulden – auch für jene, die andere Gesellschafter verursacht haben.

Gesellschafter einer OG können natürliche Personen (Menschen), juristische Personen (z. B. GmbH, AG) oder auch Personengesellschaften (OG, KG) sein.

Die **offene Gesellschaft** ist eine Vereinigung von zwei oder mehreren Personen zum Betrieb eines Unternehmens unter gemeinsamer Firma. Die Gesellschaft selbst kann Rechte und Pflichten erwerben und in das Grundbuch eingetragen werden.

Die Offene Gesellschaft kann für jeden erlaubten Zweck gegründet werden. Daher kann sie auch freie Berufe, land- und forstwirtschaftliche Tätigkeiten, vermögensverwaltende Tätigkeiten, nicht auf Gewinn gerichtete Tätigkeiten, wie Führung eines Museums, ... ausüben.

Die Gesellschaft wird durch einen formfreien Vertrag aller Gesellschafter begründet und entsteht mit der Protokollierung im Firmenbuch.

Rechte der Gesellschafter:

Auch Gesellschafter, die von der Geschäftsführung ausgeschlossen sind, haben ein Informationsrecht.

- **Informationsrecht**
  Jeder Gesellschafter kann sich über Angelegenheiten der Gesellschaft in den Büchern und Schriften der Gesellschaft informieren. Weiters hat er das Recht, einen Jahresabschluss zu erhalten.

Es ist zulässig, dass die Gesellschafter unterschiedliche Rechte und Pflichten übernehmen.

- **Gleichbehandlung**
  Die Gesellschafter dürfen nicht willkürlich, ohne sachlichen Grund, ungleich behandelt werden.

Außerordentliche Geschäftsführungsmaßnahmen sind z. B. Bestellung eines Prokuristen, Aufnahme eines neuen Geschäftszweiges, Stilllegung eines Teiles des Unternehmens

- **Geschäftsführung und Vertretung**
  Grundsätzlich ist jeder Gesellschafter zur Mitarbeit, zur Geschäftsführung und zur Vertretung nach außen berechtigt und verpflichtet. Es gilt Einzelgeschäftsführung und Einzelvertretung. Lediglich für außerordentliche Geschäfte muss die Zustimmung aller geschäftsführenden Gesellschafter vorliegen. Die entsprechende Vertretungshandlung kann hingegen jeder Gesellschafter alleine vornehmen.

Beispiel

An einer OG, die mit Radio- und Fernsehgeräten handelt, sind Franz Winter, Robert und Renate Grün beteiligt. Robert Grün möchte neue Ware bestellen, da die Lager leer sind. Es handelt sich um eine Maßnahme der ordentlichen Geschäftsführung, daher ist er – sofern keine besonderen Vereinbarungen bestehen – alleine dazu berechtigt.

Renate Grün möchte eine Filiale gründen und dafür ein Geschäftslokal mieten. In diesem Fall handelt es sich um eine außerordentliche Geschäftsführungsmaßnahme, daher müssen sämtliche Gesellschafter zustimmen. Schließt sie dennoch den Mietvertrag für die OG ab, wird die OG dadurch verpflichtet, da ihre Vertretungsmacht dafür ausreicht. Allenfalls können die übrigen Gesellschafter Schadenersatz fordern.

- Im **Gesellschaftsvertrag** kann vereinbart werden, dass
  - die Geschäftsführung allen oder mehreren Gesellschaftern gemeinsam zusteht **(Gesamtgeschäftsführung)**. Bevor eine Geschäftsführungsmaßnahme gesetzt wird (z. B. Aufnahme eines neuen Mitarbeiters), ist die Zustimmung der anderen Gesamtgeschäftsführer einzuholen.
  - die Gesellschaft nur von zwei oder mehr Gesellschaftern gemeinsam vertreten werden darf **(Gesamtvertretung)**. Mit Dritten abgeschlossene Verträge verpflichten die Gesellschaft nur dann, wenn sämtliche zur Gesamtvertretung berechtigte Gesellschafter gemeinsam unterschrieben haben.
  - **einzelne Gesellschafter** keine Vertretungsbefugnis haben.

Eine Beschränkung der Vertretungsmacht gilt gegenüber Externen nur, wenn dies im Firmenbuch eingetragen ist.

Im Gesellschaftsvertrag wird jedoch oft eine andere Verteilung vorgesehen.

- **Anteil am Erfolg der Gesellschaft**
  Das Gesetz sieht vor, dass der Gewinn oder Verlust den Gesellschaftern im Verhältnis ihrer Einlage zugewiesen wird.
- **Ersatz von Aufwendungen für die Gesellschaft**
  Wird ein Gesellschafter für die Gesellschaft tätig und fallen dabei Aufwendungen an, dann hat ihm die Gesellschaft diese Zahlungen zu ersetzen.

Pflichten der Gesellschafter:

Die Einlage der Gesellschafter muss nicht in Geld bestehen.

unbeschränkt = ohne betragliche Begrenzung

- **Leistung der vereinbarten Einlage:** Im Gesellschaftsvertrag wird festgelegt, welche Einlage die Gesellschafter zu leisten haben. Dabei muss nicht jeder Gesellschafter dieselbe Einlage bzw. einen gleich hohen Betrag leisten. Es gibt kein gesetzlich festgelegtes Mindestkapital. Jedoch haftet jeder Gesellschafter auch mit seinem Privatvermögen
  - unbeschränkt und
  - solidarisch

  für sämtliche Schulden des Unternehmens.

Beispiel

Maria Winter und Franz Grieser sind Gesellschafter einer OG. Winter nimmt für die Gesellschaft einen Kredit über € 100.000,– auf. Ist im Firmenbuch keine Beschränkung eingetragen (z. B. Gesamtgeschäftsführung), ist sie zur Aufnahme des Kredites berechtigt. Die Bank kann die Rückzahlung des gesamten Kredites von der Gesellschaft oder von Maria Winter oder von Franz Grieser – auch gerichtlich – fordern.

Wird Franz Grieser zur Zahlung verurteilt, muss er sie aus seinem Privatvermögen bestreiten – auch wenn er dafür sein Sparbuch auflösen oder seine Wohnung verkaufen muss. Danach kann er versuchen, von der Gesellschaft oder von Winter einen Ausgleich zu erhalten.

Es kann vereinbart werden, dass das Wettbewerbsverbot nicht gilt.

- **Wettbewerbsverbot (Konkurrenzverbot)**
  Kein Gesellschafter darf ohne Zustimmung der übrigen Gesellschafter in dem Geschäftszweig, in dem die OG tätig ist, als Einzelunternehmer oder als persönlich haftender Gesellschafter tätig werden. Er darf auch nicht maßgeblichen Einfluss auf eine andere Gesellschaft, die Geschäfte in diesem Zweig tätigt, ausüben.
- **Treuepflicht**
  Die Gesellschafter haben – wie bei der GesbR – die Pflicht, der Gesellschaft nicht zu schaden.

Bei einem Gesellschafterwechsel haften Übergeber und Übernehmer für die vor dem Wechsel aufgenommenen Schulden der Gesellschaft solidarisch.

Gesellschafterwechsel

Soll ein neuer Gesellschafter aufgenommen werden oder möchte ein Gesellschafter seinen Anteil einem Dritten übertragen, so muss dafür der Gesellschaftsvertrag geändert werden. Dafür ist ein einstimmiger Beschluss sämtlicher Gesellschafter notwendig. Dies ist anschließend im Firmenbuch einzutragen.

Die Gesellschaft wird beendet durch

- Zeitablauf
- Beschluss der Gesellschafter
- Konkurs über das Vermögen der Gesellschaft oder eines Gesellschafters
- Tod eines Gesellschafters (außer im Vertrag wurde anderes vereinbart)
- Kündigung 6 Monate zum Ende des Geschäftsjahres (außer im Vertrag wurde anderes vereinbart)

Erben können verlangen, dass sie die Stellung von Kommanditisten erhalten.

Kommanditgesellschaft = **limited partnership**

5 Kommanditgesellschaft (KG)

Die KG ist eine Personengesellschaft, bei der nur ein Teil der Gesellschafter für die Schulden der Gesellschaft persönlich haftet.

§ 161 UGB lautet:

„(1) Die Kommanditgesellschaft ist eine unter eigener Firma geführte Gesellschaft, bei der die Haftung gegenüber den Gesellschaftsgläubigern bei einem Teil der Gesellschafter auf einen bestimmten Betrag (Haftsumme) beschränkt ist (Kommanditisten), beim anderen Teil dagegen unbeschränkt ist (Komplementäre).

Die KG ist eine Sonderform der OG.

(2) Soweit dieser Abschnitt nichts anderes bestimmt, finden auf die Kommanditgesellschaft die für die offene Gesellschaft geltenden Vorschriften Anwendung."

Die KG muss in das Firmenbuch eingetragen werden.

Auch die **Kommanditgesellschaft (KG)**
- kann jede erlaubte Tätigkeit ausüben,
- kann selbst Rechte und Pflichten erwerben und in das Grundbuch eingetragen werden,
- wird durch einen formfreien Vertrag aller Gesellschafter begründet,
- entsteht mit der Protokollierung im Firmenbuch.

Bei der KG gibt es **zwei Gruppen von Gesellschaftern:**

Es muss mindestens ein Komplementär und mindestens ein Kommanditist beteiligt sein.

Kommanditgesellschaft	
Komplementär Vollhafter wie OG-Gesellschafter	**Kommanditist** Teilhafter, haftet nur mit seiner Einlage

Komplementäre haben **dieselbe Stellung wie Gesellschafter einer OG,** d.h., sie
- haften unbeschränkt mit ihrem Privatvermögen,
- haben die Geschäfte zu führen,
- vertreten die Gesellschaft nach außen,
- unterliegen dem Wettbewerbsverbot.

Kommanditisten hingegen sind Gesellschafter, deren **Haftung auf den Betrag der Haftsumme beschränkt ist.** Die Haftsumme wird im Gesellschaftsvertrag festgelegt und im Firmenbuch vermerkt.

Grundsätzlich hat der **Kommanditist** nur sehr eingeschränkte Mitwirkungsbefugnisse. Im Vertrag kann jedoch vorgesehen sein, dass er bei bestimmten Geschäften ein Zustimmungsrecht hat.

Kommanditisten
- haben keine Vertretungs- und Geschäftsführungsbefugnis, sie müssen aber Maßnahmen der außerordentlichen Geschäftsführung zustimmen, sonst dürfen diese nicht gesetzt werden,
- unterliegen nicht dem Wettbewerbsverbot,
- sind berechtigt, eine Abschrift des Jahresabschlusses (Bilanz, GuV-Rechnung) zu verlangen und die Richtigkeit anhand der Bücher und Belege zu prüfen.

Gewinn- und Verlustverteilung

In der Praxis wird die Gewinn- und Verlustverteilung im Gesellschaftsvertrag genau geregelt.

Das Gesetz sieht vor, dass den Komplementären zunächst ein ihrer Haftung angemessener Teil des Gewinnes zusteht. Der Rest ist – wie bei der OG – im Verhältnis der Beteiligung zu verteilen. Ein Verlust ist ebenfalls nach den Beteiligungsverhältnissen aufzuteilen.

Die Gesellschaft wird aus denselben Gründen beendet wie die OG, jedoch ist der Tod eines Kommanditisten kein Endigungsgrund, da diesfalls die Gesellschaft mit den Erben fortgesetzt wird.

stille Gesellschaft = **silent (sleeping) partnership**

6 Stille Gesellschaft

Der stille Gesellschafter verbessert die Eigenkapitalbasis.

Der stille Gesellschafter ist nur Kapitalgeber und hat keine Geschäftsführungs- und Vertretungsbefugnisse.

Michael: Die ING4TECH entwickelt ein neues Produkt, wofür sie Kapital benötigt. Wenn sie das Geld bei der Bank aufnimmt, muss sie auch während der Entwicklungsphase Zinsen zahlen. Wenn sich das Produkt am Markt nicht gut verkauft, fallen auch noch Zinsen an.

Gibt es eine Möglichkeit, nur dann Zinsen zu zahlen, wenn die ING4TECH Gewinne macht?

Anna: Wenn die ING4TECH einen stillen Gesellschafter aufnimmt, erhält sie zusätzliches Kapital, ohne dass sie diesem Gesellschafter Mitspracherechte einräumen muss. Der stille Gesellschafter hat Anspruch auf einen Gewinnanteil, den er nur erhält, wenn das Unternehmen Gewinn macht.

Stille Gesellschafter können natürliche Personen (Menschen), juristische Personen (z. B. GmbH, AG) oder auch Personengesellschaften (OG, KG) sein.

Bei der stillen Gesellschaft beteiligt sich jemand am Unternehmen eines anderen so, dass die **Einlage in das Vermögen des Unternehmers übergeht** und der **stille Gesellschafter dafür einen Gewinnanteil erhält.** Die Höhe und Art der Beteiligung wird vertraglich festgelegt, eine Beteiligung an allfälligen Verlusten kann vertraglich auch ausgeschlossen werden.

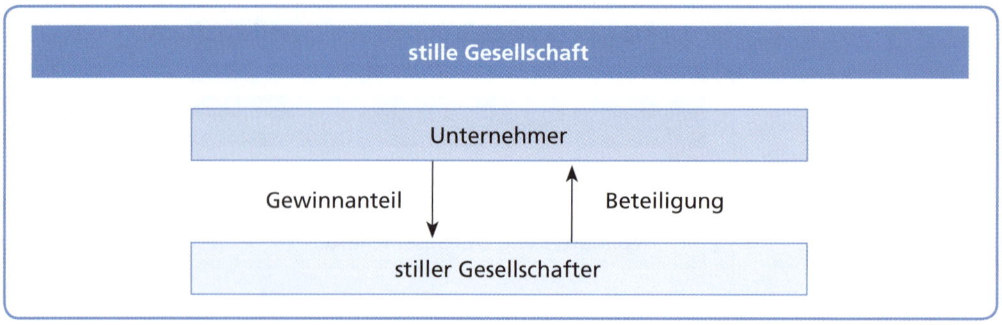

Die **Gesellschaft tritt nicht nach außen in Erscheinung** und hat daher keine gemeinsame Firma. Rechte und Pflichten erwirbt nicht die stille Gesellschaft, sondern der Unternehmer.

Grundsätzlich hat der stille Gesellschafter keine Mitwirkungsbefugnisse im Unternehmen. Im Vertrag kann jedoch vorgesehen sein, dass er bei bestimmten Geschäften ein Zustimmungsrecht hat.

Der **stille Gesellschafter**

- scheint nirgends auf (er wird auch nicht in das Firmenbuch eingetragen),
- hat keine Geschäftsführungsbefugnisse,
- ist nicht befugt, das Unternehmen zu vertreten,
- haftet nur mit seiner Einlage,
- ist berechtigt, eine Abschrift des Jahresabschlusses (Bilanz, GuV-Rechnung) zu verlangen und dessen Richtigkeit anhand der Bücher und Belege zu prüfen.

Es kann vereinbart werden, dass der Stille mehr als seine Einlage erhält.

Wird die Gesellschaft aufgelöst, erhält der Stille nur seine Einlage. Für Verluste, die seine Beteiligung übersteigen, haftet er nicht.

Die Gesellschaft wird durch die Eröffnung eines Konkurses aufgelöst. Der typische Stille erhält diesfalls wie alle anderen Gläubiger die Quote.

7 Gesellschaft mit beschränkter Haftung (GmbH)

Bei der GmbH haften die Gesellschafter nicht für die Schulden der Gesellschaft.

Gesellschaftszweck kann jede erlaubte Tätigkeit, ausgenommen Versicherungsgeschäfte, bestimmte Bankgeschäfte, Apotheken, Notare, Ärzte, Tabak-Trafiken, Rauchfangkehrer sowie die Tätigkeit politischer Parteien, sein.

Das UGB gilt für GmbHs uneingeschränkt, da sie Unternehmer kraft Rechtsform sind.

Gesellschaft mit beschränkter Haftung = **private limited company (Ltd.)**

Die **GmbH** ist eine **Kapitalgesellschaft.** Sie ist eine **juristische Person,** die mit der Eintragung im Firmenbuch entsteht. Der Gesellschaftsvertrag (Satzung) muss durch einen Notar beurkundet werden.

Wenn an der GmbH nur 1 natürliche Person als Gesellschafter beteiligt ist, die gleichzeitig auch einziger Geschäftsführer ist, kann die Gesellschaft elektronisch über das Unternehmensserviceportal gegründet werden. Dabei erspart sich der Gründer oder die Gründerin den Weg zum Notar; die Bank übernimmt dabei die Prüfung der Identität und die Weiterleitung bestimmter Unterlagen an das Firmenbuchgericht.

Michael: Die ING4TECH ist eine GmbH. Wem gehören eigentlich die Maschinen und Anlagen und wer haftet für die Schulden des Unternehmens?

Anna: Eigentümer des Gesellschaftsvermögens (Grundstücke, Gebäude, Maschinen, Vorräte ...) ist die Gesellschaft, nicht die Gesellschafter. Für Schulden der Gesellschaft haftet nur die GmbH mit ihrem gesamten Vermögen. Die Gesellschafter haften für Gesellschaftsschulden nicht mit ihrem Privatvermögen. Sie können daher maximal die Stammeinlage verlieren.

Die Ltd. ist nur bedingt mit der GmbH vergleichbar, da sich die Gesetzeslage in UK von jener in Österreich unterscheidet.

Jeder Gesellschafter beteiligt sich mit einer **Stammeinlage von mindestens € 70,–** an der Gesellschaft, wobei die Stammeinlagen der Gesellschafter verschieden hoch sein können. Die Summe aller Stammeinlagen ergibt das **Stammkapital**. Dieses muss mindestens **€ 35.000,–** betragen. Eine Mindestanzahl an Gesellschaftern ist nicht vorgeschrieben. Daher kann auch ein Einzelunternehmen als „Ein-Mann-GmbH" geführt werden, wodurch das Haftungsrisiko vermindert werden kann.

Bei neu gegründeten Gesellschaften darf das Stammkapital mit € 10.000,– festgelegt werden. Dies wird **Gründungsprivilegierung** genannt. Nach spätestens 10 Jahren bzw. bis längstens 1. März 2024 muss das Stammkapital auf € 35.000,– erhöht werden.

Mit dem Stammkapital kann die Gesellschaft wirtschaften, Waren einkaufen und laufende Zahlungen tätigen. Es muss nicht ungeschmälert als Sicherheit erhalten werden.

Da nur die Gesellschaft mit ihrem Vermögen haftet, ist besonders bei kleinen GmbHs die **Kreditfähigkeit** gering. Häufig wird daher eine persönliche Haftung des Geschäftsführers oder eines Gesellschafters verlangt (z. B. durch eine Bürgschaft).

Die **GmbH muss folgende Organe** haben, die für sie tätig werden:

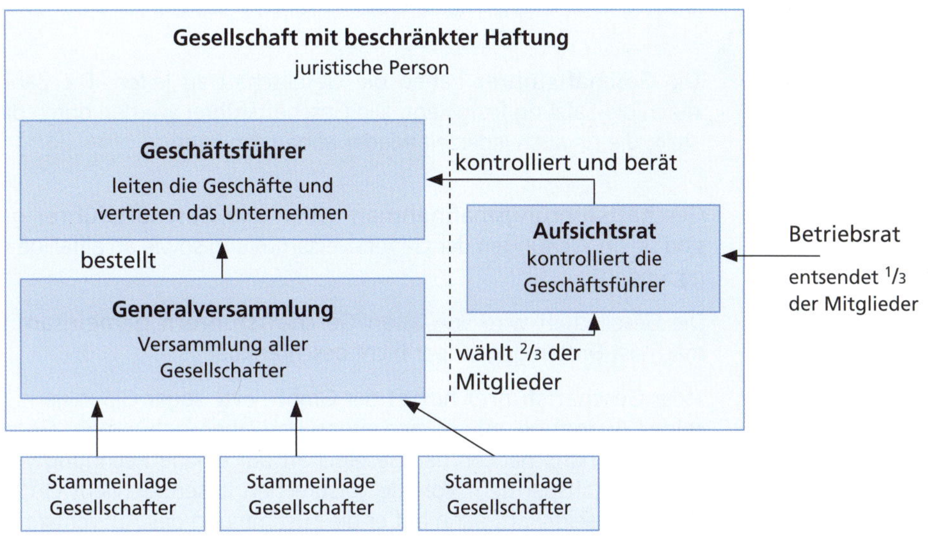

Die GmbH als juristische Person ist nur durch ihre Organe handlungsfähig.

Michael: Wenn die Maschinen und Anlagen nicht den Gesellschaftern gehören, können sie dann in der Gesellschaft bestimmen und führen sie die Geschäfte?

Anna: Bei der GmbH müssen die Geschäftsführer nicht Gesellschafter sein, es können auch Angestellte sein. Die Gesellschafter haben aber jedenfalls ein Mitspracherecht in der Generalversammlung.

Die **Generalversammlung** ist die Versammlung aller Gesellschafter. Jeder Gesellschafter besitzt aufgrund seiner Stammeinlage einen Geschäftsanteil und dadurch Sitz und Stimme in der Generalversammlung. Die Generalversammlung hat mindestens einmal jährlich stattzufinden.

Abstimmungen in der Generalversammlung erfolgen nach der Höhe des Geschäftsanteils. I. d. R. entscheidet die Mehrheit. Sie ist nur beschlussfähig, wenn mindestens 1/10 des Stammkapitals anwesend ist.

Die Generalversammlung ist grundsätzlich berechtigt, den **anderen Organen Weisungen in allen Bereichen zu erteilen**. Ihr obliegt jedenfalls

- Prüfung und Genehmigung des Jahresabschlusses sowie Beschlussfassung über die Verteilung des Gewinns,
- Entlastung der Geschäftsführer,
- Geltendmachung von Ersatzansprüchen gegen Geschäftsführer und Aufsichtsrat,
- Erteilung der Prokura,
- Abschluss von Verträgen über Liegenschaften und Betriebsanlagen, deren Preis 20 % des Stammkapitals übersteigt,
- Änderungen des Gesellschaftsvertrages, wofür eine Dreiviertelmehrheit notwendig ist.

Das **Stammkapital** darf den Gesellschaftern nicht zurückgezahlt werden, sie dürfen nur den erwirtschafteten Gewinn erhalten.

Der Generalversammlung können im Gesellschaftsvertrag auch weitere Aufgaben zugewiesen werden.

Der **Aufsichtsrat** kontrolliert die Geschäftsführer und muss nur bei Gesellschaften errichtet werden, die

- mehr als 300 Arbeitnehmer beschäftigen oder
- mehr als 50 Gesellschafter und mehr als € 70.000,– Stammkapital haben.

Freiwillig kann jede GmbH einen **Aufsichtsrat** errichten.

Die **Arbeitnehmervertreter (= Betriebsrat)** entsenden ein Drittel der Mitglieder. Aufsichtsratsmitglieder müssen keine Geschäftsanteile besitzen und dürfen nicht Geschäftsführer sein.

Die **Geschäftsführer** haben die Gesellschaft zu leiten. Die Zahl der Geschäftsführer wird durch die Satzung festgelegt. Die Geschäftsführer werden durch die Generalversammlung bestellt, die sie auch jederzeit wieder abberufen kann.

Die **Geschäftsführer** sind das eigentliche Leitungsorgan. Sie müssen nicht Gesellschafter sein.

Geschäftsführungsmaßnahmen haben **alle Geschäftsführer gemeinsam** zu setzen. Dabei sind sie an Weisungen der Generalversammlung sowie an allfällige vertragliche Beschränkungen gebunden.

Die Gesellschaft wird von **allen Geschäftsführern gemeinsam vertreten.** Die Vertretungsmacht ist Dritten gegenüber nicht beschränkbar.

Soll eine andere Vertretungsregelung gelten (z. B. Einzelvertretung), dann ist dies im Firmenbuch zu vermerken.

Jeder **Geschäftsführer haftet** der GmbH, evtl. sogar Gläubigern, **für die korrekte Erfüllung seiner Aufgaben,** zu der die Leitung und Überwachung der Gesellschaft gehört. Er darf auch nicht Geschäftschancen der Gesellschaft auf eigene Rechnung verwerten oder sich persönlich von Geschäftspartnern Vorteile versprechen lassen. Schließt ein Geschäftsführer ein Geschäft mit der Gesellschaft, dann hat er die Zustimmung des Aufsichtsrates, falls ein solcher nicht existiert, der Gesellschafter einzuholen.

Die Geschäftsführer sind verpflichtet, die finanzielle Lage zu überwachen und bei Erreichen bestimmter finanzieller Grenzen Maßnahmen einzuleiten. Tun sie dies nicht und wird die Gesellschaft zahlungsunfähig, können sie persönlich haften.

Gesellschafterwechsel

Grundsätzlich ist **jeder Gesellschafter berechtigt,** über **seinen Geschäftsanteil** zu verfügen, d. h., ihn zu **verkaufen, verschenken, vererben** ... Ist im Gesellschaftsvertrag nichts Gegenteiliges vereinbart, benötigt er dafür keine Zustimmung der Gesellschaft oder der Generalversammlung. Jedoch muss über das Geschäft ein Notariatsakt errichtet und der Gesellschafterwechsel in das Firmenbuch eingetragen werden. Erst mit der Eintragung erhält der Erwerber die Stellung eines Gesellschafters.

Wird ein Anteil an einer gut gehenden Gesellschaft verkauft, wird i. d. R. ein höherer Wert als die Einlage, das Nominale, erzielt, da der Käufer an den Anlagen, die mit den Gewinnen finanziert wurden, und am Know-how der Gesellschaft beteiligt wird.

Die Gesellschaft wird beendet durch

- Erreichen des Gesellschaftszweckes
- Zeitablauf
- Beschluss der Generalversammlung mit einfacher Mehrheit
- Konkurseröffnung

Aktiengesellschaft = **stock company (joint stock company)**

8 Aktiengesellschaft (AG)

Die Aktiengesellschaft wird besonders von Großunternehmen genutzt.

Durch die Ausgabe von Aktien können große Kapitalmengen aufgebracht werden.

Gesellschaftszweck einer Aktiengesellschaft kann jede erlaubte Tätigkeit sein, ausgenommen die Tätigkeit politischer Parteien.

Das UGB gilt für Aktiengesellschaften uneingeschränkt, da sie Unternehmer kraft Rechtsform sind.

An einer AG kann man sich auch mit kleineren Einlagen beteiligen.

Die **AG** ist eine **juristische Person;** sie ist eine **Kapitalgesellschaft,** die mit der Eintragung im Firmenbuch entsteht. Der Gesellschaftsvertrag (Satzung) muss durch einen Notar beurkundet werden.

Eine AG muss über ein Grundkapital von mindestens € 70.000,– verfügen, welches in Aktien zerlegt wird.

Michael: Wenn ich mich an der ING4TECH beteiligen möchte, ist das sehr aufwendig. Ich muss zum Notar, der einen Notariatsakt errichtet, und dann werde ich als neuer Gesellschafter in das Firmenbuch eingetragen. Bei Aktiengesellschaften ist das angeblich einfacher.

Anna: Die Errichtung großer Industrieanlagen, Eisenbahnen und ähnlicher Projekte ist teuer. Die Idee der Aktiengesellschaft ist, die Finanzierung derartiger Projekte zu ermöglichen, indem sich viele Personen mit kleinen Beträgen beteiligen können. Diese Beteiligung wird in Aktien verbrieft, die an der Börse gehandelt werden können. Von den ca. 2000 österreichischen Aktiengesellschaften werden die Aktien von ca. 100 Unternehmen an der Börse gehandelt.

Michael: Hat jeder Aktionär dieselben Rechte?

Anna: Es gibt verschiedene Arten von Aktien, die unterschiedliche Rechte gewähren.

Die Haftung der **Aktionäre** ist auf ihre Einlage (den Wert bzw. Kaufpreis der Aktien) beschränkt, sie haften nicht mit ihrem Privatvermögen.

Das Gesetz unterscheidet folgende **Arten von Aktien:**

Aktien Einteilung aufgrund					
Übertragbarkeit		**damit verbundener Rechte**		**Anteil am Grundkapital**	
Namensaktien	Inhaberaktien	Stammaktien	Vorzugsaktien	Nennwertaktien	Quoten- oder Stückaktien

Die Namen der Inhaber von **Namensaktien** sind im Aktienbuch zu vermerken. Dieses wird von der Gesellschaft geführt.

Das Eigentum an **Inhaberaktien** wird durch Weitergabe übertragen.

Namensaktien: Der Name des Aktionärs ist auf der Aktie vermerkt. Damit ist nur er berechtigt, die Rechte aus der Aktie geltend zu machen. Nur im Aktienbuch eingetragene Aktionäre dürfen ihre Rechte in der Hauptversammlung geltend machen.

Inhaberaktien: Jeder, der die Aktie innehat, ist berechtigt, die Rechte aus dem Papier geltend zu machen. Derartige Aktien dürfen nur von Gesellschaften ausgegeben werden, die an der Börse notieren.

Es darf nur der erwirtschaftete Gewinn ausgeschüttet werden, nicht das Grundkapital.

Stammaktien gewähren die gewöhnlich mit einer Aktie verbundenen Rechte:

- Recht zur Teilnahme (und Stimmabgabe) in der Hauptversammlung
- Recht auf Gewinnanteil (Dividende)
- Recht zum Bezug junger Aktien im Falle der Kapitalerhöhung (Bezugsrecht)
- Recht auf einen Anteil am Erlös im Falle der Liquidation

Vorzugsaktien dürfen maximal ein Drittel des Grundkapitals ausmachen.

Vorzugsaktien: Vorzugsaktionäre erhalten im Vergleich zu den Stammaktionären einen besonderen Vorteil, der i.d.R. mit einem Nachteil verbunden ist. Häufig erhalten die Vorzugsaktionäre vor den Stammaktionären einen im Gesellschaftsvertrag festgelegten Gewinnanteil, haben dafür aber in der Hauptversammlung kein Stimmrecht. Sie dürfen jedoch teilnehmen und Fragen an den Vorstand stellen.

Nennwertaktien und **Quotenaktien** derselben Gesellschaft dürfen nicht gleichzeitig im Umlauf sein.

Nennwertaktien: Jede Aktie lautet auf einen bestimmten Nennwert (Nominale). Die Summe der Nennwerte aller ausgegebenen Aktien entspricht dem Grundkapital. Der Mindestnennbetrag einer Aktie beträgt € 1,–.

Quotenaktien: Jede Aktie verbrieft einen Anteil (Quote, Prozentsatz) am Grundkapital, sie weist jedoch keinen Nennwert auf. Jede Aktie muss denselben Beteiligungsumfang haben. Auf der Urkunde scheint die Quote jedoch nicht auf.

Beispiel

Eine AG hat ein Grundkapital von € 100.000,–. Sie kann

- 1000 Nennwertaktien mit einem Nennwert von € 10,– und 900 Nennwertaktien mit einem Nennwert von € 100,– ausgeben
  oder
- 10 000 Quotenaktien ausgeben, wobei jede Aktie ein 10 000stel des Grundkapitals repräsentiert.

Vorstand = **board of directors, managing board**

Aufsichtsrat = **board of supervisors, supervisory board**

Hauptversammlung = **(annual) general meeting**

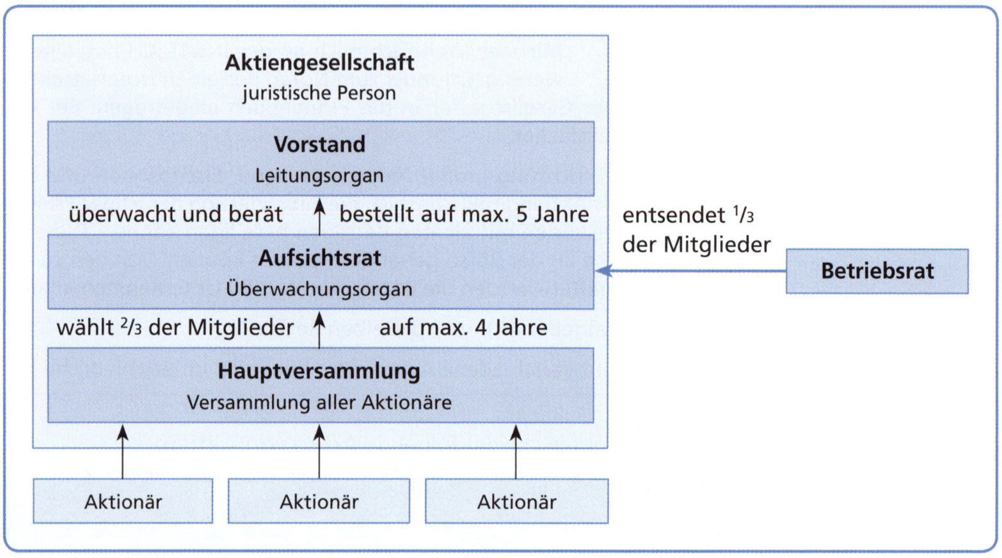

Organe der AG

Die AG als juristische Person ist nur durch ihre Organe handlungsfähig.

Michael: Wenn ich Aktien besitze, darf ich dann an der Hauptversammlung dieser AG teilnehmen?

Anna: Will jemand an einer Hauptversammlung einer AG teilnehmen, muss er am 10. Tag vor der Hauptversammlung Aktien der Gesellschaft besessen haben. Dies ist mittels Bankbestätigung nachzuweisen.

Die Satzung kann vorsehen, dass der Termin auch in anderen Blättern oder im Internet veröffentlicht wird.

Eine AG muss **folgende Organe** haben:

1. **Hauptversammlung:** Ist die Versammlung aller Aktionäre, die mindestens einmal jährlich stattfinden muss. Sie wird vom Vorstand einberufen, der den Termin in der „Wiener Zeitung" ankündigen muss.

   Personen, die an der Hauptversammlung teilnehmen wollen, müssen nachweisen, dass sie am 10. Tag vor der Hauptversammlung Aktionär waren:

   - Inhaber von Namensaktien müssen im Aktienbuch, welches die Gesellschaft führt, verzeichnet sein.
   - Besitzer von Inhaberaktien, die in einem Bankdepot verwahrt werden, benötigen eine Bestätigung der Bank, dass sie am Stichtag die Aktien besessen haben.

   Aufgaben der Hauptversammlung sind u. a.:

   - Wahl des Aufsichtsrates
   - Beschlussfassung über die Verwendung des Gewinnes
   - Entlastung von Vorstand und Aufsichtsrat
   - Beschlussfassung über Satzungsänderungen. Dafür ist eine ¾-Mehrheit notwendig.

Personen, die zur Wahl vorgeschlagen werden, müssen vor der Wahl ihre Qualifikation und allfällige Befangenheitsgründe offenlegen.

Die Satzung kann vorsehen, dass die Hauptversammlung in Bild und Ton aufgezeichnet wird und öffentlich (z. B. im Internet) übertragen wird. Auch eine Teilnahme oder Stimmabgabe per Telekommunikationseinrichtung (z. B. Internet) ist zulässig, sofern dies die Satzung vorsieht.

Der Aufsichtsrat muss mindestens 4-mal jährlich tagen.

2. **Aufsichtsrat:** überwacht die Geschäftsführung des Vorstandes; für wichtige Entscheidungen benötigt dieser die Zustimmung des Aufsichtsrates, z. B.
   - Erwerb und Veräußerung von Beteiligungen und Liegenschaften
   - Errichtung und die Schließung von Zweigniederlassungen
   - Festlegung allgemeiner Grundsätze der Geschäftspolitik
   - Erteilung der Prokura
   - Abschluss von Verträgen mit Mitgliedern des Aufsichtsrats über weitere Tätigkeiten gegen Entgelt

   Er besteht aus 3 bis 20 Mitgliedern, die von der Hauptversammlung auf maximal 4 Jahre gewählt werden. Eine Wiederwahl ist zulässig. Für je 2 von der Hauptversammlung gewählte Mitglieder hat eines der Betriebsrat zu entsenden.

   Aufsichtsratsmitglieder dürfen nicht Mitglied des Vorstandes oder Angestellte der AG sein.

   Aufsichtsratsmitglieder unterliegen nicht dem Wettbewerbsverbot, sind aber für ihre Entscheidungen verantwortlich, d. h., sie können zur Haftung herangezogen werden.

Grundsätzlich darf eine Person in nicht mehr als 10 Aufsichtsräten Mitglied sein.

Die **Zahl der Vorstandsmitglieder** wird durch die Satzung bestimmt. Sind in der Satzung abweichende Vertretungsregelungen vorgesehen, müssen diese in das Firmenbuch eingetragen werden.

3. **Vorstand:** Er hat die Aufgabe, die Geschäfte weisungsfrei unter eigener Verantwortung zum Wohle der Gesellschaft zu leiten. Es gilt der Grundsatz der **Gesamtgeschäftsführung** und **Gesamtvertretung,** d. h., Geschäftsführungs- und Vertretungsmaßnahmen sind von allen Vorstandsmitgliedern gemeinsam zu setzen. Die Vertretungsmacht ist grundsätzlich unbeschränkt.

   Der Vorstand wird vom Aufsichtsrat auf längstens 5 Jahre bestellt, dem er auch verantwortlich ist. Er kann vom Aufsichtsrat bei Vorliegen wichtiger Gründe jederzeit abberufen werden.

   Für Vorstandsmitglieder gilt ein Wettbewerbsverbot.

   Der Vorstand hat dem Aufsichtsrat regelmäßig über den Gang der Geschäfte zu berichten und die künftige Entwicklung der Vermögens-, Finanz- und Ertragslage anhand einer Vorschaurechnung darzustellen.

   Vorstandsmitglieder müssen nicht Aktionäre sein.

Wiederholte Bestellung ist zulässig.

Die Gesellschaft wird u. a. beendet durch

- Erreichen des Gesellschaftszweckes
- Zeitablauf
- Beschluss der Hauptversammlung mit Dreiviertelmehrheit

Genossenschaften = **association, co-operative society**

9 Genossenschaft

Genossenschaften dienen der wirtschaftlichen Selbsthilfe.

Genossenschaften sind ebenfalls juristische Personen, die in das Firmenbuch einzutragen sind.

Erwerbs- und Wirtschaftsgenossenschaften sind Vereine von nicht geschlossener Mitgliederzahl mit dem Ziel, den Erwerb oder die Wirtschaft ihrer Mitglieder zu fördern. Sie sind daher nicht primär auf Gewinn gerichtet.

Michael: Die ING4TECH liefert Maschinen an eine Einkaufsgenossenschaft. Wie fördert sie die Wirtschaft ihrer Mitglieder?

Anna: Bei einer Einkaufsgenossenschaft schließen sich mehrere Unternehmen zusammen, um gemeinsam Waren zu beschaffen. Da sie größere Mengen als ein einzelnes Unternehmen einkaufen, haben sie eine bessere Verhandlungsposition und können zu besseren Bedingungen, z. B. zu günstigeren Preisen, einkaufen.

Jede Genossenschaft hat ein Verzeichnis ihrer Mitglieder zu führen.

Grundsätzlich kann jedermann durch Abgabe einer schriftlichen Beitrittserklärung Genossenschaftsmitglied werden. Die Satzung kann dies jedoch einschränken, z. B. auf bestimmte Personengruppen, wie Landwirte, Taxiunternehmer ... Damit übernimmt der Beitretende gleichzeitig einen Geschäftsanteil, dessen Höhe in der Satzung festgelegt ist.

Der Nennbetrag jedes Geschäftsanteils muss gleich hoch sein.

Ein bestimmtes **Mindestkapital ist nicht vorgesehen.** Auch das Grundkapital ist keine feste Größe, da sich die Zahl der Mitglieder und damit deren Einlagen laufend verändern können.

Eine **Genossenschaft** muss **folgende Organe** haben, wobei die Mitglieder sämtlicher Organe Genossenschafter sein müssen:

Landwirtschaftliche Genossenschaften haben vielfältige Aufgaben. U. a. vertreiben sie Saatgut, lagern und verarbeiten landwirtschaftliche Produkte und stellen Maschinen und Geräte zur Verfügung.

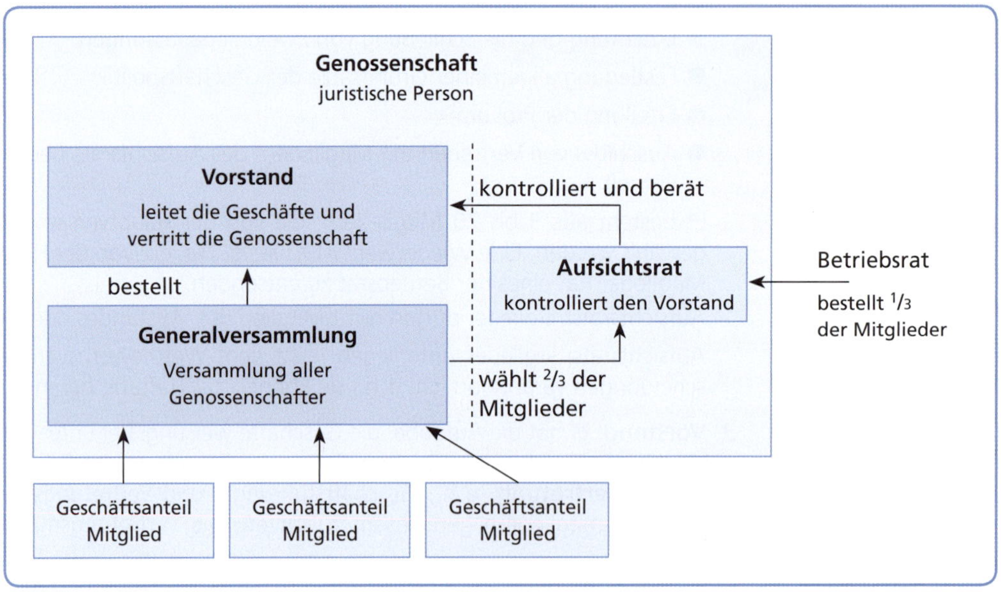

Die von der Generalversammlung gewählten Vorstände müssen Genossenschafter sein.

1. Der **Vorstand** besteht aus einer oder mehreren natürlichen Personen, welche die Geschäfte führen und die Genossenschaft vertreten. Ihre Vertretungsmacht ist grundsätzlich unbeschränkbar. Sie werden von der Generalversammlung gewählt und sind für ihre Tätigkeit der Genossenschaft gegenüber verantwortlich. Sie können jederzeit ohne Angabe von Gründen abberufen werden. Die Generalversammlung hat ein Weisungsrecht gegenüber dem Vorstand.
   Grundsätzlich haben die Vorstände gemeinsam die Geschäfte zu führen und die Genossenschaft zu vertreten **(Gesamtvertretung und Gesamtgeschäftsführung).** Andere Vertretungsregeln gelten Dritten gegenüber nur, wenn sie in das Firmenbuch eingetragen sind.
2. Der **Aufsichtsrat** muss nur bestellt werden, wenn die Genossenschaft dauernd **mindestens 40 Arbeitnehmer beschäftigt.** Er **besteht aus mindestens 3 Mitgliedern.** Ein Drittel der Mitglieder wird vom Betriebsrat entsandt.
   Er hat gegenüber dem Vorstand die Interessen der Genossenschafter und Arbeitnehmer zu vertreten und diesen zu überwachen. Prokuristen dürfen nur mit Zustimmung des Aufsichtsrates bestellt werden. Der Genossenschaftsvertrag kann vorsehen, dass auch andere Geschäfte nur mit Zustimmung des Aufsichtsrates abgeschlossen werden dürfen.
3. Die **Generalversammlung** ist die Versammlung aller Genossenschafter. Grundsätzlich kommt jedem Genossenschafter eine Stimme – unabhängig von der Anzahl seiner Geschäftsanteile – zu. Eine Änderung des Genossenschaftsvertrages bedarf einer Zustimmung von zwei Drittel der abgegebenen Stimmen.

Bei Genossenschaften, die mehr als 500 Mitglieder haben, kann die Teilnahme an der Generalversammlung auf von den Mitgliedern zu wählende Abgeordnete eingeschränkt werden.

Hinsichtlich der Haftung ist zu unterscheiden zwischen:

- **Genossenschaften mit unbeschränkter Haftung**
  Die Genossenschafter haften für die Verbindlichkeiten der Genossenschaft solidarisch mit ihrem gesamten Privatvermögen – auch für Verbindlichkeiten, die vor ihrem Eintritt entstanden sind.
- **Genossenschaften mit beschränkter Haftung**
  Die Genossenschafter haften für die Verbindlichkeiten der Genossenschaft mit ihrem Geschäftsanteil **und** mit ihrem Privatvermögen mit einem Betrag in Höhe des Geschäftsanteils.
- **Haftung mit dem Geschäftsanteil**
  Bei Konsumgenossenschaften, deren Zweck die Beschaffung von Lebensmitteln und Waren für den Haushalt ist, kann die Haftung auf den Geschäftsanteil beschränkt werden.

Genossenschaften mit unbeschränkter Haftung sind praktische ohne Bedeutung.

Bei **Genossenschaften mit beschränkter Haftung** können die Genossenschafter den doppelten Wert des Geschäftsanteils verlieren.

Ausscheidende Genossenschafter haften der Genossenschaft 3 Jahre.

Mitgliederwechsel/Kündigung

Die Genossenschafter können ihren Geschäftsanteil mit Zustimmung des Vorstandes an andere Personen übertragen oder ihren Genossenschaftsanteil zum Ende des Geschäftsjahres unter Einhaltung einer mindestens 4-wöchigen Frist kündigen. Ihren Geschäftsanteil erhalten sie erst ein Jahr nach ihrem Ausscheiden ausbezahlt. Sie haben keinen Anspruch auf einen darüber hinausgehenden Anteil am Gesellschaftsvermögen.

Üben

SbX ID: 4202

A B C D E

SbX Ü 4.13 **mit automatischer Aufgabenkontrolle ID: 4202**

Ü 4.13: Geschäftsführung – Vertretung B

Kennzeichen Sie, ob folgende Tätigkeiten eher solche der Geschäftsführung oder der Vertretung sind:

Tätigkeit	Geschäftsführung	Vertretung
Kauf einer neuen Anlage		
Entscheidung, einen neuen Mitarbeiter aufzunehmen		
Entscheidung, eine große Investition zu tätigen		
Abschluss eines Arbeitsvertrags mit neuem Mitarbeiter		
Führen der Bücher		
Abschluss von Kaufverträgen		
Führen eines Prozesses für das Unternehmen		
Eintragung eines Prokuristen in das Firmenbuch		

SbX Ü 4.14 **mit automatischer Aufgabenkontrolle ID: 4202**

Ü 4.14: Leitungsbefugnis – Kontrolle A

Sind folgende Aussagen über die Leitungsbefugnis und Kontrolle richtig?

Aussage	ja	nein
Die Gesellschafter einer OG sind grundsätzlich zur Leitung der Gesellschaft berechtigt.		
Ein Kommanditist hat Vertretungsbefugnis.		
GmbHs müssen von den Gesellschaftern geführt und vertreten werden.		
Ein stiller Gesellschafter darf die Gesellschaft vertreten.		
Die Komplementäre einer KG haben dieselben Rechte und Pflichten wie Gesellschafter einer OG.		
Jede GmbH muss einen Aufsichtsrat haben.		
Die Leitungsbefugnis eines Gesellschafters einer OG kann vertraglich eingeschränkt werden.		
Stille Gesellschafter haben bei Ausscheiden aus der Gesellschaft Anspruch auf einen Anteil an den erwirtschafteten Reserven (good will).		
Der stille Gesellschafter hat überhaupt keine Kontrollrechte.		
Die Leitungsbefugnis einer GesbR wird üblicherweise im Gesellschaftsvertrag geregelt.		

SbX
Ü 4.15
mit automatischer Aufgabenkontrolle
ID: 4202

Ü 4.15: Rechtsformen von Unternehmen A

Schreiben Sie zu jeder der folgenden Aussagen, auf welche Rechtsform sie zutrifft. Die Aussage kann auch auf mehrere Rechtsformen zutreffen!

	trifft zu auf
Die Bezahlung von Schulden des Unternehmens kann – ohne betragliche Begrenzung – von jedem Gesellschafter gefordert werden.	
Darf nicht gegründet werden, wenn der Jahresumsatz € 700.000,– übersteigt.	
Der Gesellschaftsvertrag kann auch mündlich abgeschlossen werden.	
Wird nicht in das Firmenbuch eingetragen.	
Notariatsakt ist zur Gründung notwendig.	
Ein Teil der Gesellschafter führt die Geschäfte, der andere Teil hat nur ein jährliches Kontrollrecht.	
Es gibt nur einen Inhaber, der mit seinem Privatvermögen haftet.	
Das Mindestkapital beträgt € 35.000,–.	
Die Gesellschafter dürfen das Unternehmen nicht vertreten.	

SbX
Ü 4.16
mit automatischer Aufgabenkontrolle
ID: 4202

Ü 4.16: Haftung A

Welche Haftung sieht das Gesetz für folgende Gesellschafter vor?

	unbeschränkte persönliche und solidarische Haftung	auf die Einlage beschränkte Haftung
Kommanditist einer KG		
Einzelunternehmer		
Stiller Gesellschafter		
Gesellschafter einer GmbH		
Komplementär einer KG		
Gesellschafter einer OG		
Aktionär		
Genossenschafter einer Gen.m.b.H.		

SbX
Ü 4.17
mit automatischer Aufgabenkontrolle
ID: 4202

Ü 4.17: Rechtsformen von Unternehmen B

Welche Rechtsform ist in den folgenden Fällen geeignet (auch mehrere Antworten möglich)?

	Rechtsform
Drei Bauunternehmer wollen gemeinsam ein Haus errichten.	
Jemand benötigt Geld zur Produktion von Elektrogeräten, möchte aber selbst entscheiden können.	
Jemand möchte gemeinsam mit einem Freund elektrische Geräte erzeugen. Der Freund möchte sich nicht im Unternehmen betätigen und persönlich haften.	

	Rechtsform
Es sollen Elektrogeräte erzeugt werden. Der Unternehmer möchte sein persönliches Risiko beschränken, aber selbst die Geschäfte führen.	
kleiner Schuhreparaturbetrieb, wobei ein Unternehmer die Geschäfte führen soll, der andere nur Geld anlegen möchte	
technisches Büro, welches von zwei Freunden betrieben wird, die beide mitarbeiten und bereit sind, zu haften	
Elektrogerätehändler, die gemeinsam Waren beschaffen, damit sie bessere Konditionen bekommen	

SbX
Ü 4.18–Ü 4.19
mit automatischer Aufgabenkontrolle
ID: 4202

Weitere Übungsaufgaben im SbX

Ü 4.18: **Gesellschaftsformen** B

Vervollständigen Sie die Übersicht zu den Unternehmensformen.

Ü 4.19: **Aktiengesellschaft** B

Beantworten Sie die Fragen zum Fallbeispiel.

Sichern

SbX ID: 4203

Unternehmens-rechtsformen

Die Rechtsordnung stellt zur Führung eines Unternehmens **verschiedene Rechtsformen** zur Verfügung, unter denen der Unternehmer die für seine Zwecke am besten geeignete aussuchen kann.

Die einzelnen Rechtsformen weisen folgende Merkmale auf:

	Mindestanzahl von Gesellschaftern	Registrierung	Firma	Haftung	Geschäftsführung u. Vertretung	Steuer auf Gewinn
Einzelunternehmer		zwingend, wenn Jahresumsatz über € 700.000,–, sonst freiwillig möglich	jede Firma zulässig, Zusatz „e. U."	unbeschränkt	durch Unternehmer	Einkommensteuer
GesbR	2	nein	keine	Gesellschafter haften unbeschränkt	alle Gesellschafter gemeinsam	Einkommensteuer
OG	2	Firmenbuch	jede Firma zulässig, Zusatz „OG", bei freien Berufen Zusatz „Partnerschaft" oder „& Partner"	Gesellschafter haften unbeschränkt	Einzelgeschäftsführung und Einzelvertretung	Einkommensteuer
KG	1 Komplementär 1 Kommanditist	Firmenbuch	jede Firma zulässig, Zusatz „KG", bei freien Berufen Zusatz „Kommanditpartnerschaft"	Komplementäre haften unbeschränkt, Kommanditisten nur mit Hafteinlage	durch die Komplementäre	Einkommensteuer

	Mindestanzahl von Gesellschaftern	Registrierung	Firma	Haftung	Geschäftsführung u. Vertretung	Steuer auf Gewinn
stille Gesellschaft	1 Unternehmer 1 Stiller	nein	keine	Unternehmer je nach Rechtsform, Stiller nur mit Einlage	durch Unternehmer	Einkommensteuer
Ges.m.b.H.	1	Firmenbuch	jede Firma zulässig, Zusatz „GmbH"	beschränkte Haftung der Gesellschafter	Geschäftsführer	Körperschaftsteuer, für Ausschüttung KESt
AG	1	Firmenbuch	jede Firma zulässig, Zusatz „AG"	beschränkte Haftung der Gesellschafter	Vorstand	Körperschaftsteuer, für Ausschüttung KESt
Gen.		Firmenbuch	jede Firma zulässig, Zusatz „eGen" und Haftung z. B. „eGenmbH"	abhängig von Satzungsbestimmung	Vorstand	Körperschaftsteuer, für Ausschüttung KESt
Verein	2	Vereinsregister	keine	keine Haftung der Mitglieder	Leitungsorgan	Verein zahlt KöSt, keine Gewinnausschüttung

Vokabeln dieser Lerneinheit

Rechtsform	legal form
Personengesellschaft	partnership
Kapitalgesellschaft	litmited liability company (cooperation/capital company
Vertretung	representation
Geschäftsführung	managing director
Einzelunternehmen	private trading form
Gesellschaft bürgerlichen Rechts	private company (private partnership)
Offene Gesellschaft	open partnership
Kommanditgesellschaft	limited partnership

Stille Gesellschaft	silent (sleeping) partnership
Gesellschaft mit beschränkter Haftung	private limited company (Ltd.)
Aktiengesellschaft	stock company (joint stock company)
Vorstand	board of directors, managing board
Aufsichtsrat	board of supervisors, supervisory board
Hauptversammlung	(annual) general meeting
Genossenschaften	association, co-operative society

SbX
ID: 4203

Im SbX finden Sie eine Bildschirmpräsentation mit den Grafiken dieser Lerneinheit.

Wissen

A B C D E

W 4.14: Vertretung einer OG C

Karl Altmann und Reinhard Brüller sind Gesellschafter einer OG. Im Firmenbuch sind keine besonderen Vertretungsregeln eingetragen. Altmann, der üblicherweise sehr gewissenhaft ist, hat ohne Brüller zu fragen ein Darlehen über € 35.000,– aufgenommen. Als Brüller davon erfährt, stellt er fest, dass die Bedingungen äußerst ungünstig sind.

a) Hätte Altmann Brüllers Zustimmung benötigt?
b) Ist der Darlehensvertrag gültig?

W 4.15: Beteiligung an anderen Unternehmen A

Fritz Banner ist Kommanditist (Komplementär) der Baumaschinen KG. Er möchte sich an einer Gesellschaft beteiligen, die wie die KG mit Baumaschinen handelt.

Ist dies zulässig?

W 4.16: Haftung bei OG A

Die R. Trimmel OG hat ihre Schulden nicht bezahlt. Von wem kann der Gläubiger sein Geld verlangen?

W 4.17: Haftung bei GmbH A

Die Holzhaus GmbH kann ihre Schulden nicht bezahlen. Von wem können die Gläubiger ihr Geld verlangen?

W 4.18: KG-Gesellschafter B

Richard Willner ist Komplementär und Robert Meister ist Kommanditist der Willner KG, die mit Elektrogeräten handelt.

a) Willner kauft einen Posten Elektrogeräte aus einer Konkursmasse. Meister widerspricht, da er diese Geräte für nicht verkaufbar hält. Hätte Willner die Zustimmung Meisters zu diesem Geschäft benötigt?
b) Darf Meister auch Kommanditist bei einer anderen KG sein, die mit Elektrogeräten handelt?

W 4.19: Übertragung eines GmbH-Anteils B

Renate Sommer ist Gesellschafterin der Kimmel GmbH. Sie möchte sich von ihrem Geschäftsanteil trennen. Als Sie dies hören, treten Sie mit ihr in Kontakt und einigen sich über den Preis.

a) Was ist nun zu unternehmen, damit Sie Gesellschafter werden?
b) Was wäre, wenn die Gesellschaft, an der Renate Sommer beteiligt ist, eine OG ist?

W 4.20: Rechtsformwahl C

Franz Gruber ist Absolvent einer HTL und hat 10 Jahre als Vertriebsleiter in einem großen Unternehmen gearbeitet. Da er meint, dass ein großer Bedarf an Sicherheitsanlagen besteht, entschließt er sich, Türüberwachungsanlagen herzustellen. Er plant, diese Geräte in größerer Menge mithilfe entsprechender Fertigungsautomaten herzustellen und sie über den Fachhandel zu vertreiben.

Da er nicht über genügend Kapital verfügt, möchte er gemeinsam mit einem Freund eine Gesellschaft gründen.

a) Welche Rechtsformen sind zulässig?
b) Zu welcher Rechtsform würden Sie ihm raten, wenn er Kosten sparen möchte?
c) Zu welcher Rechtsform würden Sie ihm raten, wenn er seine Haftung minimieren möchte?
d) Zu welcher Rechtsform würden Sie ihm raten, wenn er seine Entscheidungen im Unternehmen ohne Einfluss seines Freundes treffen möchte?

W 4.21: GmbH-Geschäftsführer B

Muss (Darf) der Geschäftsführer einer GmbH Gesellschafter dieses Unternehmens sein?

W 4.22: GmbH-Anteile B

Können GmbH-Anteile an der Börse gehandelt werden?

W 4.23: Übernahme eines GmbH-Anteils B

In der „Drimmel GmbH“ gibt es zwei Gesellschafter, Ing. Drimmel und Frau Richter. Frau Richter möchte gerne den Geschäftsanteil Drimmels kaufen.

a) Könnte Frau Richter das Unternehmen als GesmbH weiterführen, wenn sie den Geschäftsanteil von Ing. Drimmel übernimmt?
b) Muss die Firma geändert werden?
c) Warum möchte Frau Richter das Unternehmen gerne als GesmbH weiterführen und nicht als Einzelunternehmen?

W 4.24: Kapitalerhöhung bei einer AG A

Eine AG möchte ihr Grundkapital erhöhen. Welches Organ muss die Kapitalerhöhung beschließen?

W 4.25: Vertretung einer AG A

Eine AG möchte von einem Vorstandsmitglied Schadenersatz wegen eines Unfalls mit einem Firmenauto verlangen. Wer vertritt das Unternehmen gegenüber dem Vorstand?

W 4.26: Teilnahme an Hauptversammlung C

Sie wollen an der Hauptversammlung der OMV teilnehmen. Erklären Sie, unter welchen Voraussetzungen Sie dies tun können.

W 4.27: Mitsprache im Aufsichtsrat B

Haben Arbeitnehmer einer AG bei wichtigen Entscheidungen des Unternehmens ein Mitspracherecht?

W 4.28: Organe der AG B

a) Muss (Darf) der Vorstand einer AG Aktien dieses Unternehmens besitzen?
b) Darf ein Aufsichtsratsmitglied gleichzeitig Mitglied des Vorstandes einer AG sein?
c) Welchen Nachteil müssen Vorzugsaktionäre auf sich nehmen? Welchen Vorteil erhalten sie dafür?

W 4.29: Gemeinsamer Einkauf B

Mehrere Gewerbetreibende wollen sich zusammenschließen und gemeinsam einkaufen, weil sie hoffen, bei Einkauf größerer Mengen billiger einzukaufen. Prüfen Sie, welche Rechtsform dafür am besten geeignet ist.

W 4.30: Genossenschaftswohnung B

Sie möchten eine Genossenschaftswohnung von einer Genossenschaft mit beschränkter Haftung erwerben. Daher müssen Sie Genossenschafter werden.

a) Müssen Sie mit Ihrem Privatvermögen für Verbindlichkeiten der Genossenschaft haften?
b) Wer führt die Geschäfte der Genossenschaft?
c) Haben Sie bei Entscheidungen der Genossenschaft ein Mitspracherecht?
d) Wie kann man aus einer Genossenschaft ausscheiden?

Ein kurzer Kompetenz-Check, bevor's weitergeht!

Kompetenz-Check

	☺	😐	☹
Ich kann die Rechtsformen, die das österreichische Recht Unternehmen zur Verfügung stellt, nennen.			
Ich kann die Vor- und Nachteile der verschiedenen Rechtsformen nennen.			
Ich kann die wichtigsten Rechte und Pflichten der Gesellschafter nennen.			

5 WIRTSCHAFTSRECHT

Worum geht's in diesem Kapitel?

Michael fragt sich, ob er für den Betrieb, den er später vielleicht eröffnen möchte, zusätzliche Prüfungen ablegen muss oder sogar eine behördliche Bewilligung benötigt. Außerdem hat er Angst, dass andere seine guten Ideen nachahmen.

Anna hat die Aufgabe übertragen bekommen, in der Arbeitsgruppe für den Relaunch des Internetauftritts mitzuwirken. Sie weiß, dass das Web kein rechtsfreier Raum ist, sondern durch verschiedene Gesetze geregelt ist.

Der Wettbewerb zwischen Unternehmen soll fair ausgetragen werden, Kunden und Umwelt sollen geschützt werden. Dies ist Aufgabe der Regelungen des Wirtschaftsrechts.

Wenn Sie dieses Kapitel bearbeitet haben, wissen Sie,

- wer ein Unternehmen eröffnen darf und welche Voraussetzungen dabei erfüllt werden müssen,
- welche Verhaltensweisen eines Unternehmens als aggressiv bzw. irreführend eingestuft werden,
- wie Ideen, Gedanken, Erfindungen und das Aussehen von Produkten geschützt werden,
- wofür die über Kunden und Mitarbeiter gesammelten Daten verwendet werden dürfen,
- was aus rechtlicher Sicht zu beachten ist, wenn ein Unternehmen im Internet Werbung macht oder Geschäfte abschließen möchte.

Dieses Kapitel leistet einen Beitrag zur Erfüllung folgender Deskriptoren:

„Ich kenne die verschiedenen Arten von Gewerben."

„Ich kann ein Gewerbe anmelden."

„Ich erkenne, ob ein geschäftlicher Internetauftritt rechtlichen Vorgaben entspricht."

A B C D E

In diesem Kapitel finden Sie Übungsaufgaben, praxisbezogene Fallbeispiele und Wiederholungsfragen zur Kompetenzüberprüfung auf den Handlungsebenen **A Wiedergeben, B Verstehen, C Anwenden** und **D Analysieren und Interpretieren.**

Dieses Kapitel umfasst folgende Lerneinheiten:

1 Gewerberecht

2 Wettbewerbsrecht

3 Immaterialgüterrecht

4 Datenschutzrecht

5 Recht im Internet

Lerneinheit 1
Gewerberecht

SbX
Alle SbX-Inhalte zu dieser Lerneinheit finden Sie unter der ID: 5100.

Gewerberecht = **trade (industrial) law**

Michael: Das Betriebsgelände der ING4TECH ist schon sehr groß. Da viele Produkte in größeren Serien hergestellt werden, laufen viele Maschinen und es wird auch einiger Abfall produziert. Benötigt die ING4TECH dafür eigentlich eine Bewilligung?

Anna: Von einem Unternehmen können zahlreiche Gefahren für Kunden, Nachbarn, Arbeitnehmer und die Umwelt ausgehen, daher müssen die Anlagen in der Regel genehmigt werden. Da durch die Zahlungsunfähigkeit eines Unternehmens auch die Volkswirtschaft und andere Unternehmen geschädigt werden und schlechte Produkte und Leistungen die Gesundheit und Sicherheit der Kunden gefährden, regelt der Staat, wer ein Gewerbe ausüben darf.

Lernen

1 Gewerbliche Tätigkeiten

Die Gewerbeordnung gilt nicht für alle selbständigen Tätigkeiten.

gewerbliche Tätigkeit = **trade/profession**

Gewerbeordnung = **trade law/regulations**

Die **Gewerbeordnung** ist ein Bundesgesetz, das

- den **Zugang,**
- die **Ausübung** und
- die **Beendigung**

gewerblicher Tätigkeiten regelt. Die Gewerbeordnung soll Unternehmer, Kunden, Mitarbeiter und Umwelt vor Schäden durch einen Betrieb schützen.

Gewerbeberechtigung = **trade/business licence**

selbständig = **self-employed**

regelmäßig = **regularly**

Absicht der Ertragserzielung = **an intention to generate earnings**

Eine **gewerbliche Tätigkeit,** für die eine Gewerbeberechtigung erforderlich ist, liegt vor, wenn folgende Punkte erfüllt werden:

- Die Tätigkeit wird **selbständig** ausgeübt. Selbständig ist, wer eine Tätigkeit auf eigene Rechnung und Gefahr ausübt, d.h. das wirtschaftliche Risiko und damit die Gefahr eines eventuellen Verlustes trägt und
- die Tätigkeit wird **regelmäßig** ausgeübt. Das heißt, die Tätigkeit muss öfters ausgeübt werden oder länger andauern und
- es besteht die **Absicht der Ertragserzielung.** Dabei ist es gleichgültig, für welche Zwecke der Ertrag gewidmet ist. Der Ertrag muss nicht in Geld bestehen; er kann auch ein sonstiger wirtschaftlicher Vorteil sein.

Nicht jede selbständige Tätigkeit wird durch die Gewerbeordnung geregelt. Für bestimmte Berufe (die sogenannten „freien Berufe“, wie Wirtschaftstreuhänder, Rechtsanwälte, Ärzte ...) und bestimmte Branchen (z.B. Banken, Versicherungen, Eisenbahnen, Güterbeförderung, Telekommunikationsdienste ...) gibt es eigene Gesetze. Auch die Land- und Forstwirtschaft und die Erteilung von Unterricht unterliegen nicht der Gewerbeordnung.

Michael: Benötige ich eine Gewerbeberechtigung, wenn ich meinen alten PC auf dem Flohmarkt verkaufe?

Anna: Du übst diese Tätigkeit selbständig, d.h. auf eigene Rechnung und Gefahr, aus. Du weißt nicht, ob du überhaupt einen Käufer findest und ob der Preis deine Kosten decken wird.

Du hast die Absicht, einen Ertrag zu erzielen.

Du hast jedoch nicht die Absicht, mehrere PCs allein zum Zweck des Weiterverkaufs anzuschaffen und zu verkaufen. Die Tätigkeit wird nicht regelmäßig ausgeübt. Daher liegt keine gewerbliche Tätigkeit vor.

Eine gewerbliche Tätigkeit würde auch nicht vorliegen, wenn du drei eigene PCs und den deines Bruders verkaufen würde.

Würdest du PCs kaufen, mit Lieferanten die Konditionen vereinbaren, Geschäftsräume mieten und Inserate schalten, dann läge eine gewerbliche Tätigkeit vor, da du für Außenstehende durch das Anbieten der Geräte, die Miete der Räume und die Werbemaßnahmen gezeigt hast, dass du diese Tätigkeit mit Wiederholungsabsicht ausübst.

Dies gilt auch, wenn du nach dem Verkauf von drei Stück die Tätigkeit wieder aufgibst, weil du siehst, dass du den Break-even-Point nicht überschreiten wirst."

Einteilung der Gewerbe = **classification of trades**

Kategorien von Gewerben = **categories of trades**

2 Einteilung der Gewerbe

Die Gewerbeordnung unterscheidet verschiedene Kategorien von Gewerben.

Da von einigen Gewerben größere Gefahren ausgehen, von anderen geringere, unterscheidet die Gewerbeordnung verschiedene Kategorien von Gewerben:

Zu den **reglementierten Gewerben** gehören insbesondere Tätigkeiten, bei deren Ausübung eine Gefährdung von Leben und Gesundheit von Personen sowie die Beschädigung fremder Sachen möglich ist.

Das Gewerbe der Getreidemüller war früher ein Handwerk. Später wurde es ein gebundenes Gewerbe. Seit 2002 ist es ein reglementiertes Gewerbe.

Kategorien von Gewerben	
freie Gewerbe	**reglementierte Gewerbe**
Zur Erlangung der Gewerbeberechtigung müssen nur die allgemeinen persönlichen Voraussetzungen erbracht werden. Es muss keine Befähigung zur Ausübung dieser Tätigkeiten nachgewiesen werden.	Die Person, die ein derartiges Gewerbe ausüben möchte, muss nachweisen, dass er/sie die Kenntnisse, Fähigkeiten und Erfahrungen, die bei der Ausübung des Gewerbes benötigt werden, besitzt.

In welche Kategorie eine Tätigkeit fällt, kann man **nur dem Gesetz entnehmen.** Alleine aus der Bezeichnung kann nicht auf die Zuordnung zu einer bestimmten Kategorie geschlossen werden. Die Einteilung eines Gewerbes in eine bestimmte Kategorie kann sich im Laufe der Zeit auch ändern.

Nur die im **§ 94 der Gewerbeordnung** ausdrücklich aufgezählten Tätigkeiten sind **reglementierte Gewerbe.**

freie Gewerbe = **free/unregulated trades**

reglementierte Gewerbe = **regulated trades**

Teilgewerbe = **partial trades**

Unter den 80 in der Gewerbeordnung als **reglementierte Gewerbe** aufgezählten Tätigkeiten sind beispielsweise zu finden:

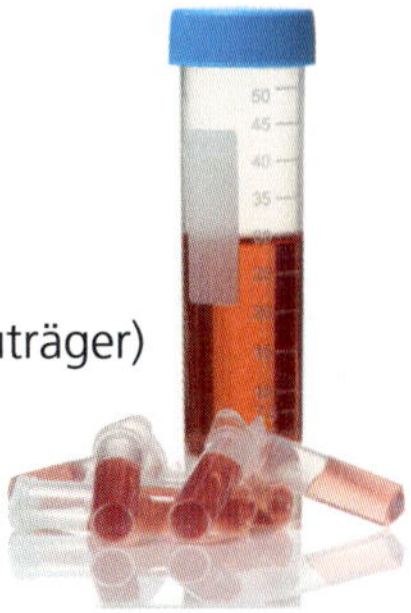

- Baumeister, Brunnenmeister
- Chemische Laboratorien
- Elektrotechnik
- Heizungstechnik; Lüftungstechnik (verbundenes Handwerk)
- Immobilientreuhänder (Immobilienmakler, Immobilienverwalter, Bauträger)
- Kälte- und Klimatechnik (Handwerk)
- Kommunikationselektronik (Handwerk)
- Karosseriebau- und Karosserielackiertechniker; Kraftfahrzeugtechnik (verbundenes Handwerk)
- Kunststoffverarbeitung (Handwerk)
- Mechatroniker für Maschinen- und Fertigungstechnik; Mechatroniker für Elektronik, Büro- und EDV-Systemtechnik; Mechatroniker für Elektromaschinenbau und Automatisierung; Mechatroniker für Medizingerätetechnik (verbundenes Handwerk)
- Sicherheitsfachkraft; Sicherheitstechnisches Zentrum
- Ingenieurbüros (Beratende Ingenieure)
- Überlassung von Arbeitskräften
- Unternehmensberatung einschließlich Unternehmensorganisation

Alle nicht in § 94 der Gewerbeordnung angeführten Gewerbe sind **freie Gewerbe,** für deren Ausübung nur die allgemeinen persönlichen Voraussetzungen zu erbringen sind.

Der Betrieb von Tankstellen zählt beispielsweise zu den **freien Gewerben.** Weitere Beispiele sind im Internet auf der Homepage des Bundesministeriums für Wissenschaft, Forschung und Wirtschaft zu finden **(www.bmwfw.gv.at).**

Beispiele für **freie Gewerbe:**

- Austausch von Standardindustriekomponenten von Personalcomputern unter Ausschluss der den Mechatronikern für Elektronik, Büro- und EDV-Systemtechnik vorbehaltenen Tätigkeiten
- Berufsfotograf
- Betrieb einer Tankstelle
- Dienstleistungen in der automatischen Datenverarbeitung und Informationstechnik
- Durchführung von Testkäufen zum Zwecke der Ermittlung des Verkäuferverhaltens anhand standardisierter Tests, ausgenommen die Auswertung der Tests (Mystery Shopping)
- Erzeugung von Kopien durch Anwendung eines nicht zur Massenherstellung geeigneten Verfahrens (Copyshop)
- Handelsgewerbe mit Ausnahme der reglementierten Handelsgewerbe
- Luftfahrzeugtechniker

Voraussetzungen zum Gewerbeantritt = **requirements for the registration of a trade**

3 Voraussetzungen zum Gewerbeantritt

Bei Antritt eines Gewerbes müssen bestimmte Voraussetzungen erfüllt werden.

Es gibt Voraussetzungen, die der Gewerbetreibende erfüllen muss, und solche, die der Betrieb erfüllen muss:

persönlich = **personal**

sachlich = **factual/ professional**

Voraussetzungen zum Gewerbeantritt	
persönliche Voraussetzungen	**sachliche Voraussetzungen**
Diese muss der Gewerbetreibende persönlich erfüllen.	**Diese muss der Betrieb erfüllen.**
Nicht jeder darf in Österreich einen Gewerbebetrieb eröffnen. Gewerbetreibende müssen in der Lage sein, ihre Geschäfte selbst zu tätigen, und es soll sichergestellt werden, dass von ihnen keine Gefahren ausgehen.	Der Betrieb muss so eingerichtet sein, dass von ihm möglichst wenige Gefahren ausgehen.

Die Erfüllung der sachlichen Voraussetzungen wird durch die Betriebsanlagenbewilligung nachgewiesen.

Persönliche Voraussetzungen

Gewerbetreibende müsen selbst bestimmte Voraussetzungen erfüllen:

Persönliche Voraussetzungen zum Gewerbeantritt	
allgemeine Voraussetzungen	**besondere Voraussetzungen**
müssen auf jeden Fall erfüllt werden, gleichgültig, welches Gewerbe ausgeübt werden soll	müssen nur bei Ausübung eines reglementierten Gewerbes erbracht werden und sind abhängig vom Gewerbe, welches ausgeübt werden soll

Allgemeine persönliche Voraussetzungen

Ausschließungsgründe sind beispielsweise Verurteilungen wegen
- Betruges,
- Diebstahls,
- organisierter Schwarzarbeit,
- bestimmter Finanzdelikte,

nicht jedoch die Eröffnung eines Insolvenzverfahrens.

Allgemeine persönliche Voraussetzungen sind:

- **Eigenberechtigung,** d.h. vollendetes 18. Lebensjahr
- **Österreichische Staatsbürgerschaft** oder **Staatsbürgerschaft eines EWR-Mitgliedstaates.** Daneben bestehen auch Abkommen mit anderen Staaten, dass deren Staatsbürger in Österreich ein Gewerbe ausüben dürfen (z.B. USA, Schweiz). Andere Ausländer dürfen ein Gewerbe ausüben, wenn sie sich zur Ausübung einer Erwerbstätigkeit in Österreich aufhalten dürfen.
- **Unbescholtenheit** (Fehlen von Ausschließungsgründen); Personen, die bestimmte strafbare Handlungen begangen haben, sind von der Gewerbeausübung ausgeschlossen.

Eine Gewerbeberechtigung kann durch ein Gericht oder die Gewerbebehörde auch wieder entzogen werden, wenn der Gewerbeinhaber schwerwiegend gegen Rechtsvorschriften verstößt.

Beispiel

Über einen Mechanikerbetrieb wurde mehrmals eine Verwaltungsstrafe verhängt, weil seine Anlagen nicht dem Bescheid entsprochen haben und er dadurch die Umwelt verschmutzt und die Anrainer gefährdet hat. Aufgrund der mehrmaligen Bestrafung wird ihm die Gewerbeberechtigung wieder entzogen.

Auch Kapitalgesellschaften kann die Gewerbeberechtigung wieder entzogen werden.

Hat ein Geschäftsführer einer GmbH oder ein Vorstand einer AG einen Ausschließungsgrund gesetzt, dann muss die Gesellschaft jemand anderen zum Geschäftsführer oder Vorstand bestellen.

Besondere persönliche Voraussetzungen

besondere persönliche Voraussetzungen = **special personal requirements**

Befähigungsnachweis = **certificate of qualification**

Soll ein **reglementiertes Gewerbe oder ein Teilgewerbe** ausgeübt werden, muss der Gewerbetreibende seine **Befähigung zur Ausübung des Gewerbes** nachweisen.

Befähigungsnachweis	
genereller Befähigungsnachweis	**individueller Befähigungsnachweis**
Für jedes reglementierte Gewerbe legt die Wirtschaftsministerin mittels Verordnung fest, durch welche Zeugnisse nachzuweisen ist, dass der Gewerbeanmelder über die zur Ausübung des Gewerbes notwendigen Kenntnisse, Fähigkeiten und Erfahrungen verfügt.	Kann die Person, die ein Gewerbe ausüben möchte, nicht die entsprechenden Zeugnisse vorweisen, verfügt sie aber über die zur Gewerbeausübung notwendige Befähigung, dann kann sie diese auch anders nachweisen. Kann der Gewerbeanmelder **nicht nachweisen,** dass er **sämtliche Tätigkeiten beherrscht,** dann kann die Behörde verfügen, dass nicht alle Arbeiten des Gewerbes ausgeübt werden dürfen. Die Gewerbeberechtigung wird in diesem Fall **auf bestimmte Tätigkeiten eingeschränkt.**

Eine Ausnahme besteht für **Patentinhaber** sowie für die meisten **Industriebetriebe:** Sie dürfen ein **reglementiertes Gewerbe ohne Befähigungsnachweis** ausüben. Die allgemeinen persönlichen Voraussetzungen müssen aber auch sie erbringen.

Michael: Wenn ich mich nach der Schule als Kommunikationselektroniker selbständig machen möchte, welche Voraussetzungen muss ich dann erfüllen?

Anna: Jeder Gewerbetreibende muss die allgemeinen persönlichen Voraussetzungen erfüllen:

- Eigenberechtigung
- Österreichische bzw. Staatsbürgerschaft eines EWR-Staates oder entsprechender Aufenthaltstitel
- keine Ausschließungsgründe

Eigenberechtigung = **of full legal age and capacity**

Unbescholtenheit = **integrity/no conviction in the criminal record**

Da das Kommunikationselektroniker-Gewerbe ein reglementiertes Gewerbe ist, muss auch die Befähigung nachgewiesen werden, z. B. durch eine Meisterprüfung oder den Abschluss einer entsprechenden Schule, wie der höheren Lehranstalt für Elektronik oder der Fachschule für Elektronik, und einschlägige Praxis.

Stellt das Unternehmen die Geräte in großer Stückzahl mithilfe von Maschinen her, wird vorwiegend angelerntes Personal beschäftigt – also keine Personen, die das Handwerk gelernt haben – und ist der Ablauf genau geplant, dann handelt es sich um einen Industriebetrieb, der keinen Befähigungsnachweis benötigt. Die ING4TECH benötigt daher keinen Befähigungsnachweis.

4 Befähigungsnachweis

Für die Ausübung eines reglementierten Gewerbes wird ein Befähigungsnachweis benötigt.

Genereller Befähigungsnachweis

Die im Gesetz vorgesehene **Befähigungsprüfung** besteht aus folgenden Teilen:

Befähigungsprüfung		
Ausbilderprüfung bzw. -kurs	Unternehmerprüfung	fachliche Prüfung oder einschlägige Tätigkeit bzw. Funktion

Befähigungsprüfung = **qualification examination**

Ausbilderprüfung = **trainer/instructor examination**

Die **Ausbilderprüfung** kann auch ohne Befähigungsprüfung abgelegt werden. Sie wird auch durch bestimmte andere Prüfungen ersetzt, z. B. Ziviltechnikerprüfung, Steuerberaterprüfung, Rechtsanwaltsprüfung …

Ausbilderprüfung

Voraussetzung, dass ein Betrieb Lehrlinge ausbilden darf, ist unter anderem, dass der Gewerbeberechtigte oder der mit der Lehrlingsausbildung betraute Ausbilder die Ausbilderprüfung abgelegt hat. Dabei sind die zur Lehrlingsausbildung notwendigen rechtlichen und pädagogischen Kenntnisse nachzuweisen.

Unternehmerprüfung

Jedermann kann zur **Unternehmerprüfung** antreten, es müssen keinerlei Voraussetzungen (z. B. Praxis, Vorbildung, Besuch eines Kurses) erfüllt werden.

Unternehmerprüfung = **entrepreneur/contractor examination**

Das für die selbständige Gewerbeausübung **notwendige betriebswirtschaftliche und rechtskundliche Wissen** wird durch die Unternehmerprüfung nachgewiesen. Sie kann entweder im Rahmen der Befähigungs- bzw. Meisterprüfung oder aber als selbständige Einzelprüfung abgelegt werden.

Diese Prüfung besteht sowohl aus einem schriftlichen als auch aus einem mündlichen Teil und umfasst folgende Stoffgebiete:

- Kommunikation und Verhalten innerhalb des Unternehmens und gegenüber nicht dem Unternehmen angehörigen Personen
- Marketing, Organisation
- unternehmerische Rechtskunde
- Rechnungswesen
- Mitarbeiterführung und Personalmanagement

Als **Absolvent** gilt nur jemand, der die Reife- und Diplomprüfung oder die Abschlussprüfung positiv abgeschlossen hat!

HTL-Absolventen sowie Absolventen einer HAK oder einer humanberuflichen Lehranstalt wird die Unternehmerprüfung durch den Abschluss der Schule ersetzt.

WKO WIRTSCHAFTSKAMMER ÖSTERREICH

Diese Prüfungen werden – ebenso wie die Unternehmerprüfung – vor einer Kommission abgelegt, welche bei der Meisterprüfungsstelle der Wirtschaftskammer eingerichtet ist. Die Meisterprüfungsstelle legt auch den Prüfungsstoff mittels Verordnung fest.

Fachliche Prüfung oder einschlägige Tätigkeit bzw. Funktion

Die für die Ausübung eines reglementierten Gewerbes notwendigen Kenntnisse, Fähigkeiten und Erfahrungen können durch **folgende Zeugnisse** nachgewiesen werden:

- Zeugnis über die erfolgreich abgelegte Meisterprüfung oder über eine sonstige Befähigungsprüfung. Diese Prüfung wird je nach Art des Gewerbes anders genannt:

Fachliche Prüfung	
Handwerke	**sonstige reglementierte Gewerbe**
Meisterprüfung	Befähigungsprüfung

- Zeugnis über die erfolgreich abgelegte Unternehmerprüfung
- Zeugnis über den Abschluss eines Universitätsstudiums
- Zeugnis über den erfolgreichen Besuch eines Fachhochschul-Studienganges
- Zeugnis über den erfolgreichen Besuch einer Schule
- Zeugnis über den erfolgreichen Besuch eines Lehrganges
- Zeugnis über die erfolgreich abgelegte Lehrabschlussprüfung
- Nachweis, dass eine bestimmte Zeit eine fachliche Tätigkeit ausgeübt wurde

fachliche Prüfung = **expert/specialist examination**

Handwerke = **trades/crafts**

sonstige reglementierte Gewerbe = **other regulated trades**

Welcher Nachweis für ein bestimmtes Gewerbe zu erbringen ist, legt die Wirtschaftsministerin durch Verordnung fest.

Handwerke

Einige **reglementierte Gewerbe** sind im Gesetz ausdrücklich als **Handwerk** bezeichnet.

Das Bäckergewerbe zählt zu den Handwerken.

Zur **Meisterprüfung** kann antreten, wer eigenberechtigt ist, d. h. das 18. Lebensjahr vollendet hat. Der Prüfungskandidat bzw. die -kandidatin muss keinerlei fachliche Vorbildung, z. B. Lehrabschlussprüfung, Besuch einer Fachschule ..., nachweisen.

Zum Beispiel:
- Bäcker (Handwerk)
- verbundenes Handwerk: Damenkleidermacher, Herrenkleidermacher, Wäschewarenerzeugung; verbundenes Handwerk: Kürschner, Säckler (Lederbekleidungserzeugung)
- Kommunikationselektronik (Handwerk)
- Konditoren (Zuckerbäcker) einschließlich der Lebzelter und der Kanditen-, Gefrorenes- und Schokoladewarenerzeugung (Handwerk)
- Metalltechnik für Metall- und Maschinenbau; Metalltechnik für Schmiede und Fahrzeugbau; Metalltechnik für Land- und Baumaschinen (verbundenes Handwerk)

Die Befähigung zur Ausübung eines Handwerkes wird durch die Meisterprüfung nachgewiesen. Sie besteht aus folgenden Prüfungsgebieten:

Meisterprüfung		
fachtheoretischer Teil		fachpraktischer Teil
schriftlich	mündlich	Meisterarbeit

Beispiel eines Meisterprüfungszeugnisses

Welche Schule welche Befähigungsnachweise ersetzt, kann unter **www.gewerbeordnung.at** nachgelesen werden.

Meisterprüfung = **mastership examination**

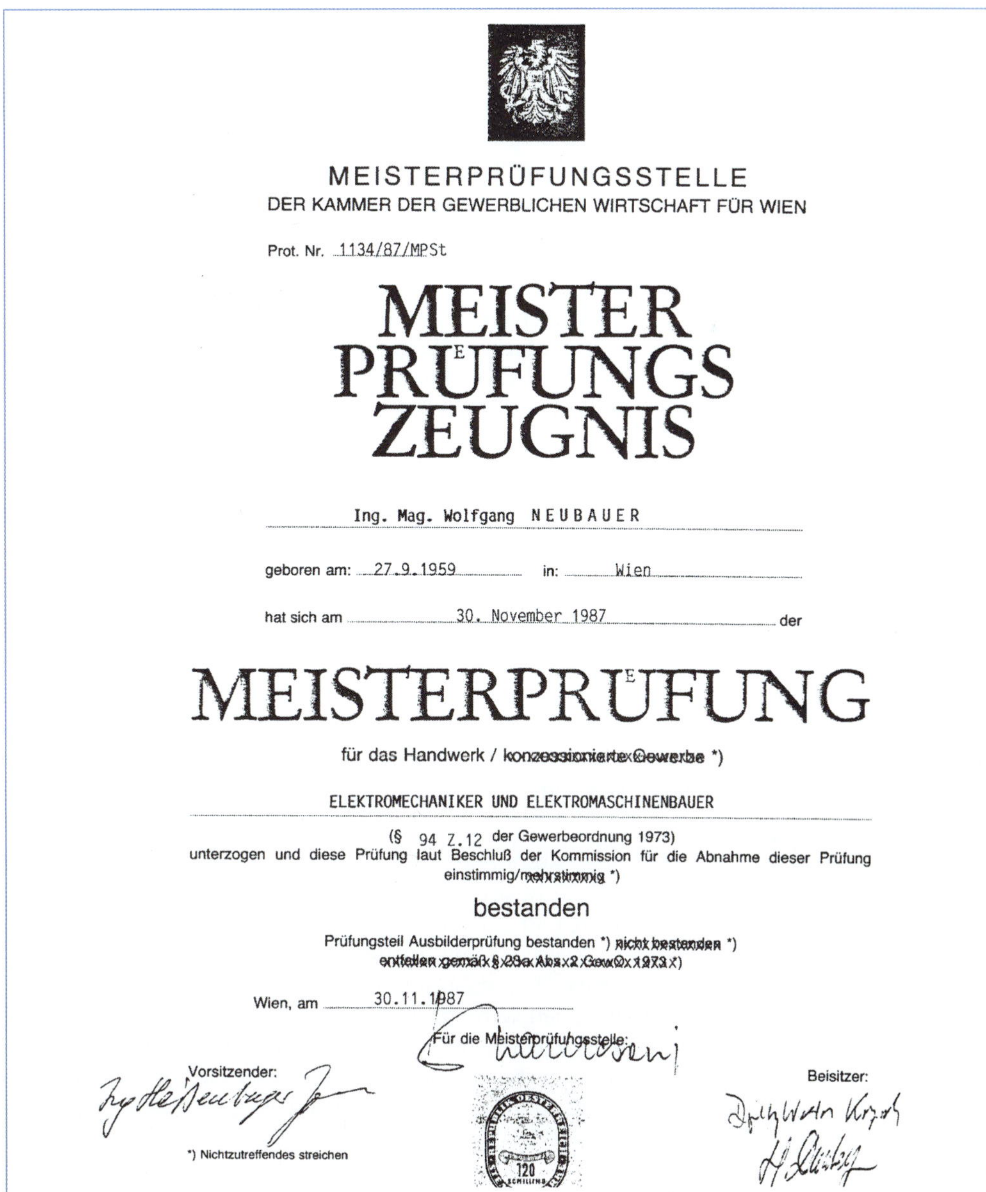

MEISTERPRÜFUNGSSTELLE
DER KAMMER DER GEWERBLICHEN WIRTSCHAFT FÜR WIEN

Prot. Nr. 1134/87/MPSt

MEISTERPRÜFUNGSZEUGNIS

Ing. Mag. Wolfgang NEUBAUER

geboren am: 27.9.1959 in: Wien

hat sich am 30. November 1987 der

MEISTERPRÜFUNG

für das Handwerk / ~~konzessionierte Gewerbe~~ *)

ELEKTROMECHANIKER UND ELEKTROMASCHINENBAUER

(§ 94 Z.12 der Gewerbeordnung 1973)
unterzogen und diese Prüfung laut Beschluß der Kommission für die Abnahme dieser Prüfung einstimmig/~~mehrstimmig~~ *)

bestanden

Prüfungsteil Ausbilderprüfung bestanden *) ~~nicht bestanden~~ *)
~~entfallen gemäß § 23a Abs. 2 GewO 1973~~ *)

Wien, am 30.11.1987

Für die Meisterprüfungsstelle:

Vorsitzender:

Beisitzer:

*) Nichtzutreffendes streichen

Auch für Absolventen von BMS (z. B. Fachschulen, Werkmeisterschulen) bestehen Begünstigungen, welche ebenfalls in den entsprechenden Verordnungen zu finden sind.

Absolventen einschlägiger berufsbildender höherer Schulen können in der Regel nach einem oder eineinhalb Jahren einschlägiger Tätigkeit selbständig einen Handwerksbetrieb eröffnen. Sie müssen dann keine Meisterprüfung ablegen, da sie die fachliche Qualifikation durch den erfolgreichen Abschluss der Schule (Reife- oder Abschlussprüfung) und die Praxis nachweisen. Die Begünstigungen sind für jedes Handwerk etwas anders geregelt:

Beispiel

Absolventen einer höheren Lehranstalt für Elektronik können die zur Ausübung des Gewerbes der Kommunikationselektroniker notwendigen Kenntnisse, Fähigkeiten und Erfahrungen durch ihr Reifeprüfungszeugnis und eine mindestens eineinhalbjährige fachliche Praxis nachweisen. Sie benötigen keine weiteren fachlichen Prüfungen.

Für **verbundene Handwerke** besteht ein erleichterter Zugang.

Wer die volle Befähigung für ein Handwerk nachweist, kann den Befähigungsnachweis für ein **verbundenes Handwerk** durch eine **Zusatzprüfung** erbringen. Im Rahmen dieser Zusatzprüfung sind nur die für das verbundene Handwerk charakteristischen Kenntnisse, Fähigkeiten und Erfahrungen, die im Rahmen des ersten Befähigungsnachweises nicht geprüft wurden, nachzuweisen.

Beispiel

„Metalltechnik für Schmiede und Fahrzeugbau" und auch „Metalltechnik für Land- und Baumaschinen" sind verbundene Handwerke. Hat jemand die Meisterprüfung „Metalltechnik für Schmiede und Fahrzeugbau" abgelegt, dann benötigt diese Person für die Meisterprüfung „Metalltechnik für Land- und Baumaschinen" nur eine Zusatzprüfung.

Sonstige reglementierte Gewerbe

Welcher Nachweis für ein bestimmtes Gewerbe erbracht werden muss, wird von der Wirtschaftsministerin festgelegt.

Auch für die Ausübung eines sonstigen reglementierten Gewerbes muss ein Befähigungsnachweis erbracht werden. Da in dieser Gruppe unterschiedlichste Tätigkeiten zusammengefasst sind, werden auch unterschiedlichste Voraussetzungen für die Erlangung des Befähigungsnachweises verlangt.

Auch hier bestehen **Begünstigungen für Absolventen berufsbildender Schulen.**

Michael: Mein Freund Florian besucht die Höhere Lehranstalt für Elektrotechnik. Seine Eltern besitzen ein Elektrotechnik-Unternehmen, das er übernehmen möchte. Elektrotechnik ist ein sonstiges reglementiertes Gewerbe. Wie kann er seine Befähigung nachweisen?

Anna: Absolventen der höheren Lehranstalt für Elektrotechnik müssen eine mindestens eineinhalbjährige Praxis nachweisen und Lehrgänge über elektrotechnische Sicherheitsvorschriften und über sicherheitstechnisches Fachwissen besuchen. Damit weisen sie ihre Befähigung nach und können selbständig das Gewerbe betreiben.

Individueller Befähigungsnachweis

Der **individuelle Befähigungsnachweis** erleichtert insbesondere Personen, die ihre Qualifikation in anderen Mitgliedstaaten des EWR erworben haben, ein Gewerbe in Österreich zu eröffnen.

Kann jemand nicht die in der Verordnung vorgesehenen Zeugnisse als Nachweis der Befähigung beibringen, dann kann er seine **Befähigung auch auf andere Art nachweisen.** Die Person, die das Gewerbe anmelden möchte, muss der Behörde beweisen, dass ihre Kenntnisse, Fähigkeiten und Erfahrungen denen entsprechen, die im Rahmen der vorgesehenen Prüfung nachzuweisen sind.

Beispiel

individueller Befähigungsnachweis = **certificate of individual qualification**

Ein 32-jähriger Absolvent einer Handelsakademie, der den Lehrgang „Technik und Recht im Liegenschaftsmanagement" an der TU Wien absolviert und 5 Jahre einschlägige Praxis gesammelt hat, möchte das Gewerbe „Immobilienmakler" ausüben.
Aufgrund seiner Ausbildung und bisherigen beruflichen Tätigkeit kann angenommen werden, dass er über die zur Gewerbeausübung erforderlichen Kenntnisse, Fähigkeiten und Erfahrungen verfügt. Er muss nicht die vorgesehene Prüfung ablegen, da er seine individuelle Befähigung auf einem anderen Weg nachgewiesen hat.

Wird das Unternehmen in Form einer Gesellschaft geführt oder kann der Gewerbeberechtigte nicht selbst die notwendige Befähigung nachweisen, muss er einen **gewerberechtlichen Geschäftsführer** bestellen.

Geschäftsführer

Wird das Unternehmen in Form einer Gesellschaft betrieben, so ist der Gewerbeinhaber diese Gesellschaft. Da eine Gesellschaft den Befähigungsnachweis nicht selbst erbringen kann, benötigt sie einen **Geschäftsführer.** Hier ist zu unterscheiden:

Geschäftsführer	
gewerberechtlicher Geschäftsführer	**unternehmensrechtlicher Geschäftsführer**
Jemand, der für ein Unternehmen die Befähigung zur Ausübung eines Gewerbes nachweist.	Person, die ein Unternehmen leitet; diese ist meist im Firmenbuch eingetragen.

Dieser **gewerberechtliche Geschäftsführer**

- muss die notwendige Befähigung erbringen,
- ist der Behörde gegenüber für die Einhaltung der gewerberechtlichen Vorschriften verantwortlich,
- ist dem Gewerbeinhaber gegenüber für die fachlich einwandfreie Ausführung der Tätigkeiten verantwortlich,
- muss im Betrieb über entsprechende Anordnungsbefugnisse verfügen, damit er die Einhaltung seiner Verpflichtungen gewährleisten kann,
- muss in der Lage sein, sich im Betrieb entsprechend zu betätigen.

Geschäftsführer = **managing director/CEO (Chief Executive Officer)/ general manager**

Als **Geschäftsführer** darf nur jemand bestellt werden, der mindestens die Hälfte der wöchentlichen Normalarbeitszeit im Betrieb beschäftigt und voll sozialversicherungspflichtig ist.

Bei **Personengesellschaften** (OG, KG) kann der Geschäftsführer auch ein **persönlich haftender Gesellschafter** sein. Wird das Unternehmen in Form einer **juristischen Person** (GmbH oder AG) betrieben, dann kann als gewerberechtlicher Geschäftsführer auch ein **Vorstandsmitglied oder unternehmensrechtlicher Geschäftsführer** tätig werden.

Beispiel

Möchte Michael, Schüler der Höheren Lehranstalt für Elektronik, Holzmöbel herstellen, benötigt er die Befähigung zur Ausübung des Tischlerhandwerks, welche er nicht hat.

Um den Betrieb trotzdem eröffnen zu dürfen, hätte er folgende Möglichkeiten:

- Er könnte jemanden, der eine entsprechende Meisterprüfung abgelegt hat, mindestens 20 Stunden wöchentlich im Betrieb beschäftigen. Diese Person muss zur Sozialversicherung als Arbeitnehmer angemeldet sein, intern gegenüber anderen Mitarbeitern Anweisungsbefugnis haben und der Bestellung schriftlich zustimmen.
- Er könnte eine GmbH gründen und selbst als unternehmensrechtlicher Geschäftsführer tätig werden. Dann benötigt er zusätzlich einen gewerberechtlichen Geschäftsführer, welcher – wie im vorherigen Punkt – mindestens 20 Stunden wöchentlich im Betrieb beschäftigt sein und gegenüber anderen Mitarbeitern Weisungsbefugnis haben muss.
- Der Tischlermeister könnte auch als unternehmens- und gewerberechtlicher Geschäftsführer der GmbH bestellt und im Betrieb entsprechend tätig werden. Er ist dann als Geschäftsführer weisungsberechtigt und gegenüber der Behörde verantwortlich.
- Er könnte mit einem Tischlermeister eine OG gründen, wobei der Tischlermeister persönlich haftender Gesellschafter sein muss. Der Tischlermeister (= gewerberechtlicher Geschäftsführer) muss sich im Betrieb entsprechend betätigen können. Das heißt, sein Wohnsitz darf nicht zu weit vom Betrieb entfernt sein und seine übrigen beruflichen Verpflichtungen müssen ihm genügend Zeit lassen. Er ist als persönlich haftender Gesellschafter gegenüber sämtlichen Mitarbeitern grundsätzlich weisungsberechtigt und gegenüber der Behörde verantwortlich. Überdies haftet er als Gesellschafter für sämtliche Schulden des Unternehmens mit seinem Privatvermögen. Michael könnte diesfalls auch die Stellung eines Kommanditisten einnehmen.

Nebenrechte = **subsidiary rights**

5 Nebenrechte

Gewerbetreibende dürfen auch Arbeiten anbieten, die nicht zu ihren eigentlichen Aufgaben gehören.

Um die eigenen Leistungen besser an die Wünsche der Kunden anpassen zu können, dürfen Gewerbetreibende auch Tätigkeiten ausführen, die Teil eines anderen Gewerbes sind.

Die ING4TECH erzeugt u. a. Küchengeräte, wie Herde, Kühlschränke, Tiefkühlgeräte, Dunstabzugshauben. Diese liefert sie an Möbelhäuser.

Bestellt ein Kunde in einem Möbelhaus eine Küche, so dürfte das Möbelhaus diese Küche nicht selbst montieren, sondern müsste diese Arbeiten von einem befugten Gewerbetreibenden durchführen lassen oder selbst eine Gewerbeberechtigung für das Tischlergewerbe erlangen.

Gewerbetreibende dürfen auch **bestimmte Tätigkeiten ausüben, die nicht zu ihrem Gewerbe** gehören, sondern anderen Gewerbetreibenden vorbehalten sind.

Sämtliche Gewerbetreibende dürfen:

- Vorarbeiten und Vollendungsarbeiten auf dem Gebiet anderer Gewerbe vornehmen, die dazu dienen, die eigenen Produkte absatzfähig zu machen,

Beispiel

Das Möbelhaus darf die bestellte Küche an den Kunden liefern und dort von Mitarbeitern des Möbelhauses montieren lassen. Diese müssen entsprechend ausgebildete und erfahrene Fachkräfte sein, d. h. eine entsprechende Lehrabschlussprüfung abgelegt haben. Die für die Küche notwendigen Elektro- sowie Gas- und Wasserinstallationen darf das Möbelhaus nicht in eigener Verantwortung durchführen, da diese Arbeiten Leben und Gesundheit gefährden können, wenn sie nicht fachgerecht ausgeführt werden.

Installationsarbeiten dürfen z. B. nicht von Tischlern durchgeführt werden.

- für ihr Unternehmen Maschinen, Werkzeuge und sonstige Vorrichtungen anfertigen,
- ihre eigenen Einrichtungen, Betriebsmittel (Anlagen, Maschinen, Werkzeuge) und Betriebsgebäude selbst instand halten,
- unentgeltlich Getränke ausschenken,
- Tätigkeiten, die sie ausführen dürfen, selbst planen,
- Gesamtaufträge übernehmen, wobei sie Tätigkeiten, die ihnen nicht zustehen, von dazu befugten Betrieben ausführen lassen müssen,

Für den Ausschank darf jedoch nicht geworben werden, auch dürfen keine zusätzlichen Hilfskräfte oder Räume dafür verwendet werden.

Beispiel

Ein Baumeister darf den Auftrag übernehmen, als Generalunternehmer ein komplettes Haus zu planen und herzustellen. Bei der Ausführung muss er aber beispielsweise die Herstellung der Elektroinstallationen einem befugten Elektrotechniker überlassen.

- Verpackungen für ihre Produkte selbst herstellen und bedrucken,
- Waren zurücknehmen, kaufen, verkaufen, vermieten oder vermitteln, sofern diese nicht Gegenstand eines reglementierten Gewerbes sind,

Beispiel

Die ING4TECH, die PCs zusammenbaut (assembliert), darf daher auch PCs verkaufen, die sie nicht selbst zusammengebaut hat, sowie CDs, DVDs, Kabel, Drucker ... Dafür benötigt sie keine Gewerbeberechtigung als Händler.

Sie darf auch mit Büchern und Werkzeugen, sogar mit Bekleidung handeln.

Die ING4TECH darf aber nicht Medikamente oder Waffen verkaufen oder vermieten, da dafür eine spezielle Berechtigung benötigt wird.

- an von ihnen hergestellten, von ihnen verkauften oder von ihnen vermieteten Sachen
  - schadhafte Bestandteile austauschen,
  - Zubehör anbringen,
  - regelmäßige Wartungen ausführen
- Waren an die Bedürfnisse des Marktes anpassen

Beispiele
Gastgewerbetreibende dürfen Waren des üblichen Reisebedarfes, Geschenkartikel sowie bestimmte Druckwerke verkaufen. Sie dürfen, wenn sie Gäste beherbergen, für ihre Gäste Ausflugsfahrten ohne Übernachtungen veranstalten.

- mehrere Waren gemeinsam verpacken und zu einem Gesamtpreis verkaufen (z. B. Betriebssystem auf einem PC installieren)
- Herstellen von Aufstrichen und Salaten durch Lebensmittelhändler
- Waren entsprechend verpacken (z. B. Weihnachtsverpackung)
- die Beinlänge einer verkauften Hose kürzen

- Postdienstleistungen, ausgenommen Geld- und Zahlungsverkehr, erbringen

Unternehmen dürfen weiters Leistungen anderer Gewerbe erbringen, wenn diese Leistungen die eigene Leistung wirtschaftlich sinnvoll ergänzen. Der damit erzielte Umsatz darf bestimmte Grenzen nicht übersteigen:

JAHRESUMSATZ

AUFTRAG

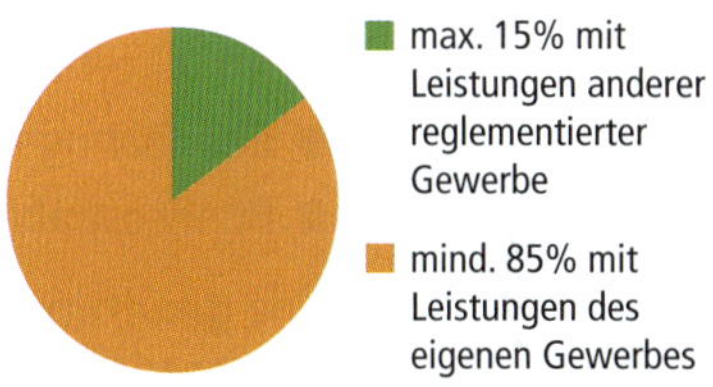

Für einige Gewerbe bestehen darüber hinaus weitere Nebenrechte.

Werden diese Grenzen überschritten, muss ein weiteres Gewerbe angemeldet werden. Bei der Ausübung sämtlicher Nebenrechte müssen

- der wirtschaftliche Schwerpunkt und die Eigenart des Betriebs erhalten bleiben,
- wenn es aus Sicherheitsgründen notwendig ist, entsprechend ausgebildete und erfahrene Fachkräfte eingesetzt werden.

Beispiele

- Repariert ein Elektroinstallationsunternehmen elektrische Pumpen, werden der Schwerpunkt und die Eigenart des Beriebes erhalten.
- Repariert ein Kunststofftechniker EDV-Geräte, werden der Schwerpunkt und die Eigenart des Betriebes nicht erhalten.

Um Gefahren für Kunden, Mitarbeiter und Umwelt gering zu halten, müssen bestimmte Anlagen von der Behörde genehmigt werden.

7 Betriebsanlagen

Betriebsanlagen sind Anlagen, die der Gewerbetreibende bei seiner Tätigkeit verwendet.

In der ING4TECH werden viele Chemikalien benötigt. Einige davon sind für Mitarbeiter und Umwelt gefährlich. Die Maschinen und Anlagen produzieren viel Lärm, der die Gesundheit der Mitarbeiter und Nachbarn gefährden kann. Daher muss die Behörde die Betriebsanlagen genehmigen und kann Auflagen vorschreiben, damit Gefahren vermindert werden.

Betriebsanlage = **factory equipment/installation**

gefährdet Leben, Gesundheit oder Eigentum = **endangers life, health or property**

Eine **Betriebsanlage** im Sinne der Gewerbeordnung liegt vor, wenn die Einrichtung

- **für** die Ausübung einer **gewerblichen Tätigkeit verwendet** wird und
- **regelmäßig genutzt** wird (Wiederholungsabsicht reicht) und
- **nicht nur vorübergehend an diesem Standort** bleiben soll (örtlich gebundene Einrichtung).

Beispiele
Emission von Gerüchen, Lärm, Rauch, Staub, Erschütterungen oder Ähnliches = **emission of odours, noise, smoke, dust, vibrations/shocks or similar**

Genehmigung für den Betrieb der Anlage = **licence to operate a plant**

- Eine Baustelle wird in der Regel nicht als Betriebsanlage angesehen, da sie nur vorübergehend an diesem Standort bleiben soll.
- Ein Würstelstand oder ein Hendlgriller, der auch nur kurzfristig an diesem Ort verbleibt und seine Waren verkauft, wird als Betriebsanlage angesehen, da Wiederholungsabsicht besteht.

Für die Betriebsanlagenbewilligung ist die **Bezirksverwaltungsbehörde** zuständig; die Anrainer müssen dabei gehört werden.

Kann durch eine **Betriebsanlage**

- **Leben, Gesundheit oder Eigentum gefährdet** werden oder
- besteht die Gefahr, dass durch Emission von Gerüchen, Lärm, Rauch, Staub, Erschütterungen oder Ähnlichem **jemand belästigt** wird,

so benötigt der Inhaber des Betriebes eine **Genehmigung für den Betrieb der Anlage.** Bestehen diese Gefahren nicht, so kann die Anlage ohne Genehmigung betrieben werden.

nicht bewilligungspflichtige Betriebsanlage = **factory equipment, machinery, installations not subject to a licence/for which a licence is not required**

bewilligungspflichtige Betriebsanlage = **factory equipment, machinery, installations subject to a licence/for which a licence is required**

Beispiel für eine nicht bewilligungspflichtige Betriebsanlage: Büros, Einzelhandelsbetriebe mit einer Fläche bis zu 200 m², Fotografenbetriebe

Werkstätten zählen zu den bewilligungspflichtigen Betriebsanlagen.

Beispiele für bewilligungspflichtige Betriebsanlagen: Tankstelle, Maschinenfabrik, Werkstätte

Auch andere Gesetze, die bei der Errichtung und beim Betrieb von Betriebsanlagen zu beachten sind, werden beim Bewilligungsverfahren berücksichtigt **(konzentriertes Verfahren),** z. B.:

- Wasserrecht
- Abfallrecht
- Eisenbahngesetz
- Bundesstraßengesetz

Die Betriebsanlage muss wie genehmigt arbeiten und alle geltenden Vorschriften erfüllen.

Eine **genehmigte Betriebsanlage ist alle 5 Jahre** durch geeignete und fachkundige Personen **zu überprüfen,** ob sie noch dem Genehmigungsbescheid entspricht.

Daneben bestehen weitere **Prüfpflichten** z. B. für:

- Feuerlöscher
- Stapler und Kräne
- Blitzschutzanlagen
- Elektroinstallationen

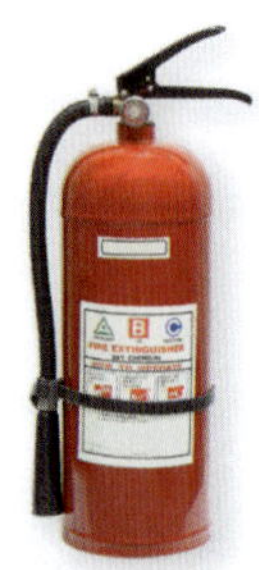

Abfälle, die bei der Produktion eines Erzeugnisses entstehen, sind oftmals Rohstoffe für andere Produktionsprozesse. Durch Weiterverwendung von Abfällen können auch Kosten gespart werden.

In der Gewerbeordnung ist überdies vorgesehen, dass jeder Gewerbebetrieb, der über eine genehmigungspflichtige Betriebsanlage verfügt, ein **Abfallwirtschaftskonzept** zu erstellen und alle 5 Jahre fortzuschreiben hat. Sinn dieses Konzeptes ist, **Abfall zu vermeiden bzw. soweit wie möglich zu verwerten oder ordnungsgemäß zu entsorgen.**

Betriebe, die bestimmte gefährliche Stoffe verwenden, müssen ein **Sicherheitskonzept** erstellen und potenziell gefährdete Einrichtungen mit Publikumsverkehr (z. B. Schulen) über das richtige Verhalten bei schweren Unfällen unterrichten.

Verfahren zur Erlangung der Gewerbeberechtigung = **procedure to obtain the necessary licence/approval**

8 Verfahren zur Erlangung der Gewerbeberechtigung

Ablauf der Anmeldung eines Gewerbes

Soll ein Gewerbe angemeldet werden, ist zuerst zu überlegen, welche Gewerbeberechtigung für eine bestimmte Tätigkeit erforderlich ist.

Vor der Anmeldung muss geklärt werden, welchem Gewerbe die beabsichtigte Tätigkeit zuzuordnen ist. Im Allgemeinen wird man nach folgendem Schema vorgehen:

Auswahl der benötigten Gewerbeberechtigung

1. Festlegen der Tätigkeit, die ausgeübt werden soll
2. Feststellen, welche Gewerbetreibenden zur Erbringung dieser Leistung befugt sind
3. Prüfen, ob Befähigungsnachweis notwendig ist
4. Klären, ob Befähigungsnachweis erbracht werden kann
5. Anmelden des Gewerbes

Welche Arbeiten ein Gewerbetreibender ausführen darf, ergibt sich aus

1. dem **Wortlaut der Gewerbeanmeldung** bzw. dem Auszug aus dem Gewerberegister;

bestehen danach noch Zweifel, dann

2. aus den **dem Gewerbe eigentümlichen Arbeitsvorgängen** sowie den verwendeten Roh- und Hilfsstoffen sowie Werkzeugen,
3. der **historischen Entwicklung,**
4. den in den beteiligten Kreisen **herrschenden Anschauungen und Vereinbarungen.**

Auskünfte, welche Arbeiten mit einer bestimmten Gewerbeberechtigung erbracht werden dürfen, erteilt z. B. die Wirtschaftskammer.

Es ist jedoch zu beachten, dass unter Umständen eine Tätigkeit bzw. sehr ähnliche **Tätigkeiten mit verschiedenen Gewerbeberechtigungen ausgeübt** werden dürfen.

Beispiele

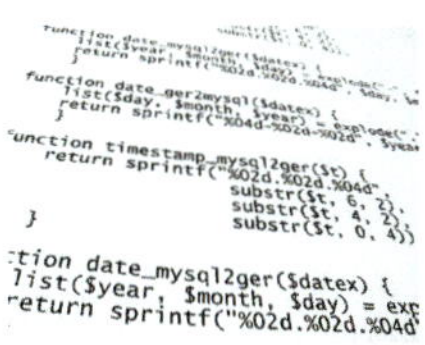

Möchte jemand beispielsweise **EDV-Programme** erstellen, so kann er

- das reglementierte Gewerbe der „Unternehmensberater" anmelden; diesfalls darf er auch das Unternehmen analysieren und es beraten, welche Hard- und Software es kaufen bzw. wie der Betrieb organisiert werden soll.
- das freie Gewerbe „Dienstleistungen in der automatischen Datenverarbeitung und Informationstechnik" anmelden; diese Gewerbetreibenden dürfen auch Systemanalysen durchführen und auf ihren EDV-Anlagen Programme für den Auftraggeber laufen lassen.
- das Programm ohne Auftraggeber herstellen und ohne Gewerbeberechtigung als „Urheber im Selbstverlag" vertreiben; in diesem Fall darf er für einen Auftraggeber keine spezifischen Anpassungen vornehmen.

9 Gewerbebehörde

Für die Vollziehung des Gewerberechts sind die Gewerbebehörden zuständig.

Mittelbare Bundesverwaltung bedeutet, dass **Bundesgesetze von Landesbehörden vollzogen werden.**

Städte mit eigenem Statut sind alle Landeshauptstädte sowie einige andere Städte, wie: Wiener Neustadt, Krems, Rust, Wels, Villach.

Das Gewerberecht wird von den **Bezirksverwaltungsbehörden** im Rahmen der mittelbaren Bundesverwaltung vollzogen. Das Gewerbe ist daher bei der für den Standort zuständigen Bezirksverwaltungsbehörde anzumelden. Dies sind:

- in Städten mit eigenem Statut: der **Magistrat**
- sonst: die **Bezirkshauptmannschaft**

Gewerbebehörde = **trade authority**

Bezirksverwaltungsbehörden = **district administrative authority**

Für die **Anmeldung eines Gewerbes** ist kein besonderes Formular vorgeschrieben. Grundsätzlich genügt ein formloses Schreiben an die für den Standort zuständige Behörde.

Erfüllt der Anmelder sämtliche Voraussetzungen, hat die Bezirksverwaltungsbehörde innerhalb von drei Monaten den neuen Gewerbetreibenden in das **Gewerbeinformationssystem Austria (GISA)** einzutragen und ihn durch Zusendung eines Auszugs aus GISA davon zu verständigen.

Weitere Informationen finden Sie unter **www.help-gv.at oder** unter **www.usp.gv.at.**

Grundsätzlich darf ein Unternehmen eröffnet und betrieben werden, **sobald das Gewerbe bei der zuständigen Behörde angemeldet wurde.** Bei einigen Gewerben wird die Zuverlässigkeit des Gewerbeanmelders geprüft. Mit der Ausübung dieser Gewerbe muss gewartet werden, bis die Behörde zustimmt.

Die Anmeldung des Gewerbes kann im Rahmen des „E-Governments" auch elektronisch erfolgen, d. h., der Anmelder kann sich den Weg zur Gewerbebehörde ersparen. Er muss dabei der Gewerbebehörde nur jene Unterlagen übermitteln, die sie nicht „online" abfragen kann.

Anmeldungsgewerbe = **declared trades**

Gewerbe, bei denen die Zuverlässigkeit geprüft wird = **trades in which a person's reliability is examined**

Zeitpunkt, zu dem mit der Tätigkeit begonnen werden darf	
Anmeldungsgewerbe	**Gewerbe, bei denen die Zuverlässigkeit geprüft wird**
Das Gewerbe darf sofort mit der Anmeldung aufgenommen werden: ● sämtliche freien Gewerbe ● die meisten reglementierten Gewerbe	Die Gewerbebehörde muss mittels Bescheid feststellen, dass der Anmelder zuverlässig ist. Erst wenn dieser Bescheid rechtskräftig ist, darf mit der Gewerbeausübung begonnen werden. Dies gilt für in der Gewerbeordnung ausdrücklich aufgezählte reglementierte Gewerbe, z. B. für: ● Baumeister ● chemische Laboratorien ● Elektrotechnik ● Gas- und Sanitärtechnik ● Inkassoinstitute ● Rauchfangkehrer ● Reisebüros ● Vermögensberatung ● Waffengewerbe

Erfüllt der Anmelder die Voraussetzungen nicht, dann **untersagt** die Gewerbebehörde mit Bescheid die Ausübung des Gewerbes. Dagegen kann Beschwerde beim Verwaltungsgericht erhoben werden:

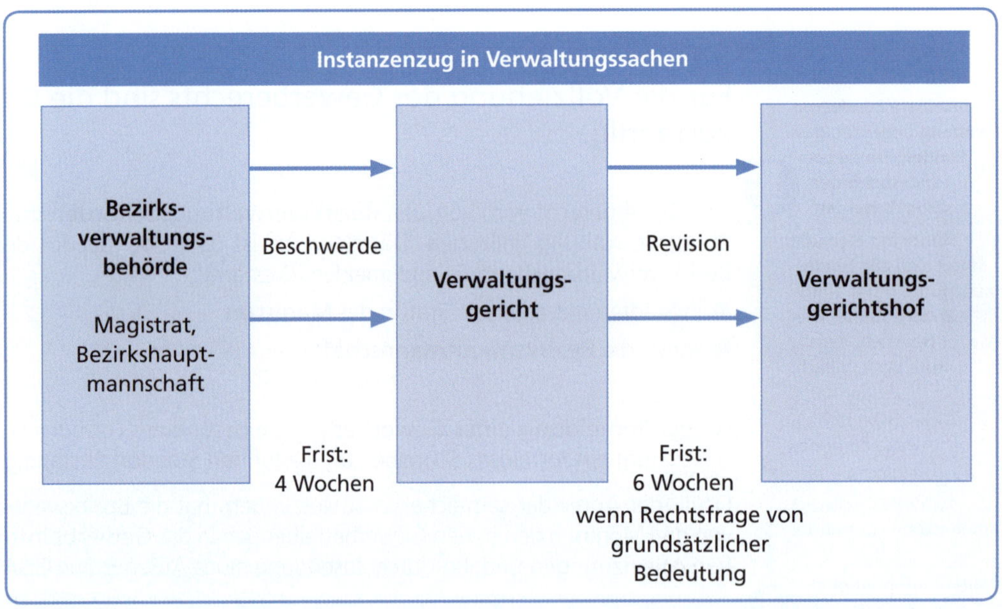

In jedem Bundesland ist ein Verwaltungsgericht eingerichtet. Dieses entscheidet über Beschwerden
- gegen den Bescheid einer Verwaltungsbehörde,
- gegen die Ausübung unmittelbarer Befehls- und Zwangsgewalt,
- wegen Verletzung der Entscheidungspflicht (Säumnisbeschwerde).

Gewerbeinformationssystem Austria (GISA)

Die Stadt Wien führt im Auftrag des Wirtschaftsministeriums das Gewerbeinformationssystem. Dies ist eine Datenbank, in der Informationen über sämtliche Gewerbetreibenden gespeichert sind. Dies sind u. a.:

- Rechtsform
- Name, Geburtsdatum und Funktion, in der die Person tätig ist (Gewerbetreibender, Pächter, Geschäftsführer)
- Bezeichnung des Gewerbes
- Standort des Gewerbebetriebes
- Datum des Entstehens und der Endigung der Gewerbeberechtigung
- Firma und Firmenbuchnummer

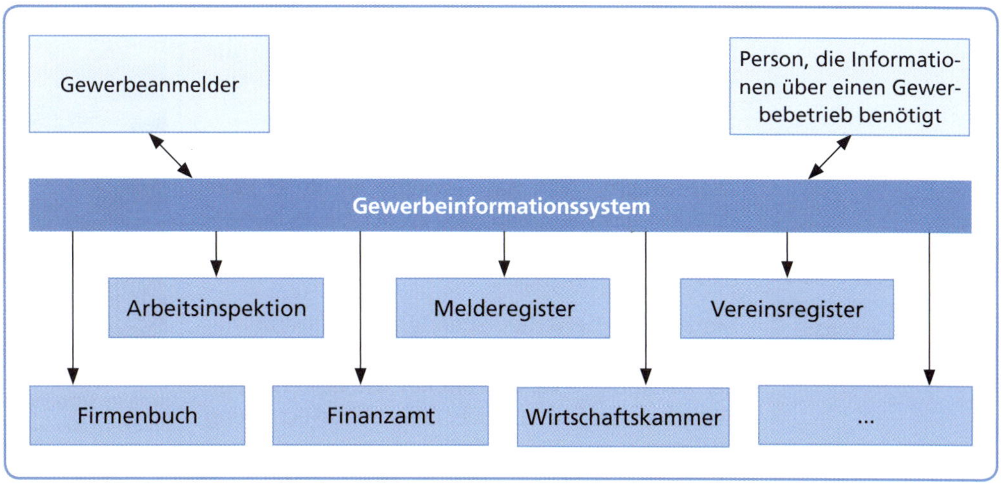

Jedermann kann von der Gewerbebehörde formlos Auskunft über bestimmte Daten verlangen; die Behörde ist zur Auskunftserteilung verpflichtet. Dadurch ist es jedem möglich, sich zu informieren, ob ein Betrieb über eine Gewerbeberechtigung verfügt und welche Leistungen er erbringen darf. Nicht bekanntgegeben wird z. B., wie jemand die Befähigung nachgewiesen hat.

Weitergehende Einsichts- und Auskunftsrechte haben die Wirtschaftskammer und die Finanzbehörden sowie die Sicherheitsbehörden (Polizei). Unter anderem besteht auch eine Datenverbindung zum Grundbuch und zum Hauptverband der Sozialversicherungsträger.

Bezeichnung

Gewerbetreibende, die nicht in das Firmenbuch eingetragen sind, haben auf Geschäftsbriefen und Bestellscheinen (auch auf E-Mails und Websites), die an einen bestimmten Empfänger gerichtet sind,

- ihren Namen und
- den Standort ihrer Gewerbeberechtigung

anzugeben.

Weiters sind Gewerbetreibende verpflichtet, ihre Betriebsstätten, auch Lager, Baustellen und Automaten, mit einer äußeren Geschäftsbezeichnung zu versehen. Diese Bezeichnung hat zumindest den Namen des Gewerbetreibenden und einen Hinweis auf den Gegenstand des Gewerbes in gut sichtbarer Schrift zu enthalten.

10 Öffnungszeiten und Betriebspflicht

Gewerberechtliche Vorschriften regeln auch den laufenden Betrieb.

Im Gesetz sind auch Vorschriften zu finden, welche den laufenden Betrieb regeln, wie Betriebszeiten, Melde- und Überwachungspflichten.

Die Gewerbeordnung (GewO) selbst enthält keine Regelungen über die zulässigen Betriebs- und Geschäftszeiten. Diese sind im **Öffnungszeitengesetz** zu finden, einem gewerberechtlichen Nebengesetz. Für den Kleinhandel, d. h. den Verkauf von Waren an Private, dürfen Verkaufsstellen grundsätzlich **montags bis freitags** in der Zeit von **6:00 Uhr bis 21:00 Uhr** und **samstags** von **6:00 Uhr bis 18:00 Uhr** offengehalten werden. Die Öffnungszeit pro Woche darf jedoch **72 Stunden nicht übersteigen.** Innerhalb dieses Rahmens kann das Unternehmen die Öffnungszeiten so festlegen, dass es den bestmöglichen Umsatz erzielt.

Gewerbetreibende dürfen **an Jugendliche keinen Alkohol ausschenken** oder abgeben, wenn diesen aufgrund ihres Alters der Genuss von Alkohol verboten ist. Zur Kontrolle des Alters müssen sie sich einen Ausweis vorzeigen lassen.

Für den **Großhandel,** den Verkauf an andere Unternehmer, bestehen derzeit keine allgemeinen gesetzlichen Regelungen.

Für das **Gastgewerbe** gelten andere Öffnungszeitenregeln. Meist sind sie durch eine Verordnung des Landeshauptmannes festgelegt.

Das **Öffnungszeitengesetz** legt die erlaubten Öffnungszeiten fest; das **Arbeitszeitgesetz** regelt, wann Mitarbeiter beschäftigt werden dürfen.

Zur **Vermeidung von Geldwäsche und Terrorismusfinanzierung** bestehen bei Barzahlungen von € 15.000,– oder mehr besondere Sorgfalts- und Meldepflichten.

Gewerbetreibende trifft grundsätzlich **keine Betriebspflicht**. Wird das Gewerbe jedoch 5 Jahre hindurch nicht ausgeübt und ist der Gewerbeinhaber unbekannten Aufenthalts, wird die Gewerbeberechtigung entzogen.

Wird die Tätigkeit endgültig beendet, dann ist dies bei der zuständigen Gewerbebehörde zu melden.

Möchte der Gewerbetreibende sein Gewerbe nur vorübergehend nicht ausüben, dann muss er bei der zuständigen Landeskammer der gewerblichen Wirtschaft das **Ruhen** seiner Gewerbeberechtigung anzeigen.

Der Landeshauptmann kann durch Verordnung längere Öffnungszeiten festgelegen. Dabei ist insbesondere auf die Einkaufsbedürfnisse der Bevölkerung und auf den Tourismus zu achten.

Üben

A B C D E

Ü 5.1: Handelsbetrieb C

Sie wollen nach Ihrer Reife- und Diplomprüfung einen Betrieb eröffnen und mit Software handeln.

a) Unter welche Kategorie von Gewerben hat der Gesetzgeber den Handel eingereiht?
b) Welche persönlichen Voraussetzungen müssen Sie erfüllen?
c) Ab welchem Zeitpunkt dürfen Sie mit der Ausübung des Gewerbes beginnen?
d) Benötigen Sie eine Betriebsanlagenbewilligung?
e) Wer erteilt die Gewerbeberechtigung?
f) Dürfen Sie einen Lehrling ausbilden?
g) Dürfen Sie die von Ihnen verkauften Geräte reparieren?

Ü 5.2: Konditor C

Eine Freundin von Ihnen bäckt gerne Kuchen und Kekse. Da diese Bäckereien allen gut schmecken, überlegt sie, einen entsprechenden Betrieb zu eröffnen. Sie erzählt Ihnen, dass sie demnächst zu Hause damit beginnen wird und schon die ersten Kunden akquiriert. Auf Ihre Bemerkung, dass dies eine gewerbliche Tätigkeit sei, reagiert sie erstaunt, da sie das Gewerberecht nicht kennt. Sie bittet Sie daher, ihr zu erklären, wie sie zu einer entsprechenden Gewerbeberechtigung kommt.

Wie beraten Sie sie?

Ü 5.3: Gartenzaun C

Ein Metalltechniker für Land- und Baumaschinen, der über eine entsprechende Gewerbeberechtigung verfügt, hat gehört, dass große Nachfrage nach eisernen Gartenzäunen (= Tätigkeit der Metalltechniker für Metall- und Maschinenbau) besteht. Er möchte daher diese anbieten.

Darf er das?

Ü 5.4: EDV-Peripherie C

Franz Gruber ist Absolvent einer HTL und hat 10 Jahre als Servicetechniker in einem großen Unternehmen gearbeitet. Da er meint, dass ein großer Bedarf an EDV-Peripherie besteht, plant er, Drucker herzustellen. Er plant, diese Geräte in größerer Menge mithilfe entsprechender Fertigungsautomaten herzustellen und sie über den Fachhandel zu vertreiben. Er selbst möchte die kaufmännische Abwicklung übernehmen.

a) Wie nennt man einen derartig organisierten Betrieb?
b) Benötigt Franz Gruber einen Befähigungsnachweis? (Falls ja, wie kann er ihn bekommen?)

c) Muss er die Gewerbeeröffnung anmelden? (Falls ja, wo?)
d) Darf er auch Geräte zukaufen und diese unverändert weiterverkaufen?
e) Benötigt er eine Betriebsanlagengenehmigung?

Ü 5.5: Tischlerei C

Erna Müller, Absolventin einer höheren Lehranstalt für wirtschaftliche Berufe, möchte selbständige Tischlerin werden.

a) Welche persönlichen Voraussetzungen muss sie erfüllen?
b) Gibt es eine Möglichkeit, diesen Betrieb zu eröffnen, wenn sie die Meisterprüfung nicht abgelegt hat?
c) Muss sie die Gewerbeeröffnung melden? (Falls ja, wo?)
d) Ab welchem Zeitpunkt darf sie mit der Ausübung des Gewerbes beginnen?
e) Was kann sie unternehmen, wenn ihr die Ausübung untersagt wird?
f) Benötigt sie eine Betriebsanlagenbewilligung?
g) Darf sie Kunden, die sie in ihrem Büro empfängt, Getränke servieren oder benötigt sie eine Gewerbeberechtigung als Gastwirtin?

Ü 5.6: Nebenrechte B

Welche Tätigkeiten sind Buchhändlern bzw. Buchhändlerinnen erlaubt?

Sie betreiben eine Buchhandlung. Da die Umsätze nicht Ihren Erwartungen entsprechen, planen Sie innovative Marketingmaßnahmen. Dürfen Sie folgende Maßnahmen aus gewerberechtlicher Sicht setzen? (Bitte begründen Sie Ihre Antwort.)

a) Herstellung der Betriebseinrichtung
b) Verkauf der Bücher in einer Sammelpackung. (Sie fassen mehrere Bücher zu einem Gesamtpaket zusammen.)
c) Aufstellen von Sitzgelegenheiten und Verkauf von Speisen und Getränken, was Sie entsprechend bewerben.
d) Errichtung einer Poststelle, sodass Kunden neben dem Bücherkauf auch Briefe und Pakete aufgeben können.

Ü 5.7: Betriebsanlagen C

Suchen Sie im Internet die 2. Genehmigungsfreistellungsverordnung des Bundesministers für Wissenschaft, Forschung und Wirtschaft. Diese regelt, welche Betriebsanlagen keiner Genehmigung bedürfen.

a) Prüfen Sie anhand des Gesetzestextes, ob folgende Betriebsanlagen von der Verordnung umfasst sind oder nicht.

	Erfasst	Nicht erfasst
Kfz-Mechanikerwerkstätte		
Änderungsschneiderei		
Shopping-Mall		
Friseursalon		
Druckerei		

b) Erklären Sie, welche Vorteile Betriebe haben, die von der 2. Genehmigungsfreistellungsverordnung umfasst sind.

Sichern

SbX ID: 5103

gewerbliche Tätigkeit

Wird eine Tätigkeit
- selbständig,
- regelmäßig,
- mit Ertragserzielungsabsicht

ausgeübt, wird dafür eine **Gewerbeberechtigung** benötigt.

persönliche Voraussetzungen

Gewerbetreibende müssen jedenfalls die **allgemeinen persönlichen Voraussetzungen**
- Eigenberechtigung,
- Staatsbürgerschaft,
- Unbescholtenheit

erfüllen. Üben sie ein reglementiertes Gewerbe oder ein Teilgewerbe aus, benötigen sie zusätzlich einen **Befähigungsnachweis.**

sachliche Voraussetzungen

Können die Anlagen, die Gewerbetreibende zur Ausübung ihres Gewerbes benötigen, Kunden, Mitarbeiter, Anrainer oder die Umwelt beeinträchtigen, muss die **Anlage von der Gewerbebehörde bewilligt werden.**

Gewerbebehörde

Das Gewerberecht wird in erster Instanz von der **Bezirksverwaltungsbehörde** vollzogen.

Vokabeln dieser Lerneinheit

Gewerberecht	trade (industrial) law
gewerbliche Tätigkeit	trade/profession
Gewerbeordnung	trade law/regulations
Gewerbeberechtigung	trade/business licence
selbständig	self-employed
regelmäßig	regularly
Absicht der Ertragserzielung	an intention to generate earnings/yields
Einteilung der Gewerbe	classification of trades
Kategorien von Gewerben	categories of trades
freie Gewerbe	free/unregulated trades
reglementierte Gewerbe	regulated trades
Teilgewerbe	partial trades
Voraussetzungen zum Gewerbeantritt	requirements for the registration of a trade
persönlich	personal
sachlich	factual/professional
besondere persönliche Voraussetzungen	special personal requirements
Befähigungsnachweis	certificate of qualification
Eigenberechtigung	of full legal age and capacity
Unbescholtenheit	integrity/no conviction in the criminal record
Befähigungsprüfung	qualification examination
Ausbilderprüfung	trainer/instructor examination
Unternehmerprüfung	entrepreneur/contractor examination
fachliche Prüfung	expert/specialist examination
Handwerke	trades/crafts
sonstige reglementierte Gewerbe	other regulated trades
Meisterprüfung	mastership examination
individueller Befähigungsnachweis	certificate of individual qualification
Geschäftsführer	managing director/ CEO (Chief Executive Officer)/general manager
Teilgewerbe	partial trades
Nebenrechte	subsidiary rights
Betriebsanlage	factory equipment/ installation
gefährdet Leben, Gesundheit oder Eigentum	endangers life, health or property
Emission von Gerüchen, Lärm, Rauch, Staub, Erschütterungen oder Ähnliches	emission of odours, noise, smoke, dust, vibrations/shocks or similar
Genehmigung für den Betrieb der Anlage	licence to operate a plant
nicht bewilligungspflichtige Betriebsanlage	factory equipment, machinery, installations not subject to a licence/for which a licence is not required
bewilligungspflichtige Betriebsanlage	factory equipment, machinery, installations subject to a licence/for which a licence is required
Verfahren zur Erlangung der Gewerbeberechtigung	procedure to obtain the necessary licence/ approval
Gewerbebehörde	trade authority
Bezirksverwaltungsbehörden	district administrative authority
Anmeldungsgewerbe	declared trades
Gewerbe, bei denen die Zuverlässigkeit geprüft wird	trades in which a person's reliability is examined

SbX ID: 5103

Im SbX finden Sie diese Zusammenfassung als Audio-Wiederholung sowie eine Bildschirmpräsentation mit den Grafiken dieser Lerneinheit.

Wissen

SbX ID: 5104

A B C D E

SbX
W 5.1 mit automatischer Aufgabenkontrolle
ID: 5104

W 5.1: Gewerbeordnung anwendbar? B

Unterliegen folgende Tätigkeiten der Gewerbeordnung?

	ja/nein	Begründung
Verkauf des eigenen Kfz		
Betrieb eines Nachhilfeinstitutes		
Einmalige Reparatur eines PC für einen Freund		
Vorstandsvorsitzender einer großen Aktiengesellschaft		
Anmietung eines Geschäftslokales und Import von Kleidung		
einmalige Veranstaltung eines Maturaballs		
Verteilung von Speisen an Bedürftige durch eine karitative Einrichtung		
Kauf eines großen Warenlagers und stückweiser Verkauf der Waren		
Aufzucht von Rindern und Verkauf an Fleischhauer		
wiederkehrende Installation von Elektroleitungen für verschiedene Kunden		

SbX
W 5.2 mit automatischer Aufgabenkontrolle
ID: 5104

W 5.2: Gewerbeverfahren B

Geben Sie an, ob folgende Aussagen richtig oder falsch sind. Ist die Aussage falsch, korrigieren Sie diese:

	richtig/ falsch	Korrektur
Ein Anmeldungsgewerbe darf erst nach Erteilung einer behördlichen Bewilligung eröffnet werden.		
Die Eröffnung eines Gewerbes ist dem Bezirksgericht anzuzeigen.		
Kann derjenige, der ein reglementiertes Gewerbe ausüben möchte, die erforderliche Befähigung nicht nachweisen, darf er das Gewerbe nicht eröffnen.		
Jede Betriebsanlage muss von der Gewerbebehörde bewilligt werden.		
Jeder Betrieb muss einen gewerberechtlichen Geschäftsführer haben.		
Besitzt man eine Gewerbeberechtigung, muss das Gewerbe auch ausgeübt werden.		

	richtig/ falsch	Korrektur
Die allgemeinen persönlichen Voraussetzungen muss jeder Gewerbeanmelder erfüllen.		
Ein Gewerbe darf nur eröffnet werden, wenn Bedarf für diese Tätigkeit vorhanden ist.		

SbX
W 5.3 mit automatischer Aufgabenkontrolle
ID: 5104

W 5.3: Allgemeine persönliche Voraussetzungen A

Erfüllen folgende Personen die allgemeinen persönlichen Voraussetzungen zum Gewerbeantritt in Österreich?

	ja/nein	Begründung
unbescholtener 17-jähriger österreichischer Schüler		
rechtskräftig verurteilter 40-jähriger Dieb, deutscher Staatsbürger		
30-jähriger unbescholtener portugiesischer Staatsbürger		
45-jähriger Österreicher, der bereits einmal Konkurs angemeldet hat		
50-jähriger unbescholtener georgischer Tourist		
unbescholtener 23-jähriger österreichischer Student		

SbX
W 5.4 mit automatischer Aufgabenkontrolle
ID: 5104

Tipp:
www.bmwfw.gv.at

W 5.4: Freies oder reglementiertes Gewerbe A

Überprüfen Sie, ob folgende Tätigkeiten „freie Gewerbe" sind (im Internet ist eine Liste freier Gewerbe zu finden):

	freies Gewerbe (ja/nein)
Rauchfangkehrer	
Vermögensberatung	
Reparatur von Fahrrädern	
Herstellung von Schuhen	
Bäcker	
Sicherheitsfachkraft	

Ein kurzer Kompetenz-Check, bevor's weitergeht!

Kompetenz-Check

	☺	😐	☹
Ich kann die verschiedenen Arten von Gewerben nennen.			
Ich kann die Voraussetzungen für den Antritt eines Gewerbes nennen.			
Ich kann ein Gewerbe anmelden.			

Lerneinheit 2
Wettbewerbsrecht

SbX
Alle SbX-Inhalte zu dieser Lerneinheit finden Sie unter der ID: 5200.

Wettbewerbsrecht = **competition law**

Michael: Es gibt einige Unternehmen, die ähnliche Produkte wie die ING4TECH anbieten. Damit aber die ING4TECH ihre Erzeugnisse gewinnbringend verkaufen kann, muss sie ihre Produkte laufend verbessern, Neues auf den Markt bringen und dies entsprechend am Markt positionieren. Auch die anderen Mitbewerber verbessern laufend ihre Produkte und versuchen, ihre Waren zu bewerben. Doch wie kann die ING4TECH sicher sein, dass der Wettbewerb am Markt fair abläuft?

Anna: Das Wettbewerbsrecht soll dafür sorgen, dass die Unternehmen ihre Leistungen am Markt anbieten können und andere Unternehmen sie dabei nicht behindern oder unlautere Geschäftspraktiken anwenden.

Lernen

SbX ID: 5201

1 Gesetz gegen den unlauteren Wettbewerb (UWG)

Der Wettbewerb zwischen den Unternehmen soll fair sein.

Gesetz gegen den unlauteren Wettbewerb = **fair trade act/restraint of trade law**

fairer Wettbewerb = **fair competition/ fair trade**

Verbot von unlauteren, aggressiven, irreführenden Geschäftspraktiken = **prohibition of unfair, aggressive and misleading business practices**

Geschäftspraktik = **business practice**

Ein **Verstoß gegen das Wettbewerbsrecht** liegt dann vor, wenn das unlautere Verhalten von einem Unternehmen im **Wettbewerb auf dem Markt** gesetzt wurde und es damit seine Position verbessern wollte.

Es ist zu unterscheiden, wer bzw. was geschützt werden soll:

Ziel des gesetzlichen Schutzes	
fairer Wettbewerb	**Geschäftspartner**
UWG	**Vertragsrecht (ABGB, KSchG ...)**
Verbot von • unlauteren • aggressiven • irreführenden Geschäftspraktiken	• regelt Rechte und Pflichten der Parteien • sorgt für ausgewogene Vertragsgestaltung

Verstößt ein Unternehmen gegen das UWG, können Mitbewerber **Schadenersatz** verlangen, überdies kann es bestraft werden.

Michael: Ich habe im Internet eine Seite gefunden, auf der man Informationen über Musikbands findet und Songs herunterladen kann. Auf der Seite war groß zu lesen, dass das Angebot gratis ist und man sich anmelden muss. Bei der Anmeldung mussten auch die Allgemeinen Geschäftsbedingungen akzeptiert werden. Eine Klausel enthielt die Bestimmung, dass nur bei Rücktritt innerhalb eines 14-tägigen „Testzeitraumes" das Angebot gratis ist. Danach sind € 14,50 pro Monat zu bezahlen. Muss ich diese € 14,50 tatsächlich zahlen?

Dieses Vorgehen verstößt auch gegen die Vorgaben zu Preisangaben nach dem KSchG.

Anna: Das Wettbewerbsrecht schützt unter anderem vor derartigen Geschäftspraktiken. Wird das reißerische Angebot ausdrücklich als gratis bezeichnet, darf dies nicht durch einen Hinweis im Kleingedruckten, der nur durch Scrollen sichtbar wird, ungültig gemacht werden. Ein derartiges Vorgehen ist irreführend und verstößt gegen das Wettbewerbsrecht.

Die Liste der **irreführenden und aggressiven** Geschäftspraktiken, die **„schwarze Liste"**, wurde im Rahmen der EU beschlossen und gilt daher EU-weit für alle Unternehmen.

Das UWG enthält im Anhang eine Liste mit irreführenden und aggressiven Geschäftspraktiken. Darin ist unter „irreführende Geschäftspraktiken" u. a. Folgendes zu finden:

„Die Beschreibung eines Produktes als ‚gratis', ‚umsonst', ‚kostenfrei' oder ähnlich, obwohl der Umworbene weitergehende Kosten als die Kosten zu tragen hat, die im Rahmen des Eingehens auf die Geschäftspraktik und für die Abholung oder Lieferung der Ware unvermeidbar sind."

Bei der Prüfung, ob ein Verhalten gegen das UWG verstößt, ist nach folgendem Schema vorzugehen:

Klagen gegen Unternehmen, die gegen das Wettbewerbsrecht verstoßen, können neben den Mitbewerbern u. a.
- Bundeskammer für Arbeiter und Angestellte,
- Wirtschaftskammer Österreich,
- Präsidentenkonferenz der Landwirtschaftskammern Österreichs,
- Österreichischer Gewerkschaftsbund,
- Bundeswettbewerbsbehörde,
- Verein für Konsumenteninformation.

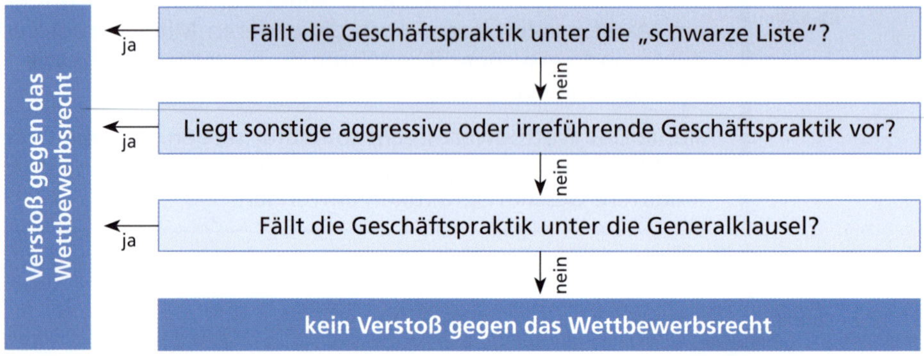

Prüfung des Verhaltens nach UWG

Die Rechtsprechung hat u. a. folgende Verhaltensweisen als unlauter im Sinne der Generalklausel beurteilt:

- **Kundenfang**

Kundenfang = **customer targeting/canvassing**

Beispiel
Psychologische Beeinflussung der Entscheidungsfreiheit

- Kündigt ein Unternehmen an, dass es für jede verkaufte Packung Kaffee 10 Cent für Kinder in einem Kriegsgebiet spendet, dann ist dies sittenwidrig, da dies eine planmäßige Ausnutzung von Mitgefühl und sozialer Hilfsbereitschaft darstellt, die mit der Ware in keinem Zusammenhang steht.

- **Rechtsbruch** (Verschaffen von Vorteilen gegenüber den gesetzestreuen Mitbewerbern)

Rechtsbruch = **breach of law/law-breaking**

Beispiel
Ein Unternehmen handelt unlauter, wenn es schuldhaft Rechtsvorschriften missachtet.

- Hält ein Unternehmen am Sonntag sein Geschäft ohne entsprechende Genehmigung offen, begeht es Rechtsbruch, da das Offenhalten am Sonntag grundsätzlich verboten ist.
- Übt jemand ein Gewerbe ohne die erforderliche Gewerbeberechtigung aus, dann verstößt er sowohl gegen das Gesetz gegen den unlauteren Wettbewerb als auch gegen die Gewerbeordnung.

- **Behinderung**

Behinderung = **obstruction/disruption**

Beispiel
Verhindert ein Unternehmen durch gezielte Maßnahmen, dass die Mitbewerber ihre Leistungen am Markt zur Geltung bringen können, dann liegt eine Behinderung vor.

- Ein Unternehmen macht sich die Fotografie eines bekannten Sportlers zunutze, indem es die fremden Firmenlogos auf der Kleidung des Sportlers wegretuschiert un durch die eigenen ersetzt.
- Ein Unternehmen veranlasst seine Lieferanten, einen Mitbewerber nicht zu beliefern, welcher dadurch in seiner Existenz gefährdet wird.

- **Ausbeutung**

Ausbeutung = **exploitation**

Beispiel

- Eine schmarotzerische Ausbeutung liegt vor, wenn ein Energydrink BOSS genannt wird, da der Drink bewusst versucht, vom Bekanntheitsgrad und der Attraktivität der gleichnamigen Modemarke zu profitieren.
- Die 1:1-Kopie eines fremden EDV-Programms und dessen gewerblicher Verkauf ist sittenwidrig, da eigene Kosten und Mühen erspart werden und der Ersteller um die Früchte seiner Arbeit gebracht wird.

Grundsätzlich dürfen fremde Ideen und Vertriebsformen übernommen und fremde Erzeugnisse nachgeahmt werden. Die Übernahme einer fremden Leistung ohne eigenes Zutun ist jedoch unlauter.

Diese Verhaltensweisen können auch Verstöße gegen das Marken- bzw. Urheberrecht darstellen (siehe Lerneinheit Immaterialgüterrecht, S. 205).

Irreführung = **attempt to mislead/deception**

- Irreführung

Beispiel
Alle Angaben, die den Kunden in die Irre führen können, sind verboten.

- In einem Flugblatt wird eine Ware mit einem besonders günstigen Preis beworben. Das Unternehmen hat davon jedoch nur ganz wenige Stück auf Lager, obwohl es mit viel mehr Käufern rechnen musste.

anschwärzen = **discredit/denigrate**

- Anschwärzen

Beispiel

- Es wird behauptet, dass ein Konkurrent minderwertiges Material verwendet, obwohl dies nicht wahr ist.

unerlaubte Formen der Werbung = **unauthorised forms of advertising**

2 Unerlaubte Formen der Werbung

Das Gesetz erlaubt nicht jede Form von Werbung.

Zum Schutz der Allgemeinheit sind bestimmte Formen der Werbung verboten.

Werbung erfüllt einerseits eine wichtige wirtschaftliche Funktion, andererseits können bestimmte Formen der Werbung

- den Wettbewerb verfälschen und
- die Privatsphäre des Umworbenen stören.

Bei Werbemaßnahmen kommt grundsätzlich das Recht jenes Staates zur Anwendung, auf dessen Markt sich die Werbung auswirkt.

In Österreich muss **Werbung klar und eindeutig** als solche **erkennbar** sein. Das heißt, wenn Werbung in anderen Texten oder Inhalten (z. B. auf Websites, bei Werbebannern im Internet oder im redaktionellen Teil einer Zeitung oder Zeitschrift) „versteckt" ist, muss sie mit Hinweisen, wie „Anzeige", „entgeltliche Einschaltung" oder „Werbung" gekennzeichnet werden und den Auftraggeber erkennen lassen.

Preis- und Qualitätsvergleiche = **price and quality comparisons**

Bei Werbemaßnahmen sind **Preis- und Qualitätsvergleiche** des eigenen Produktes mit anderen **zulässig.**

Beispiel
Die Vergleiche dürfen nicht unwahr oder für den Kunden irreführend sein. Der Mitbewerber darf dabei nicht herabgesetzt werden.

Ein Händler wirbt in einer Zeitung mit besonders günstigen Preisen. Dabei ist zu lesen, dass ein Produkt € 9,90 statt € 14,20 kostet. Dabei muss angegeben sein, worauf sich der Statt-Preis bezieht, ob es der zuletzt gültige Preis des Unternehmens oder ein anderer Vergleichspreis ist. Dann ist diese Werbemaßnahme zulässig.

Michael: Ich habe gestern eine SMS mit folgendem Inhalt erhalten: „Gratulation, Sie haben gewonnen. Rufen Sie die Nummer ... an, um Näheres zu erfahren. Dabei handelte es sich um eine Mehrwertnummer und ich wurde mit einem Call-Center verbunden. Der rhetorisch geschulte Mitarbeiter des Call-Centers versuchte dabei, mir ein Produkt zu verkaufen.

Anna: Das unverlangte Zusenden von Werbe-SMS ist nach dem Telekommunikationsgesetz verboten und kann bestraft werden.

SbX
Eine Linkliste zum Werberecht finden Sie unter der ID: 5201.

Sittenwidrig sind: Ansprechen von Kunden vor dem Geschäftslokal; Einsatz eines Kundenfängers (Schlepper), der die Kunden einem Mitbewerb abspenstig macht; Verteilen von Reklamezetteln vor dem Geschäft des Konkurrenten oder in dessen unmittelbarer Nähe. Zum Schutz der Konsumenten und der Mitbewerber **verbietet** das **Telekommunikationsgesetz** insbesondere **folgende Formen der Werbung:**

- **Unerbetene Telefonanrufe,** in denen Werbung gemacht wird (cold calling). Dazu zählt auch das Vereinbaren von Gesprächsterminen für den Verkauf von Waren oder Dienstleistungen sowie die Einholung der Zustimmung zu E-Mail-Werbung und SMS-Werbung.

Beispiel
Stimmt der Angerufene zu (z. B. auf einem Bestellformular, anlässlich der Teilnahme an einem Preisausschreiben ...), dann ist diese Form der Werbung erlaubt.

Eine Versicherungsvertreterin sucht sich Namen und Telefonnummern aus dem Telefonbuch und ruft diese an. Sie erklärt, dass sie wichtige Informationen hat, und vereinbart einen Termin, zu dem sie den Angerufenen besucht. Bei diesem Besuch versucht sie, eine Versicherung zu verkaufen.

- **Telefaxwerbung** verursacht dem Umworbenen Aufwand und Kosten. Daher ist auch diese Form der Werbung ohne vorherige Zustimmung des Empfängers verboten. Ein allgemein gehaltener Hinweis in den AGB reicht dafür nicht aus.

Werbung per **Spam** ist sehr kostengünstig, aber verboten.

- **„Spamming":** Das massenhafte unverlangte Übermitteln von Werbe-E-Mails wird Spamming genannt. Empfänger werden durch diese Form der Werbung stark belästigt und mit Kosten belastet, da sie einerseits für die Übertragung zahlen müssen und andererseits Zeit für das Aussortieren unerwünschter Nachrichten benötigen. Die **Übermittlung von Spams** unterliegt daher **Beschränkungen:**
  - **Werbemails** sind als solche **zu kennzeichnen,** weiters muss der Absender angegeben werden sowie eine Adresse, bei der die weitere Zusendung untersagt werden kann.
  - Die Zusendung von E-Mails und SMS zu Zwecken der Direktwerbung an mehr als 50 Empfänger **ohne vorherige Zustimmung der Empfänger** ist nur unter sehr eingeschränkten Umständen erlaubt.
  - Die **Telekom-Regulierungsbehörde** führt eine **„Robinson-Liste",** in die sich Personen und Unternehmen eintragen lassen können, die keine Werbe-E-Mails – auch nicht wenn sie erlaubt wären – erhalten wollen. Der Werbende hat diese jedenfalls zu beachten.

Wenn der Absender die Empfängerdaten im Zusammenhang mit dem Verkauf oder einer Dienstleistung erhalten hat und die Werbung für eigene ähnliche Produkte oder Dienstleistungen erfolgt, sind Werbemails erlaubt.

- **Unerwünschte SMS:** Für das Zusenden von Werbe-SMS gelten dieselben Beschränkungen wie für das Zusenden von Werbe-E-Mails.

Die **Höhe von Preisnachlässen** unterliegt außer im Buchhandel keiner gesetzlichen Einschränkung.

Der Vertrieb von Waren durch **Schneeballsysteme,** der Betrieb von **Ketten- oder Pyramidenspielen** ist verboten und auch **strafbar.**

Bei **Ausverkäufen** ist zu unterscheiden:

Ausverkauf		
bewilligungspflichtig	**anzeigepflichtig**	**frei**
Wird ein Ausverkauf mit „Aufgabe des Geschäftes" beworben, ist eine Bewilligung der Bezirksverwaltungsbehörde erforderlich. Mit dem Ausverkauf darf erst nach Rechtskraft des Bewilligungsbescheides begonnen werden. Mit Ablauf des Bewilligungsbescheides endet auch die Gewerbeberechtigung für diesen Standort. Wird ein Ausverkauf ohne Bewilligung durchgeführt, kann dies eine Verwaltungsstrafe nach sich ziehen.	Die Ankündigung eines **Ausverkaufes wegen eines Elementarereignisses** ist vor Beginn des beabsichtigten Ausverkaufs bei der zuständigen Bezirkshauptmannschaft anzuzeigen.	Keine Bewilligung oder Anzeige erforderlich
Beispiele: ● Geschäftsauflösung ● Standortverlegung	Beispiele: ● Hochwasser ● Feuer	Beispiele: ● Saisonschlussverkäufe ● Inventurverkäufe ● Räumungsverkäufe

Das **Zusenden von Zahlungsanweisungen** für Eintragungen in ein Verzeichnis ist unzulässig, wenn nicht eindeutig darauf hingewiesen wird, dass es sich nur um ein Vertragsangebot handelt und die Bezahlung freiwillig erfolgt.

Beispiel

Ein neu im Firmenbuch eingetragenes Unternehmen erhält einen Zahlschein samt Begleitschreiben, das wie ein Schreiben des Gerichts aussieht. Darin wird es aufgefordert, einen bestimmten Betrag für die Einschaltung in ein Branchenregister zu zahlen. Das Schreiben hinterlässt den Eindruck, dass es von einer Behörde kommt und der Empfänger zur Zahlung verpflichtet ist.

Eine unverlangt zugesandte Sache muss nicht zurückgeschickt werden.

Wird **jemandem, ohne dass er dies veranlasst, eine Sache zugesandt,** ist der Empfänger nicht verpflichtet, die Ware zu bezahlen oder zurückzusenden. Er kann sie sogar vernichten.

Beispiel

Marco erhält per Post ein Buch samt Erlagschein, das er nie bestellt hat. Er ist weder verpflichtet, das Buch zurückzusenden oder aufzubewahren, noch muss er es bezahlen. Er kann es auch lesen oder vernichten.

Sendet ein Unternehmen einem Konsumenten eine Gewinnzusage und erweckt es damit den Eindruck, der Empfänger der Mitteilung habe einen Preis gewonnen, muss es aufgrund der Bestimmungen des Konsumentenschutzgesetzes diesen auch übergeben.

Beispiel

Anna hat von einem Verlag einen Brief bekommen, in dem ihr zum Gewinn einer Reise gratuliert wird. Bevor sie den Preis erhält, muss sie noch eine Mitteilung an den Verlag schicken. Gleichzeitig wird sie aufgefordert, Waren von diesem Verlag zu bestellen. Mit den bestellten Waren erhält sie wiederum einen Brief, in dem ihr gratuliert wird. Weiters wird sie in diesem Brief wieder aufgefordert, neue Waren zu bestellen.

Wenn sie den Gewinn nicht erhält, kann sie das Unternehmen auf Herausgabe des Gewinns klagen.

Anna: Ich habe im Internet bei Google „OMV" eingegeben, da ich die Telefonnummer der Tankstelle in unserem Ort gesucht habe. Unter OMV habe ich Werbung für Kfz-Reparaturwerkstätten und Nachtlokale gefunden. Wieso?

Michael: Du wurdest durch verbotene Werbemaßnahmen auf Internetseiten von Nachtlokalen gelockt.

Das **Internet** bietet **neue Möglichkeiten der Werbung,** die bisher nicht möglich waren:

- **Keyword Advertising:** Suchmaschinenbetreiber bieten Werbekunden an, deren Werbebanner einzublenden, wenn nach einem bestimmten Begriff gesucht wird.
- **Keyword Buying:** Dabei wird der Betreiber der Suchmaschine dafür bezahlt, dass bei Eingabe eines bestimmten Suchbegriffes derjenige, der bezahlt hat, an erster Stelle oder weit vorne gereiht wird. Dadurch wird die Wahrscheinlichkeit, dass diese Website angeklickt wird, erhöht.
- **Meta Tagging:** In den einleitenden Zeilen einer HTML-Seite können Begriffe eingegeben werden, die der Besucher der Seite nicht sieht, aber von Suchmaschinen erkannt und ausgewertet werden.
- **Word Stuffing:** Auf einer Internetseite sind fremde Kennzeichen zu finden, die jedoch für den Betrachter unsichtbar sind, da sie in derselben Farbe wie der Hintergrund gehalten sind.

Keyword Buying verstößt auch gegen das Gebot der Trennung von Inhalt und Werbung.

Üblicherweise werden **Meta-Tags** von Suchmaschinen höher bewertet und daher weiter vorne gereiht als Begriffe, die im Text vorkommen.

Diese Formen der Werbung sind **unlauter** und daher **verboten,** wenn eine **fremde Marke** oder ein **sonstiges fremdes Kennzeichen** verwendet wird, um

- Kunden, die nach dem fremden Kennzeichen suchen, auf die eigene Website umzuleiten,
- den guten Ruf des fremden Zeichens für eigene Zwecke auszubeuten.

Zulässig wäre, eine fremde Marke auf der eigenen Internetseite zu verwenden, wenn ein Zusammenhang mit den eigenen Leistungen besteht.

fremde Marke = **third-party trademark**

sonstiges fremdes Kennzeichen = **other third-party trade names**

Zulässig wäre hingegen, einen **Gattungsbegriff** wie „Heizung" oder „Solar" für Keyword Advertising, Meta Tagging oder Ähnliches zu verwenden, sofern dadurch die User nicht in die Irre geführt werden.

Großabnehmer erhalten üblicherweise günstigere Preise als Kunden, die nur geringe Mengen kaufen. Beim **Powershopping** wird versucht, viele Kunden zu finden, die jeder für sich zwar nur eine kleine Menge kaufen, gemeinsam aber den günstigen Großkundenpreis erhalten. Problematisch wird Powershopping, wenn auf die Kunden ein psychologischer Kaufdruck ausgeübt wird, z. B. durch:

- Einblenden der Zahl der fehlenden Käufer
- hohe Preisreduktionen
- Ausnutzen der Spielleidenschaft der Kunden

Wird beim **Powershopping** psychologischer Druck ausgeübt, dann verstößt dies gegen das Wettbewerbsrecht.

3 Preisauszeichnung

Unternehmen sind verpflichtet, ihre Preise für die Käufer sichtbar zu machen.

Michael: Gestern stand im Supermarkt eine 375-g-Packung Cornflakes neben einer 525-g-Packung. Wie kann ich da die Preise vergleichen?

Anna: Bei den Cornflakes muss auch der Preis je kg angegeben sein.

Rechtsgrundlage: Preisauszeichnungsgesetz

Der Gesetzgeber fördert den Wettbewerb und unterstützt die Nachfrager bei Preisvergleichen, indem er Unternehmen verpflichtet, die verlangten Preise für

- **sichtbar ausgestellte Produkte** (z. B. Waren im Schaufenster) oder
- in den Geschäftsräumen **zum Verkauf bereitgehaltene Güter** (z. B. Pullover auf Kleiderpuppe)

ersichtlich zu machen. Die Preise müssen den Waren von einem durchschnittlichen Betrachter leicht zugeordnet werden können.

Auch bei **Angeboten im Internet** müssen die Preise zuordenbar sein.

Wenn sich das Angebot an Nicht-Unternehmer richtet, sind die Preise inkl. sämtlicher Abgaben (wie USt) anzugeben.

Überdies müssen bestimmte Betriebe die **Preise** für ihre **andere Waren und Dienstleistungen** auszeichnen:

- **Gastgewerbebetriebe** müssen ihre Preise in Form von Speisekarten und deutlich sichtbar im Lokal angeben; wenn Gastgewerbe warme Speisen anbieten, müssen die Preise auch von außen lesbar angebracht sein.
- **Tankstellen** haben die Preise für Treibstoffe so anzubringen, dass sie von der Straße aus gesehen werden können.
- **Radio- und Fernsehtechniker** haben ihre Preise pro Arbeitsstunde anzugeben.
- **Friseure** haben die Preise für die jeweiligen Leistungen (z. B. „Männerhaarschnitt", „Dauerwelle" ...) auszuzeichnen; die Preise müssen innerhalb und außerhalb des Geschäftslokales lesbar sein.

SbX **Eine Linkliste und Rechercheaufgaben zur Preisauszeichnung finden Sie unter der ID: 5201.**

Um **Preisvergleiche** zu erleichtern, muss für bestimmte Waren zum Preis je Verpackungseinheit zusätzlich der Preis je kg, m ... ausgezeichnet werden.

Üben

SbX ID: 5202

A B C D E

SbX Ü 5.7 **mit automatischer Aufgabenkontrolle ID: 5202**

Ü 5.8: Geschäftspraktiken B

Verhält sich der Unternehmer in folgenden Fällen korrekt? Begründen Sie jeweils Ihre Antwort:

	ja/nein	Begründung
Bekleidungsstücke werden in derselben Aufmachung (inkl. Muster und Zeichen) wie jene der Konkurrenz auf den Markt gebracht.		
Im Werbeprospekt der Konkurrenz wird die Unternehmensbezeichnung geändert und das Prospekt dann als eigene Werbung verwendet.		
Der Sommerschlussverkauf wird ohne Bewilligung begonnen.		
Ein Unternehmen wird ohne Gewerbeberechtigung betrieben.		
Eine Ware wird mit geringem Preis beworben, wobei nur drei Stück davon vorhanden sind.		

SbX
Ü 5.8 mit automatischer Aufgabenkontrolle
ID: 5202

Ü 5.9: Zusendung einer CD B

Sie erhalten eine CD samt Erlagschein und folgendes Begleitschreiben:

> Die neue CD Ihres Lieblingsmusikers ist nun erschienen. Um Ihnen das mühevolle Suchen zu ersparen, senden wir Ihnen ein Exemplar. Wir ersuchen, uns den Betrag von € 15,– für die CD mittels beiliegendem Zahlschein zu überweisen.
>
> Mit freundlichen Grüßen …

Geben Sie an, ob folgende Aussagen richtig oder falsch sind:

	richtig	falsch
Wenn Sie die CD nutzen, sind Sie verpflichtet, € 15,– zu überweisen.		
Sie dürfen die CD vernichten (z. B. wegwerfen), ohne den Kaufpreis zu bezahlen.		
Wenn Sie den Kaufpreis nicht bezahlen, müssen Sie die CD unbenutzt aufbewahren oder zurücksenden.		

SbX
Ü 5.9 mit automatischer Aufgabenkontrolle
ID: 5202

Ü 5.10: Werbemaßnahme B

Kennzeichnen Sie, ob folgende Werbemaßnahmen zulässig sind, und begründen Sie Ihre Antwort:

	ja/nein	Begründung
Werbemails an Kunden, die ihre E-Mail-Adresse bei Preisausschreiben bekanntgegeben haben		
bezahlter Bericht im redaktionellen Teil der Zeitung über neue Produkte des Unternehmens ohne besondere Kennzeichnung		
Versenden von Preislisten per Fax an Nummern, die aus dem Telefonbuch herausgesucht wurden		
Bezeichnung „BMW“ wird so in den HTML-Text eines Waschmittelherstellers integriert, dass sie unlesbar bleibt, aber die Website bei Eingabe von „BMW“ aufscheint		

SbX
ID: 5202

Weitere Übungsaufgaben im SbX

Ü 5.11: Wettbewerbsrecht B

Bearbeiten Sie einen zusammenfassenden Test zum Thema Wettbewerbsrecht.

Ü 5.12: Abmahnungen B

Beantworten Sie mithilfe der angeführten Links die Fragen zum Abmahnwesen.

Sichern

SbX ID: 5203

Wettbewerbsrecht – fairer Wettbewerb

Das **Wettbewerbsrecht** soll sicherstellen, dass der Wettbewerb zwischen den Unternehmen fair verläuft und jeder seine Leistungen am Markt anbieten kann. Derjenige, der die bessere Leistung anbietet, soll Gewinn machen.

„Schwarze Liste"

Unlautere Geschäftspraktiken sind verboten. Das Wettbewerbsrecht enthält im Anhang eine beispielhafte Liste aggressiver und irreführender Geschäftspraktiken, die jedenfalls verboten sind.

Nicht jede Werbung ist erlaubt.

Auch der **Werbung** sind dort **Grenzen** gesetzt, wo sie die Umworbenen belästigt oder in fremde Rechte eingreift.

Preisauszeichnungspflicht

Unternehmen sind verpflichtet, die **Preise** ihrer Waren **auszuzeichnen,** damit die Käufer Preisvergleiche anstellen und das beste Angebot auswählen können. Richtet sich das Angebot an Konsumenten, dann ist der Bruttopreis anzugeben.

Vokabeln dieser Lerneinheit

Wettbewerbsrecht	competition law
Gesetz gegen den unlauteren Wettbewerb (UWG)	fair trade act/ restraint of trade law
fairer Wettbewerb	fair competition/ fair trade
Verbot von unlauteren, aggressiven, irreführenden Geschäftspraktiken	prohibition of unfair, aggressive and misleading business practices
Geschäftspraktik	business practice
Kundenfang	customer targeting/ canvassing
Rechtsbruch	breach of law/ law-breaking
Behinderung	obstruction/disruption

Ausbeutung	exploitation
Irreführung	attempt to mislead/ deception
anschwärzen	discredit/denigrate
unerlaubte Formen der Werbung	unauthorised forms of advertising
Preis- und Qualitätsvergleiche	price and quality comparisons
Preisnachlass	discount/rebate
Zugabe	extra/premium
Ausverkauf	sale
fremde Marke	third-party trademark
sonstige fremdes Kennzeichen	other third-party trade names

SbX ID: 5203

Im SbX finden Sie diese Zusammenfassung als Audio-Wiederholung sowie eine Bildschirmpräsentation mit den Grafiken dieser Lerneinheit.

Wissen

SbX ID: 5204

A B C D E
SbX
W 5.5 **mit automatischer Aufgabenkontrolle**
ID: 5204

W 5.5: Aggressive und irreführende Geschäftspraktiken C

Suchen Sie im Internet die Liste der aggressiven und irreführenden Geschäftspraktiken und klären Sie, ob Folgendes zulässig ist:

a) Ein Unternehmen führt das E-Commerce-Euro-Label, ohne die vorgeschriebenen Voraussetzungen zu erfüllen.

b) Eine Werbung enthält die Aussage, dass für Fehler, die die Waren bei der Übergabe hatten und die spätestens 2 Jahre nach dem Kauf reklamiert werden, das Geld rückerstattet wird.

c) In einer Werbeaussendung an Konsumenten wird ein Gewinn versprochen, wenn zuvor € 100,– eingezahlt werden.

SbX
W 5.6 mit automatischer Aufgabenkontrolle
ID: 5204

W 5.6: Absatzsteigerung C

Ein Unternehmen setzt zur Steigerung des Absatzes folgende Maßnahmen:

a) Kunden, die gut verhandeln, erhalten 10 % Preisnachlass. Die übrigen zahlen den angeschriebenen Preis.

b) Kunden erhalten beim Kauf einer CD um € 12,– gratis 15 Brieflose.

c) Der Saisonausverkauf wird eine Woche vor den übrigen Mitbewerbern ohne Zustimmung der Behörde gestartet.

Sind diese Vorgehensweisen zulässig?

W 5.7: Preisauszeichnung B

Ein Unternehmen hat Computerkassen. Daher sind auf den Regalen keine Preise, sondern nur die Artikelnummern angeschrieben. Auch auf der Rechnung sind nur die Artikelnummer und der Preis zu finden.

a) Welches Problem ergibt sich dabei für die Kunden?

b) Ist dies rechtlich korrekt?

W 5.8: Spam C

Eine Konsumentin hat einem Unternehmen ihre E-Mail-Adresse bekanntgegeben. Daraufhin erhält sie regelmäßig Werbe-E-Mails.

Was kann die Konsumentin dagegen unternehmen?

Ein kurzer Kompetenz-Check, bevor's weitergeht!

Kompetenz-Check

	☺	😐	☹
Ich kann überprüfen, ob eine Geschäftspraktik unlauter ist.			
Ich kann Preise richtig auszeichnen.			

Lerneinheit 3

Immaterialgüterrecht

SbX
Alle SbX-Inhalte zu dieser Lerneinheit finden Sie unter der ID: 5300.

Immaterialgüterrecht = intellectual property

Michael: Die ING4TECH wendet viel Geld für Forschung und Entwicklung und für ihren guten Ruf auf. Wenn andere Unternehmen die Produkte der ING4TECH nachbauen und die Produkte unter derselben Bezeichnung auf den Markt bringen, können sie viel Geld sparen. Kann sich die ING4TECH dagegen schützen?

Anna: Auch Namen, Zeichen, Erfindungen und geistige Leistungen kann man schützen lassen. Dann darf diese geistigen Leistungen nur die ING4TECH nutzen und kann ihre Produkte teurer verkaufen und die Kosten für Forschung und Entwicklung verdienen.

Lernen

SbX ID: 5301

DAS GESETZ SCHÜTZT …

	Zeichen	Aussehen von Produkten	Technische Erfindungen	Werke
Vom Gesetzgeber bezeichnet als …	Marke	Muster	Patent	Urheberrecht
Schutzvorschriften finden sich im …	Markenschutzgesetz	Musterschutzgesetz	Patentgesetz	Urheberrechtsgesetz
Schutz wird erworben durch …	Anmeldung beim Patentamt			Schaffung des Werkes

1 Marken

Marken kennzeichnen Waren oder Dienstleistungen.

Marken sind besondere, in das **Markenregister eingetragene Zeichen**, die dazu dienen, zum Handelsverkehr bestimmte Waren oder Dienstleistungen eines Unternehmens von gleichartigen Waren oder Dienstleistungen eines anderen Unternehmens zu unterscheiden.

SbX
Eine Präsentation zum Thema „Immaterialgüterrecht" finden Sie unter der ID: 5301.

Marke = trademark/brand

Markenregister = trademark register

Häufig werden andere Unternehmen wegen ihrer Marken und deren Bekanntheit gekauft. Untersuchungen haben ergeben, dass dabei bis zu 56 % des Preises für die Marke bezahlt werden. Sie sind oft der größte Vermögenswert eines Unternehmens.

Michael: Da andere Unternehmen ähnliche Produkte wie die ING4TECH anbieten, sollen die Kunden die Angebote der ING4TECH leicht von denen der Mitbewerber unterscheiden können. Dafür wurde ein Zeichen entwickelt, das auf sämtlichen Waren der ING4TECH, aber auch auf den Papieren und bei sämtlichen Werbemaßnahmen aufscheint. Wie kann sich die ING4TECH davor schützen, dass andere dieses Zeichen ebenfalls verwenden?

Anna: Der Schutz eines Zeichens entsteht durch seine Verwendung, unabhängig davon, ob es registriert ist oder nicht. Ist es allerdings als Marke eingetragen, kann der Schutz leichter durchgesetzt werden.

Fremde Zeichen, auch wenn sie nicht als Marke registriert sind, dürfen **nicht nachgeahmt** werden.

Grundsätzlich genießen alle Zeichen, die zur Kennzeichnung von Waren oder Dienstleistungen verwendet werden, Schutz vor Nachahmung. Kein gleiches oder ähnliches Produkt darf mit demselben oder einem ähnlichen Zeichen auf den Markt gebracht werden, wenn dadurch die

Gefahr von Verwechslungen gegeben ist. Folgende Gesetze schützen Zeichen von Unternehmen:

Bezeichnungen	Schutz durch	Beispiel
Firma (Name des Unternehmers)	Unternehmensrecht (UGB)	T-Mobile Austria GmbH
Geschäftsbezeichnung, Firmenschlagwort	Gesetz gegen den unlauteren Wettbewerb (UWG)	Gasthof zur Post
Grafik, die Unternehmen kennzeichnet	UWG, Urheberrechtsgesetz	ASIA RESTAURANT YI TING
registrierte Marke	Markenschutzgesetz	

Fremde Zeichen, auch wenn sie nicht als Marke registriert sind, dürfen nicht nachgeahmt werden.

Durch die Registrierung sind das Aussehen und der Inhaber einer Marke bekannt. Dies soll auch gegen unbeabsichtigte Eingriffe schützen.

Hinsichtlich des Umfangs des Schutzes bzw. der Beweisbarkeit im Streitfall ist zu unterscheiden:

Kennzeichen von Waren und Dienstleistungen	
Marken	**Sonstige**
• in das Markenregister eingetragen • geschützt durch das Markenschutzgesetz	• nicht als Marke registriert • Schutz aufgrund des ○ Gesetzes gegen den unlauteren Wettbewerb ○ Urheberrechtsgesetzes

Geschützt werden können	Beispiele
Wortmarke	Manner
Bildmarke (Bilder oder Zeichnungen)	
kombinierte Marke (Kombination aus Wort und Bild)	
körperliche Form	
Klang, Melodie	Intel-Jingle 

Wortmarke = **word mark/brand name**

Bildmarke = **figurative trademark**

kombinierte Marke = **combined trademark/brand**

körperliche Form = **physical form/shape**

Klang, Melodie = **sound, melody/tune**

Nicht als Marke registrierbar sind z. B.

- Marken, die nur Angaben über die Beschaffenheit oder Ähnliches enthalten.

Beispiel

Emmental liegt in der Schweiz und ist daher eine geografische Bezeichnung. Diese dürfte nicht als Marke registriert werden. Da aber jedermann Emmental mit einer bestimmten Sorte Käse verbindet, hat der Begriff Verkehrsgeltung und kann daher als Marke registriert werden.

Nur für landwirtschaftliche Produkte und Lebensmittel können geografische Angaben oder Ursprungsbezeichnungen geschützt werden (unbefristet).

- Marken, denen die Unterscheidungskraft fehlt, ausgenommen, sie haben Verkehrsgeltung.

Beispiel

Keine Unterscheidungskraft hat die Zifferngruppe 4711. Da sie jedoch Verkehrsgeltung hat – sie wird vom Großteil der Kunden mit einer Parfumsorte in Verbindung gebracht –, kann sie registriert werden.

- Hoheitszeichen (z. B. Bundes- oder Landeswappen)
- Marken, die unsittlich, ärgerniserregend oder zur Täuschung geeignet sind
- irreführende Zeichen

Beispiel „Wolltraum“ für Kunststoffgewebe

- Formen, die sich aus der Technik des Gegenstandes ergeben

Mit der Registrierung wird das Markenrecht erworben, ein gesonderter Hinweis ist nicht erforderlich. Einige Markeninhaber bringen jedoch Zeichen wie ® an. Damit wird verhindert, dass die Marke zum Gattungsbegriff wird.

Das **Markenregister** wird vom Patentamt in 1200 Wien, Dresdner Str. 87, geführt, dort ist die Registrierung zu beantragen. Bei der Registrierung ist auch anzugeben, für welche Art von Waren oder Dienstleistungen der Schutz gelten soll. Dafür gibt es ein Klassifikationsschema, das 45 Klassen von Waren und Dienstleistungen unterscheidet.

österreichisches patentamt

Der **Schutz nach dem Markenschutzgesetz**

- beginnt mit der Eintragung in das Markenregister,
- gilt nur in Österreich,
- dauert 10 Jahre (eine immer wiederkehrende Verlängerung ist möglich),
- gewährt dem Inhaber das exklusive Recht, die Marke zu nutzen (dieses Recht kann auch an andere in Form eines Lizenzrechtes weitergegeben oder verkauft werden).

Der **Markenanzeiger** kann auch auf der Homepage des Patentamtes abgerufen werden.

Marken, für die ein Schutz erteilt wurde, werden im **„Österreichischen Markenanzeiger“** veröffentlicht:

OSTERREICHISCHER
MARKENANZEIGER
österreichisches patentamt

(111) **Nr. 271570** (210) **AM05688/2012**
(220) **Anmeldetag:** 2012 11 08
(151) **Schutzdauerbeginn:** 2013 03 20
(730) **VIS VITALIS GMBH**, 5585 UNTERNBERG, MOOSHAM 29 (AT)
(540)

EARTH FOOD

(591) (farbig)
(531) 26.01.19
27.01.12
29.01.13
(511) **Klassen; Waren- bzw. Dienstleistungen:**
Kl.29: Fleisch, Fisch, Geflügel und Wild; Fleischextrakte; konserviertes, tiefgekühltes, getrocknetes und gekochtes Obst und Gemüse; Gallerten (Gelees), Konfitüren, Kompotte; Eier, Milch und Milchprodukte; Speiseöle und -fette;
Kl.30: Kaffee, Tee, Kakao, Zucker, Reis, Tapioka, Sago, Kaffee-Ersatzmittel; Mehle und Getreidepräparate, Brot, feine Backwaren und Konditorwaren, Speiseeis; Hefe, Backpulver; Honig, Melassesirup; Salz, Senf; Essig, Soßen (Würzmittel); Gewürze, Kühleis;
Kl.31: Land-, garten- und forstwirtschaftliche Erzeugnisse sowie Samenkörner, so weit sie nicht in anderen Klassen enthalten sind; lebende Tiere; frisches Obst und Gemüse; Sämereien, lebende Pflanzen und natürliche Blumen, Futtermittel; Malz.

(111) **Nr. 271583** (210) **AM03266/2012**
(220) **Anmeldetag:** 2012 06 26
(151) **Schutzdauerbeginn:** 2013 03 21
(730) **lilatec GmbH**, 8463 Leutschach, Schloßberg 39 (AT)
(740) **Lambauer Karl**, 8442 Kitzeck, Greith 43 (AT)
(540)

lilatec GmbH
creative innovations for our future

(591) (farbig)
(531) 25.07.03
26.04.09
27.05.22
27.05.25
29.01.05
(511) **Klassen; Waren- bzw. Dienstleistungen:**
Kl.09: Elektrische Sensoren; Messgeräte (elektrisch); Präzisionsmessgeräte.

Im Markenrecht gilt der **Prioritätsgrundsatz:** Wessen Recht zuerst eingetragen wurde, der darf es nutzen. Derjenige, der später dran war, muss weichen.

Das Markenrecht ist ein nationales Recht und gilt grundsätzlich nur in dem Staat, in dem es angemeldet wurde.

Bei der Registrierung wird nicht geprüft, ob die neu angemeldete Marke mit älteren Marken oder Zeichen verwechselt werden kann. Daher hat der Inhaber der älteren Marke die Möglichkeit, die Löschung einer später eingetragenen verwechselbaren Marke zu beantragen.

Damit eine Marke leichter in mehreren Staaten registriert werden kann, wurden internationale Abkommen geschlossen:

http://oami.europa.eu/de

- Innerhalb der EU kann eine Marke als **„Europäische Gemeinschaftsmarke"** durch Anmeldung beim Europäischen Harmonisierungsamt für den Binnenmarkt (HABM) in Alicante (Spanien) geschützt werden.

www.wipo.org

- Ein Markenschutz in mehreren Staaten kann durch Hinterlegung der Marke bei der **Weltorganisation für geistiges Eigentum (WIPO)** in Genf erlangt werden.

Die verschiedenen Schutzrechte (national – EU – international) können nebeneinander für dieselbe Marke bestehen.

Muster = **design**

2 Muster

Als Muster kann das Aussehen von Erzeugnissen geschützt werden.

Der Musterschutz wird auch **Geschmacksmusterschutz** genannt. Die Anmeldung und das Verfahren laufen ähnlich wie bei der Registrierung einer Marke.

Musterschutz gibt es für das **Aussehen**, das **Design**, eines gewerblichen Erzeugnisses. Es gewährt dem Inhaber das ausschließliche Recht, dieses zu benutzen und Dritten die Nutzung zu verbieten.

Neu angemeldete Muster werden im **Musteranzeiger** veröffentlicht. Dieser ist auf der Homepage des österreichischen Patentamtes abrufbar.

Ein in der gesamten EU geltender Musterschutz kann durch Registrierung beim Europäischen Harmonisierungsamt für den Binnenmarkt (HABM) beantragt werden.

Dieser Schutz

- wird für neue Muster erteilt,
- dauert 5 Jahre. Eine fünfmalige Verlängerung (zu insgesamt 25 Jahren) ist möglich.
- wird durch Eintragung in das Musterregister begründet, das ebenfalls beim Patentamt geführt wird.

Als Muster können beispielsweise geschützt werden:

- Form einer Flasche
- Design eines Vorhanges
- Form einer Verpackung
- Schriftbild
- Flaschenetikett

Musterschutz = **design protection**

Aussehen = **appearance/look**

Nicht schützbar ist ein Muster u. a., wenn es

- der Öffentlichkeit bereits bekannt ist,
- sich aufgrund seiner technischen Funktion nicht anders herstellen lässt.

Patent = **patent**

3 Patente

Patente schützen technische Erfindungen.

Michael: Die ING4TECH hat ein neues Verfahren zum Bedrucken von T-Shirts erfunden. Dürfen andere Unternehmen dieses Verfahren auch verwenden oder kann die ING4TECH sicherstellen, dass nur sie dieses Verfahren verwenden darf?

Anna: Wenn das Verfahren zum Bedrucken der T-Shirts eine technische Erfindung ist, die für einen Fachmann nicht offenkundig ist, kann ING4TECH diese Idee patentieren lassen.

betriebsmäßig herstellen = **to manufacture industrially**

in Verkehr bringen = **to bring into circulation**

damit handeln = **for trading purposes**

ein patentiertes Verfahren nutzen = **to use a patented process**

Durch ein **Patent** erhält man das Recht, **als Einziger**

- das geschützte Produkt betriebsmäßig herzustellen,
- das geschützte Produkt in Verkehr zu bringen,
- mit dem geschützten Produkt zu handeln,
- ein patentiertes Verfahren zu nutzen.

Ein Patentinhaber benötigt zur Nutzung seines Patentes keine Gewerbeberechtigung. Er muss aber die sonstigen Rechtsvorschriften einhalten.

Ein **Patentinhaber** kann
- sein Patent selbst nutzen oder
- anderen die Nutzung des Patentes gestatten. Dies kann gegen Entgelt oder unentgeltlich erfolgen.

technische Entwicklung = **technical development**

gewerblich nutzbar = **industrially applicable**

Neuheit = **novelty/innovation**

Voraussetzungen, damit ein Produkt oder Verfahren als Erfindung **patentiert wird,** sind:
- Es muss sich um eine **technische Entwicklung** handeln.
- Die Erfindung muss **gewerblich nutzbar** sein.
- Es muss sich um eine **Neuheit** handeln, die sich für einen Fachmann nicht aus dem Stand der Technik ergibt. Die Erfindung darf der Öffentlichkeit nicht bekannt sein.

In den USA sind EDV-Programme patentierbar. Für Programme, die in Verfahren oder andere Produkte eingebettet sind, wird auch in Österreich teilweise Patentschutz erteilt, sofern es sich um technische Anwendungen handelt. EDV-Programme können aber als Gebrauchsmuster oder nach dem Urheberrecht geschützt sein.

Keine Erfindungen sind:
- Entdeckungen von Dingen, die in der Natur vorkommen, da dies keine technische Entwicklung ist; ebenso wissenschaftliche Theorien und mathematische Methoden
- Formen und ästhetische Kreationen
- Pläne, Regeln und Verfahren für gedankliche Tätigkeiten, für Spiele oder geschäftliche Tätigkeiten sowie Programme für Datenverarbeitungsanlagen
- Wiedergabe von Informationen

Nicht patentierbar sind:
- Erfindungen, deren Veröffentlichung oder Verwertung gegen die öffentliche Ordnung oder die guten Sitten verstoßen würde
- Verfahren zur chirurgischen oder therapeutischen Behandlung von Menschen oder Tieren. Dies gilt nicht für Medikamente.

Beispiel

Jemand entwickelt ein Verfahren, wie gebrochene Beine rascher heilen. Dafür benötigt er eine spezielle Vorrichtung. Das Verfahren ist nicht patentierbar, die Vorrichtung hingegen schon.

- Pflanzensorten, Tierarten und Verfahren zur Züchtung von Pflanzen oder Tieren. Dies gilt nicht für Mikroorganismen.

Das Patentrecht ist ein nationales Recht und gilt grundsätzlich nur in dem Staat, in dem es angemeldet wurde. Um leichter Schutz in anderen Staaten zu erlangen, bestehen internationale Abkommen.

Patentschutz für Österreich erteilt das **Patentamt.** Er dauert maximal 20 Jahre ab Anmeldung. Diese Frist ist **nicht verlängerbar.** Zur Aufrechterhaltung des Patentschutzes muss der Patentinhaber jährlich eine Gebühr an das Patentamt entrichten.

Es gilt der Prioritätsgrundsatz!

Wird von mehreren Personen Patentschutz für dieselbe Erfindung beantragt, so erhält derjenige das Patentrecht, der früher den Schutz beim Patentamt beantragt hat.

Das **Gebrauchsmusterrecht,** das auch das „Recht der kleinen Erfindung" genannt wird, schützt technische Neuerungen einfacherer Art.

Urheberrecht = **copyright law**

4 Urheberrecht

Das Urheberrecht schützt Personen, die bestimmte Werke schaffen oder aufführen.

Im **Urheberrechtsgesetz (UrhG)** ist der Schutz folgender Leistungen geregelt:

Urheberrecht	Leistungsschutzrecht
schützt Personen, die ein im Urheberrecht genanntes Werk geschaffen haben	schützt Personen, die ein Werk vortragen, aufführen oder dabei mitwirken
Beispiel: Autor, der ein Bühnenstück schreibt	**Beispiel:** Künstler, die ein Bühnenstück im Theater aufführen

Literatur = **literary works/literature**

Tonkunst = **music/songs**

bildende Künste = **visual arts/fine arts**

Filmkunst = **films/movies**

Das **Urheberrecht** kennt folgende **Arten von Werken,** die es schützt:

- **Literatur;** das sind
  - Sprachwerke aller Art, wie z. B. Bücher, Aufsätze, Zeitschriftenartikel, Skripten, Handbücher, Dokumentationen, Programmbeschreibungen, unabhängig vom Inhalt,
  - wissenschaftliche und belehrende Werke, wie Landkarten, Reliefs, Modelle,
  - Bühnenwerke, z. B. Theaterstück,
  - Computerprogramme, sowohl der Quellcode als auch der Maschinencode.
- **Tonkunst,** (z. B. Musikstück)
- **bildende Künste;** das sind
  - Lichtbildwerke, z. B. Fotografien (auch Urlaubsfotos),
  - Baukunst, z. B. Architektur,
  - Kunstgewerbe, angewandte Kunst, z. B. Keramiken.
- **Filmkunst**

In manchen Staaten der USA muss der Urheberschutz durch das Zeichen © ersichtlich gemacht werden.

SbX **Weitere Informationen zu Schutzzeichen finden Sie unter der ID: 5301.**

Damit ein Werk **Urheberrechtsschutz** erhält,

- muss es nicht registriert werden. Der Schutz **entsteht mit der Schaffung des Werkes.**
- muss es nicht auf Papier oder einem sonstigen Träger vorhanden sein, es muss aber für Dritte erkennbar sein, z. B. ein Theaterstück oder ein Vortrag.
- muss es etwas Neues sein und eine gewisse Individualität aufweisen.

Beispiele

Auch Teile von Werken und Übersetzungen können urheberrechtlich geschützt sein, wenn ihnen Werkqualität zukommt.

Für den Erhalt des Schutzes darf das Werk nicht Landläufiges, üblicherweise Hervorgebrachtes sein.

Beispiele für urheberrechtlich geschützte Werke	Beispiele für nicht urheberrechtlich geschützte Werke
Der Oberste Gerichtshof hat bei folgenden Werken festgestellt, dass sie eine gewisse Individualität aufweisen und daher durch das UrhG geschützt sind.	Diese Arbeiten weisen nicht genügend Individualität auf. Daher hat ihnen der Oberste Gerichtshof keinen Schutz nach dem UrhG zugesprochen.
Voll Leben und voll Tod ist diese Erde Jura Soyfer: Gedicht „Das Lied von der Erde“	Tausendmal berührt, tausendmal is nix passiert, tausend und eine Nacht und es hat Zoom gemacht Refrain des Liedes: „1001 Nacht“

Hat jemand ein Buch gekauft, dann ist er **Eigentümer dieses Werkstückes** (Buches) und er kann das Eigentumsrecht geltend machen, das Buch z. B. weiterverkaufen. Er hat aber nicht die übrigen Rechte, die dem **Urheber** vorbehalten sind. Er darf daher ohne Zustimmung des Urhebers das Werk nicht vervielfältigen, öffentlich aufführen oder im Rundfunk senden.

Urheber haben das ausschließliche Recht, ihre **Werke** in einer oder mehreren der folgenden Formen **zu verwerten:**

- Gestattung der Bearbeitung oder Übersetzung des Werkes
- Entscheidung, ob, wann und wo das Werk erstmals der Öffentlichkeit zugänglich gemacht wird
- Vervielfältigung und Verbreitung des Werkes zu bestimmen
- das Werk der Öffentlichkeit anzubieten oder zugänglich zu machen
- Recht, die Sendung des Werkes im Rundfunk zu gestatten
- Zurverfügungstellung eines Werkes zur Veröffentlichung im Inter- oder Intranet

Der Urheber kann daher auch die Verwertung seines Werkes ganz oder in bestimmten Formen verbieten.

Beispiel

Macht jemand ein fremdes Werk (Text, Bild, Video o. Ä.) auf seiner eigenen Website zugänglich, dann muss er dieses zuvor auf seinem Server speichern. Dabei handelt es sich um eine Vervielfältigung im Sinne des UrhG, weil dadurch ein neues Werkstück erzeugt wird. Weiters verstößt dies gegen das Zurverfügungstellungsrecht, wenn keine Zustimmung des Urhebers vorliegt.

Software-Programme oder Teile davon sind urheberrechtlich geschützt, wenn sie Ergebnis einer eigentümlichen geistigen Schöpfung sind.

Auf Papier und ähnliche Träger (z. B. Karton, Kunststoff ...) darf weiterhin zum eigenen Gebrauch kopiert werden. Der eigene Gebrauch umfasst sowohl private als auch berufliche Zwecke, z. B. die Kopie auf eine Overheadfolie für einen beruflichen Vortrag.

Das **Urheberrecht** sieht für bestimmte Fälle vor, dass das Werk ohne Zustimmung des Urhebers genutzt werden darf **(freie Werknutzung).** Zum Beispiel:

- Herstellung einzelner Vervielfältigungen für den eigenen Gebrauch oder unentgeltlich für den Gebrauch eines anderen. Von Computerprogrammen dürfen jedoch nur Kopien für Sicherungszwecke hergestellt werden. Musiknoten und ganze Bücher dürfen nicht kopiert werden.
- zur Berichterstattung über Tagesereignisse
- für Unterrichtszwecke
- Gesetze, Verordnungen, amtliche Erlässe

Der Nutzer muss jedenfalls die Quelle, aus der das Werk stammt, nennen.

Auf **digitalen Trägern gespeicherte Daten** (z. B. EDV-Programme, Inhalte von Musik- und Video-DVDs) dürfen nur natürliche Personen zum privaten Gebrauch kopieren. Wird hingegen zu beruflichen Zwecken digital kopiert, dann wird die Zustimmung des Urhebers benötigt.

Beispiel

Ein Architekt erhält eine CD, die neben anderen Informationen eine Karikatur zum Thema „Bauarbeiten" enthält. Da sie ihm gut gefällt, kopiert er sie, ohne den Urheber um Erlaubnis zu fragen.

Bildet er die Karikatur in seinem Fotobuch neben Urlaubsfotos ab, verwendet er sie privat und verstößt nicht gegen das Urheberrecht des Zeichners. Nutzt er dieselbe Grafik für einen Vortrag als Architekt, nutzt er sie beruflich, was das UrhG verbietet.

Wenn ein Urheber sein Recht durch technische Maßnahmen schützt (z. B. durch einen Kopierschutz einer CD oder DVD), dann wird das Urheberrecht auch durch Umgehung dieses Schutzes verletzt. Ebenso verletzt der Hersteller, Verkäufer, Importeur, Vermieter des Kopierprogrammes den Urheberschutz.

Beispiele

Ein Unternehmen stellt Kopierprogramme her, welche den Kopierschutz von Audio-CDs wirkunglos machen. Wenn eine CD mit diesem Programm kopiert wird, verstoßen gegen das Urheberrecht des Künstlers sowohl derjenige, der die Kopie anfertigt, als auch der Hersteller des Programmes. Dies gilt auch, wenn derjenige, der die Kopie anfertigt, ein Privater ist, der grundsätzlich eine Kopie für den eigenen Gebrauch herstellen darf.

Ein Gewerbebetrieb kopiert aufgrund eines Kundenauftrages eine Musik-CD, die urheberrechtlich geschützte Musikwerke enthält. Er verstößt durch das Kopieren gegen das Urheberrecht des Komponisten.

Grundsätzlich dürfen Werke, auch deren Titel, ohne Zustimmung des Urhebers nicht verändert werden. Eine Ausnahme hiervon besteht für Computerprogramme: Diese dürfen bearbeitet und den Bedürfnissen des Nutzungsberechtigten angepasst werden.

Der Urheber kann seine Rechte auch **durch andere Personen ausüben lassen:**

Werknutzungsrechte an Computerprogrammen können ohne Einwilligung des Urhebers übertragen werden.

Werknutzung = use of works

Werknutzungen	
Werknutzungsrecht	**Werknutzungsbewilligung**
Der Berechtigte erhält das ausschließliche Recht, das Werk zu nutzen. Dieses Recht kann auf einzelne Nutzungsarten, zeitlich oder örtlich begrenzt werden. Kein anderer – auch nicht der Urheber – darf das Werk in diesem Rahmen nutzen.	Der Berechtigte erhält diesfalls das Recht, das Werk zu nutzen, jedoch ist sein Recht nicht ausschließlich, d. h., der Urheber kann gleichzeitig auch Dritte zur selben Nutzung ermächtigen.
Beispiel: Der Urheber überlässt einem Verlag das Recht, sein Manuskript weltweit zu vervielfältigen und zu verbreiten. Verbreitet der Urheber sein Werk z. B. in der Schweiz, kann der Verlag verlangen, dass er dies unterlässt.	**Beispiel:** Der Urheber überlässt einem Theater das Recht, sein Bühnenstück aufzuführen. Gleichzeitig überlässt er das Recht auch einem anderen Theater.

Das Urheberrecht – auch für Computerprogramme – erlischt **70 Jahre nach dem Tod des Urhebers.**

Michael: Ich habe mein Bild in einem Inserat entdeckt. Darf ohne mein Wissen mit einem Foto von mir Werbung gemacht werden?

Anna: Wird von jemandem ein Bild ohne dessen Zustimmung für einen Werbefolder verwendet, dann sind berechtigte Interessen verletzt und der Abgebildete kann dagegen vorgehen; ebenso wenn von jemandem Bilder veröffentlicht werden, die ihn auf einem FKK-Strand zeigen.

Wird hingegen ein Landschaftsbild veröffentlicht, auf dem zufällig eine wandernde Person abgebildet ist, dann werden deren Interessen nicht verletzt.

SbX **Eine Linkliste zum Immaterialgüterrecht finden Sie unter der ID: 5301.**

Im Urheberrechtsgesetz ist auch der **Schutz des Abgebildeten vor ungewollter Veröffentlichung** des eigenen Bildes geregelt. Aufgrund dieser Bestimmung ist die Veröffentlichung von Bildern ohne Zustimmung des Abgebildeten untersagt, sofern dadurch dessen berechtigte Interessen verletzt werden.

Üben

SbX ID: 5302

A B C D E

SbX **Ü 5.12 mit automatischer Aufgabenkontrolle ID: 5302**

Ü 5.13: Was ist schützbar? B

Können folgende Ideen geschützt werden? Falls ja, nach welchem Gesetz, wo ist der Schutz zu beantragen, wie lange können sie geschützt werden?

	schützbar?	Gesetz	zu beantragen bei	Schutzdauer
Bezeichnung eines Unternehmens als „EDV-Doktor“				
EDV-Programm				
Firmenlogo				
Aussehen einer Verpackung				
gedruckte Anleitung für ein Computerspiel				
neues Medikament				

SbX **Ü 5.13 mit automatischer Aufgabenkontrolle ID: 5302**

Ü 5.14: Markenrecht B

Geben Sie an, ob folgende Aussagen richtig oder falsch sind. Ist die Aussage falsch, korrigieren Sie diese:

	richtig/falsch	Korrektur
Durch eine Marke erhält man eine Stellung, die der eines Monopolisten ähnlich ist.		
Eine Marke kann in Österreich längstens 20 Jahre geschützt werden.		
Der Schutz einer Marke kann bei der Wirtschaftskammer beantragt werden.		
Das österreichische Bundeswappen kann als Marke registriert werden.		

	richtig/ falsch	Korrektur
Zeichen, die nicht als Marke registriert sind, können frei verwendet werden.		
Als Marke können nur bildliche Darstellungen geschützt werden.		
Marken können international nicht geschützt werden.		

SbX
Ü 5.14 mit automatischer Aufgabenkontrolle
ID: 5302

Ü 5.15: Patentrecht A

Geben Sie an, ob folgende Aussagen richtig oder falsch sind. Ist die Aussage falsch, korrigieren Sie diese:

	richtig/ falsch	Korrektur
Jedermann darf in Patentschriften Einsicht nehmen.		
Ein Patent kann in Österreich längstens 10 Jahre geschützt werden.		
Als Erfindungen können auch mathematische Formeln geschützt werden.		

SbX
Ü 5.15 mit automatischer Aufgabenkontrolle
ID: 5302

Ü 5.16: Urheberrecht A

Geben Sie an, ob folgende Aussagen richtig oder falsch sind. Ist die Aussage falsch, korrigieren Sie diese:

	richtig/ falsch	Korrektur
Das Urheberrecht entsteht mit der Registrierung des Werkes.		
Das Urheberrecht besteht 50 Jahre ab Schaffung des Werkes.		
Von urheberrechtlich geschützten Werken darf jeder private Kopien auf Papier anfertigen.		
Hält jemand einen Vortrag, können für private Zwecke Mitschnitte angefertigt werden.		
Jede schriftliche Äußerung ist urheberrechtlich geschützt.		
Urheberschutz besteht nur für Werke, die das Zeichen © tragen.		
Hat man ein Werk gekauft, kann es beliebig verändert und verwendet werden.		

Sichern

SbX ID: 5303

Immaterial-güterrecht

Geistige Leistungen können besonders leicht kopiert bzw. nachgeahmt werden. Die **Immaterialgüterrechte** schützen daher Personen, die derartige Leistungen erbracht haben, damit ihnen der Lohn für ihre Anstrengungen erhalten bleibt.

Zu den **Immaterialgüterrechten** zählen:

Marken
- das **Markenschutzgesetz,** welches die in das Markenregister eingetragenen Zeichen schützt, die dazu dienen, zum Handelsverkehr bestimmte Waren oder Dienstleistungen zu kennzeichnen

Muster
- das **Musterschutzgesetz,** welches das Aussehen eines Erzeugnisses schützt

Patente
- das **Patentgesetz,** welches neue technische Erfindungen, die gewerblich nutzbar sind, schützt

Urheberrecht
- das **Urheberrechtsgesetz,** welches sowohl Personen, die Werke geschaffen haben, als auch Personen, die Werke aufführen oder vortragen, schützt

Der Schutz durch die Gesetze wird durch **Anmeldung beim Patentamt** erworben. Dieses führt auch Recherchen durch, welche Zeichen bzw. Erfindungen bereits registriert sind.

Nur das Urheberrecht wird bereits durch Schaffung des Werkes ohne Registrierung erworben.

Vokabeln dieser Lerneinheit

Immaterialgüterrecht	intellectual property law
Marke	trademark/brand
Markenregister	trademark register
Wortmarke	word mark/ brand name
Bildmarke	figurative trademark
kombinierte Marke	combined trademark/ brand
körperlich Form	physical form/shape
Klang, Melodie	sound, melody/tune
Muster	design
Musterschutz	design protection
Aussehen	appearance/look
Patent	patent
betriebsmäßig herstellen	to manufacture industrially

in Verkehr bringen	to bring into circulation
damit handeln	for trading purposes
ein patentiertes Verfahren nutzen	to use a patented process
technische Entwicklung	technical development
gewerblich nutzbar	industrially applicable
Neuheit	novelty/innovation
Urheberrecht	copyright law
Literatur	literary works/ literature
Tonkunst	music/songs
bildende Künste	visual arts/fine arts
Filmkunst	films/movies
Werknutzung	use of works

SbX ID: 5303

Im SbX finden Sie diese Zusammenfassung als Audio-Wiederholung sowie eine Bildschirmpräsentation mit den Grafiken dieser Lerneinheit.

Wissen

SbX ID: 5304

A B C D E

W 5.9: Datenspeicher C

Sie haben ein neues Verfahren zur Speicherung von Daten erfunden, wofür Sie viel Geld aufgewendet haben.

a) Wie können Sie sich davor schützen, dass jemand anderer dieses Verfahren nutzt?
b) Wie lange können Sie sich schützen?
c) Ist der Schutz verlängerbar?
d) Was kostet Sie der Schutz? (Sehen Sie im Internet auf der Seite des Patentamtes nach.)
e) Was könnten Sie tun, um die Erfindung wirtschaftlich zu nützen, wenn Sie das Verfahren nicht selbst nützen können?

W 5.10: Copyright B

Für die Diplomarbeit suchen Sie Unterlagen. Eine Freundin zeigt Ihnen verschiedene Bücher und meint, dass der Inhalt eines Buches geschützt sei, da darin das Zeichen © eingedruckt ist. Das andere Buch könnten Sie kopieren und die Kopien verkaufen, da kein © enthalten sei.

Ist die Meinung der Freundin richtig?

W 5.11: Kopie eines EDV-Programmes B

Ein Freund erzählt, dass er ein neues Programm für seinen PC gekauft hat, und bietet Ihnen an, eine Kopie für Sie anzufertigen.

Ist dies rechtlich zulässig?

W 5.12: Musikstück B

Karin Sommer hat ein Musikstück komponiert und spielt dies ihren Freundinnen vor. Einer Freundin gefällt dies so gut, dass sie die Noten von Karin Sommer erbittet. Diese Noten veröffentlicht die Freundin unter ihrem Namen.

Kann Karin Sommer dagegen vorgehen? (Begründung) Falls ja, nach welchem Gesetz?

W 5.13: Schutz eines Zeichens D

Sie haben für Ihr Unternehmen ein Zeichen entworfen, das Sie exklusiv nutzen wollen.

a) Nach welchen Gesetzen kann ein Zeichen geschützt werden?
b) Muss der Schutz beantragt werden? (Falls ja, wo?)

W 5.14: Kopierprogramm B

Sie entwickeln ein Programm, das jede CD bzw. DVD kopieren kann.

a) Ist dieses Programm geschützt (falls ja, welches Gesetz, ab wann)?
b) Darf dieses Programm verwendet werden, um kopiergeschützte CDs zu kopieren? (Begründung)

W 5.15: Urlaubsfoto B

Sie veröffentlichen im Internet ein Urlaubsfoto, das ein Freund aufgenommen hat, ohne seine Zustimmung. Damit soll Werbung für ein neues Produkt gemacht werden. Dürfen Sie dies?

SbX ID: 5304

Weitere Wissensaufgaben im SbX

W 5.16: Urheberrecht B

Bearbeiten Sie die Rechercheaufgaben zum Thema Urheberrecht.

W 5.17: Tauschbörse B

Bearbeiten Sie die Rechercheaufgaben zum Thema „freie Werknutzung".

W 5.18: Schutzvermerke B

Bearbeiten Sie ein Arbeitsblatt zum Thema Schutzzeichen.

Ein kurzer Kompetenz-Check, bevor's weitergeht!

Kompetenz-Check

	☺	😐	☹
Ich kann Marken schützen lassen.			
Ich kann das Verfahren zur Erteilung eines Patentes erläutern.			
Ich kann prüfen, ob ein Internetauftritt gegen das Urheberrecht verstößt.			

Lerneinheit 4
Datenschutzrecht

SbX
Alle SbX-Inhalte zu dieser Lerneinheit finden Sie unter der ID: 5400.

Michael: Die Daten aller Kunden, Lieferanten und Mitarbeiter werden bei der ING4TECH elektronisch verarbeitet. Ist das ohne weiteres zulässig?

Anna: Bei der Verarbeitung personenbezogener Daten ist auf den Datenschutz zu achten. Dieser ist notwendig, damit unsere Privatsphäre gewahrt bleibt. Es gibt jedoch Fälle, in denen die Datenweitergabe gesetzlich zulässig ist: z. B. die Übermittlung von Flugzeugpassagier-Daten an andere Länder zur Terrorbekämpfung, die Telefon- und Videoüberwachung zur Verbrechensbekämpfung oder Warnlisten von Banken. Besonders im Internet ist Datenmissbrauch Tür und Tor geöffnet: z. B. beim Sammeln von Daten von Kundenprofilen durch Unternehmen.

Lernen

SbX ID: 5401

Datenschutz = **data protection**

1 Grundrecht auf Datenschutz

Der Schutz personenbezogener Daten ist durch das Datenschutzgesetz und die Datenschutz-Grundverordnung der EU geregelt.

Rechtsquellen:
Datenschutzgesetz (DSG)
Datenschutz-Grundverordnung (DS-GVO)
Datenschutz-AnpassungsG
Datenschutz-DeregulierungsG

Neben dem Datenschutzgesetz (DSG) und der Datenschutz-Grundverordnung der EU enthalten auch die Europäische Menschenrechtskonvention (EMRK) und die EU-Grundrechtscharta (EU-GRCh) das Grundrecht auf Achtung des Privat- und Familienrechts mit datenschutzrechtlichen Aspekten.

Auszug aus der Verfassungsbestimmung des § 1 DSG: *„Jedermann hat, insbesondere auch im Hinblick auf die Achtung seines Privat- und Familienlebens, **Anspruch auf Geheimhaltung** der ihn betreffenden **personenbezogenen** Daten, soweit ein schutzwürdiges Interesse daran besteht. …"*

Mit der seit 2018 gültigen DS-GVO wurden die Regelungen für die Verarbeitung von personenbezogenen Daten durch private Unternehmen und öffentliche Stellen EU-weit vereinheitlicht. Dadurch soll einerseits das Grundrecht auf Schutz personenbezogener Daten und andererseits der uneingeschränkte freie Verkehr personenbezogener Daten in der EU gewährleistet werden.

Beispiele für Verarbeitung von Daten: Erstellung und Wartung einer Mitarbeiterdatenbank oder Kundenkartei

Das Grundrecht auf Datenschutz besteht für **alle Daten unabhängig vom Datenträger:** neben elektronisch gespeicherten Informationen auch für handschriftliche sowie Bild- und Tonaufzeichnungen.

personenbezogene Daten = **personal data**

2 Wichtige Begriffe des DSG 2000

Geschützte Daten und Datenverarbeitung

Beispiele für personenbezogene Unternehmensdaten: Umsatz, Gewinn, Beschäftigte, Bilanzdaten

Arten von Daten

Durch das DSG werden nur **personenbezogene Daten** geschützt. Das sind alle Informationen, die sich auf eine identifizierte oder identifizierbare natürliche Person (sogenannte „betroffene Person") beziehen. Beispiele: Name, Adresse, Geburtsdatum, Mailadresse, IP-Adresse, Kontonummer, Kfz-Kennzeichen, Einkommen, Sozialversicherungsnummer, Interessen und Vorlieben.

Pseudonymisierte Daten wurden so verarbeitet, dass sie ohne zusätzliche Informationen nicht mehr einer bestimmten Person zugeordnet werden können. Beispiele: Namen von Kunden werden durch Zufallscodes ersetzt.

Besonderen Schutz genießen sogenannte **„sensible Daten"** von natürlichen Personen: Angaben über rassische und ethnische Herkunft, politische Meinung, Gewerkschaftszugehörigkeit, religiöse oder philosophische Überzeugung, Gesundheit, Sexualleben, genetische und biometrische Daten zur Identifizierung. Beispiele für sensible Daten: Fingerabdruck, Krankengeschichte.

Profiling

targeted advertising = zielgerichtete Werbung

Als **Profiling** wird die automatisierte Erstellung von Nutzerprofilen mit automatisch erhobenen personenbezogenen Daten zur Optimierung von Kundenangeboten bezeichnet. Beispiele: Unternehmen wie Amazon, Google oder Facebook erfassen das Nutzerverhalten (welche Seiten aufgerufen werden, welche Suchbegriffe eingegeben werden) und errechnen mit Algorithmen, welche Produkte die Besucher interessieren können (zielgerechte Werbung). Nutzer erhalten nur noch das, was sie laut den erstellten Profilen interessiert. Die Annahme, dass sich Nutzerinteressen aus dem bisherigen Verhalten mathematisch ableiten lassen, wird aber auch kritisiert.

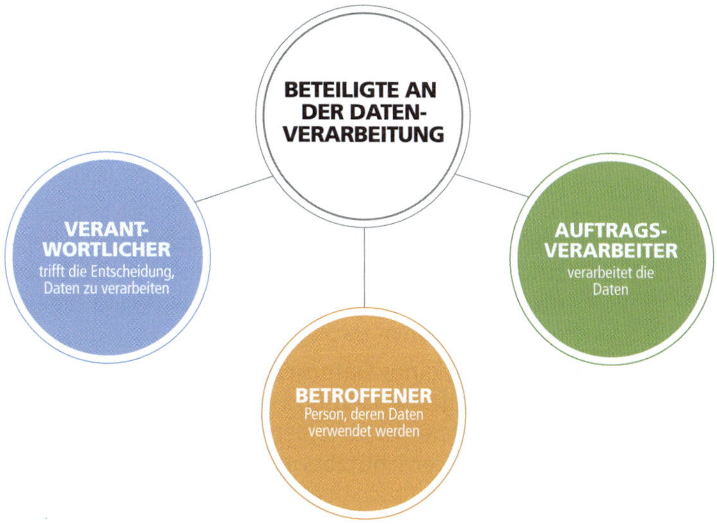

3 Pflichten von Unternehmen

Verantwortliche für den Datenschutz

Verantwortlicher ist derjenige, der über die Zwecke und Mittel der Verarbeitung von personenbezogenen Daten entscheidet.

Organisatorische Maßnahmen sind z. B. klare Aufgabenverteilung bei der Datenverwendung, Datenübermittlung nur an befugte Mitarbeiter, Belehrung der Mitarbeiter über die Datenschutzvorschriften, Zutritts- und Zugriffsbeschränkungen, Protokollierungs- und Dokumentationspflicht.

Verantwortliche müssen den Nachweis erbringen können, dass sämtliche Pflichten erfüllt wurden.

- **Führen eines Datenverarbeitungsverzeichnisses:** laufend aktualisiertes Verzeichnis aller Datenverarbeitungstätigkeiten
- **Datenschutz durch technische und organisatorische Sicherheitsmaßnahmen:**
  - **„privacy by design"-Maßnahmen** („Datenschutz durch Technikgestaltung"): Schon während der Planung von Datenverarbeitungsvorgängen sowie bei der Datenverarbeitung selbst müssen geeignete technische und organisatorische Maßnahmen getroffen werden, um einen **angemessenen Schutz der Daten** sicherzustellen. Beispiele: Pseudonymisierte Daten, Verschlüsselung, Passwortsicherung, Zugriffsbeschränkungen, Eingabekontrolle.
  - **„privacy by default"-Maßnahmen** („datenschutzfreundliche Voreinstellungen"): Sicherstellung, dass grundsätzlich **nur Daten,** die für den jeweiligen Zweck auch **wirklich erforderlich** sind, verarbeitet werden. Beispiel: Reicht das Alter oder das Geburtsjahr einer Person für den Zweck der Datenverarbeitung aus, darf nicht auch das genaue Geburtsdatum verarbeitet werden.
  - **organisatorische Maßnahmen:** z. B. Zugangskontrolle, Datenträgerkontrolle, interne Datenschutz-Leitlinien, System für den Umgang mit Datenzwischenfällen, Mitarbeiterschulungen, regelmäßige Kontrollen der Datenschutz-Compliance, Formulare für Datenschutzerklärungen, Einwilligungserklärungen, Vertraulichkeitsvereinbarungen.
- **Informationspflichten:** Verantwortliche müssen betroffenen Personen bestimmte Informationen zukommen lassen. Beispiele: Name und Kontaktdaten des Verantwortlichen, Zwecke der Datenverarbeitung, Speicherdauer.
- **Meldung von Datenschutzverletzungen:** Bei Vernichtung, Verlust, Veränderung oder unbefugtem Zugang muss eine Meldung an die Datenschutzbehörde und bei voraussichtlich hohem Risiko auch an die betroffene Person ergehen. Beispiele: Verlust eines Datenträgers mit Kundendaten, Hackerangriff
- **Bestellung eines Datenschutzbeauftragten:** Wenn die Kerntätigkeit eines Unternehmens aus der regelmäßigen und systematischen Überwachung von Personen oder Verarbeitung sensibler Daten besteht (Berufsdetektive, Krankenhäuser, Banken, Versicherungen), muss ein eigener **Datenschutzbeauftragter bestellt** werden. Aufgaben: Beratung des Unternehmens und der Beschäftigten, Überwachung der Einhaltung von Datenschutzvorschriften.
- **Datenschutz-Folgenabschätzung:** Gehen Vorgänge der Datenverarbeitung **voraussichtlich** mit einem **hohen Risiko für die Rechte und Freiheiten natürlicher Personen** einher, muss noch vor der Verarbeitung eine sogenannte „Datenschutz-Folgenabschätzung" durchgeführt werden. Beispiel: umfangreiche Verarbeitung von Gesundheitsdaten oder von Daten über strafrechtliche Verurteilungen und Straftaten. Ergibt die Datenschutz-Folgenabschätzung, dass die Verarbeitung ein hohes Risiko zur Folge hätte, muss der Verantwortliche grundsätzlich noch vor der Verarbeitung die **Datenschutzbehörde konsultieren.**

Verwenden von Daten

Das DSG bezeichnet sämtliche Schritte der Datenverarbeitung, wie Ermitteln, Erfassen, Speichern, Aufbewahren, Ordnen, Vergleichen, Verknüpfen, Vervielfältigen, Abfragen, Übermitteln, Weitergeben … als **Datenverwendung.**

Datenverwendung = **use of data**

4 Rechtmäßige Datenverarbeitung

Personenbezogene Daten dürfen unter bestimmten Bedingungen verwendet werden.

Daten dürfen nur bei **Vorliegen einer der folgenden Rechtsgrundlagen** verarbeitet werden:

- **Einwilligung:** Die betroffene Person hat ihre Einwilligung zu der Verarbeitung der sie betreffenden Daten gegeben. Beispiel: Zustimmung zum Erhalt eines Newsletters.
- **Vertragserfüllung:** Die Datenverarbeitung ist für die Erfüllung eines Vertrags mit der betroffenen Person erforderlich. Beispiel: Kundendatenbank eines Unternehmens.
- **Erfüllung einer rechtlichen Verpflichtung:** Die Datenverarbeitung ist zur Erfüllung einer rechtlichen Verpflichtung erforderlich, der der Verantwortliche unterliegt. Beispiele: arbeitsrechtliche Pflichten des Arbeitgebers; Verpflichtungen einer Bank aufgrund des Bankwesengesetzes.
- **Interessenabwägung:** Bei berechtigten Interessen des Verantwortlichen oder eines Dritten – die Interessen oder Grundrechte der betroffenen Person dürfen jedoch nicht überwiegen. Beispiel: Einholung einer Bonitätsauskunft durch eine Bank.

- **Schutz lebenswichtiger Interessen** der betroffenen oder einer anderen Person
- **öffentliche Interessen**

Dabei müssen die **folgenden Grundsätze** beachtet werden:

- **Rechtmäßigkeit, Verarbeitung nach Treu und Glauben, Transparenz**
  Personenbezogene Daten müssen auf rechtmäßige Weise, nach Treu und Glauben und in einer für die betroffene Person nachvollziehbaren Weise verarbeitet werden.
- **Zweckbindung**
  Datenverarbeitung nur für festgelegte, eindeutige und legitime Zwecke
- **Datensparsamkeit („Datenminimierung")**
  Beschränkung auf das für die Zwecke der Verarbeitung notwendige Maß
- **Richtigkeit**
  Personenbezogene Daten müssen sachlich richtig und auf dem neuesten Stand sein
- **Speicherbegrenzung**
  Speicherung nur so lange, wie es für die Zweckerreichung notwendig ist
- **Integrität und Vertraulichkeit**
  Schutz vor unbefugter Verarbeitung, Verlust, Zerstörung oder Beschädigung

VORAUSSETZUNGEN FÜR DIE EINWILLIGUNG DER
BETROFFENEN PERSON IN DIE DATENVERARBEITUNG

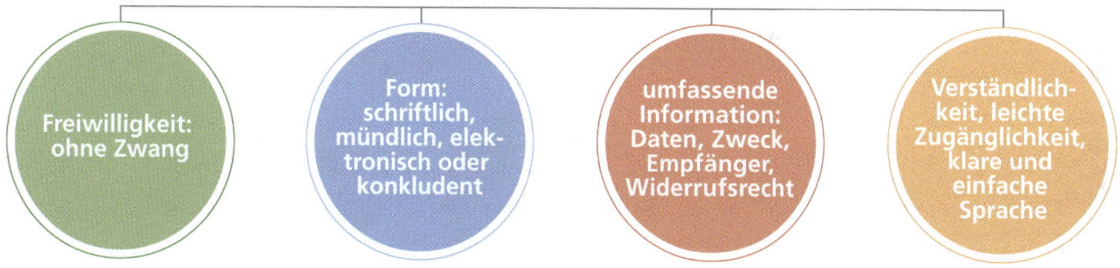

Kinder können in „Dienste der Informationsgesellschaft, die ihnen direkt angeboten werden" (z. B. Social-Media-Anbieter) mit Vollendung des 14. Lebensjahrs selbst einwilligen.

Aus Beweisgründen ist es empfehlenswert, schriftliche oder auf andere Art nachweisbare Einwilligungserklärungen einzuholen.

Für die Verarbeitung sensibler Daten ist eine **ausdrückliche Einwilligungserklärung** erforderlich. Beispiel für eine elektronisch abgegebene Einwilligungserklärung: Anklicken eines Kästchens zu einer vorformulierten Einwilligungserklärung auf einer Website. Die Einwilligung muss aktiv erfolgen: Ist ein Kästchen bereits vorangeklickt, liegt keine gültige Einwilligung vor. Keine freiwillige Einwilligung liegt vor, wenn der Vertragsabschluss von der Einwilligung zur Zusendung von Werbung abhängig gemacht wird.

Einwilligungserklärungen in AGB: Allgemeine Geschäftsbedingungen (AGB) enthalten üblicherweise viele verschiedene Bestimmungen, u. a. zu Lieferbedingungen, Gewährleistungsrechten von Kunden etc. Wenn die datenschutzrechtlich erforderliche Einwilligungserklärung in den AGB integriert ist, könnte das ein Verstoß gegen das Prinzip der Freiwilligkeit sein. Besser sind **separate Einwilligungen** der betroffenen Personen.

Beispiel

Formulierungsvorschlag einer Einwilligungserklärung der WKO:

„Der Vertragspartner stimmt zu, dass seine persönlichen Daten, nämlich … [die Datenarten genau aufzählen, z. B. „Name", „Adresse" etc.] zum Zweck der … [genaue Zweckangabe, z. B. „zur Zusendung von Werbematerial über die Produkte der Firma …"] bei der Firma NN verarbeitet werden und die Daten … [die Datenarten genau aufzählen, z. B. „Name", „Adresse" etc.] zum Zweck der … [genaue Zweckangabe, z. B. „zur zentralen Abwicklung des Kunden-Beschwerdemanagements"] an … [genaue Angabe des Übermittlungsempfängers, z. B. Name der Konzernmutter mit Anschrift] weitergegeben werden. Diese Einwilligung kann jederzeit bei … [Angabe der entsprechenden Kontaktdaten] widerrufen werden."

Michael: Neulich habe ich über einen Webshop einen MP3-Player gekauft und dabei meine E-Mail-Adresse angegeben. Seit einer Woche erhalte ich nun täglich Mails mit Angeboten über Elektronikprodukte von verschiedenen Unternehmen. Durfte der Webshop meine Daten weitergeben?

Anna: Die Mailadresse gehört zu den personenbezogenen Daten, die vom DSG 2000 geschützt sind. Du musst zunächst prüfen, ob du der Datenweitergabe, z. B. im Konzern, zugestimmt hast. Wenn ja, kannst du diese Zustimmung jederzeit widerrufen. Ohne Zustimmung hat das Unternehmen deine Daten widerrechtlich weitergegeben. Weiters ist Telefon- und E-Mail-Werbung ohne Zustimmung unzulässig.

Zur Telefon- und E-Mail-Werbung siehe auch S. 196 ff.

Zulässige Verwendung sensibler Daten

Sensible Daten dürfen **nur** in den Fällen verwendet werden, die das Gesetz ausdrücklich vorsieht. Dies sind u. a. folgende:

FÄLLE RECHTMÄẞIGER VERARBEITUNG SENSIBLER DATEN

5 Rechte der Betroffenen

Jede/r hat bestimmte Rechte auf Datenschutz.

Rechte auf Datenschutz

RECHTE AUF DATENSCHUTZ

Die Auskunft kann verweigert werden, wenn eine Verletzung von Betriebs- und Geschäftsgeheimnissen droht.

Weitere Rechte: Recht auf Einschränkung der Verarbeitung, z. B. wenn die Datenrichtigkeit bestritten wird oder wenn ein Streit über die Berechtigung anhängig ist (z. B. Sperre für Nutzer, Entfernen von Website) und Recht auf Datenübertragbarkeit (Recht auf Erhalt und Übermittlung der Daten an einen anderen Verantwortlichen)

Einem **Auskunftsersuchen** ist innerhalb von einem Monat zu entsprechen. Eine Datenkopie ist kostenlos. Ein **Widerspruch** führt zu einer Beendigung der Datenverarbeitung, außer der Verantwortliche weist nach, dass die Verarbeitung aufgrund des Überwiegens seiner eigenen berechtigten Interessen zulässig oder zur Rechtsverteidigung notwendig ist. Bei Direktwerbung führt ein Widerspruch immer zur Beendigung der Datenverarbeitung.

6 Einrichtungen zur Wahrung des Datenschutzes

Die Datenschutzbehörde sorgt für die Einhaltung des Datenschutzes in Österreich.

Die Datenschutzbehörde ist unabhängig und weisungsfrei. **www.dsb.gv.at**

Michael: Ich habe nunmehr den Webshop überprüft und meine Unterlagen durchgesehen: Daraus ist nirgends ersichtlich, dass ich der Datenweitergabe an fremde Unternehmen zugestimmt habe, auch nicht durch Anklicken im Internet. Was kann ich tun?

Anna: In diesem Fall kannst du bei der Datenschutzbehörde eine Beschwerde erheben. Du solltest jedenfalls auch an alle Absender eine deutliche Mitteilung senden, dass du der Datenweitergabe und E-Mail-Werbung nicht zugestimmt hast, diese daher rechtswidrig war und dass du keine weiteren Mails wünschst.

Schadenersatzansprüche müssen zivilrechtlich eingeklagt werden. Datenschutzverletzungen durch Unternehmen können auch als Wettbewerbsverletzung eingeklagt werden.

Kontrollbefugnisse der Datenschutzbehörde

Jede/r kann sich wegen Datenschutzverletzungen an die Datenschutzbehörde wenden. Diese hat u. a. folgende Befugnisse:

- **Überprüfung von Datenverarbeitungen:** Betreten von Räumen, Inbetriebnahme von Datenverarbeitungsanlagen, Kopieren von Datenträgern usw.
- Verhängung eines **Verbots der Datenverarbeitung oder Einschränkung**
- **Verhängung von Geldbußen** von bis zu € 20 Mio. oder bis zu 4 % des gesamten weltweit erzielten Jahresumsatzes des vorangegangenen Geschäftsjahres eines Unternehmens je nachdem, welcher Betrag höher ist (z. B. bei Verletzung der Betroffenenrechte).

  Gegen juristische Personen können Geldstrafen verhängt werden, wenn die Verletzung durch ein Organ in Führungsposition begangen wurde oder wegen mangelnder Überwachung oder Kontrolle durch eine Führungsperson (z. B. Strafe gegen das Unternehmen selbst wegen fehlendem Datenschutz-Managementsystem oder fehlender Implementierung eines Kontrollsystems).

  Verhängung einer Geldstrafe bis zu € 50.000 wegen Verschaffung eines vorsätzlich widerrechtlichen Zugangs zu einer Datenverarbeitung, wenn Daten vorsätzlich in Verletzung des Datengeheimnisses übermittelt werden, wenn sich jemand unter Vortäuschung, Verantwortlicher einer Hilfsorganisation im Katastrophenfall zu sein, Daten beschafft oder wenn gegen die Regeln der Bildverarbeitung verstoßen werden

Strafen bei Datenschutzverletzungen sollen wirksam, verhältnismäßig und abschreckend sein.

Durch das Datenschutz-Deregulierungsgesetz wurden das Prinzip „Beraten statt Strafen" und das Doppelbestrafungsverbot eingeführt
→ zuerst Verwarnung, Geldstrafen erst bei Wiederholungstätern
→ DSB darf nicht noch einmal strafen, wem bereits eine Verwaltungsstrafe verhängt wurde.

Straftatbestand der Datenverarbeitung in Gewinn- oder Schädigungsabsicht: Freiheitsstrafe bis zu einem Jahr oder Geldstrafe bis zu 720 Tagessätzen

Robinson-Liste: Die Eintragung in diese Liste bewirkt, dass kein persönlich adressiertes Werbematerial versandt oder verteilt wird. Die Daten werden von der WKO an die Adressverlage und Direktwerbeunternehmen weitergeleitet, welche die Anschrift aus ihren Datenbeständen streichen. Die Telekom-Regulierungsbehörde führt eine Liste, in die sich Personen und Unternehmen kostenlos eintragen können, die keine WerbeE-Mails erhalten möchten.

7 Bildverarbeitung – Videoüberwachung

Kameraüberwachung in Geschäften, Hotels, Unternehmen ...

Foto- und Videoaufnahmen sind unter **folgenden Voraussetzungen** zulässig:

- im lebenswichtigen Interesse einer Person
- bei Einwilligung
- wenn gesetzlich erlaubt
- wenn „überwiegende berechtigte Interessen des Verantwortlichen oder eines Dritten bestehen und die Verhältnismäßigkeit gegeben ist"

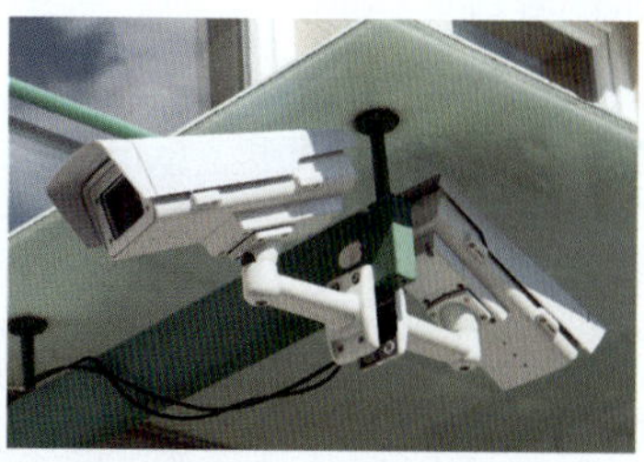

Ein absolutes Verbot von Videoüberwachung besteht z. B. zur Mitarbeiterkontrolle und in höchstpersönlichen Lebensbereichen, z. B. Toiletten.

Jeder von einer Verarbeitung potentiell Betroffene kann vom Eigentümer oder Nutzungsberechtigten einer Liegenschaft oder eines Gebäudes, von dem aus eine solche Verarbeitung augenscheinlich ausgeht, Auskunft über die Identität des Verantwortlichen begehren.

Wer gegen die Regeln der Bildverarbeitung und Videoüberwachung verstößt, kann mit Geldstrafe bis zu € 50.000 bestraft werden.

Jedenfalls zulässig sind Aufnahmen,

- zum vorbeugenden Schutz von Personen oder Sachen auf privaten Liegenschaften (dürfen räumlich nicht über die Liegenschaft hinausreichen, mit Ausnahme einer unvermeidbaren Einbeziehung öffentlicher Verkehrsflächen)
- wenn eine besondere Gefährdung in der Vergangenheit gegeben war (z. B. Überfälle)
- von Objekten mit besonderem Gefährdungspotential (z. B. Juweliere, Banken ...)
- private Aufnahmen (z. B. Urlaubsfotos)

Für Bild- und Videoaufnahmen sind **besondere Datensicherheitsmaßnahmen und Kennzeichnungen** vorgeschrieben:

- Der Zugang zur Bildaufnahme und eine nachträgliche Veränderung durch Unbefugte muss ausgeschlossen sein.
- Protokollierung jedes Verarbeitungsvorganges, außer bei Echtzeitüberwachung
- Löschung der Daten, wenn sie nicht mehr benötigt werden – eine länger als 72 Stunden andauernde Aufbewahrung muss verhältnismäßig sein und ist gesondert zu protokollieren sowie zu begründen
- Kennzeichnung der Bildaufnahme – der Verantwortliche muss eindeutig hervorgehen.

Spezielle Datenschutzfälle im Internet

Besonders im Internet ist es durch verschiedene technische Entwicklungen leicht, User-Daten zu sammeln, zu verknüpfen und auszuwerten („Data Mining") – oft ohne Wissen der Betroffenen. Dies erfolgt z. B. durch Cookies, Logfiles, Web-Bugs.

Beispiel

Kameraautos machen Aufnahmen für Google Street View, aber auch für diverse Kartendienste.

Google Street View

„Google Street View" macht Straßenansichten im Internet zugänglich. Nach Anklicken des Straßenzuges auf einer Straßenkarte oder Eingabe einer Adresse in „Google Maps" erscheint eine 360-Grad-Ansicht der Örtlichkeit.

Laut Datenschutzbehörde ist **Google Street View** unter mehreren Auflagen in Österreich zulässig: Unkenntlichmachung der Gesichter und Autokennzeichen vor Veröffentlichung im Internet, Information der Öffentlichkeit. Zudem sind bei Aufnahmen von Personen in besonders sensiblen Bereichen nicht nur die Gesichter, sondern auch die Gesamtbilder der Personen unkenntlich zu machen (z. B. Eingangsbereiche von Kirchen, Gebetshäusern, Krankenhäusern, Frauenhäusern und Gefängnissen). Aufnahmen privater, für einen Spaziergänger nicht einsehbarer Immobilien, wie umzäunte Privatgärten und -höfe, sind vor Veröffentlichung unkenntlich zu machen.

Als bekannt wurde, dass Google Inc. bei den Street-View-Fahrten auch WLAN-Daten (WiFi) ermittelt hatte und noch dazu Inhaltsdaten von E-Mails und dgl. aufgezeichnet hatte, wurde von der (damaligen) Datenschutzkommission ein Prüfverfahren gegen Google Inc. eingeleitet. Google hat daraufhin die Inhaltsdaten gelöscht.

8 Datenschutz in sozialen Netzwerken

Kurz gepostet, lang bereut.

Die **„Safe-Harbor-Entscheidung"** der Europäischen Kommission besagte, dass Unternehmen personenbezogene Daten aus Europa in die USA übermitteln durften, weil dort ein ausreichendes Datenschutz-Niveau gewährleistet sei. Damit sollte der Datenaustausch zwischen der EU und den USA ermöglicht werden, obwohl u. a. aufgrund der Enthüllungen von Edward Snowden Zweifel am Schutz des Grundrechts auf Datenschutz in den USA bestanden.

www.saferinternet.at
www.staysafe.at

Vielen Jugendlichen ist nicht bewusst, dass die von ihnen auf Facebook, Twitter oder andere Netzwerke gestellten Daten von anderen eingesehen oder weitergegeben werden können. Einmal gespeicherte Texte oder Fotos bleiben im Internet verfügbar, auch wenn man diese dort nicht mehr haben will. Wenn Arbeitgeber freizügige Fotos sehen oder abfällige Äußerungen lesen, kann dies unter Umständen sogar zu Kündigungen führen.

facebook.

Der Wiener Jurist und Datenschutzaktivist Max Schrems setzt sich besonders für den Datenschutz in sozialen Netzwerken ein. Auf seine Klage hin entschied der Europäische Gerichtshof, dass Facebook Daten europäischer Nutzer/innen nicht mehr aufgrund des „Safe-Harbor-Abkommens" in die USA übermitteln darf, weil die Daten dort nicht ausreichend vor dem Zugriff von Behörden und Geheimdiensten geschützt seien. Danach hat die EU mit den USA neue Regeln für den Datenaustausch vereinbart („EU-US Privacy Shield"), die jedoch wieder von Datenschützern kritisiert werden. Schrems auch hat die Datenschutz-Plattform „noyb" gegründet, um private Datenschutzklagen effektiver einbringen zu können sowie „strategische Klagen, um die Zukunft der digitalen Rechte und Freiheiten zu maximieren". Allerdings wurde in Österreich die Möglichkeit für Datenschutz-NGOs verhindert, Schadenersatzansprüche durch Gemeinschaftsklagen einzubringen.

Üben

SbX ID: 5402

A B C D E

Ü 5.17: Grundrecht auf Datenschutz B

Erklären Sie in eigenen Worten, was das Grundrecht auf Datenschutz besagt.

SbX
Ü 5.18 mit automatischer Aufgabenkontrolle ID: 5402

Ü 5.18: Sensible Daten A

Welche sind sensible Daten? Kreuzen Sie die richtige/n Lösung/en an!

- ☐ Mailadresse
- ☐ HIV-Infizierung
- ☐ elektronischer Fingerabdruck
- ☐ Kontonummer
- ☐ Homosexualität
- ☐ Religionsbekenntnis

SbX
Ü 5.19–Ü 5.20 mit automatischer Aufgabenkontrolle ID: 5402

Ü 5.19: Pseudonymisierte Daten B

Was sind Fälle von pseudonymisierten Daten? Kreuzen Sie die richtige/n Lösung/en an!

- ☐ Künstler- oder Decknamen
- ☐ Patientennamen werden durch Zahlen ersetzt
- ☐ Klientendatei eines Rechtsanwaltes

Ü 5.20: Profiling B

Wann spricht man von Profiling im Sinne des DSG? Kreuzen Sie die richtige/n Lösung/en an!

- ☐ Erstellung von Täterprofilen zur Verfolgung von Serienverbrechern
- ☐ Auswertung des Nutzerverhaltens für zielgerechte Werbung
- ☐ Schärfung des Unternehmensauftrittes

Ü 5.21: Personenbezogene Daten A

Kennzeichnen Sie die richtige/n Lösung/en!

- ☐ Personenbezogene Daten dürfen unter keinen Umständen weitergegeben werden.
- ☐ Zur Wahrung berechtigter Interessen anderer dürfen Daten übermittelt werden.
- ☐ Sensible Daten dürfen NIE weitergegeben werden.
- ☐ Die einmal erteilte Zustimmung zur Datenverwendung kann nicht mehr widerrufen werden.

Ü 5.22: Einwilligungserklärung C

Auf welche Art kann ein Unternehmen die Einwilligung der Kunden zur Datenverarbeitung einholen?

Ü 5.23: Verwendung von Kundendaten C

Geben Sie an, ob die folgenden Aussagen richtig oder falsch sind! Ist die Aussage falsch, korrigieren Sie diese!

Aussage	R/F	Korrektur
Ein/e Unternehmer/in darf die Kundendaten an befreundete Unternehmen weitergeben.		
Wenn es die Unternehmensinteressen erfordern, können Daten von Kunden eingeholt und ausgewertet werden.		
Kundendaten dürfen so lange gespeichert werden, wie es das Unternehmen für notwendig hält.		
Einwilligungserklärungen von Kunden können am besten in die bestehenden AGBs integriert werden.		

Ü 5.24: Rechte der Betroffenen D

a) Erklären Sie das Recht auf Löschung („Recht auf Vergessenwerden")!

b) Wann können Kunden Widerspruch gegen eine Datenverarbeitung erheben?

c) Muss ein Unternehmen bei einem Widerspruch eines Kunden die Datenverarbeitung beenden?

Ü 5.25: Videoüberwachung C

Geben Sie an, ob die folgenden Aussagen richtig oder falsch sind! Ist die Aussage falsch, korrigieren Sie diese!

Aussage	R/F	Korrektur
Jede private Videoüberwachung muss von der Datenschutzbehörde genehmigt werden.		
Für eine Videoüberwachung muss die Zustimmung der Nachbarn eingeholt werden.		
Alle Bereiche eines Unternehmens dürfen videoüberwacht werden.		
Banken dürfen Videoüberwachungen einsetzen.		
Eine gesetzlich unzulässige Videoüberwachung hat keine Folgen		

SbX
Ü 5.26
mit automatischer Aufgabenkontrolle
ID: 5402

Weitere Übungsaufgabe im SbX

Ü 5.26: Datenschutzrecht B

Lösen Sie ein Kreuzworträtsel mit Begriffen aus dem Datenschutzrecht.

Sichern

SbX ID: 5403

Datenschutz im Verfassungsrang
Grundrecht auf Geheimhaltung personenbezogener Daten im Datenschutzgesetz und der Datenschutz-Grundverordnung

personenbezogene Daten
Information über identifizierte oder identifizierbare Personen

pseudonymisierte Daten
wurden so verarbeitet, dass sie ohne zusätzliche Informationen nicht mehr einer bestimmten Person zugeordnet werden können

Profiling automatisierte Erstellung von Nutzerprofilen mit automatisch erhobenen personenbezogenen Daten zur Optimierung von Kundenangeboten

sensible Daten besonders schutzwürdige Daten wie Rasse, Religion, politische Überzeugung, Gesundheit, sexuelle Orientierung, genetische und biometrische Daten

Verantwortliche/r trifft die Entscheidung zur Datenverarbeitung – entweder selbst oder durch Überlassung der Daten zur Verwendung durch eine/n Dritte/n (= Auftragsverarbeiter/in)

Betroffene Personen, deren Daten verarbeitet werden

Datenverarbeitung sämtliche Arten der Datenverwendung (Ermitteln, Erfassen, Speichern, Abfragen, Weitergeben …)

Pflichten von Unternehmen

- **Datenverarbeitungsverzeichnis:** laufend aktualisiertes Verzeichnis aller Datenverarbeitungstätigkeiten
- **Datenschutz durch technische und organisatorische Sicherheitsmaßnahmen:**
  - **„privacy by design"-Maßnahmen** („Datenschutz durch Technikgestaltung")
  - **„privacy by default"-Maßnahmen** („datenschutzfreundliche Voreinstellungen")
- **Informationspflichten:** Verantwortliche müssen betroffenen Personen bestimmte Informationen zukommen lassen.
- **Meldung von Datenschutzverletzungen**: Meldung an Datenschutzbehörde bei Vernichtung, Verlust, Veränderung oder unbefugtem Zugang
- **Datenschutzbeauftragter:** erforderlich, wenn die Kerntätigkeit eines Unternehmens aus der regelmäßigen und systematischen Überwachung von Personen oder Verarbeitung sensibler Daten besteht
- **Datenschutz-Folgenabschätzung:** bei hohem Risiko für die Rechte und Freiheiten natürlicher Personen

rechtmäßige Datenverarbeitung

- mit Einwilligung der betroffenen Person
- zur Vertragserfüllung
- zur Erfüllung einer rechtlichen Verpflichtung
- nach Interessenabwägung
- zum Schutz lebenswichtiger Interessen der betroffenen oder einer anderen Person
- für öffentliche Interessen

Grundsätze für die Datenverarbeitung

- Rechtmäßigkeit, Verarbeitung nach Treu und Glauben, Transparenz
- Zweckbindung
- Datensparsamkeit („Datenminimierung")
- Richtigkeit
- Speicherbegrenzung
- Integrität und Vertraulichkeit

Voraussetzungen für die Einwilligung der betroffenen Person in die Datenverarbeitung

- Freiwilligkeit: ohne Zwang
- Form: schriftlich, mündlich, elektronisch oder konkludent
- umfassende Information: Daten, Zweck, Empfänger, Widerrufsrecht
- Verständlichkeit, leichte Zugänglichkeit, klare und einfache Sprache

rechtmäßige Verarbeitung sensibler Daten nur in den gesetzlich geregelten Fällen: eigene Veröffentlichung oder ausdrückliche Zustimmung durch Betroffene, im lebenswichtigen Interesse der betroffenen Person oder Dritten (wenn Einwilligung nicht gegeben werden kann), zur Ausübung oder Verteidigung von Rechtsansprüchen, für Zwecke der Wissenschaft und Forschung, im Arbeitsverhältnis, zur Gesundheitsvorsorge

Rechte von Betroffenen

- Recht auf Information
- Recht auf Löschung (Recht auf „Vergessenwerden")
- Recht auf Transparenz
- Widerspruchsrecht

Einrichtungen zur Wahrung des Datenschutzes

- Beschwerdemöglichkeit an die Datenschutzbehörde
- Kontrollbefugnisse der Datenschutzbehörde: Verbot oder Einschränkung der Datenverarbeitung, Geldstrafen
- Straftatbestand der Datenverarbeitung in Gewinn- oder Schädigungsabsicht:

Bildverarbeitung – Videoüberwachung

zulässig im lebenswichtigen Interesse einer Person, bei Einwilligung, wenn gesetzlich erlaubt oder wenn „überwiegende berechtigte Interessen des Verantwortlichen oder eines Dritten bestehen und die Verhältnismäßigkeit gegeben ist"

Vokabeln dieser Lerneinheit

Datenschutz	data protection
personenbezogene Daten	personal data
sensible daten	sensitive Data
Datenverwendung	use of data
Auskunft	disclosure

Richtigstellung	rectification
Löschung	deletion
Widerspruch	objection
Videoüberwachung	CCTV (closed circuit television)

SbX ID: 5403

Im SbX finden Sie diese Zusammenfassung als Audio-Wiederholung sowie eine Bildschirmpräsentation mit den Grafiken dieser Lerneinheit.

Wissen

A B C D E

W 5.19: Datenschutzgesetz (DSG) C

Erklären Sie, was es bedeutet, dass der Datenschutz in Österreich durch ein Gesetz im Verfassungsrang geschützt wird.

W 5.20: Datenverwendung D

Sammeln Sie Beispiele für Zustimmungserklärungen zur Datenweitergabe (in Papierform oder im Internet) und diskutieren Sie diese mit Ihrer Banknachbarin/Ihrem Banknachbarn! Berichten Sie der Klasse!

W 5.21: Personenbezogene Daten D

Sind Sie der Meinung, dass Ihre personenbezogenen Daten in Österreich ausreichend geschützt sind? Sollen personenbezogene Daten im Krisenfall (z.B. Terroranschläge) weitergegeben werden dürfen?

Diskutieren Sie diese Themen sowie gerade aktuelle Problemfälle des Datenschutzes in Kleingruppen und berichten Sie der Klasse!

W 5.22: Regelungen zur Videoüberwachung D

Besuchen Sie die Website der Datenschutzbehörde **www.dsb.gv.at** und informieren Sie sich über die Regelungen zur Videoüberwachung im privaten Bereich. Erstellen Sie eine Zusammenfassung darüber!

W 5.23: Datenschutzbehörde A

Beschreiben Sie, welche Befugnisse die Datenschutzbehörde hat.

SbX W 5.24 mit automatischer Aufgabenkontrolle ID: 0713

Weitere Aufgabe im SbX

W 5.24: Datenschutzrecht B

Lösen Sie ein Kreuzworträtsel mit Begriffen aus dem Datenschutzrecht.

Ein kurzer Kompetenz-Check, bevor's weitergeht!

Kompetenz-Check

	☺	😐	☹
Ich kann den Rang des Datenschutzes in der österreichischen Rechtsordnung darstellen.			
Ich kenne die Rechte von betroffenen Personen.			
Ich kann erklären, welche Pflichten Unternehmer zur Erhaltung des Datenschutzes haben.			
Ich kann erläutern, unter welchen Voraussetzungen Daten verwendet und weitergegeben werden dürfen.			
Ich kann erklären, an welche Einrichtungen ich mich bei Datenschutzverletzungen wenden kann.			
Ich kann mögliche Konsequenzen bei Datenschutzverletzungen einschätzen.			

Lerneinheit 5
Recht im Internet

SbX
Alle SbX-Inhalte zu dieser Lerneinheit finden Sie unter der ID: 5500.

Michael: Gesetze regeln, wie Verträge abzuschließen und zu erfüllen sind. Ein immer größerer Teil der Geschäfte wird aber im Internet getätigt. Gelten diese Regeln auch bei Verträgen, die im World Wide Web abgeschlossen werden?

Anna: Es hat sich gezeigt, dass die bestehenden Gesetze nicht ausreichen, um den Besonderheiten bei Vertragsabschlüssen im Internet gerecht zu werden. Daher hat die EU Regeln dafür geschaffen, die in der Folge vom österreichischen Gesetzgeber übernommen wurden.

Lernen

SbX ID: 5501

1 E-Commerce-Gesetz (ECG)

Für Rechtsgeschäfte im Internet ist neben den allgemeingültigen Gesetzen (wie ABGB, UGB) das E-Commerce-Gesetz zu beachten.

Rechtsquellen: E-Commerce-Gesetz (ECG) E-Commerce-Richtlinie (EC-RL)

Das E-Commerce-Gesetz als Spezialgesetz soll Konsumenten vor den besonderen Gefahren elektronischer Geschäftsabschlüsse schützen. Es werden weitere wichtige Bereiche des elektronischen Rechtsverkehrs, z. B. die Haftung von Providern und die Haftung für Links, geregelt.

Anwendungs- und Regelungsbereich

Das ECG regelt bestimmte Bereiche des elektronischen Geschäfts- und Rechtsverkehrs **(E-Commerce).** Darunter versteht man z. B. Online-Informationsangebote, Datenübermittlung, elektronischen Handel, Online-Werbung, elektronische Suchmaschinen und Datenabfragemöglichkeiten.

Man unterscheidet folgende Bereiche des **E-Commerce:**
- B2B (Business-to-Business)
- B2C (Business-to-Consumer)
- B2A (Business-to-Administration, auch E-Government)

Das ECG regelt
- die Zulassung von Diensteanbietern
- den Abschluss von Verträgen (cyber contracts)
- grenzüberschreitende Dienstleistungen im EU-Binnenmarkt
- Informationspflichten von Diensteanbietern
- die Haftung von Providern, Suchmaschinen und für Links

Zulassungsfreiheit

Für E-Commerce-Dienstleistungen genügt die übliche Gewerbeberechtigung.

Anbieter von E-Commerce-Dienstleistungen benötigen keine besondere, zusätzliche Genehmigung.

Informationspflichten

Informationspflichten = **information obligations**

Jede geschäftliche Website muss folgende Informationen ständig, leicht und unmittelbar zugänglich bieten:
- Name oder Firma
- geografische Anschrift (Internetadresse reicht nicht)
- E-Mail-Adresse und Telefon- oder Faxnummer
- Berufsverband, dem das Unternehmen angehört
- sofern vorhanden: Firmenbuchnummer und Firmenbuchgericht

Beispiele für Berufsverbände: Wirtschaftskammer, Kammer der Wirtschaftstreuhänder

Beispiel für eine Aufsichtsbehörde: Finanzmarktaufsicht

- sofern vorhanden: Aufsichtsbehörde
- sofern vorhanden: Umsatzsteueridentifikationsnummer (UID)

Eine **Verpflichtung zur Preisangabe** besteht nach ECG nicht – jedoch sehr wohl für Geschäfte mit Verbrauchern nach dem FAGG. Wenn Preise angegeben sind, müssen sie leicht lesbar sein und zugeordnet werden können. Es muss auch erkennbar sein, ob es sich um Netto- oder Bruttopreise (einschließlich USt, Abgaben und Zuschläge) handelt. Weiters ist anzugeben, ob **Versandkosten** in den Preisen bereits enthalten sind bzw. welche zusätzlichen Kosten der Kunde zu tragen hat.

Werbebanner müssen optisch klar erkennbar sein und zum übrigen Seiteninhalt abgegrenzt werden.

Es sind auch die Vorschriften des UWG zu beachten.

Websites mit Werbung

Enthält eine Website **Werbung,** dann muss erkennbar sein,

- dass es sich um Werbung handelt,
- wer Auftraggeber ist,
- gegebenenfalls: dass es sich um Zugaben, Geschenke, Preisausschreiben oder Gewinnspiele handelt – mit einfachem Zugang zu den Teilnahmebedingungen.

Informationen für Vertragsabschlüsse (cyber contracts)

Michael: Ich soll für die ING4TECH Maschinenteile bestellen. Auf einer Website habe ich passende Teile gefunden, aber es ist nicht erkennbar, um welches Unternehmen es sich handelt und wo es seinen Sitz hat. Das Unternehmen liefert auch an Privatpersonen. Entspricht die Website dem E-Commerce-Gesetz?

Anna: Webshop-Betreiber müssen gem. ECG vor dem Vertragsabschluss alle wesentlichen Informationen über das Unternehmen, die Ware und den Preis zur Verfügung stellen. Tun sie dies nicht, droht eine Abmahnung oder Verwaltungsstrafe.

Auf **allgemeine Geschäftsbedingungen** muss deutlich hingewiesen und die Möglichkeit zur Einsichtnahme (z. B. durch Link) sowie Speicherung geboten werden.

Wenn über eine Internetseite Verträge abgeschlossen werden können (Bestellfunktion), sind zusätzliche folgende Angaben **vor Vertragsabschluss** notwendig:

- Erklärung der einzelnen technischen Schritte zum Vertragsabschluss (z. B. welche Buttons angeklickt werden müssen),
- Angaben, ob der Vertrag nach Abschluss gespeichert wird und für Verbraucher zugänglich ist,
- Erklärung der Korrekturmöglichkeit für Eingabefehler,
- die Sprachen, in denen der Vertrag abgeschlossen werden kann.

Hat sich der Anbieter einem Verhaltenskodex (z. B. Internet-Ombudsmann) unterworfen, dann muss er dies samt einem Zugang (Link) angeben.

Den Nutzern müssen vor **Vertragsabschluss** angemessene und wirksame technische Möglichkeiten zur Verfügung gestellt werden, um **Eingabefehler** zu erkennen und zu berichtigen. Unmittelbar nach Eingang der Vertragserklärung (d. h. der Bestellung) hat das Unternehmen den Eingang – i. d. R. per E-Mail – zu bestätigen.

Diese Bestimmungen sind **nur bei nicht individueller Kommunikation** anzuwenden. Dabei ist es gleichgültig, ob der Partner Unternehmer oder Konsument ist.

Beispiele

- Eine Konsumentin sieht im Internet ein Softwareangebot und möchte diese Software bestellen. Die Seite muss sämtliche dargestellten Bestimmungen einhalten.
- Ein Konsument schreibt an ein Unternehmen eine E-Mail und bestellt ein Buch. Oben dargestellte Bestimmungen gelten nicht, da es sich um individuelle Kommunikation handelt.

Haftung = **liability**

Access-Provider: Vermittlung eines Internet-Zuganges, Datenweiterleitung

Content-Provider: Bereitstellung des Inhaltes einer Website, z. B. Chat-Forum

Haftungsregelungen

Das Internet als weltweites Kommunikationsmedium ist leider auch Ort für Kriminalität (cyber crime) und andere illegale Tätigkeiten (z. B. Wettbewerbs- und Urheberrechtsverletzungen wie Produktpiraterie oder verbotene Downloads). Das ECG regelt die **Haftung von einzelnen Beteiligten** wie folgt:

Caching: automatische kurzzeitige Zwischenspeicherung auf Proxy-Server für schnelleren Datenzugriff und Systementlastung

Host-Provider: Speicherung von fremden Informationen im Auftrag von Nutzern (z. B. Zurverfügungstellung von Speicherplatz für Websites)

Haftung von Providern und Suchmaschinen

- **Access-Provider, Caching:** keine Haftung bei automatischer Weiterleitung
- **Host-Provider:** keine Haftung, wenn Provider keine Kenntnis von rechtswidriger Information hat
- **Suchmaschinen:** keine Haftung, wenn kein Einfluss auf den Übermittlungsvorgang, die Information und die Empfänger besteht

Dabei kommt es darauf an, ob die Rechtsverletzung auch für einen juristischen Laien leicht erkennbar ist.

Neben der Haftung nach dem ECG kann unter Umständen auch eine **zivilrechtliche Schadenersatzverpflichtung** bestehen.

Haftung für Links

Michael: Die ING4TECH hat eine Website gestaltet. Darauf sind mehrere Links zu anderen Unternehmen. Was ist bei der Linksetzung zu beachten?

Anna: Durch die Setzung des Links wird die ING4TECH mitverantwortlich, wenn die Seiten, auf die verwiesen wird, rechtswidrige Inhalte oder Tätigkeiten (z. B. Webshop ohne Gewerbeberechtigung) enthalten und dieser Umstand bekannt war oder der Link nach Kenntnis nicht sofort entfernt wurde.

Bei Kenntnis des rechtswidrigen Inhaltes nützen auch sogenannte „disclaimer" (Haftungsausschlusserklärungen) nichts.

Für elektronische Zugänge zu fremden Informationen (Links) sind Betreiber einer Website **grundsätzlich verantwortlich,** außer:

- der rechtswidrige Inhalt war nicht bekannt und auch nicht erkennbar,
- der Link wurde nach Kenntnis davon sofort entfernt

Anwendbares Recht bei grenzüberschreitenden Verträgen im EU-Binnenmarkt:

- **Herkunftslandprinzip**

Grenzüberschreitende Verträge mit Unternehmen in Staaten außerhalb des EU-Binnenmarktes müssen nach den Regeln des **internationalen Privatrechts** beurteilt werden. Oft gelten zum Schutz von Verbrauchern besondere Regeln.

Grundsätzlich gilt für E-Commerce innerhalb des EU-Binnenmarktes das **Recht des Niederlassungsstaates.** Darunter versteht man jenen Staat, in dem der Anbieter seinen Sitz hat, wo die Tätigkeit ausgeübt wird (Herkunftslandprinzip). Dies gilt unabhängig davon, wo der Server steht. Von diesem Grundsatz gibt es allerdings einige Ausnahmen, z. B. zum Schutz von **Verbrauchern.**

- **Strafbestimmungen**

Bei Verstoß gegen eine dieser Verpflichtungen droht eine Verwaltungsstrafe von bis zu € 3.000,–. Die Strafe entfällt, wenn der gesetzmäßige Zustand innerhalb einer von der Behörde festgesetzten Frist hergestellt wird.

2 Konsumentenschutz-Regeln

Konsumenten haben beim Surfen im Web ein besonderes „Sicherheitssegel".

Neben den bisher dargestellten Pflichten nach dem ECG bestehen für Verbraucherverträge ohne persönlichen Kontakt vor Vertragsabschluss weitere Schutzbestimmungen, nämlich jene des Fern- und Auswärtsgeschäfte-Gesetzes (FAGG).

elektronische Signatur = **electronic signature**

3 Die elektronische Signatur

Ist mein Internet-Geschäftspartner wirklich diejenige Person, die er vorgibt zu sein?

Rechtsquellen: Signaturgesetz, Signaturverordnung, Signatur-Richtlinie der EU

Bei Geschäften im Internet gibt es im Unterschied zu „normalen" Vertragsabschlüssen einige **Unsicherheiten:**

- kein direkter Kontakt zwischen den Vertragsparteien
- mangelnde Identfizierbarkeit des virtuellen Vertragspartners
- kein Geschäftslokal
- kein schriftlicher Vertrag mit Unterschrift

SbX **Eine Bildschirmpräsentation zu Anwendung und Vorteilen der elektronischen Signatur finden Sie unter der ID: 5501.**

Zur Lösung dieser Probleme wurde aufgrund einer EU-Richtlinie durch das Signaturgesetz die **elektronische Signatur** geschaffen. Damit soll vor allem ein **Ersatz für die Unterschrift des Vertragspartners** sowie **Sicherheit und Vertrauen bei der Datenübertragung** geschaffen werden. Die elektronische Signatur ist daher quasi die „Unterschrift per Computer".

Regelungsbereich des Signaturgesetzes

Das Signaturgesetz regelt:

- die Erstellung und Verwendung von elektronischen Signaturen
- Signatur- und Zertifizierungsdienste

Definition einer digitalen Signatur: „... ein mit einem privaten Signaturschlüssel erzeugtes Siegel zu elektronischen Daten, das mithilfe eines zugehörigen öffentlichen, zertifizierten Schlüssels den Inhaber des Signaturschlüssels und die Unverfälschtheit der elektronisch übermittelten Daten erkennen lässt." (deutsches SigG)

Methoden

Durch **Verschlüsselung** und **Zertifizierung** kann sichergestellt werden, dass

- die Nachricht vom Absender stammt (Authentizität),
- die Nachricht nicht verändert wurde (Integrität),
- die Nachricht nur vom beabsichtigten Empfänger gelesen werden kann.

In der **Signaturverordnung** werden u. a. die organisatorischen und technischen Anforderungen für Zertifizierungsdiensteanbieter (ZDA) konkretisiert.

Mit einem Zertifikat wird die **Identität** einer bestimmten Person elektronisch **bestätigt.** Man unterscheidet folgende Arten von elektronischen Signaturen:

Arten von elektronischen Signaturen

qualifizierte elektronische Signatur:
- strenge gesetzliche Vorgaben
- qualifiziertes Zertifikat
- nur mit Identitätsfeststellung
- höchste technische Anforderungen

→ **hohe Beweiskraft**

einfache elektronische Signatur:
- einfaches Zertifikat
- geringe Anforderungen an Zertifizierungsdiensteanbieter (ZDA)

→ **geringe Beweiskraft**

RTR Rundfunk & Telekom Regulierungs-GmbH

Die **Telekom-Control-Kommission** ist Aufsichtsstelle nach dem Signaturgesetz. **(www.rtr.at)**

Anwendungsmöglichkeiten und Vorteile der qualifizierten elektronischen Signatur

Michael: Meine Bank bietet die Verwendung der Bankomatkarte als Bürgerkarte an. Was kann ich damit machen?

Anna: Du kannst die Bankomatkarte als Bürgerkarte beispielsweise wie folgt verwenden: für die sichere Identifikation beim Webbanking (Ersatz für PINs und TANs), für Vertragsabschlüsse bei Webshops, für die Arbeitnehmerveranlagung beim Finanzamt, für andere Behördenwege und Anträge.

Durch Verwendung einer qualifizierten elektronischen Signatur wird u. a. Folgendes bewirkt:

- **Ersatz der eigenhändigen Unterschrift:**
  Wenn die Schriftlichkeit eines Vertrages bzw. die eigenhändige Unterschrift gesetzlich oder vertraglich vorgeschrieben ist, wird diese durch die qualifizierte elektronische Signatur ersetzt. Ausnahmen: z. B. Testament, Verbraucherbürgschaft – nur gültig mit sicherer elektronischer Signatur und Aufklärung durch Rechtsanwalt oder Notar

Beispiele für Formvorschriften: Rücktritt vom Haustürgeschäft, Bürgschaftserklärungen, Testamente, Notariatsakte

- **E-Commerce:**
  - sicherer Vertragsabschluss
  - einfaches Login
  - Überprüfung der Echtheit von Dokumenten
- **E-Business:**
  - E-Billing (elektronische Rechnungslegung)
  - E-Procurement (elektronische Abwicklung von Ausschreibungen)
  - Secure E-Mail: Verschlüsselung von E-Mails
  - E-SV: Abwicklung von Anträgen an die Sozialversicherung

In manchen Staaten kann auch die Stimmabgabe bei Wahlen über Internet erfolgen **(cyber democracy)** – in Österreich derzeit noch nicht.

- **E-Government (elektronische Abwicklung von Behördenwegen):**
  - elektronische Antragstellung
  - elektronische Steuererklärung
  - elektronische Zustellung von Bescheiden
  - An-, Ab- und Ummeldung von Personen, Fahrzeugen ...

Qualifizierte elektronische Signatur mit dem Handy

www.help.gv.at
www.digitales.oesterreich.gv.at
www.edusig.gv.at

Durch die praktische Möglichkeit der **Handy-Signatur** kann das Mobiltelefon zum elektronischen Ausweis werden, mit dem man bei Behörden und in der Wirtschaft gültige Unterschriften online leisten kann. Dafür sind kein Kartenlesegerät und keine zusätzliche Software nötig. Schüler/innen und Lehrer/innen können die notwendige persönliche Aktivierung auch über handysig@school durchführen.

Auch die **Bürgerkarte** bietet eine elektronische Signatur.

4 Domain-Recht

Unter dem Domain-Namen kann man im Internet gefunden werden.

IP = internet protocol

Jedem Rechner ist im Internet eine Binärzahl (z. B. 193.80.248.12) als **IP-Adresse** zugeordnet. Da diese nicht leicht zu merken ist, weist das Domain-Name-System (DNS) der IP-Adresse eine **Buchstabenkombination** zu. Diese Buchstabenkombination wird **Domain-Name** genannt, kann nur einmal vergeben werden und ist zumeist „sprechend". Das heißt, sehr oft wird die Firma oder eine sonstige Unternehmensbezeichnung als Domain-Name gewählt.

Ein **Domain-Name** besteht in der Regel aus folgenden **Bestandteilen:**

Aufbau von Domain-Namen

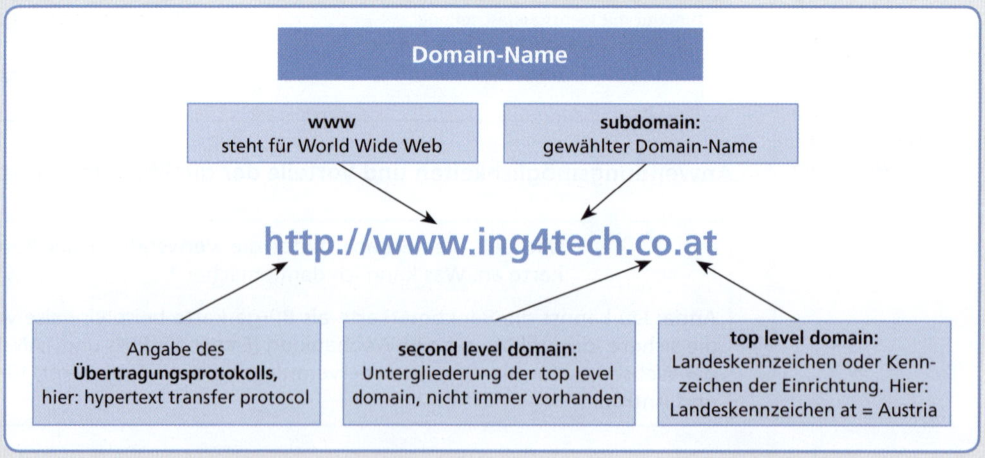

Bei den **Top-Level-Domains** wird unterschieden:

ccTLD = Country Code Top Level Domain

Top-Level-Domains (TLD)		
geografische (ccTLD)	**generische (gTLD)**	
werden national von den Network Information Centers (NiC) vergeben und beinhalten einen Ländercode	werden von ICANN verwaltet	werden von anderen Organisationen verwaltet
Beispiele: ● at für Österreich ● de für Deutschland ● it für Italien	Beispiele: ● com ● org ● net	Beispiele: ● TAXI ● HONDA ● MADRID

ICANN = Internet Corporation for Assigned Names and Numbers

Die Internet Corporation for Assigned Names and Numbers **(ICANN)** koordiniert weltweit die Domain-Namen und Zuteilung der IP-Adressen. Sie hat ihren Sitz in den USA. Einige generische Domain-Namen, die bereits vor Gründung der ICANN existierten, werden direkt von ihr verwaltet; die Verwaltung anderer gTLD hat sie anderen Organisationen und Unternehmen übertragen. Dazu führt sie ein Bewerbungsverfahren durch, bei dem von den Bewerbern TLD-Namen vorgeschlagen werden können. Daher können auch Städtenamen, Firmen oder Marken als gTLD vorgeschlagen werden.

www.nic.at

Für die Verwaltung der geografischen Top-Level-Domains sind nationale **Network Information Centers (NiC)** zuständig, die private Organisationen sind.

Michael: Mein Freund Jakob soll für seine Schwester eine Website einrichten und gestalten. Da sie den Vornamen Mercedes trägt, wäre **www.mercedes.at** als Domain-Name gut geeignet. Allerdings gibt es Autos, die auch so heißen. Darf Jakob diesen Namen trotzdem nutzen?

Anna: Da der Name Mercedes sehr bekannt ist und in erster Linie mit Autos in Verbindung gebracht wird, kann das Unternehmen anderen verbieten, diese Bezeichnung zu nutzen. Mercedes Benz wird das Recht auf diesen Domain-Namen auch vor Gericht durchsetzen können. Hätte Jakob hingegen **www.jakob.at** gewählt, hätte er keine Probleme, da es kein bekanntes Unternehmen gibt und daher das Prinzip „wer zuerst kommt, mahlt zuerst" gilt.

Bei der Vergabe von Domain-Namen gilt der Grundsatz „first come first served".

Durch die Nutzung eines fremden Namens kann dem Berechtigten geschadet werden.

Domain-Name-Grabbing ist insbesondere dann rechtswidrig, wenn dadurch der Wettbewerb behindert werden soll und die Registrierung in Schädigungsabsicht erfolgt, z. B. wenn die Domain nur registriert, aber nicht benutzt wird.

Jedermann kann bei der NiC gegen Bezahlung einer Gebühr einen Domain-Namen registrieren lassen. Grundsätzlich erhält derjenige den gewünschten Domain-Namen, der ihn zuerst beantragt. Ob derjenige, der einen Domain-Namen registrieren lässt, damit in das Namens- oder Kennzeichenrecht eines anderen eingreift, wird nicht geprüft.

Lässt nun eine Person einen **Domain-Namen für sich registrieren,** welcher die Firma oder eine sonstige **Unternehmensbezeichnung eines anderen Unternehmens ist,** so kann er

- den fremden Namen für eigene Geschäfte nutzen. Er beutet dadurch eine Bezeichnung aus, für die jemand anderer viel Geld und Mühe aufgewendet hat.
- dem, der die Bezeichnung zu Recht verwenden darf, schaden. Dies kann z. B. durch den Inhalt bzw. die Gestaltung der Internetseite geschehen.
- den Domain-Namen dem Unternehmen, dem dieser Name zusteht, gegen Bezahlung eines hohen Entgelts überlassen. Dies ist eine Form wirtschaftlicher Erpressung, welche **Domain-Name-Grabbing** genannt wird.

Beispiel

Häufig wird, wenn im Netz nach einem Unternehmen gesucht wird, der Name bzw. die Firma eingegeben, in der Hoffnung, das entsprechende Unternehmen zu finden. Lässt nun jemand eine bekannte Firma als Domain registrieren, dann kann er auf Kosten dieses Unternehmens Geschäfte machen und dem eigentlich berechtigten Namensträger schaden.

Alle diese Formen der **unberechtigten Nutzung einer fremden Bezeichnung** sind in Österreich **verboten.** Der eigentlich Berechtigte kann gerichtlich durchsetzen, dass der unberechtigte Nutzer ihm den Domain-Namen unentgeltlich überlässt.

Eine ähnliche Regelung wurde für die Top-Level-Domain „eu" geschaffen.

Da Gerichtsverfahren langwierig und teuer sind, hat die **ICANN** ein **Schiedsgericht** eingerichtet, das Streitigkeiten um generische Top-Level-Domain-Namen nach einheitlichen, international gültigen Regeln schlichten soll.

Namen können Firmen, Marken, Zeitschriftentitel etc. sein.

Ist ein **Name** sehr bekannt, dann kann der Anspruch auf die Domain auch gegen berechtigte Namensträger durchgesetzt werden. Ebenso können öffentliche Einrichtungen (Bundesdienststellen, Gemeinden, Tourismusverbände ...) ihre Namensrechte durchsetzen.

Mediengesetz = **media law**

5 Mediengesetz

Auch elektronische Medien müssen ein Impressum haben.

Michael: Ich habe von meiner Chefin den Auftrag bekommen, einen Newsletter für die Kunden zu gestalten. Welche Angaben über die ING4TECH müssen darin enthalten sein?

Anna: Jeder Newsletter muss das im Mediengesetz vorgesehene Impressum enthalten. Weiters muss eine Offenlegung der im Mediengesetz vorgesehenen Daten entweder im Newsletter oder über einen Link erfolgen. Auch wenn du eine private Homepage gestaltest, bist du durch das Mediengesetz zur Offenlegung bestimmter Daten verpflichtet. Diese Offenlegung ist allerdings weniger umfangreich.

Ein **Medium** im Sinne des Mediengesetzes ist jedes Mittel zur Verbreitung von Mitteilungen oder Darbietungen mit gedanklichem Inhalt in Wort, Schrift, Ton oder Bild.

Das **Mediengesetz** gilt auch für **elektronische Medien.** Daher haben diese Folgendes zu beachten:

Impressum = **legal notice**

Informationspflichten nach anderen gesetzlichen Bestimmungen, z. B. ECG, UGB, GewO, UStG müssen ebenfalls eingehalten werden.

<table>
<tr><th colspan="4">Angaben in elektronischen Medien</th></tr>
<tr><th>„kleine" Websites</th><th>„kleine" Newsletter</th><th>übrige Newsletter</th><th>übrige Websites</th></tr>
<tr><td></td><td colspan="2">(Medium, welches wenigstens viermal im Kalenderjahr in vergleichbarer Gestaltung verbreitet wird [wiederkehrendes elektronisches Medium; z. B. Newsletter, Werbe-SMS])</td><td></td></tr>
<tr><td colspan="2">• stellen nur den persönlichen Lebensbereich oder den Medieninhaber dar oder
• präsentieren Leistungen und Produkte eines Unternehmens,
ohne die öffentliche Meinung zu beeinflussen.
(z. B. Werbung für ein Produkt oder Unternehmen, Webshop, Website eines Sportvereines)</td><td colspan="2">z. B.
• Informationen einer Bürgerinitiative
• Informationen einer Gärtnerei, die Umweltpolitik betreffen
• Nachrichten</td></tr>
<tr><td colspan="4">In jedem wiederkehrenden elektronischen Medium sind anzugeben (Impressum):</td></tr>
<tr><td>kein Impressum erforderlich</td><td colspan="2">• Name oder die Firma
• Anschrift des Medieninhabers und des Herausgebers</td><td>kein Impressum erforderlich</td></tr>
<tr><td colspan="4">Auf einer Website bzw. im Newsletter sind folgende Angaben ständig leicht und unmittelbar auffindbar zur Verfügung zu stellen – unmittelbar über einen Link oder einen Hinweis auf eine Homepage (Offenlegung):</td></tr>
<tr><td colspan="2">• Name oder Firma
• gegebenenfalls der Unternehmensgegenstand
• Wohnort oder Sitz des Medieninhabers (Nicht notwendig ist die Adresse.)</td><td colspan="2">• Name oder Firma
• Unternehmensgegenstand
• Wohnort, Sitz oder Niederlassung
• Art und Höhe der Beteiligung sämtlicher Medieninhaber. Auch stille Gesellschafter und Treuhandverhältnisse sind offenzulegen. Es reicht der Name bzw. die Firma.
• vertretungsbefugte Organe und Mitglieder des Aufsichtsrates
• Bei einem Verein sind Vorstand und Vereinszweck anzuführen.
• Erklärung über die grundlegende Richtung eines periodischen Druckwerks (Blattlinie) oder sonst eines periodischen Mediums</td></tr>
<tr><td></td><td></td><td colspan="2">Auf diesen Sites finden auch weitere Bestimmungen des Mediengesetzes Anwendung.
z. B.:
• Verpflichtung zur Veröffentlichung einer Gegendarstellung
• Verpflichtung zur Kennzeichnung entgeltlicher Einschaltungen
• Verpflichtung zur Urteilsveröffentlichung</td></tr>
</table>

Access- und Serviceprovider sowie Webdesigner sind grundsätzlich **keine Medieninhaber** im Sinne des Mediengesetzes.

Ist der Medieninhaber auch **Diensteanbieter** nach dem E-Commerce-Gesetz, dann können die Informationen auch gemeinsam mit den Angaben nach dem E-Commerce-Gesetz veröffentlicht werden.

Beispiel

Für den **Inhalt einer Website** haftet derjenige, der die Website inhaltlich gestaltet hat und deren Abrufbarkeit veranlasst. Der Domaininhaber haftet nicht.

Üben

SbX ID: 5502

A B C D E

Ü 5.27: Regelungsbereich des ECG A

Was wird durch das ECG geregelt?

SbX

Ü 5.24 **mit automatischer Aufgabenkontrolle ID: 5502**

Ü 5.28: Webshop A

Kennzeichnen Sie die richtige/n Aussage/n!

- ☐ Ein Unternehmen, das seine Produkte künftig auch über Internet vertreiben möchte, muss eine Erweiterung der Gewerbeberechtigung beantragen.
- ☐ Versandkosten müssen auf jeder Website extra angeführt werden.
- ☐ Für Werbung auf einer Website gibt es keine besonderen Vorschriften.
- ☐ Es genügt, wenn ein Webshop auf allgemeine Geschäftsbedingungen verweist.
- ☐ Alle österreichischen Internet-Anbieter müssen sich einem Verhaltenskodex unterwerfen.

Ü 5.29: Haftung für Link B

Kann man für den Link zu einer fremden Seite verantwortlich gemacht werden?

Ü 5.30: Grenzüberschreitende Verträge B

Welches Recht ist bei grenzüberschreitenden cyber contracts im EU-Binnenmarkt anzuwenden?

Ü 5.31: Verstoß gegen ECG A

Welche Konsequenzen drohen einem Unternehmen, das gegen die Regeln des ECG verstößt?

Ü 5.32: Elektronische Signatur A

Wofür benötigt man eine elektronische Signatur?

Ü 5.33: Anwendungsbereiche der elektronischen Signatur B

Nennen Sie einige Anwendungsbereiche der qualifizierten elektronischen Signatur, die für Sie persönlich jetzt oder in Zukunft in Frage kommen könnten!

Ü 5.34: Karten für elektronische Signatur A

Welche Karten können eine qualifizierte elektronische Signatur bieten? Was ist hierfür erforderlich?

Ü 5.35: Homepage A

Sie gestalten für sich selbst eine Homepage.

a) Welche Daten müssen Sie aufgrund des Mediengesetzes offenlegen?
b) Welche Gesetze enthalten noch Bestimmungen über offenzulegende Daten? Welche Daten müssen Sie nach diesen Gesetzen offenlegen?

SbX
Ü 5.32 mit automatischer Aufgabenkontrolle
ID: 5502

Ü 5.36: Domain-Namen A

Kennzeichnen Sie, ob folgende Aussagen richtig oder falsch sind, und begründen Sie Ihre Antwort:

	richtig/ falsch	Begründung
Hat Karina Shell den Domain-Namen **www.shell.at** registrieren lassen, kann das Unternehmen Shell nichts dagegen unternehmen.		
Hat jemand **www.kinder.at** als Domain-Namen registrieren lassen, kann das Unternehmen Kinder (Schokolade) nichts dagegen unternehmen.		
Domain-Namen werden vom Bundeskanzleramt vergeben.		
Streitigkeiten um Domain-Namen können nur vor Gericht ausgetragen werden.		
Bei privaten Homepages muss nicht erkennbar sein, wo der Medieninhaber wohnt.		
Entgeltliche Werbeeinschaltungen auf einer Unternehmenshomepage müssen nicht als solche erkennbar sein.		
Wird der Inhaber einer Unternehmenshomepage geklagt, kann er auch verpflichtet werden, das Urteil auf seiner Homepage zu veröffentlichen.		

SbX
Ü 5.33
mit automatischer Aufgabenkontrolle
ID: 5502

Weitere Übungsaufgabe im SbX

Ü 5.37: Internetrecht A

Lösen Sie ein Kreuzworträtsel zum Recht im Internet.

Sichern

SbX ID: 5503

E-Commerce-Gesetz (ECG)

Das **E-Commerce-Gesetz (ECG)** beinhaltet Vorschriften für den elektronischen Geschäfts- und Rechtsverkehr, wie Zulassung von Diensteanbietern, Informationspflichten, Vertragsabschluss, Haftungsregelung, grenzüberschreitende Dienstleistungen.

Es bestehen **folgende Informationspflichten** nach dem E-Commerce-Gesetz:

- **alle geschäftlichen Websites müssen beinhalten:** Name, Firma, Adresse, Berufsverband, Firmenbuchnummer, Aufsichtsbehörde, UID-Nummer des Unternehmens, bei Preisangabe klare Erkennbarkeit von Brutto- oder Nettopreis, Versandkosten und alle zusätzlichen Kosten
- **Websites mit Werbung müssen beinhalten:** Abgrenzung, Bekanntgabe von Auftraggeber, Kennzeichnung von Zugaben, Geschenken, Gewinnspielen ...

zusätzliche Informationen für Vertragsabschlüsse

Vor Vertragsabschluss müssen **zusätzliche Informationen** gegeben werden: Erklärung der technischen Schritte zum Vertragsabschluss, Angaben über Speicherung, Korrekturmöglichkeit für Eingabefehler, mögliche Sprachen, Hinweis auf AGB und Möglichkeit zur dauerhaften Speicherung, Zugangsbestätigung der Bestellung mit E-Mail, evtl. Link zu Verhaltenskodex.

Haftungsregelungen

- **Haftung von Providern oder Suchmaschinen für rechtswidrigen Inhalt:** nur bei Beeinflussung der Kommunikation bzw. Kenntnis vom rechtswidrigen Inhalt
- **Haftung für Links:** Der „Linksetzer" haftet, außer der rechtswidrige Inhalt war nicht bekannt und auch nicht erkennbar oder der Link wurde sofort nach Kenntnisnahme entfernt.

grenzüberschreitende Verträge

Anwendbares Recht für **grenzüberschreitende Verträge:**

- Herkunftslandprinzip
- Ausnahmen für Verbraucher

Signaturgesetz (SigG)

Regelungsbereich des Signaturgesetzes:

- Erstellung und Verwendung von elektronischen Signaturen
- Erbringung von Signatur- und Zertifizierungsdiensten

qualifizierte elektronische Signatur

Unter der **qualifizierten elektronischen Signatur** versteht man ein streng geregeltes Verfahren zur elektronischen Identitätsfeststellung durch besonders qualifizierte Anbieter mit hoher Beweiskraft.

Anwendungsbereiche für die qualifizierte elektronische Signatur

- Ersatz der eigenhändigen Unterschrift bei Formvorschriften für Rechtsgeschäfte
- sicherer Vertragsabschluss
- E-Business
- E-Government (elektronische Abwicklung von Behördenwegen) z. B. durch die **Bürgerkarte** (Bankomatkarte, E-Card, Studentenausweis, Signaturkarte ... nach Registrierung und Freischaltung; Kartenlesegeräte und Software erforderlich)

Domain-Namen

Bekannte Namen und sonstige Bezeichnungen dürfen von anderen nicht als Domain-Namen verwendet werden.

Mediengesetz

Das Mediengesetz sieht auch für elektronische Medien, wie Newsletter und E-Mails sowie für Homepages, gewisse Offenlegungspflichten vor.

SbX ID: 5503

Im SbX finden Sie diese Zusammenfassung als Audio-Wiederholung sowie eine Bildschirmpräsentation mit den Grafiken dieser Lerneinheit.

Vokabeln dieser Lerneinheit

Informationspflichten	information obligations
Haftung	liability
elektronische Signatur	electronic signature

Mediengesetz	media law
Impressum	legal notice

Wissen

A B C D E
Partnerarbeit

W 5.25: Informiert Webshop korrekt? C

Überprüfen Sie verschiedene Webshops auf die Einhaltung der ECG- und KSchG-Bestimmungen! Dokumentieren Sie das Ergebnis und berichten Sie der Klasse!

W 5.26: Cyber Contract C

Wenn Sie Waren über einen Webshop beziehen: Überprüfen Sie, ob alle Vorschriften des ECG für den Vertragsabschluss im Internet eingehalten werden, und dokumentieren Sie die einzelnen Schritte! Referieren Sie kurz vor der Klasse!

Partnerarbeit

W 5.27: Bürgerkarte C

Besuchen Sie die auf Seite 228 (Bürgerkarte) angegebenen Websites und halten Sie schriftlich den Vorgang fest, um zu einer qualifizierten elektronischen Signatur zu kommen! Diskutieren Sie mit Ihrer Banknachbarin bzw. Ihrem Banknachbarn die Vorteile der Bürgerkarte!

W 5.28: Domain-Name für neues Unternehmen B

Sie haben ein neues Unternehmen gegründet und wollen eine Homepage zwecks Information der Kunden errichten. Damit viele User zugreifen, wählen Sie **„www.kurier.at"** als Domain-Name.

a) Wie kommen Sie zu einem Domain-Namen?
b) Werden Sie den Domain-Namen führen dürfen?

Ein kurzer Kompetenz-Check, bevor's weitergeht!

Kompetenz-Check

	☺	😐	☹
Ich kann erläutern, was das E-Commerce-Gesetz regelt.			
Ich kann erläutern, was eine elektronische Signatur ist.			
Ich kann erläutern, was das Domain-Recht regelt, und kann die Bestandteile eines Domain-Namens nennen.			
Ich kann die Angaben, zu denen das Mediengesetz die elektronischen Medien verpflichtet, nennen.			

6 ZIVILGERICHTLICHES VERFAHREN UND INSOLVENZRECHT

Worum geht's in diesem Kapitel?

Auf seinem Weg durch die Abteilungen der ING4TECH kommt Michael auch in die Rechtsabteilung des Unternehmens. Er hat noch keine Vorstellung davon, was ihn hier erwartet. Sind für Rechtsfragen und Gerichtsverfahren nicht ohnehin Rechtsanwälte da?

Anna erklärt ihm, dass die meisten größeren Unternehmen Rechtsabteilungen haben. Im täglichen Geschäft kann es zu Streitigkeiten mit Kunden und Lieferanten kommen, die vor Gericht ausgetragen werden müssen, weil eine Einigung nicht möglich ist. Was ist zu tun, wenn von einem Kunden eine Rechnung nicht bezahlt wird, etwa weil dieser Kunde kein Geld mehr hat, oder wenn bei der ING4TECH eine Klage einlangt?

Jeder Unternehmer bzw. jede Unternehmerin sollte daher Grundlegendes über den Ablauf von Gerichtsverfahren wissen.

Wenn Sie dieses Kapitel bearbeitet haben,

- kennen Sie die Aufgaben der Zivilgerichte,
- kennen Sie die wichtigsten Grundsätze eines Zivilverfahrens,
- wissen Sie, wie ein Exekutionsverfahren abläuft,
- kennen Sie die verschiedenen Insolvenzverfahren.

Dieses Kapitel leistet einen Beitrag zur Erfüllung folgenden Deskriptors:

„Ich kenne die rechtlichen Konsequenzen einer mangelnden Liquidität."

A B C D E

In diesem Kapitel finden Sie Übungsaufgaben, praxisbezogene Fallbeispiele und Wiederholungsfragen zur Kompetenüberprüfung auf den Handlungsebenen A **Wiedergeben,** B **Verstehen** und C **Anwenden.**

Dieses Kapitel umfasst folgende Lerneinheiten:

Lerneinheit 1

Zivilgerichtliches Verfahren

SbX
Alle SbX-Inhalte zu dieser Lerneinheit finden Sie unter der ID: 6100.

zivilgerichtliches Verfahren = **civil court proceedings**

Während Strafgerichte darüber zu entscheiden haben, ob Beschuldigte eine mit gerichtlicher Strafe bedrohte Handlung begangen haben, entscheiden Zivilgerichte über privatrechtliche Streitigkeiten.

Vor die Zivilgerichte gelangen Streitigkeiten aus verschiedensten privaten Lebensbereichen, wie beispielsweise Auseinandersetzungen

- über Kaufverträge,
- wegen Besitzstörung,
- aus Miet- und Pachtverhältnissen,
- wegen Eheangelegenheiten (z. B. Scheidung, Unterhalt),
- über Begehren auf Schadenersatz und Schmerzengeld,
- über Streitigkeiten aus Arbeitsverhältnissen.

Lernen

SbX ID: 6101

1 Übersicht über die österreichische Gerichtsbarkeit

Ordentliche Gerichte entscheiden in Zivil- und Strafrechtssachen.

Die **Europäische Menschenrechtskonvention** enthält einen Katalog von Grund- und Menschenrechten. Österreich ist diesem Abkommen 1958 beigetreten. Seit 1964 stehen sie im Verfassungsrang.

Die Europäische Menschenrechtskonvention legt fest, dass über zivilrechtliche Ansprüche und Verpflichtungen oder über strafrechtliche Anklagen ein Gericht entscheiden muss. Der österreichische Gesetzgeber hat den Gerichten darüber hinaus noch weitere Aufgaben übertragen.

Ordnet man die Gerichte nach ihren Zuständigkeiten, gelangt man zu folgender Einteilung:

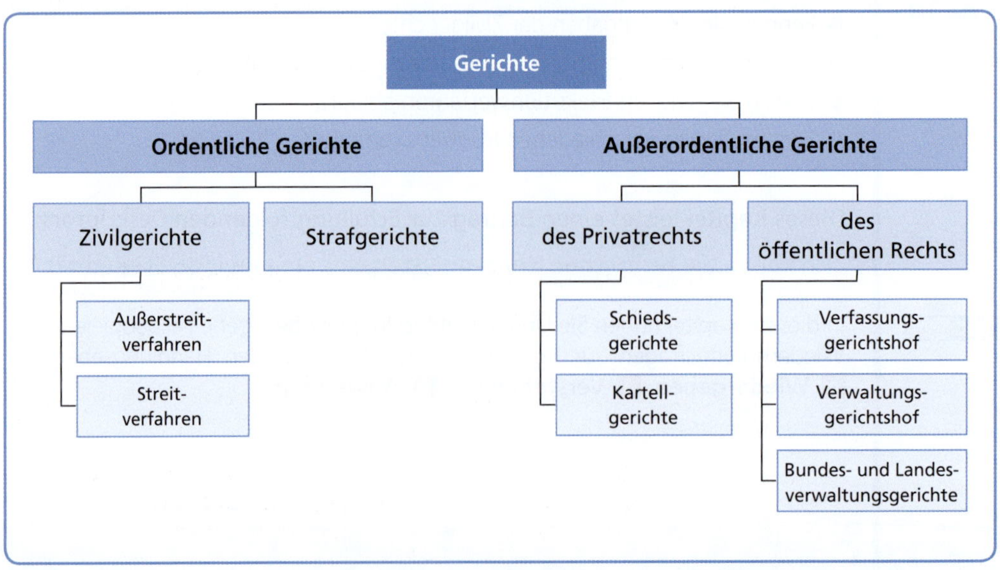

Die **Verfassung** bestimmt, dass Gerichtsbarkeit und Verwaltung in allen Instanzen getrennt sind.

Zivilrechtssachen = **civil proceedings**

Strafrechtssachen = **criminal proceedings**

Gerichte = **courts**

Aufgaben der ordentlichen Gerichte	
Zivilgerichte	**Strafgerichte**
dienen der Durchsetzung privatrechtlicher Ansprüche	haben die Aufgabe, den staatlichen Strafanspruch durchzusetzen

Justizpalast, Wien

Ordnet man die ordentlichen Gerichte nach ihrer **Stellung im Verfahren,** erhält man folgende Hierarchie:

Zivilverfahren		**Strafverfahren**
	Oberster Gerichtshof Wien	
	↑	
	Gerichtshof II. Instanz Oberlandesgericht (Wien, Linz, Graz, Innsbruck)	
	↑	
bei höherem Streitwert	Gerichtshof I. Instanz Landesgericht	bei schweren Delikten (Verbrechen)
	↑	
bei geringem Streitwert und wenn im Gesetz vorgesehen	Gericht I. Instanz Bezirksgericht	bei leichten Delikten (Vergehen) und Privatanklagen

Die Gerichtsbarkeit ist in Österreich ausschließlich **Bundessache.**

Verwaltungsbeamten können von ihrem Vorgesetzten Weisungen erteilt werden. Richter sind unabhängig.

Damit die Richter ohne äußere Einflüsse Recht sprechen können, sind sie besonders geschützt:

- **Weisungsfreiheit (Unabhängigkeit):** Niemand darf ihnen in Angelegenheiten der Rechtsprechung Weisungen erteilen.
- **Unabsetzbarkeit:** Sie können nicht von ihrem Posten abberufen werden, außer bei Erreichen des Pensionsalters bzw. aufgrund eines richterlichen Erkenntnisses.
- **Unversetzbarkeit:** Sie dürfen nicht an ein anderes Gericht versetzt werden, außer mit ihrer Zustimmung.

Prinzip der festen Geschäftsverteilung

Die Zuständigkeiten der Richter innerhalb eines Gerichtes sind im Vorhinein festgelegt. Es kann daher ein Fall nicht willkürlich einem bestimmten Richter zugeteilt oder entzogen werden.

Die Verfassung sieht vor, dass das Volk an der Rechtsprechung mitwirken soll. Mitwirkende aus dem Volk werden **Laienrichter** genannt. Im Strafverfahren, bei schweren Delikten, kommt der Laiengerichtsbarkeit große Bedeutung zu. Im Zivilverfahren hat sie nur untergeordnete Bedeutung. Laienrichter wirken nur bei Verfahren vor den Arbeits- und Sozialgerichten und bei bestimmten handelsgerichtlichen Verfahren mit. Die richterliche Unabhängigkeit gilt auch für Laienrichter.

Die Verhandlungen sind grundsätzlich öffentlich und mündlich, d.h., jedermann kann kommen und sich von der Rechtmäßigkeit des Verfahrens überzeugen. Ein Verlesen von Protokollen bzw. vorbereiteten Aussagen ist unzulässig, da sich das Gericht selbst einen Eindruck verschaffen soll.

2 Arten von Zivilgerichtsverfahren

Im Zivilverfahren kann man zwischen streitigem und außerstreitigem Verfahren unterscheiden.

Michael: Die ING4TECH möchte ein benachbartes Grundstück erwerben. Wird für die Eintragung ins Grundbuch ein Prozess abgewickelt?

Anna: Grundbuchsachen werden im Außerstreitverfahren von einem Rechtspfleger abgewickelt. Das Verfahren erfolgt in der Regel nur schriftlich.

Die **Selbsthilfe** als ältestes und primitivstes Mittel der Rechtsverfolgung ist grundsätzlich untersagt.

Die **wesentliche Aufgabe des Zivilprozesses** besteht in der **Wiederherstellung und Bewahrung des Rechtsfriedens.** Der Prozess ist das letzte Mittel, wenn zuvor eine außergerichtliche Einigung zwischen den Streitparteien gescheitert ist.

SbX
Eine Linkliste zum Zivilgerichtsverfahren finden Sie unter der ID: 6101.

Zivilprozess = **civil proceedings**

Man kann folgende **Arten von Verfahren** unterscheiden:

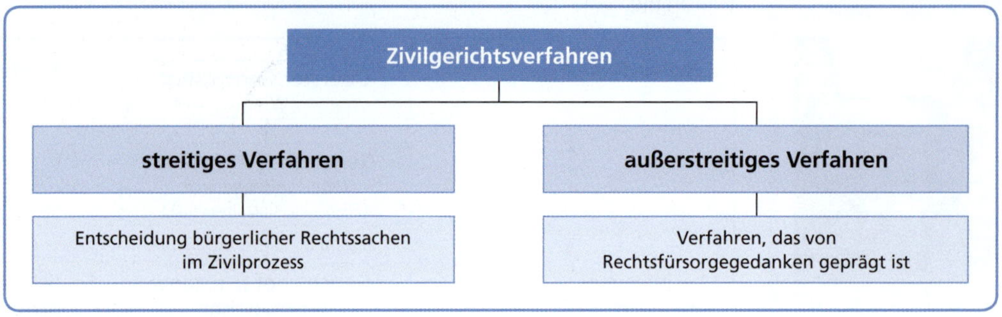

Im **Außerstreitverfahren** gibt es nur **Antragsteller** und keinen Kläger und Beklagten.

Diese Verfahren wickeln Rechtspfleger unter Leitung eines Richters ab.

Außerstreitverfahren

In diesem Verfahren wird jener Teil der bürgerlichen Rechtssachen entschieden, der von **Rechtsfürsorgegedanken** geprägt ist. Dabei handelt es sich beispielsweise um

- Pflegschaftssachen (Kindschafts- und Sachwalterschaftsangelegenheiten),
- Scheidungen im Einvernehmen,
- Grund- und Firmenbuchsachen,
- Verlassenschaftsabhandlungen,
- Todes- und Kraftloserklärungen,
- Beglaubigungen etc.

3 Grundsätze des Zivilprozesses

Ein Gerichtsverfahren läuft nach bestimmten Grundsätzen ab.

Michael: Die ING4TECH führt einen Prozess gegen einen Lieferanten. Kann ich hingehen und mir den Prozess ansehen?

Anna: Du kannst mitkommen und während des Prozesses, der Parteieneinvernahmen und der Urteilsverkündung anwesend sein.

Den **Zivilprozess** kennzeichnen **folgende Grundsätze:**

Prinzip der Parteiendisposition

Die **Parteien** sind „Herren des Verfahrens".

- Die Prozessparteien **leiten das Verfahren durch Klageerhebung ein.** Zu einem zivilgerichtlichen Verfahren kommt es grundsätzlich nur, wenn eine der Streitparteien das Gericht anruft.
- Die Prozessparteien **bestimmen** über **den Gegenstand der gerichtlichen Verhandlung und Entscheidung.** Das Gericht entscheidet nur über die von den Parteien vorgebrachten Sachverhalte und Beweismittel und ist nicht befugt, einer Partei etwas zuzusprechen, was nicht begehrt wird.
- Die Parteien trifft zur Beschleunigung des Verfahrens eine **Prozessförderungspflicht.** Sie sind zu einem zeitgerechten und vollständigen Vorbringen von Sachverhalt und Beweismittel angehalten.
- Die Parteien haben die Fortführung und Beendigung des Verfahrens selbst in der Hand:
  - Bleiben sie untätig, ruht das Verfahren.
  - Eine Partei kann den gegnerischen Standpunkt anerkennen **(Anerkenntnis).**
  - Die Parteien können durch gegenseitiges Nachgeben eine Einigung erzielen **(Vergleich).**

Über Antrag des Prozessgegners fällt das Gericht ein **Anerkenntnisurteil.**

Die Einigung der Parteien wird als **Vergleich** bezeichnet.

Prinzip der Mündlichkeit

Entscheidungsgrundlage des Gerichts ist nur das, was in der Verhandlung mündlich vorgebracht wird.

Einvernahme einer Zeugin in der Gerichtsverhandlung

Ein **Ausschluss der Öffentlichkeit** ist z.B. vorgesehen
- im Eheprozess,
- bei Gefährdung der Sittlichkeit oder öffentlichen Ordnung oder
- bei Erörterung von Geschäfts- oder Betriebsgeheimnissen.

Fernsehberichte oder Zeitungsartikel **über** Verhandlungen sind nicht untersagt.

Prinzip der Öffentlichkeit

- Jeder kann an den Verhandlungen samt Entscheidungsverkündungen des Gerichts teilnehmen. Der Ausschluss der Öffentlichkeit ist nur in Ausnahmefällen vorgesehen.
- Nur die Prozessparteien haben das Recht, **Akteneinsicht** zu nehmen.
- **Fernseh- und Hörfunkaufnahmen** und deren Übertragung sowie **Filmaufnahmen** öffentlicher Verhandlungen sind in allen Verfahren **ausnahmslos verboten.**

Rechtliches Gehör

Im Zivilprozess muss beiden Parteien die Möglichkeit gegeben werden, in dem zur Entscheidung führenden Verfahren mündlich oder schriftlich gehört zu werden.

„Waffengleichheit" der Parteien

Kläger und Beklagte sind einander formell rechtlich gleichgestellt.

4 Zivilgerichte

Zivilverfahren finden vor verschiedenen Gerichten statt.

Bezirksgericht = **district court**

Mahnverfahren sowie **Außerstreitverfahren** wickeln Rechtspfleger unter Leitung eines Richters ab.

Bezirksgerichte (BG)

Bezirksgerichte üben die Zivilgerichtsbarkeit **ausschließlich** durch **Einzelrichter** aus.

Die Bezirksgerichte sind zuständig:

- für Streitigkeiten **bis zu** einem Streitwert von **€ 15.000,–**
- ohne Rücksicht auf den Wert des Streitgegenstandes für Streitigkeiten über die Grenzen von Liegenschaften, wegen Besitzstörungen, aus Miet- oder Pachtverhältnissen und Eheangelegenheiten
- für die Führung des Grundbuchs
- für außerstreitige Verfahren

Landesgericht = **regional court (high court)**

Die Landesgerichte und Oberlandesgerichte werden auch als **Gerichtshöfe** bezeichnet.

In Wien ist ein spezielles Handelsgericht eingerichtet.

In Wien ist ein spezielles Arbeits- und Sozialgericht eingerichtet.

Landesgerichte (LG)

Landesgerichte üben die Zivilgerichtsbarkeit überwiegend

- durch **Einzelrichter** aus,
- teilweise durch **Senate von drei Berufsrichtern** (z.B. in Rechtssachen über € 50.000,–, sofern es eine Partei beantragt, und in Rechtsmittelsachen) sowie
- unter **Beteiligung von Laienrichtern** in Handelssachen und Arbeits- und Sozialrechtssachen.

Die Landesgerichte sind zuständig:

- für Streitigkeiten ab einem Streitwert von **mehr als € 15.000,–**
- als **Handelsgerichte** in Streitigkeiten aus unternehmensbezogenen Geschäften, aus gesellschaftsrechtlichen Streitigkeiten, zur Führung des Firmenbuchs etc.
- als **Arbeits- und Sozialgerichte** für Streitigkeiten im Zusammenhang mit Arbeitsverhältnissen und aus dem Sozialrecht (Versicherungsleistungen der Sozialversicherungsträger)
- als **Rechtsmittelgerichte** über die Entscheidungen der Bezirksgerichte

Oberlandesgericht = **second instance court**

Oberlandesgerichte (OLG)

Die Oberlandesgerichte werden ausschließlich als **Rechtsmittelgerichte** gegenüber den Gerichtshöfen erster Instanz tätig.

Oberlandesgerichte sind eingerichtet:

- in **Wien** für Wien, Niederösterreich und das Burgenland
- in **Graz** für Steiermark und Kärnten
- in **Linz** für Oberösterreich und Salzburg
- in **Innsbruck** für Tirol und Vorarlberg

Bei Rechtsfragen von grundsätzlicher Bedeutung kann der entscheidende OGH-Senat seine Verstärkung auf insgesamt 11 Mitglieder beschließen (sogenannter verstärkter Senat).

Oberster Gerichtshof = **supreme court**

Oberster Gerichtshof (OGH)

Der OGH ist in Wien im Justizpalast zu finden. Er entscheidet als oberste Instanz in Zivilsachen überwiegend in Senaten aus fünf Berufsrichtern.

5 Anwaltspflicht und Verfahrenshilfe

Muss ich mich von einem Anwalt vertreten lassen?

Anwaltspflicht = **obligation to be legally represented by a lawyer**

Michael: Wenn sich jemand keinen Anwalt leisten kann, wer zahlt dann die Kosten, oder muss diese Person auf ihr Recht verzichten?

Anna: Kann jemand die Kosten eines Gerichtsverfahrens nicht tragen, da er sonst seinen Unterhalt (und den seiner Familie) nicht bezahlen kann, wird ihm Verfahrenshilfe gewährt. Diese umfasst nur die eigenen Kosten. Für den Prozessgegner kommt es dadurch zu keiner Befreiung von den Kosten.

Keine Anwaltspflicht besteht in erster Instanz in Arbeits- und Sozialrechtssachen.

Im Berufungsverfahren muss man anwaltlich vertreten sein.

Anwaltspflicht besteht

- vor dem Bezirksgericht, wenn der Streitwert mehr als € 5.000,– beträgt,
- vor dem Landesgericht und
- im Rechtsmittelverfahren.

Verfahrenshilfe = **legal aid (letters rogatory)**

Verfahrenshilfe

Mittellose Parteien haben Anspruch auf Verfahrenshilfe zur gerichtlichen Durchsetzung ihrer Ansprüche.

Die Verfahrenshilfe umfasst Gerichtsgebühren, Barauslagen für Sachverständige und Dolmetscher sowie die eigenen Anwaltskosten.

Wir sprechen für Ihr Recht.
DIE ÖSTERREICHISCHEN RECHTSANWÄLTE

Auswahl und Bestellung des Anwaltes obliegt der Rechtsanwaltskammer.

Ohne Klage kein Zivilprozess!

Bei Klagen auf Zahlung bis € 75.000,– ist das **Mahnverfahren** anzuwenden. Dabei handelt es sich um ein vereinfachtes Verfahren für die Geltendmachung von Geldforderungen.

Prozess = **proceedings, litigation, action**

6 Ablauf eines Verfahrens

Der Ablauf eines Prozesses erfolgt in bestimmten Schritten.

Ein Zivilverfahren läuft nach folgendem Schema ab:

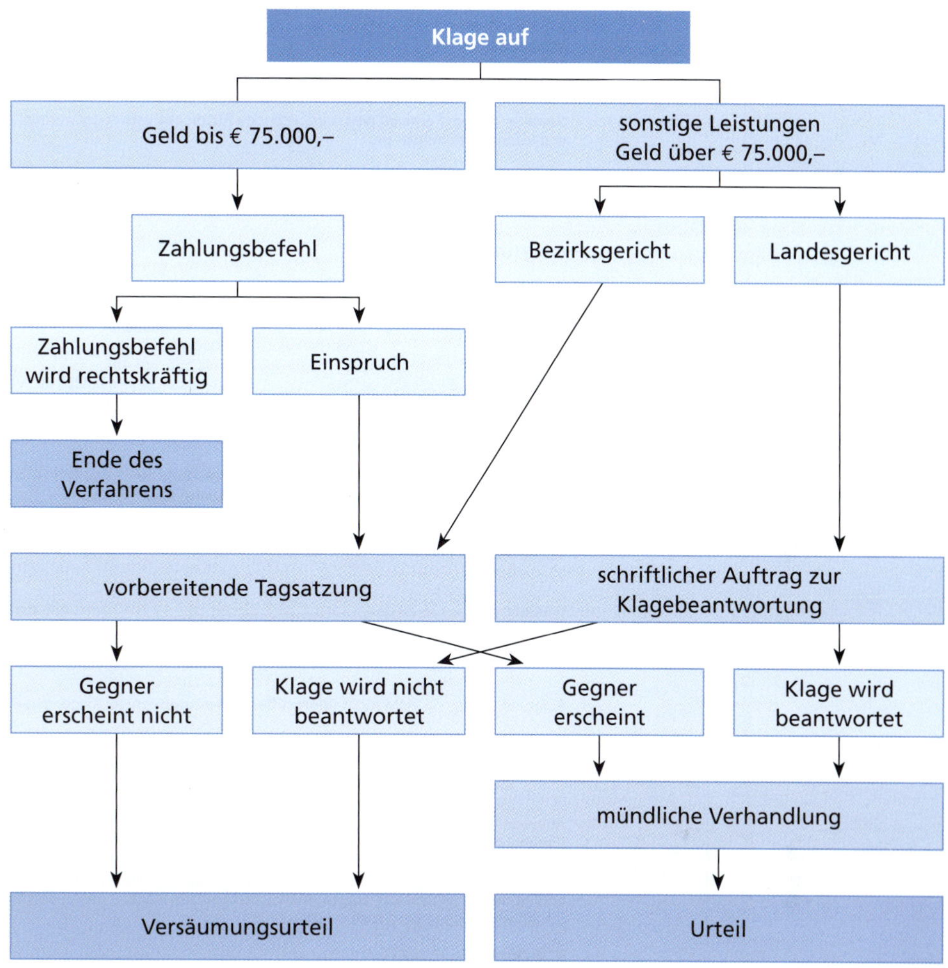

Ablauf eines Zivilverfahrens

Die bei Gericht eingebrachte Klage leitet den Zivilprozess ein.

Sofern eine Geldforderung bis € 75.000,– geltend gemacht wird, erlässt das Gericht ohne Anhörung des Gegners einen **bedingten Zahlungsbefehl.** Erhebt der Beklagte binnen 4 Wochen ab Zustellung des Zahlungsbefehles keinen Einspruch, wird der Zahlungsbefehl rechtskräftig und das Verfahren ist beendet.

Auch eine Verweigerung der Annahme oder das Nichtabholen des Schreibens des Gerichts verhindert nicht den Eintritt der Rechtskraft des Zahlungsbefehls. Trifft der Zusteller den Empfänger nicht an, hat er eine Verständigung zu hinterlassen und das Schriftstück beim zuständigen Postamt zu hinterlegen. Mit dem Tag, an dem die Sendung erstmals zur Abholung bereitgehalten wird, gilt sie gemäß Zustellgesetz als zugestellt.

Muster eines Zahlungsbefehls

Arbeits- und Sozialgericht Wien
Wickenburggasse 8
1082 Wien
Tel.: 01/401 27 – 0

16 Cga 18/13y

Bitte obige Geschäftszahl
in allen Eingaben anführen

www.justiz.gv.at

DVR: 0000000054321

A-Z Bau GmbH
Industriestraße 11
1120 Wien

Soweit in diesem Formular personenbezogene Ausdrücke verwendet werden, umfassen sie Frauen und Männer gleichermaßen.

ACHTUNG! Um ungewollte Rechtsfolgen zu vermeiden, beachten Sie bitte unbedingt die angeschlossenen Hinweise und die Rechtsmittelbelehrung!

RECHTSSACHE:

Kläger:
Hans Fleißig
Waldsiedlung 22
2244 Orth

vertreten durch:
Dr. Herbert Rechthaber, Rechtsanwalt
Walfischgasse 5A
1010 Wien
Tel.: 555 123 45
Vollmacht einschließlich der Vollmacht, den eingeklagten Betrag entgegenzunehmen, wurde erteilt. Gemäß § 19a RAO wird die Bezahlung der Kosten zu Handen des Klagevertreters begehrt.

Girokonto-Nr.: 7.65432.111
Bankleitzahl: 65.432

Beklagter:
A-Z Bau GmbH
Industriestraße 11
1120 Wien

WEGEN: EUR 2.138,29 brutto samt 8,38 % Zinsen ab 1.12.2013 samt Anhang

16 Cga 18/13y-2
Datum 22. April 2013

Aufgrund der vom Gericht **nicht überprüften Behauptungen** der klagenden Partei/en ergeht folgender

BEDINGTER ZAHLUNGSBEFEHL:

AUFTRAG AN DIE BEKLAGTE PARTEI

Aufgrund der Klage vom 19.4.2013 wird der beklagten Partei aufgetragen, der klagenden Partei die Forderung von EUR 2.138,29 brutto samt 8,38% Zinsen jährlich ab 1.12.2012 und die mit EUR 437,41 bestimmten Kosten
innerhalb von 14 Tagen nach Zustellung dieses Zahlungsbefehls bei sonstiger Exekution zu zahlen oder, wenn die geltend gemachten Ansprüche bestritten werden, gegen den Zahlungsbefehl binnen vier Wochen Einspruch zu erheben.

KOSTENAUFGLIEDERUNG:

Normalkosten TP 3:	
Verdienstsumme	287,84 EUR
Umsatzsteuer	57,57 EUR
Pauschalgebühr	92,00 EUR
SUMME:	437,41 EUR

021 016 CGA** 0000018 2013y BK* 001 001 000001 A 1111 ZB — LD Seite 1

Neben den **Leistungsklagen** (z. B. auf Geldforderungen oder Herausgabe) gibt es noch **Feststellungsklagen** (z. B. Feststellung der Haftung des Schädigers für künftige Unfallfolgen) und **Rechtsgestaltungsklagen** (z. B. Ehescheidung).

Beeinsprucht der Beklagte fristgerecht den Zahlungsbefehl, tritt dieser außer Kraft und es kommt zur Einleitung des ordentlichen Verfahrens.

Bei Klagen

- auf Zahlung von mehr als € 75.000,–,
- die auf Feststellungen oder Gestaltung von Rechten oder Rechtsverhältnissen gerichtet sind,

wird vom Gericht eine Verhandlung angesetzt. In den Verfahren vor den Landesgerichten ist zuvor eine schriftliche Klagebeantwortung zu erstatten.

In der **vorbereitenden Tagsatzung** erörtert der Richter mit den Parteien das Sach- und Rechtsvorbringen und gibt das Prozessprogramm bekannt. Dabei werden die Beweisaufnahmen festgelegt.

Zum **Prozessprogramm** gehört u. a. die Reihenfolge der Zeugen, Bestellung von Sachverständigen, Verlesung und Erörterung von Beweisurkunden.

Gegenstand des **Beweisverfahrens** sind nur jene Tatsachen, die von den Parteien vorgebracht wurden. Jede Partei hat die für ihren Rechtsstandpunkt günstigen Tatsachen vorzubringen **(Behauptungslast)** und zu beweisen **(Beweislast).**

Dabei gilt der Grundsatz der **freien Beweiswürdigung.** Der Richter hat nach seiner persönlichen, freien Überzeugung die Beweisergebnisse zu prüfen und zu beurteilen, ob ein Beweis gelungen ist oder nicht.

Beweismittel sind:

- **Urkunden** (z. B. Verträge, schriftliche Mitteilungen, Fotos, Aufzeichnungen)
- **Zeugen,** das sind Personen, die im Prozess über ihre Wahrnehmungen von Tatsachen aussagen. Zeugen haben die **Pflicht zum Erscheinen** bei Gericht. Falsche Aussagen vor Gericht sind strafbar!
  Ein Recht zur Verweigerung der Aussage **(Entschlagungsrecht)** besteht bei Drohen persönlicher Nachteile (Schande oder Gefahr strafgerichtlicher Verfolgung) oder vermögensrechtlicher Nachteile für sich oder Angehörige oder aufgrund besonderer Verschwiegenheitspflichten.
- **Sachverständige,** das sind Personen, die dem Richter aufgrund besonderer Sachkunde bei der Klärung des Sachverhaltes helfen (z. B. Ärzte, Techniker, Buchhalter)
- **gerichtlicher Augenschein,** dabei macht sich der Richter selbst einen Eindruck von wesentlichen Umständen (z. B. vom Unfallort bei einem Lokalaugenschein)
- **Vernehmung der Parteien,** das ist die Anhörung der Parteien zu Beweiszwecken

Zeugen haben Anspruch auf Ersatz der durch ihre Vernehmung entstandenen Kosten (Zeitversäumnis, Fahrtkosten, Verdienstentgang).

Einer **besonderen Verschwiegenheitspflicht** unterliegen z. B. Rechtsanwälte, Geistliche hinsichtlich des Beichtgeheimnisses und Staatsbeamte hinsichtlich des Amtsgeheimnisses.

Weder das Erscheinen noch Aussagen von Parteien können erzwungen werden.

Lässt sich eine Partei nicht in den Rechtsstreit ein, indem sie beispielsweise im Gerichtshofverfahren keine Klagebeantwortung erstattet oder trotz ordnungsgemäßer Ladung unentschuldigt nicht erscheint, fällt das Gericht über Antrag des Gegners ein **Versäumungsurteil,** ohne ein Beweisverfahren durchzuführen.

Neben der Berufung bei Versäumungsurteilen stehen zur Beseitigung von Säumnisfolgen der **Widerspruch** und der Antrag auf **Wiedereinsetzung in den vorigen Stand** zur Verfügung.

Am Ende der Beweisaufnahme legen die Parteienvertreter ihre Kostenverzeichnisse, dann erklärt der Richter den **Schluss der Verhandlung.**

Anschließend verkündet der Richter das Urteil **„Im Namen der Republik"** oder er fällt die Entscheidung mit schriftlichem Urteil, das den Parteien mit der Post zugestellt wird.

Zu den **Verfahrenskosten** zählen Gerichtsgebühren, Sachverständigenkosten, Fahrtkosten und Anwaltskosten.

Neben der Entscheidung in der Rechtssache selbst enthält das Urteil auch die **Entscheidung über die Prozesskosten.** Grundsätzlich hat die obsiegende Partei Anspruch auf Ersatz ihrer Verfahrenskosten gegen die unterliegende Partei. Bei teilweisem Obsiegen besteht ein verhältnismäßiger Kostenersatz.

Beispiel

Der Kläger klagt € 10.000,– ein und siegt mit € 7.500,–. Er hat also mit ¾ gewonnen und mit ¼ verloren, weshalb er nur die Hälfte seiner Kosten zugesprochen bekommt. Wenn der Kläger nur mit € 5.000,– gewinnt, kommt es zur Kostenaufhebung. Das bedeutet, dass jede Partei ihre Kosten selbst trägt und keinen Ersatz erhält.

Die **Höhe des zu ersetzenden Rechtsanwaltshonorars** regelt das **Rechtsanwaltstarifgesetz (RATG)** nach dem Streitwert und den anwaltlichen Leistungen (Anzahl der Schriftsätze und Verhandlungen). Hat der Prozesssieger mit seinem Rechtsanwalt ein höheres Honorar vereinbart, muss er die Differenz selbst tragen.

In **Arbeits- und Sozialrechtssachen** gibt es einige Besonderheiten im Verfahren.

7 Das Rechtsmittelverfahren

Urteile können von der nächsten Instanz überprüft werden.

Michael: Wenn das Gericht die ING4TECH wegen einer offenen Reparaturrechnung zur Zahlung von € 1.000,– verurteilt, kann sie etwas gegen das Urteil unternehmen?

Anna: Wurde die ING4TECH von einem Bezirksgericht zur Zahlung von € 1.000,– verurteilt, kann sie beim Landesgericht dagegen berufen. Hier besteht allerdings Anwaltspflicht.

Gerichte entscheiden mit **Urteilen und Beschlüssen.** Gegen Beschlüsse kann man Rekurs an die nächsthöhere Instanz erheben.

Ist eine Prozesspartei mit dem Urteil oder einer sonstigen Entscheidung des Gerichtes nicht einverstanden, kann sie **Rechtsmittel** erheben.

Wird kein Rechtsmittel erhoben, wird das Urteil rechtskräftig und vollstreckbar.

Berufung und Revision sind binnen einer Frist von **4 Wochen** ab Zustellung der bekämpften Entscheidung beim Gericht erster Instanz einzubringen.

Im Berufungs- und Revisionsverfahren herrscht **absolute Anwaltspflicht.** Die Parteien müssen sich durch Anwälte vertreten lassen.

Die Berufung ist das Rechtsmittel gegen Urteile der ersten Instanz.

Gegen Urteile der zweiten Instanz kann unter bestimmten Voraussetzungen **Revision** an den Obersten Gerichtshof eingebracht werden:

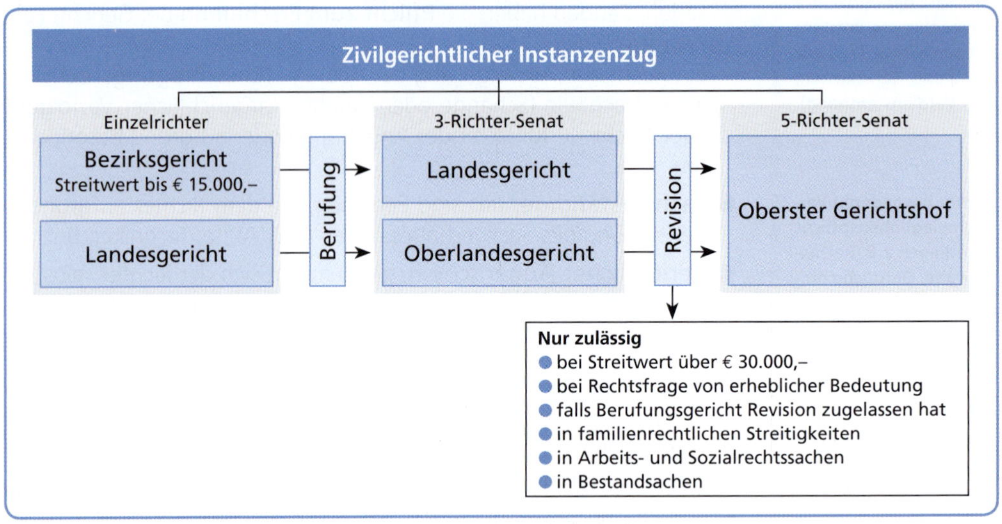

Die nächste Instanz **überprüft das Urteil** und kann dieses

- bestätigen,
- abändern oder
- aufheben und zur neuerlichen Verhandlung und Entscheidung an die 1. Instanz zurückverweisen.

Üben

SbX ID: 6102

A B C D E

Ü 6.1: Verkehrsunfall B

Das Auto von Frau Sorgsam wurde bei einem Verkehrsunfall beschädigt. Der gegnerische Lenker, Herr Rasinger, will den Reparaturschaden von € 6.000,– nicht bezahlen. Er behauptet, am Unfall keine Schuld zu haben. Frau Sorgsam wendet sich an ein Gericht.

a) Ist dafür ein Straf- oder Zivilgericht zuständig?
b) Welches Gericht ist in 1. Instanz für diesen Rechtsstreit zuständig?
c) Braucht Frau Sorgsam für die Einbringung der Mahnklage einen Rechtsanwalt?
d) Was kann sie tun, wenn sie sich mit ihrem Einkommen keinen Anwalt leisten kann?
e) Was kann der beklagte Herr Rasinger gegen den bedingten Zahlungsbefehl unternehmen?
f) Mit dem Urteil stellt das Gericht fest, dass das Verschulden am Verkehrsunfall zu gleichen Teilen besteht und Herr Rasinger nur den halben Schaden ersetzen muss. Wer trägt die Prozesskosten?
g) Frau Sorgsam ist mit dem Urteil nicht zufrieden. Was kann sie dagegen unternehmen?

Ü 6.2: Schulden B

Herr Pleitinger hat sein Konto bei der Bank überzogen und Schulden in der Höhe von € 28.000,–. Die Bank klagt diesen Betrag bei Gericht ein.

a) Vor welchem Gericht findet dieser Prozess statt?
b) Was passiert, wenn Herr Pleitinger gegen den Zahlungsbefehl, der gegen ihn erlassen wurde, keinen Einspruch erhebt?
c) Für den Fall, dass Herr Pleitinger alles bestreitet: Mit welchem Beweismittel könnte die Bank im Verfahren das Bestehen des Anspruches beweisen?
d) Vor der ersten Verhandlung einigt sich Herr Pleitinger mit der Bank auf eine Ratenzahlung. Daher erscheint niemand zur Verhandlung. Was passiert im Verfahren weiter?

SbX Ü 6.3–Ü 6.4 mit automatischer Aufgabenkontrolle ID: 6102

Weitere Übungsaufgaben im SbX

Ü 6.3: Zivilgerichte und Strafgerichte B

Bestimmen Sie, für welche Angelegenheiten Zivilgerichte und für welche Strafgerichte zuständig sind.

Ü 6.4: Zivilgerichtsverfahren B

Bearbeiten Sie den Test zum Thema Zivilgerichtsverfahren.

Sichern

SbX ID: 6103

Zivilgerichtsverfahren

Die Zivilgerichte entscheiden über **privatrechtliche Ansprüche.** Die Parteien bestimmen, ob ein Verfahren eingeleitet wird und worüber verhandelt wird.

Urteil

Die Gerichte entscheiden den Rechtsstreit zwischen Kläger und Beklagtem mit Urteil **„Im Namen der Republik"**.

Verfahrenskosten

Die unterlegene Partei muss grundsätzlich sämtliche Verfahrenskosten tragen. Ein Zivilverfahren ist daher immer mit einem **Kostenrisiko** verbunden.

Außerstreitverfahren

In **Außerstreitverfahren** erfüllen die Zivilgerichte Aufgaben mit Rechtsfürsorgecharakter.

Vokabeln dieser Lerneinheit

zivilgerichtliches Verfahren	civil court proceedings
Zivilrechtssachen	civil proceedings
Strafrechtssachen	criminal proceedings
Gerichte	courts
Zivilprozess	civil proceedings
Bezirksgericht	district court
Landesgericht	regional court (high court)

Oberlandesgericht	second instance court
Oberster Gerichtshof	supreme court
Anwaltspflicht	obligation to be legally represented by a lawyer
Verfahrenshilfe	legal aid (letters rogatory)
Prozess	proceedings, litigation, action

SbX ID: 6103

Im SbX finden Sie diese Zusammenfassung als Audio-Wiederholung sowie eine Bildschirmpräsentation mit den Grafiken dieser Lerneinheit.

Wissen

SbX ID: 6104

A B C D E

SbX W 6.1 mit automatischer Aufgabenkontrolle ID: 6104

W 6.1: Zivilverfahren A

Schreiben Sie zu jeder der folgenden Aussagen, ob sie richtig oder falsch ist. Ist die Aussage falsch, stellen Sie sie richtig:

	richtig/falsch	Korrektur
Im Zivilverfahren muss man sich immer von einem Anwalt vertreten lassen.		
Die Kosten eines Zivilverfahrens trägt die Republik Österreich.		

	richtig/ falsch	Korrektur
Zu einem Zivilverfahren kommt es nur, wenn eine Partei Klage einbringt.		
Das Gericht kann dem Kläger auch einen Betrag zusprechen, der höher ist, als der in der Klage begehrte.		
Setzen im Zivilverfahren die Parteien keine Schritte, bestimmt das Gericht den Fortgang des Verfahrens.		
Wer sich keinen Anwalt leisten kann, kann keinen Prozess führen.		
Wer als Zeuge geladen ist, muss vor Gericht erscheinen.		
Gegen einen gerichtlichen Zahlungsbefehl erhebt man das Rechtsmittel der Berufung.		

Ein kurzer Kompetenz-Check, bevor's weitergeht!

Kompetenz-Check

	☺	😐	☹
Ich kann die Aufgaben der Zivilgerichte nennen.			
Ich kann die wichtigsten Grundsätze eines Zivilverfahrens nennen.			

Lerneinheit 2
Exekutionsrecht

SbX
Alle SbX-Inhalte zu dieser Lerneinheit finden Sie unter der ID: 6200.

Exekutionsrecht = **execution law**

Michael: Wenn das Gericht die ING4TECH zur Zahlung von € 1.000,– verurteilt hat, kann dann derjenige, dem das Gericht das Geld zugesprochen hat, kommen und das Geld holen?

Anna: So einfach ist das nicht. Wenn jemand einen Zivilprozess (= Erkenntnisverfahren) verloren hat, muss er das leisten, was im Urteil festgehalten ist. Tut er dies nicht freiwillig, muss derjenige, dem das Gericht die Leistung zugesprochen hat, ein Exekutionsverfahren einleiten. Dieses Verfahren dient zur Durchsetzung des Urteils.

Lernen

SbX ID: 6201

1 Allgemeines

Die Exekution oder Zwangsvollstreckung dient der Durchsetzung von Ansprüchen.

Das Exekutionsverfahren ist gesetzlich in der **Exekutionsordnung** (EO) geregelt.

Die **Selbsthilfe** ist verboten.

Eine Forderung, deren Richtigkeit ein Gericht oder eine Verwaltungsbehörde bereits festgestellt hat, soll mithilfe einer Exekution einbringlich gemacht werden. Die Exekution ist nur erforderlich, wenn der Schuldner nicht freiwillig die geschuldete Leistung erbringt.

Gerichte und Parteien

Zwangsvollstreckung = **execution (enforcement order)**

Im Exekutionsverfahren werden die Parteien als
- **betreibende Partei** und
- **verpflichtete Partei**

bezeichnet.

Zur Durchführung des Exekutionsverfahrens sind ausschließlich die **Bezirksgerichte** zuständig.

Die **betreibende Partei** ist der **Gläubiger,** der aus einer Entscheidung eines Gerichts oder einer Verwaltungsbehörde berechtigt ist, etwas einzufordern.

Bei der **verpflichteten Partei** handelt es sich um den **Schuldner.** Er hat gegen eine Anordnung eines Gerichts oder einer Verwaltungsbehörde verstoßen.

Exekutionsarten

Zur Einbringung von **Geldforderungen** kann auf
- **Fahrnisse** (bewegliche Sachen),
- **Forderungen** (z. B. Lohnpfändung) oder
- **Liegenschaften**

Exekution geführt werden.

Eine geschuldete **Handlung** kann beispielsweise die Herausgabe eines Gegenstandes oder der öffentliche Widerruf einer Behauptung sein.

Bei einer geschuldeten **Unterlassung** kann es um die Einhaltung des Verbotes einer weiteren Besitzstörung gehen.

Schuldet der Verpflichtete nicht Geld, sondern eine bestimmte
- **Handlung** oder
- **Unterlassung,**

kann er durch **Geld- und** sogar **Haftstrafen** vom Gericht dazu gezwungen werden.

2 Grundsätze des Exekutionsverfahrens

Auch das Exekutionsverfahren läuft nach bestimmten Grundsätzen ab.

In 1. Instanz besteht keine Anwaltspflicht.

Rangprinzip:

Die Befriedigung mehrerer Gläubiger erfolgt nacheinander nach dem Prinzip **„Wer zuerst kommt, mahlt zuerst".**

Schuldnerschutz:

- Das **Existenzminimum** muss dem Schuldner erhalten bleiben.
- Bestimmte Gegenstände, die er zur Deckung seiner **notwendigen Lebensbedürfnisse** (Haushaltsgegenstände, Nahrungsmittel und Gegenstände des persönlichen Gebrauchs) oder zur **Berufsausübung** braucht, dürfen nicht gepfändet werden. Unpfändbar sind auch Gegenstände (bzw. Tiere), zu denen für gewöhnlich eine **besondere affektive Bindung** besteht (z. B. Haustiere, Familienbilder und Eheringe).

SbX

Eine Linkliste zum Exekutionsverfahren finden Sie unter der ID: 6201.

Untersuchungsgrundsatz:

Das Exekutionsgericht kann zur Aufklärung von Sachverhalten von Amts wegen Erhebungen durchführen.

Öffentlichkeit:

Das Exekutionsverfahren ist grundsätzlich **nicht** öffentlich. Nur **Versteigerungstermine** von gepfändeten Gegenständen und Liegenschaften finden öffentlich statt.

3 Ablauf des Exekutionsverfahrens

Die betreibende Partei kann nicht Sachen des Verpflichteten an sich nehmen.

Michael: Voriges Jahr wurde das Nachbargrundstück gerichtlich versteigert. Wie kommt es eigentlich zu einer Exekution?

Anna: Damit ein Exekutionsverfahren eingeleitet wird, muss ein Exekutionstitel vorliegen. Im nächsten Schritt ist vom Gericht zu bestätigen, dass er vollstreckbar ist. Dann kann die betreibende Partei Exekution führen lassen.

Ein Exekutionsverfahren kann nur bei Vorliegen eines **Exekutionstitels** eingeleitet werden:

1. Der Gläubiger stellt einen **Exekutionsantrag** beim Bezirksgericht.
2. Das Gericht fasst einen **Exekutionsbewilligungsbeschluss.**

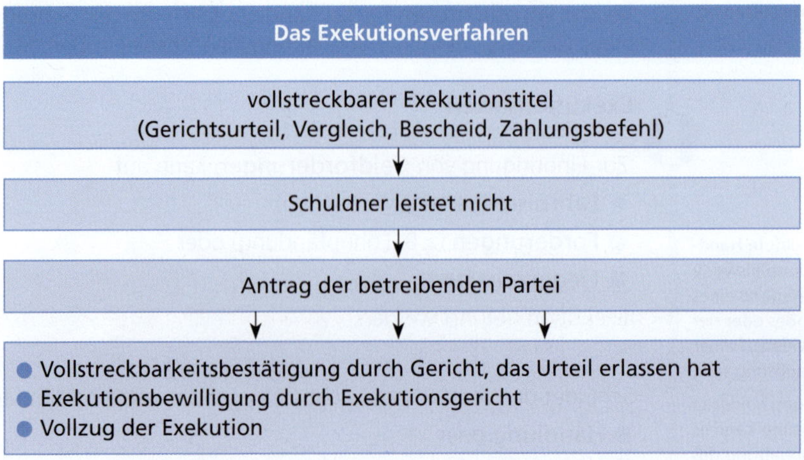

Es stehen verschiedene **Exekutionsmittel** zur Verfügung:

Exekution auf bewegliche Sachen – Fahrnisexekution

Gerichtsvollzieher sind besonders ausgebildete Beamte.

Im Volksmund wird die Pfändungsmarke auch **„Kuckuck"** genannt.

Bei der Exekution **beweglicher Sachen (Fahrnisexekution)** pfändet das Gericht **Gegenstände** der verpflichteten Partei.

- Der **Gerichtsvollzieher** erstellt ein **Pfändungsprotokoll.** Dies ist eine Liste, in der die gepfändeten Gegenstände genau bezeichnet werden.
- Gleichzeitig schätzt der Gerichtsvollzieher den voraussichtlich erzielbaren Erlös aus einer Verwertung der Gegenstände (**„Bleistiftwert"**).
- Die Pfändung wird auf den Gegenständen mit **Pfändungsmarken** ersichtlich gemacht.

Die gepfändeten Gegenstände werden in der Folge verwertet. Sie werden im Rahmen einer

- öffentlichen **Versteigerung** oder
- einer Versteigerung im **Internet** oder
- im **Freihandverkauf**

zum Kauf angeboten. Den Erlös erhält der betreibende Gläubiger.

Exekution auf unbewegliche Sachen

Die Verwertung von Grundstücken und Häusern ist besonders geregelt.

Die **Exekution auf Liegenschaften** kann folgendermaßen erfolgen:

- **zwangsweise Pfandrechtsbegründung**

  Der betreibende Gläubiger kann die **zwangsweise Pfandrechtsbegründung** verlangen. Dadurch wird ein Pfandrecht an der Liegenschaft durch Eintragung in das **Grundbuch** begründet. Die Forderung des Gläubigers ist damit besonders gesichert.
- **Zwangsverwaltung**

  Vollzogen wird die Zwangsverwaltung einer Liegenschaft durch einen vom Gericht bestellten **Zwangsverwalter.** Er bewirtschaftet die Liegenschaft. Mieter oder Pächter leisten ihren Zins an ihn. Den Erlös aus der Zwangsverwaltung erhält der betreibende Gläubiger.
- **Zwangsversteigerung**

  Der Wert der Liegenschaft wird von einem vom Gericht bestellten Sachverständigen **geschätzt.**

  Bei einer **öffentlichen Versteigerungstagsatzung** erfolgt die Versteigerung der Liegenschaft. Der Meistbietende erhält den **Zuschlag.** Den Versteigerungserlös bekommt der betreibende Gläubiger.

JUSTIZ EDIKTSDATEI

Versteigerungstermine werden in der Justizediktsdatei veröffentlicht. **www.edikte.justiz.gv.at**

Exekution auf Forderungen – Lohnpfändung

Geldforderungen können auch durch die Pfändung von Forderungen befriedigt werden, die der Schuldner gegen andere hat. In der Praxis von größter Bedeutung ist die **Lohnpfändung.**

Den Arbeitgeber des Schuldners bezeichnet man als **Drittschuldner.**

Unter **www.justiz.gv.at/service** finden sich wichtige Informationen für Drittschuldner.

Der Arbeitgeber des Schuldners hat die Verpflichtung, jenen Teil des Lohnes, der das Existenzminimum übersteigt, direkt an den betreibenden Gläubiger zu zahlen.

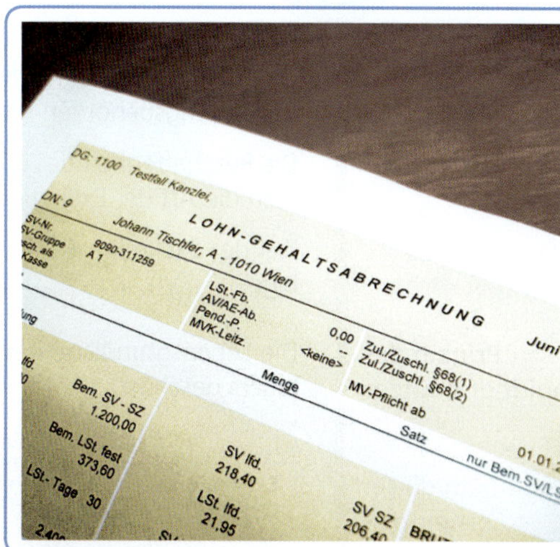

Der Drittschuldner muss dem Gericht und dem Gläubiger Auskunft über die Höhe des Lohnes des Schuldners geben. Er hat selbst den pfändbaren Betrag anhand von **Lohnpfändungstabellen** zu errechnen und diesen regelmäßig an den Gläubiger zu überweisen, bis dessen Forderung befriedigt ist. Verstößt der Drittschuldner gegen diese Pflichten, kann er vom Gläubiger in einem Zivilprozess vor **dem Arbeits- und Sozialgericht selbst geklagt werden („Drittschuldnerprozess").**

Das Exekutionsverfahren ist mit der **Befriedigung der Forderungen** des betreibenden Gläubigers beendet.

Wenn ein Schuldner nicht freiwillig zahlt, kann es für ihn noch sehr viel teurer werden.

Die **Kosten des Exekutionsverfahrens** sind vom Verpflichteten zu bezahlen. Dazu zählen Gerichtsgebühren, Gebühren des Gerichtsvollziehers, Kosten für Aufsperrdienste, Transportkosten, Aufwandsersatz des Drittschuldners, gegnerische Anwaltskosten etc.

Üben

SbX ID: 6202

A B C D E

Ü 6.5: Schulden C

Herr Pleitinger hat seinen Prozess gegen die Bank verloren und wurde vom Gericht schuldig erkannt, € 28.000,– samt Prozesskosten von € 5.000,– zu zahlen. Das Urteil des Gerichts ist bereits rechtskräftig und vollstreckbar.

a) Herr Pleitinger bezahlt die Forderungen fristgerecht. Wird ein Exekutionsverfahren eingeleitet?

b) Herr Pleitinger bezahlt seine Schuld aus dem Gerichtsurteil nicht.
Herr Pleitinger wohnt in einer Mietwohnung. Er besitzt unter anderem eine wertvolle Sammlung von Briefmarken und einen zwei Jahre alten Pkw, den er für die Ausübung seines Berufes als Versicherungsvertreter im Außendienst benötigt. Er verdient bei dem Versicherungsunternehmen, bei dem er als Angestellter beschäftigt ist, im Monat € 2.500,–.
Welche Möglichkeiten hat die Bank, um zu ihrem Geld zu kommen?

Ü 6.6: Versteigerung C

Herr Sommer hat ein wenig gespart und sucht ein Wochenendhaus im Grünen. Er hat gehört, dass man bei Versteigerungen das eine oder andere Schnäppchen ergattern kann. Er weiß aber nicht, wo etwas versteigert wird und wann Versteigerungstermine sind. Wie kann er sich darüber informieren?

SbX Ü 6.7 mit automatischer Aufgabenkontrolle ID: 6202

Weitere Übungsaufgabe im SbX

Ü 6.7: Exekutionsrecht B

Lösen Sie das Kreuzworträtsel zum Thema Exekutionsrecht.

Sichern

SbX ID: 6203

Ziel der Exekution

Unter Exekution versteht man die **Durchsetzung** eines in förmlicher Weise von Gerichten oder Verwaltungsbehörden festgestellten **Anspruchs** mithilfe staatlicher Gewalt.

Die Beschaffenheit des durchzusetzenden Anspruchs und das Vermögen des Schuldners bestimmen die Art der Exekution und die Exekutionsmittel.

Ziel der Exekution ist die Befriedigung oder Sicherung der Ansprüche des betreibenden Gläubigers.

Prinzip des Schuldnerschutzes

Die Lebensgrundlage des verpflichteten Schuldners ist vor dem Zugriff des betreibenden Gläubigers geschützt.

Vokabeln dieser Lerneinheit

Exektuionsrecht	execution law	Zwangsvollstreckung	execution (enforcement order)

SbX ID: 6203

Im SbX finden Sie diese Zusammenfassung als Audio-Wiederholung sowie eine Bildschirmpräsentation mit den Grafiken dieser Lerneinheit.

Wissen

SbX ID: 6204

A B C D E

SbX
W 6.2
mit automatischer Aufgabenkontrolle ID: 6204

W 6.2: Exekution A

Schreiben Sie zu jeder der folgenden Aussagen, ob sie richtig oder falsch ist. Stellen Sie falsche Aussagen richtig:

	richtig/ falsch	Korrektur
Im Exekutionsverfahren muss man sich immer von einem Anwalt vertreten lassen.		
Die Kosten der Exekution trägt die Republik Österreich.		
Zur Exekutionsführung bedarf es eines Exekutionstitels.		
Das Gericht kann dem Verpflichteten auch sein Haustier, den Ehering oder sein Bett wegnehmen.		
Liegenschaften werden vor ihrer Versteigerung vom Gerichtsvollzieher auf ihren Wert geschätzt.		
Das Arbeitseinkommen des Schuldners kann unbeschränkt gepfändet werden.		
Gegen die Entscheidungen der Bezirksgerichte in Exekutionsverfahren gibt es keine Rechtsmittel.		

Ein kurzer Kompetenz-Check, bevor's weitergeht!

Kompetenz-Check

	☺	😐	☹
Ich kann erläutern, wie ein Exekutionsverfahren abläuft.			

Lerneinheit 3
Insolvenzrecht

SbX
Alle SbX-Inhalte zu dieser Lerneinheit finden Sie unter der ID: 6300.

Insolvenzrecht = **insolvency law**

Michael: Ich habe in der Zeitung eine Statistik über die im Jahr 2017 eröffneten Unternehmensinsolvenzen gefunden:

Eröffnete Insolvenzen	3025
Nicht eröffnete Insolvenzverfahren (mangels kostendeckenden Vermögens)	2054
Gesamtinsolvenzen	5079
Insolvenzverbindlichkeiten	ca. € 1,9 Mrd.

Wie kommt es zu einer Insolvenz?

Anna: Wenn nur ein Gläubiger vorhanden ist, kann er seine Schulden im Wege eines Exekutionsverfahrens eintreiben. Gibt es aber mehrere Gläubiger, würde derjenige, der zuerst eine Exekution einleitet, seine Forderungen erhalten und die übrigen würden leer ausgehen. Damit dies nicht geschieht, wurden die Insolvenzverfahren geschaffen. Sie sollen sicherstellen, dass alle Gläubiger gleich behandelt werden.

Lernen

Insolvenzverfahren = **insolvency proceedings**

1 Insolvenzverfahren

Das Insolvenzverfahren stellt sicher, dass alle Gläubiger gleich behandelt werden.

Das Konkursverfahren wird auch **„Generalexekution"** genannt.

Im Gegensatz zur Exekution, bei der nur auf bestimmte Vermögensgegenstände zugegriffen wird, ist im Insolvenzverfahren das gesamte Vermögen des Schuldners zur Befriedigung der Forderungen der Gläubiger heranzuziehen.

Im Insolvenzverfahren gilt nicht der Grundsatz „Wer zuerst kommt, mahlt zuerst". Alle Gläubiger werden gleich behandelt.

Das **Konkursverfahren** hat die **Vermögensverwertung und -verteilung** zum Ziel.

Sanierungsverfahren und die **Unternehmensreorganisation** sind auf die **Erhaltung der Vermögenssubstanz** gerichtet.

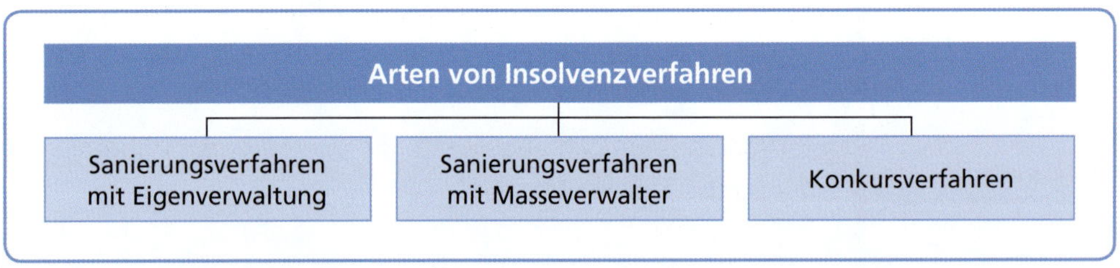

Insolvenzverfahren haben die drohende oder bereits eingetretene **Zahlungsunfähigkeit** oder die **Überschuldung** zur Voraussetzung.

Eine bloß vorübergehende Zahlungsunfähigkeit, die in kurzer Zeit überwunden werden kann **(Zahlungsstockung)**, ist kein Grund für die Eröffnung eines Insolvenzverfahrens.

Ein Schuldner ist **zahlungsunfähig,** wenn er seine fälligen Verbindlichkeiten in angemessener Frist nicht mehr begleichen kann.

Anzeichen für das Vorliegen von Zahlungsunfähigkeit sind zahlreiche gegen den Schuldner anhängige Exekutionsverfahren, das Fehlen pfändbarer Gegenstände, nicht eingehaltene Ratenzahlungen, Nichtbezahlung regelmäßig wiederkehrender Abgaben wie Sozialversicherungsbeiträge oder Steuern.

Überschuldung ist gegeben, wenn die Passiva einer juristischen Person höher sind als das vorhandene Vermögen und zu erwarten ist, dass das Unternehmen auch zukünftig seine Verpflichtungen nicht erfüllen kann.

Der Schuldner ist verpflichtet, innerhalb von **60 Tagen** ein Insolvenzverfahren zu beantragen, wenn Zahlungsunfähigkeit oder Überschuldung vorliegt. Stellt er keinen Antrag auf Eröffnung eines Insolvenzverfahrens, verwirklicht er einen gerichtlich strafbaren Tatbestand **(Krida).**

In Wien ist das Handelsgericht Wien zuständig.

www.edikte.justiz.gv.at

Das Verfahren findet vor dem örtlich zuständigen **Landesgericht** vor einem Einzelrichter statt.

Die Eröffnung eines Insolvenzverfahrens wird durch das Gericht in die **Insolvenzdatei** eingetragen. Das ist ein EDV-unterstützt geführtes Ediktsregister, in das jedermann Einsicht nehmen kann.

Beispiel
für ein Konkursedikt aus der Ediktsdatei des BMJ

Handelsgericht Wien (007), Aktenzeichen 4 S 148/17h	
Bekannt gemacht am 08.07.2017	
Firmenbuchnummer:	FN 168335b
Schuldner:	Pleintner Bau GmbH. Gesellschaft m.b.H. Hauptstraße 1 1190 Wien FN 168335 b
Masseverwalter:	Dr. Julius Rechthaber Rechtsanwalt Nebenstraße 34 1130 Wien
Eröffnung:	Eröffnung des Konkurses: 08.07.20147 Anmeldungsfrist: 07.10.2017
Geringfügig:	Der Konkurs ist geringfügig.
Tagsatzung:	Datum: 11.11.2017 um: 09:00 Uhr Ort: Zimmer 373 Prüfungstagsatzung Berichtstagsatzung
Beschluss vom 08.07.2017	
Bekannt gemacht am 08.07.2017	
Unternehmen:	Die Schließung des Unternehmens wird angeordnet.

Konkursverfahren = **bankruptcy proceedings**

2 Konkursverfahren

Im Konkurs wird das noch vorhandene Vermögen verwertet und an die Gläubiger verteilt.

Bei Vorliegen von **Zahlungsunfähigkeit** oder **Überschuldung** können

- ein oder mehrere Gläubiger oder
- der Schuldner

die Eröffnung des Konkursverfahrens beantragen.

Bei Vorhandensein von **kostendeckendem Vermögen** wird vom Gericht das Konkursverfahren eröffnet.

Das Konkursverfahren ist in der **Insolvenzordnung (IO)** geregelt. Der Schuldner wird im Konkursverfahren **Gemeinschuldner,** das Vermögen, das zur Abdeckung der Forderungen zur Verfügung steht, **Konkursmasse** genannt.

Wirkungen der Konkurseröffnung

Mit der Eröffnung des Verfahrens

- werden alle anhängigen Zivilprozesse des Gemeinschuldners unterbrochen und neue Klagen können nicht eingebracht werden, (Prozesssperre)
- sind Einzelexekutionen unzulässig, (Exekutionssperre)
- sind sämtliche Sendungen, die an den Gemeinschuldner gerichtet sind, dem Masseverwalter auszufolgen, (Postsperre)
- kann der Gemeinschuldner **nicht mehr über die Masse verfügen;** der Masseverwalter handelt für ihn.

- Ist der Gemeinschuldner **Arbeitgeber** und soll das Unternehmen geschlossen werden, können seine Arbeitnehmer innerhalb eines Monats ihren vorzeitigen Austritt erklären. Der Masseverwalter hingegen hat die gesetzlichen, kollektivvertraglichen oder zulässigen kürzeren vertraglichen Kündigungsfristen – nicht jedoch die Kündigungstermine – zu beachten.

Ansprüche der Arbeitnehmer sind durch das **Insolvenz-Entgeltsicherungsgesetz** (IESG) besonders geschützt. Sie werden in vollem Umfang aus dem Insolvenz-Entgelt-Fonds beglichen.

Verfahrensablauf

Bestellung des Masseverwalters

- Das Gericht bestellt einen **Masseverwalter.** Er wird als Vertreter der Masse anstelle des Gemeinschuldners tätig.

Forderungsanmeldung

- Die Gläubiger müssen ihre **Forderungen** innerhalb einer bestimmten Frist **anmelden.**

Berichtstagsatzung

- Der **Masseverwalter** hat sich Kenntnis über die wirtschaftliche Lage, die bisherige Geschäftsführung und die Ursachen des Vermögensverfalls zu verschaffen. In der **Berichtstagsatzung** hat er den Gläubigern und dem Gericht Vorschläge zu unterbreiten, ob
  - das Unternehmen weitergeführt werden soll oder
  - ein Sanierungsplan vorgeschlagen werden soll oder
  - das Unternehmen geschlossen werden soll.

Prüfungstagsatzung

- In der **Prüfungstagsatzung** wird geprüft, ob die angemeldeten Forderungen tatsächlich bestehen.

Verwertung

- Der Masseverwalter **verwertet** die **Konkursmasse.**

Verteilung

- Der **Erlös** aus der Verwertung der Konkursmasse wird unter den **Gläubigern verteilt.**
- Der **Konkurs** wird vom Gericht **aufgehoben,**
  - wenn sich herausstellt, dass nicht einmal die Verfahrenskosten aus der Verwertung der Konkursmasse gedeckt werden können, oder
  - nach erfolgter Schlussverteilung oder
  - bei Vorliegen des Einverständnisses der Gläubiger.

Der Gemeinschuldner kann anbieten, zumindest 20 % der Konkursforderungen binnen 2 Jahren zu zahlen und so das Konkursverfahren stoppen. Bei Zustimmung der Gläubiger wird ein **Sanierungsverfahren** eröffnet.

Nach Aufhebung des Konkurses erlangt der Gemeinschuldner wieder die freie Verfügungsbefugnis über sein Vermögen. Nicht voll befriedigte Gläubiger können gegen ihn wieder mit Klage oder Exekution vorgehen.

Der **Gemeinschuldner** ist von seiner **Restschuld nicht befreit!**

Sanierungsverfahren = **reconstruction (reorganisation) proceedings (plan)**

3 Sanierungsverfahren ohne Eigenverwaltung (Sanierungsplan)

Das Ziel ist die Sanierung und Fortführung des Unternehmens.

Das Sanierungsverfahren ohne Eigenverwaltung **(Sanierungsplan)** wird über Antrag des Schuldners eröffnet,

- wenn den Insolvenzgläubigern eine Quote von 20 %
- zahlbar innerhalb von 2 Jahren (bei Nichtunternehmern bis 5 Jahre) angeboten wird.

Ein Antrag auf Abschluss eines Sanierungsplans ist unter anderem unzulässig, wenn

- der Schuldner wegen betrügerischer Krida rechtskräftig verurteilt worden ist,
- über sein Vermögen in den letzten 5 Jahren ein Insolvenzverfahren eröffnet worden ist oder
- der Antrag offenbar Verschleppungszwecken dient.

Das Gericht kann bestimmen, dass der Schuldner bestimmte Geschäfte gar nicht oder nur mit Zustimmung des Insolvenzverwalters durchführen darf.

Der vom Gericht bestellte **Insolvenzverwalter** hat das Unternehmen fortzuführen und die erforderlichen Informationen aufzubereiten.

Wirkungen der Eröffnung des Sanierungsverfahrens

Mit der Eröffnung des Verfahrens beginnt der **Konkurs- und Exekutionsschutz:**

- Während des Sanierungsverfahrens wird gegen diesen Schuldner das Verfahren nicht als Konkursverfahren zur Verwertung geführt.

- Es muss – auch bei Vorliegen der Voraussetzungen – kein Antrag auf Konkurseröffnung gestellt werden.
- Einzelexekutionen sind unzulässig.
- Der Mietvertrag für die Geschäftsräume darf nicht wegen nicht bezahlter Miete gekündigt werden.

Zur Annahme des Sanierungsplans ist es erforderlich, dass in der **Sanierungsplantagsatzung**

Kopfmehrheit

- die Mehrheit der anwesenden Insolvenzgläubiger dem Antrag zustimmt und

Kapitalmehrheit

- die Gesamtsumme der Forderungen der *zustimmenden* Insolvenzgläubiger mehr als die Hälfte der Gesamtsumme der *anwesenden* Insolvenzgläubiger beträgt. (So wird sichergestellt, dass Insolvenzgläubiger mit hohen Forderungen nicht von Insolvenzgläubigern mit geringen Forderungen überstimmt werden können.)

Scheitert der Sanierungsplan, wird das Verfahren als **Konkursverfahren** fortgeführt. Das Unternehmensvermögen wird verwertet und die Erlöse werden an die Gläubiger verteilt.

Restschuldbefreiung

Wird der Sanierungsplan vom Insolvenzgericht nach Erfüllung aller Bedingungen bestätigt, ist der Schuldner **von der Restschuld befreit.** Nur Gläubiger, die aus Verschulden des Schuldners im Sanierungsplan unberücksichtigt blieben, können nach Aufhebung des Insolvenzverfahrens die Bezahlung ihrer Forderungen in voller Höhe vom Schuldner fordern.

Der Schuldner erhält wieder eine „weiße Weste".

Nach vollständiger Erfüllung des Sanierungsplans kann der Schuldner die Löschung der Insolvenz aus der Insolvenzdatei und im Firmenbuch bewirken, um im Geschäftsverkehr nicht mehr durch Bekanntmachung eines früheren Insolvenzverfahrens behindert zu sein.

4 Sanierungsverfahren mit Eigenverwaltung

Bei einem gut vorbereiteten Sanierungsplan bleibt der Schuldner verfügungsberechtigt.

Es gibt keine Postsperre.

Wenn der Schuldner anlässlich seines Antrages auf Eröffnung des Insolvenzverfahrens über sein Vermögen einen **Sanierungsplan** vorlegt, hat er Anspruch auf **eigene Verwaltung:** Das heißt, er kann weiterhin selbst rechtsverbindlich handeln, wenn er

- für die Gläubiger eine **Mindestquote von 30 %**
- zahlbar **innerhalb von zwei Jahren** ab Annahme dieses Plans anbietet und
- ein strukturiertes **Finanzierungskonzept** anschließt.

Das Gericht bestellt einen **Sanierungsverwalter,** der den Schuldner während des Sanierungsverfahrens überwacht.

In der **Berichtstagsatzung** entscheidet sich, ob das Unternehmen weitergeführt werden kann. Dem Gericht obliegt nur eine formelle Prüfung des Finanzplans bzw. der Erfüllbarkeit des Sanierungsplans.

Die Eigenverwaltung ist zu entziehen,

- wenn ein Sanierungsplan mit der angebotenen Quote aufgrund der wirtschaftlichen Lage des Unternehmens nicht erreichbar ist oder
- wenn Nachteile für die Gläubiger zu erwarten sind.
- Die Eigenverwaltung ist auch zeitlich beschränkt. Wird der Sanierungsplan nicht innerhalb von 90 Tagen angenommen, so ist sie zu entziehen.

Die Bezeichnung des Verfahrens wird dann auf **Konkursverfahren** abgeändert.

Restschuldbefreiung

Eine **Befreiung von den Restschulden** findet nur gegenüber den Gläubigern statt, die bei der Erfüllung des Sanierungsplans berücksichtigt wurden.

Beispiel

In einem Sanierungsverfahren bietet der Schuldner eine Quote von 40 % zahlbar innerhalb von 2 Jahren an, die von den Gläubigern angenommen wird. Gelingt es dem Schuldner, innerhalb der 2-Jahres-Frist 40 % seiner Schulden den Gläubigern zurückzuzahlen, so werden ihm die restlichen 60 % von den Gläubigern erlassen. Er kann nie mehr gezwungen werden, sie zu bezahlen.

5 Unternehmensreorganisation

Dieses Verfahren ist in der Praxis selten.

Das Verfahren nach dem **Unternehmens-Reorganisations-Gesetz (URG)** steht Unternehmen offen, die zwar Reorganisationsbedarf haben, aber noch nicht zahlungsunfähig oder überschuldet sind. Dabei soll einem im Bestand gefährdeten Unternehmen durch betriebswirtschaftliche Maßnahmen die nachhaltige Weiterführung ermöglicht werden.

6 Schuldenregulierungsverfahren („Privatkonkurs")

Privatpersonen erhalten die Möglichkeit eines wirtschaftlichen Neuanfanges.

Das Schuldenregulierungsverfahren findet vor den **Bezirksgerichten** statt und wird bis zu einem Aktiva-Stand von € 50.000 von **Rechtspflegern** geführt.

Dem Schuldner soll durch ein Schuldenregulierungsverfahren einerseits ein Anreiz gegeben werden, einen möglichst großen Teil der Schulden abzudecken, und andererseits soll er die Möglichkeit eines wirtschaftlichen Neubeginns erhalten.

- Die Kosten eines Privatkonkurses sind wesentlich geringer als bei einem „normalen" Verfahren.
- Ein Privatkonkurs kann bereits eröffnet werden, wenn der Schuldner glaubhaft machen kann, dass seine Einkünfte die Kosten des Verfahrens voraussichtlich decken werden.

Ein **erfolgreicher Privatkonkurs** stellt sehr harte Ansprüche an den Schuldner und wird vom Gericht wie von den Gläubigern streng überwacht.

Verfahrensablauf

Ablauf eines „Privatkonkurses"

1. außergerichtlicher Ausgleich

↓

bei Nichtzustandekommen:
2. Schuldenregulierungsverfahren

↓

bei Nichtannahme durch die Gläubiger:
3. Sanierungsplan

↓

bei Nichtzustandekommen:
4. Zahlungsplan

↓

bei Nichtannahme durch die Gläubiger:
5. Abschöpfungsverfahren mit Restschuldbefreiung

Vor Einleitung des gerichtlichen Schuldenregulierungsverfahrens kann der Schuldner versuchen, eine einvernehmliche Lösung mit seinen Gläubigern herbeizuführen **(außergerichtlicher Ausgleich)**. Es ist die Zustimmung aller Gläubiger notwendig.

Eröffnung des Insolvenzverfahrens

Scheitert der außergerichtliche Ausgleich, kann der Schuldner beim Bezirksgericht seines Wohnsitzes die Einleitung des Schuldenregulierungsverfahrens beantragen. Er kann sich dabei durch eine anerkannte Schuldenberatungsstelle vertreten lassen. Durch die Verfahrenseröffnung werden alle Exekutionen und der Zinsenlauf gestoppt.

Sanierungsplan

Der Schuldner kann den Gläubigern bei laufendem Verfahren in einem **Sanierungsplan** die Zahlung von mindestens 20 % der Forderungen innerhalb von 2 Jahren anbieten. Die Frist kann bis zu 5 Jahre ausgedehnt werden. Der Sanierungsplan gilt als angenommen, wenn die Gläubigermehrheit damit einverstanden ist. Der Vorteil des Sanierungsplans liegt darin, dass vorhandenes Vermögen erhalten bleibt.

Wird der Sanierungsplan von den Gläubigern nicht angenommen, kann ein Zahlungsplan oder das Abschöpfungsverfahren beantragt werden.

Zahlungsplan

Der Schuldner muss sein Vermögen verwerten und den Gläubigern mindestens eine Quote anbieten, die seiner Einkommenslage in den folgenden fünf Jahren entspricht. Die Zahlungsfrist darf 7 Jahre nicht übersteigen. Verfügt der Schuldner über kein pfändbares Einkommen bzw. ist der pfändbare Teil des Einkommens sehr gering, muss kein Zahlungsplanangebot gemacht werden.

Der Zahlungsplan muss durch die Gläubigermehrheit angenommen werden. Der Schuldner darf sein Vermögen selbst verwalten, außer das Gericht bestimmt anderes.

Kann der Schuldner die Zahlungen, zu denen er sich im Zahlungsplan verpflichtet, einhalten, **erlöschen** nach Ablauf der vereinbarten Laufzeit **die Restforderungen** der Gläubiger.

Abschöpfungsverfahren

Stimmen die Gläubiger dem Zahlungsplan nicht mehrheitlich zu oder musste der Schuldner keinen Zahlungsplan anbieten, weil er über kein oder nur geringes pfändbares Einkommen verfügt, wird vom Gericht über Antrag des Schuldners das **Abschöpfungsverfahren** mit Restschuldbefreiung eingeleitet. Die Gläubiger haben kein Mitspracherecht.

Verpflichtungen des Schuldners

- Der Schuldner muss sich verpflichten, den pfändbaren Teil seiner Einkünfte 5 Jahre lang einem Treuhänder zu übergeben. Dem Schuldner bleibt während dieser Zeit nur der unpfändbare Teil seines Einkommens (= Existenzminimum).
- Der Schuldner ist während des Verfahrens verpflichtet, einer Beschäftigung nachzugehen bzw., wenn er arbeitslos ist, sich um eine Stelle zu bemühen.
- Er ist weiters verpflichtet, Erbschaften und Schenkungen anzunehmen und dem Treuhänder zur Befriedigung der Gläubiger auszuhändigen.
- Während des Verfahrens darf er keine neuen Schulden aufnehmen, die er bei Fälligkeit aus den ihm verbleibenden Geldern nicht bezahlen kann.

Für die **Restschuldbefreiung** muss der Schuldner alle Auflagen erfüllen.

Nach Ende der Laufzeit hat das Gericht das Abschöpfungsverfahren für beendet zu erklären und auszusprechen, dass der Schuldner **von den nicht beglichenen Verbindlichkeiten befreit wird.** Diese Befreiung gilt gegenüber sämtlichen Konkursgläubigern und auch gegenüber Gläubigern, die ihre Forderungen nicht angemeldet haben.

Wegen **betrügerischer Krida** wird bestraft, wer die Befriedigung der Gläubiger durch die Verheimlichung oder Verringerung seines Vermögens vereitelt oder schmälert.

Wenn der Schuldner seine Verpflichtungen verletzt, z. B. durch

- betrügerische Krida,
- Gläubigerbegünstigung,
- Unterfertigung eines falschen Vermögensverzeichnisses (Offenbarungseides),
- schuldhafte Verletzung der Verpflichtungen aus dem Abschöpfungsverfahren (z. B. keine Erwerbstätigkeit trotz entsprechender Möglichkeiten),
- Eingehen neuer Schulden,

leben sämtliche noch nicht bezahlten Schulden auf. Die Restschuldbefreiung kann nicht wirksam werden.

Üben

SbX ID: 6302

A B C D E
SbX
Ü 6.8
mit automatischer Aufgabenkontrolle
ID: 6302

Ü 6.8: Konkurs und Schuldenregulierungsverfahren A

Schreiben Sie zu jeder der folgenden Aussagen, ob sie richtig oder falsch ist. Ist die Aussage falsch, stellen Sie sie richtig.

	richtig/ falsch	Korrektur
Im Konkursverfahren erhält jeder Gläubiger einen gleich hohen Betrag aus der Konkursmasse zur Abdeckung seiner Forderungen.		
Im Sanierungsverfahren wird das gesamte Vermögen des Schuldners verwertet und verteilt.		
Nach Abschluss des Konkursverfahrens schuldet der Gemeinschuldner niemandem mehr etwas.		
Nach dem Ende des Abschöpfungsverfahrens im Privatkonkurs muss der Schuldner an die Gläubiger noch so lange Zahlungen leisten, bis keine Forderungen mehr offen sind.		

SbX
Ü 6.9
mit automatischer Aufgabenkontrolle
ID: 6302

Weitere Übungsaufgabe im SbX

Ü 6.9: Insolvenzrecht B

Vervollständigen Sie die Übersicht zum Insolvenzrecht.

Sichern

SbX ID: 6303

Insolvenzrecht

Das Insolvenzrecht regelt die Vorgangsweise bei drohender oder eingetretener **Zahlungsunfähigkeit oder Überschuldung.**

Konkursverfahren

Das **Konkursverfahren** hat die Verwertung und Verteilung des Vermögens des Gemeinschuldners unter den Gläubigern zu gleich großen Teilen zum Ziel.

Sanierungsverfahren

Das **Sanierungsverfahren** ist auf die Erhaltung der Vermögenssubstanz gerichtet.

Schuldenregulierungsverfahren

Privatpersonen können im **Schuldenregulierungsverfahren** von ihren Schulden befreit werden.

Vokabeln dieser Lerneinheit

Insolvenzrecht	insolvency law
Insolvenzverfahren	insolvency proceedings
Konkursverfahren	bankruptcy proceedings

Sanierungsverfahren	reconstruction (reorganisation) proceedings (plan)

SbX
ID: 6303

Im SbX finden Sie diese Zusammenfassung als Audio-Wiederholung sowie eine Bildschirmpräsentation mit den Grafiken dieser Lerneinheit.

Wissen

A B C D E

W 6.3: Konkurs C

Die Fa. Pünktlich GmbH hat noch Forderungen von mehr als € 30.000,– gegen ihre Geschäftspartnerin Fa. Später GmbH. Der Geschäftsführer der Fa. Pünktlich GmbH hört von anderen Geschäftspartnern, dass die Fa. Später GmbH keine Rechnungen mehr bezahle. Auch die Dienstnehmer würden auf ihr Gehalt warten.

a) Was ist dem Geschäftsführer der Fa. Pünktlich GmbH zu raten?

b) Bei der Überprüfung zeigt sich, dass über das Vermögen der Fa. Später GmbH der Konkurs eröffnet wurde. Kann die Fa. Pünktlich GmbH die ausständigen € 30.000,– einklagen?

c) Was muss die Fa. Pünktlich GmbH tun, damit ihre Forderungen gegen die Fa. Später GmbH im Konkursverfahren berücksichtigt werden?

d) Bei der Schlussverteilung erhält die Fa. Pünktlich GmbH aufgrund der Konkursquote nur € 3.000,–. Kann sie die restlichen € 27.000,– noch von der Fa. Später GmbH verlangen?

W 6.4: Schulden C

Frau Violetta Zent hat insgesamt € 90.000,– Schulden bei verschiedenen Versandhäusern und Banken. Mit ihrem Einkommen aus einer Teilzeitbeschäftigung kann sie nicht einmal die Zinsen bezahlen. Was raten Sie ihr?

Ein kurzer Kompetenz-Check, bevor's weitergeht!

Kompetenz-Check

	☺	😐	☹
Ich kann ein Sanierungsverfahren von einem Konkurs unterscheiden.			
Ich kann den Ablauf eines Privatkonkurses erläutern.			

7 STEUERRECHT

Worum geht's in diesem Kapitel?

Der Staat benötigt zur Finanzierung seiner Aufgaben Geld. Die wichtigste Einnahmenquelle sind Steuern. Die ertragreichsten Steuern sind die Umsatz-, die Einkommen- und die Körperschaftsteuer.

Die Wahl von Standorten und viele sonstige in Unternehmen getroffenen Entscheidungen werden auch unter Berücksichtigung von Steuern getroffen. Die Art und die Höhe von Steuern beeinflussen auch die Entscheidungen und das Verhalten von Privatpersonen.

Daher ist es wesentlich, über die Grundlagen des österreichischen Steuersystems Bescheid zu wissen.

Wenn Sie dieses Kapitel bearbeitet haben,

- können Sie erklären, wer Einkommensteuer zahlen muss,
- wissen Sie, wofür Einkommensteuer zu zahlen ist,
- können Sie die zu zahlende Einkommensteuer berechnen,
- können Sie die wesentlichen Schritte eines Abgabenverfahrens beschreiben.

Dieses Kapitel leistet einen Beitrag zur Erfüllung folgenden Deskriptors:

„Ich kann die verschiedenen Erscheinungsformen der Ertragsteuern nennen."

A B C D E

In diesem Kapitel finden Sie Übungsaufgaben, praxisbezogene Fallbeispiele und Wiederholungsfragen zur Kompetenzüberprüfung auf den Handlungsebenen A Wiedergeben, B Verstehen und C Anwenden.

Dieses Kapitel umfasst folgende Lerneinheiten:

SbX
Alle SbX-Inhalte zu dieser Lerneinheit finden Sie unter der ID: 7100.

Einnahmen des Staates = **state income/government revenue**

Infrastruktur = **infrastructure**

Lerneinheit 1
Die Einnahmen des Staates

Michael: Ich habe gelesen, dass der Staat heuer mehr als € 77 Mrd. ausgeben wird. Was macht er damit und wo bekommt er so viel Geld her?

Anna: Der Staat finanziert u. a. Schulen und Krankenhäuser, sorgt für Sicherheit und die notwendige Infrastruktur. Dafür benötigt er Geld.

Die Bürger müssen an den Staat Abgaben leisten. Dies ist seine wichtigste Einnahmequelle. Daneben hat er noch andere Quellen, die im Vergleich zu den Steuern aber nur geringe Einnahmen bringen.

Lernen

SbX ID: 7101

Finanzierungsquellen = **sources of financing**

1 Finanzierungsquellen des Staates

Wo bekommt der Staat Geld her?

Einnahmen des Staates

- Abgaben
- wirtschaftliche Tätigkeiten
- Kreditaufnahme

wirtschaftliche Tätigkeiten = **commercial activities**

Kreditaufnahme = **taking out a credit/loan, borrowing**

Die Einnahmen des Staates setzen sich aus folgenden Bereichen zusammen:

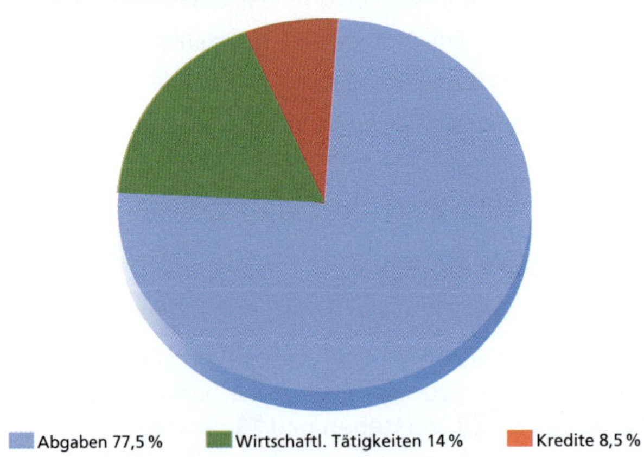

Die Grafik zeigt die Aufteilung der geplanten Einnahmen der Republik Österreich im Jahr 2013. Quelle: BMF

Abgaben = **levies**

Steuern = **taxes**

Beiträge = **fees**

Gebühren = **charges**

Die wichtigste Einnahmenquelle des Staates bilden die **Abgaben.** Dabei wird unterschieden:

Abgaben		
Steuern	**Beiträge**	**Gebühren**
Sie dienen zur Deckung des allgemeinen Finanzbedarfs des Staates; ihnen stehen keine besonderen Gegenleistungen des Staates gegenüber.	Dies sind Zahlungen für öffentliche Leistungen, die einer bestimmten Gruppe zugute kommen; eine individuell zurechenbare Gegenleistung muss nicht gegeben sein.	Dies sind Entgelte für die Inanspruchnahme von Leistungen der öffentlichen Hand, die individuell gegenüber demjenigen erbracht werden, der zur Zahlung der Gebühr verpflichtet ist.

Einkommensteuer = **income tax**

Körperschaftsteuer = **corporate (income) tax**

Umsatzsteuer = **value added tax (VAT)/ turnover tax**

Kraftfahrzeugsteuer = **motor vehicle tax**

Sozialversicherungsbeitrag = **social security contribution**

Gebühr für die Ausstellung einer Gewerbeberechtigung = **charges for issuing a trade licence**

Gebühr für die Nutzung der Kanalisation = **charges for the utilisation of the public sewage system**

Stempelgebühren = **stamp duties**

Mineralölsteuer = **mineral oil tax/fuel tax**

veranlagte Einkommensteuer = **assessed income tax**

Kapitalertragsteuer = **capital gains tax**

Abgaben		
Steuern	**Beiträge**	**Gebühren**
Beispiele: ● Einkommensteuer ● Körperschaftsteuer ● Umsatzsteuer ● Kraftfahrzeugsteuer	Beispiel: ● Sozialversicherungsbeitrag	Beispiel: ● Gebühr für die Ausstellung einer Gewerbeberechtigung ● Gebühr für die Nutzung der Kanalisation ● Stempelgebühren

Die für den Staat **ertragreichsten Steuern** sind:

Steuern	Anteil an den gesamten Steuereinnahmen
1 Umsatzsteuer	34,10 %
2 Lohnsteuer	30,40 %
3 Körperschaftsteuer	8,90 %
4 Mineralölsteuer	5,20 %
5 Veranlagte Einkommensteuer	4,70 %
6 Kapitalertragsteuern	3,60 %

Quelle: BMF, Budget 2017 im Überblick

Der Staat tritt auch **wie ein Unternehmen** am Markt auf und erzielt dadurch Einnahmen:

- Er besitzt Anteile an Unternehmen und erhält dafür Gewinnanteile (z. B. OMV, ÖBB, Post ...).
- Er betreibt selbst Einrichtungen, für deren Nutzung ein Entgelt zu zahlen ist (Pflegeheime, Versorgungsunternehmen ...).
- Er veranlagt Teile seines Vermögens und erhält dafür Zinsen.

Wie jeder andere Wirtschaftsteilnehmer kann auch der Staat **Kredit aufnehmen.**

Michael: Der Staat hat es gut. Wenn er zu wenig Geld hat, muss er nur die Steuern erhöhen.

Anna: Abgaben sind die Gegenleistung der Bürger für die Leistungen des Staates. Empfinden die Bürger die Steuern im Vergleich mit den erhaltenen Leistungen als zu hoch oder ungerecht, werden sie versuchen, diese zu vermeiden.

Ist z. B. die Einkommensteuer in Österreich wesentlich höher als in anderen Ländern, werden Personen, die sehr viel Steuer bezahlen, ihren Wohnsitz ins Ausland verlegen, damit sie weniger Steuer bezahlen müssen. Gibt es in diesem Land aber keine funktionierende Polizei, müssen die Menschen einen privaten Wachdienst bezahlen, der teurer werden kann als die Steuern, die sie in Österreich bezahlen müssen.

Außerdem möchte der Staat mit den Steuern auch die Wirtschaft beeinflussen. Der Besteuerung sind also auch Grenzen gesetzt.

Einteilung der Steuern = **classification of taxes**

Ertragsteuern = **income taxes, profit taxes**

Substanzsteuern = **asset taxes, property taxes**

Verkehrsteuern = **transfer taxes**

Verbrauchsteuer = **excise duty/-ies**

2 Einteilung der Steuern

Es gibt verschiedene Arten von Steuern.

Steuern können nach verschiedenen Gesichtspunkten gegliedert werden.

Arten von Steuern			
Ertragsteuern	**Substanzsteuern**	**Verkehrsteuern**	**Verbrauchsteuern**
besteuern den Vermögenszuwachs	besteuern den Besitz	besteuern die Übertragung von Vermögenswerten und Rechten	besteuern den Verbrauch bestimmter Sachen
Beispiele: ● Einkommensteuer ● Körperschaftsteuer	Beispiele: ● Grundsteuer ● KFZ-Steuer	Beispiele: ● Umsatzsteuer ● Grunderwerbsteuer	Beispiele: ● Mineralölsteuer ● Tabaksteuer ● Branntweinsteuer

Bundesabgaben = **federal government revenues/taxes**

Landesabgaben = **provincial taxes**

Gemeindeabgaben = **municipal/community taxes**

Veranlagungssteuern = **payable taxes**

Selbstbemessungsabgaben = **self-assessment (self-assessed) taxes**

Eine andere häufig verwendete Gliederung ist die folgende:

Einteilung der Steuern			
Art der Einhebung	**Empfänger**	**Berücksichtigung der persönlichen Verhältnisse**	**Art der Erhebung**
• direkte Steuern • indirekte Steuern	• Bundesabgaben • Landesabgaben • Gemeindeabgaben	• Personensteuern • Sachsteuern	• Veranlagungssteuern • Selbstbemessungsabgaben

Der Steuerträger wird auch als Destinatär bezeichnet.

Steuerschuldner = **tax debtor/person liable to pay tax**

Steuerträger = **tax payer**

Direkte und indirekte Steuern

- **Steuerschuldner** ist die Person, die die Steuer an das Finanzamt einzahlen muss.
- **Steuerträger** ist die Person, die die Steuer wirtschaftlich trägt.

Ist geplant, dass der Steuerschuldner die Steuer auch wirtschaftlich trägt, sind Steuerträger und Steuerschuldner dieselbe Person, dann spricht man von **direkter Steuer,** z. B. Einkommensteuer, Körperschaftsteuer.

Soll der Steuerschuldner die Steuer nicht selbst tragen, sondern auf andere überwälzen, dann liegt eine **indirekte Steuer** vor, z. B. Umsatzsteuer, Tabaksteuer, Mineralölsteuer.

Das Finanzausgleichsgesetz ist ein einfaches Bundesgesetz.

Bundesabgaben, Landesabgaben, Gemeindeabgaben

Grundsätzlich darf jede Gebietskörperschaft Steuern erheben. Viele Steuern werden vom Bund durch die Finanzämter erhoben, der Ertrag wird jedoch zwischen den Gebietskörperschaften geteilt. Rechtsgrundlage dafür ist das **Finanzausgleichsgesetz,** das in regelmäßigen Abständen neu verhandelt wird. Im Zuge dieser Verhandlungen wird auch die Aufteilung neu festgelegt.

Zu den Personensteuern zählen z. B. Lohn- und Einkommensteuer.

objektbezogene Steuern = **property-based taxes**

Personensteuern, Sachsteuern

Bei **Personensteuern** wird die Höhe der Steuer nach persönlichen Merkmalen (z. B. Höhe des Einkommens, Familienstand, Alter usw.) festgelegt.

Bei **Sachsteuern** orientiert sich die Steuerhöhe nur an objektbezogenen Merkmalen (z. B. verschiedene Steuersätze bei der Umsatzsteuer für bestimmte Kategorien von Waren und Dienstleistungen, Berechnung der Normverbrauchsabgabe nach dem Treibstoffverbrauch von Pkw); die persönliche Situation des betroffenen Steuerpflichtigen spielt dabei grundsätzlich keine Rolle.

Normverbrauchsabgabe = **standardised consumption tax**

Steuererklärung = **tax return/declaration**

Veranlagungssteuern, Selbstbemessungssteuern

Bei einer **Veranlagungssteuer,** z. B. der Einkommensteuer, setzt das Finanzamt auf Grundlage einer Steuererklärung die Steuer für ein bestimmtes Kalenderjahr mit Bescheid fest.

Bei **Selbstbemessungsabgaben** (z. B. Versicherungssteuer, Normverbrauchsabgabe) muss der Steuerpflichtige bzw. der zur Einbehaltung Verpflichtete die Steuer selbst berechnen und an das Finanzamt einzahlen.

Üben

A B C D E

Ü 7.1: Ausgaben des Staates A

Nennen Sie fünf Beispiele, wofür der Staat Geld ausgibt.

Ü 7.2: Steuer – Beitrag – Gebühr B

Handelt es sich in den folgenden Fällen um eine Steuer, einen Beitrag oder eine Gebühr?

Fall	Steuer	Beitrag	Gebühr
Der Staat verlangt Geld für die Ausstellung eines Reisepasses.			
Der Arbeitnehmer ist Mitglied der Arbeiterkammer und muss dafür zahlen.			
Die Gemeinde erhebt Geld für die Nutzung des Kanals.			
Der Staat erhebt Geld, wenn eine Sache gekauft wird.			

Sichern

SbX ID: 7103

Aufgaben des Staates

Der **Staat** erfüllt **verschiedene Aufgaben:**

- Er sorgt für Sicherheit.
- Er bietet Bildung an.
- Er stellt Infrastruktur, wie Straßen oder Beleuchtung, bereit.
- Er stimuliert in der Krise die Wirtschaft.

Einnahmequellen des Staates

Einnahmequellen des Staates sind

- Abgaben (Steuern, Beiträge und Gebühren),
- wirtschaftliche Tätigkeiten,
- Kreditaufnahme.

Vokabeln dieser Lerneinheit

Steuerrecht	tax law
Einnahmen des Staates	state income/ government revenue
Infrastruktur	infrastructure
Finanzierungsquellen	sources of financing
wirtschaftliche Tätigkeiten	commercial activities
Kreditaufnahme	taking out a credit/ loan, borrowing
Abgaben	levies
Steuern	taxes
Beiträge	fees
Gebühren	charges
Deckung des Finanzbedarfs	covering of financial requirements
Gegenleistung	compensation, service in return
öffentliche Leistungen	public services
Entgelte für die Inanspruchnahme von Leistungen der öffentlichen Hand	charges for public services
Einkommensteuer	income tax
Körperschaftsteuer	corporate (income) tax
Umsatzsteuer	value added tax (VAT)/ turnover tax

Kraftfahrzeugsteuer	motor vehicle tax
Sozialversicherungs-beitrag	social security contribution
Gebühr für die Ausstellung einer Gewerbeberechtigung	charges for issuing a trade licence
Gebühr für die Nutzung der Kanalisation	charges for the utilisation of the public sewage system
Stempelgebühren	stamp duties
Mineralölsteuer	mineral oil tax/fuel tax
veranlagte Einkommensteuer	assessed income tax
Kapitalertragsteuer	capital gains tax
Anteile an Unternehmen	shares in the company/-ies
Gewinnanteile	profit shares/dividends
Nutzungsentgelt	user fee/charge
Versorgungsunternehmen	utility company/-ies
Vermögen veranlagen	invest assets
Zinsen erhalten	receive interest
Kredit aufnehmen	take out a credit/a loan, borrowing
Wohnsitz im Ausland	permanent residence abroad

Besteuerungsgrenzen	limits on taxation
Einteilung der Steuern	classification of taxes
Ertragsteuern	income taxes, profit taxes
Substanzsteuern	asset taxes, property taxes
Verkehrsteuern	transfer taxes
Verbrauchsteuer	excise duty/-ies
Vermögenszuwachs	capital gain
Übertragung von Vermögenswerten und Rechten	transfer of assets and rights
Grundsteuer	property tax, land tax
Grunderwerbsteuer	land transfer tax
Tabaksteuer	tobacco tax
Branntweinsteuer	tax on spirits
Art der Einhebung	types of levying/ payment
Berücksichtigung der persönlichen Verhältnisse	consideration of the personal circumstances/conditions
Bundesabgaben	federal government revenues/taxes
Landesabgaben	provincial taxes
Gemeindeabgaben	municipal/community taxes

Veranlagungssteuern	payable taxes
Selbstbemessungsabgaben	self-assessment (self-assessed) taxes
Steuerschuldner	tax debtor/person liable to pay tax
Steuerträger	tax payer
objektbezogene Steuern	property-based taxes
verschiedene Steuersätze	different tax rates
Normverbrauchsabgabe	standardised consumption tax
Steuererklärung	tax return/declaration
zur Einbehaltung verpflichtet	obligated to withhold taxes
Gebietskörperschaft	regional authority
Rechtsgrundlage	legal basis
Finanzausgleichsgesetz	act/law on the redistribution of income
Anleihen aufnehmen	borrow money/issue bonds
Staatsverschuldung	national/public debt
Steuerquote	tax ratio/quota/rate
Widerstand der Steuerpflichtigen	resistance of taxable persons

SbX ID: 7103

Im SbX finden Sie eine Bildschirmpräsentation mit den Grafiken dieser Lerneinheit.

Wissen

A B C D E

Finanzausgleichsgesetz = **act/law on the redistribution of income**

W 7.1: Staatsverschuldung und Zinsbelastung B

Viele Euro-Staaten nehmen Kredite (Anleihen) auf. Stellen Sie fest, wie hoch die Zinsen sind, die die Staaten dafür zahlen müssen. Erstellen Sie eine Tabelle, welche die Staatsverschuldung und die Zinsen, die die Staaten zu zahlen haben, zeigt. Versuchen Sie zu erklären, warum einige Staaten höhere Zinsen zahlen müssen und andere weniger hohe.

Steuerquote = **tax ratio/quota/rate**

W 7.2: Steuerquote B

Recherchieren Sie die Steuerquoten der EU-Mitgliedstaaten und stellen Sie fest, wie hoch die österreichische Steuerquote im Vergleich zu jenen der übrigen EU-Staaten ist.

W 7.3: Wirtschaftliche Tätigkeit des Staates A

Nennen Sie drei Beispiele für wirtschaftliche Tätigkeiten des Staates, die ihm Geld einbringen.

Widerstand der Steuerpflichtigen = **resistance of taxable persons**

W 7.4: Direkte und indirekte Steuern

Steuern werden meist nicht gerne bezahlt. Der Finanzminister will bei den Steuerpflichtigen möglichst wenig Widerstand hervorrufen. Analysieren Sie, ob der Widerstand bei direkten oder bei indirekten Steuern höher sein wird.

W 7.5: Landes- und Gemeindeabgaben C

Recherchieren Sie, welche Abgaben das Bundesland und welche die Gemeinde, in der Sie leben, erheben.

Ein kurzer Kompetenz-Check, bevor's weitergeht!

Kompetenz-Check

	☺	😐	☹
Ich kann den Unterschied zwischen Steuern, Beiträgen und Gebühren erklären.			
Ich kenne die verschiedenen Einteilungsmöglichkeiten der Steuern.			
Ich kann erklären, was im Finanzausgleich geregelt wird.			

Lerneinheit 2
Die Einkommensteuer

SbX
Alle SbX-Inhalte zu dieser Lerneinheit finden Sie unter der ID: 7200.

Michael: Zahlt eigentlich ein Unternehmen wie die ING4TECH genauso viel Steuern für ihren Gewinn wie mein Freund, der einen kleinen Mechanikerbetrieb hat, den er als Einzelunternehmer betreibt?

Anna: Nein. Dein Freund zahlt für den Gewinn Einkommensteuer. Eine GmbH ist eine juristische Person. Diese zahlt für den Gewinn Körperschaftsteuer.

Lernen

SbX ID: 7201

1 Wer ist steuerpflichtig?
Nicht jede Person muss in Österreich Einkommensteuer bezahlen.

natürliche Person = **natural person**

juristische Person = **legal person**

Je nachdem ob das Einkommen von einer natürlichen oder juristischen Person erwirtschaftet wurde, wird eine andere Steuer erhoben; es gelten verschiedene Rechtsvorschriften:

Die Körperschaftsteuer beträgt immer 25 % des Gewinns, unabhängig von dessen Höhe.

Einkommen	
Juristische Personen (GmbH, AG, Vereine ...)	**Natürliche Personen und Personengesellschaften (OG, KG)**
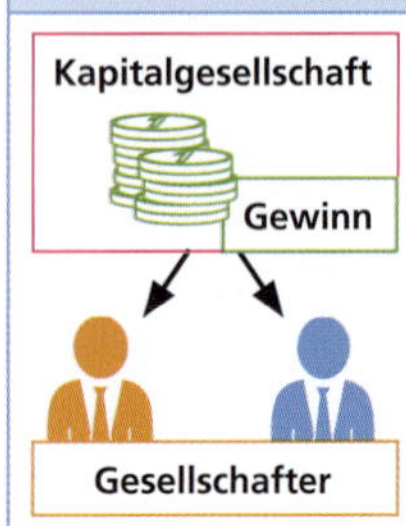 Der Gewinn gehört der Gesellschaft; diese zahlt für den Gewinn **Körperschaftsteuer.** Wird der Gewinn an die Gesellschafter ausgeschüttet, zahlen diese dafür **Kapitalertragsteuer.**	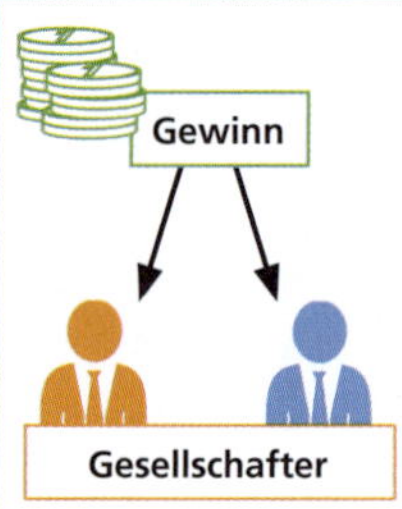 Der Gewinn gehört den Gesellschaftern; diese zahlen dafür **Einkommensteuer.**

Michael: Mein Freund, der Mechaniker, wohnt in Österreich. Er hat jetzt einen Auftrag aus Asien bekommen. Muss er dafür auch in Österreich Einkommensteuer zahlen?

Anna: Wenn er seinen Wohnsitz in Österreich hat, muss er das gesamte Einkommen in Österreich versteuern, gleichgültig wo er es verdient hat.

Wohnsitz = **place of residence**

Nicht alle Einkommen natürlicher Personen sind in Österreich einkommensteuerpflichtig. Damit in Österreich Einkommensteuer zu zahlen ist, muss eine **Verbindung zu Österreich** gegeben sein. Für die Begründung der Steuerpflicht spielt die Staatsbürgerschaft keine Rolle.

unbeschränkte Steuerpflicht = **unlimited/full tax liability**

beschränkte Steuerpflicht = **limited tax liability**

Eine inländische Wohnung führt nicht zur unbeschränkten Steuerpflicht, wenn sie nicht mehr als 70 Tage pro Jahr genutzt wird.

Persönliche Einkommensteuerpflicht	
unbeschränkte Steuerpflicht	**beschränkte Steuerpflicht**
Personen, die ihren **Wohnsitz oder gewöhnlichen Aufenthalt in Österreich** haben; ein Aufenthalt in Österreich von mehr als 6 Monaten in einem Jahr begründet jedenfalls die unbeschränkte Steuerpflicht.	Personen, die **weder Wohnsitz noch gewöhnlichen Aufenthalt in Österreich** haben
Für sämtliche Einkünfte, die diese Personen weltweit erwirtschaften, ist in Österreich Einkommensteuer zu zahlen.	Diese Personen müssen nur für bestimmte, in Österreich erwirtschaftete Einkommen Einkommensteuer zahlen.

Auch bei der Körperschaftsteuer wird zwischen beschränkter und unbeschränkter Steuerpflicht unterschieden.

Persönliche Einkommensteuerpflicht	
unbeschränkte Steuerpflicht	**beschränkte Steuerpflicht**
Beispiel Karl Grüner wohnt in der Steiermark und betreibt dort ein Ziviltechnikbüro. Er hat Aufträge von österreichischen Unternehmen, aber auch von spanischen und brasilianischen Unternehmen. Dafür muss er nach Spanien und Brasilien reisen und dort seine Leistungen erbringen. Sämtliche Einkünfte muss er in Österreich versteuern.	**Beispiel** Claire Saunders wohnt in Schottland und betreibt dort ein Unternehmen. Sie hat eine Wohnung in Österreich geerbt, die sie vermietet. Zweimal im Jahr kommt sie für zwei Tage nach Österreich und hält einen Vortrag. In Österreich muss sie nur für die Miete und das Vortragshonorar Einkommensteuer zahlen.

Doppelbesteuerungsabkommen = **double taxation agreement**

Österreich hat mit anderen Staaten Abkommen abgeschlossen, damit dasselbe Einkommen nicht von beiden Staaten besteuert wird (Doppelbesteuerungsabkommen).

Vermögenszuwachs = **capital gain**

2 Wofür ist Einkommensteuer zu zahlen?

Nicht für jeden Vermögenszuwachs muss Einkommensteuer gezahlt werden.

Michael: Wenn jemand € 1.000,– verdient und davon Steuern bezahlt, trifft ihn dies härter als eine Person, die € 5.000,– verdient.

Anna: Damit die Steuer jede Person gleich stark trifft, ist der Tarif progressiv ausgestaltet. Das heißt, wenn du mehr verdienst, steigt der Prozentsatz, den du als Steuer abzuführen hast.

Periodenprinzip

Zur Berechnung der Einkommensteuer werden die **Einkünfte eines Jahres** herangezogen.

Leistungsfähigkeitsprinzip

Bei der Besteuerung werden **persönliche Verhältnisse** berücksichtigt. Der Tarif ist **progressiv:** Je höher das Einkommen, desto höher ist der Prozentsatz, der der Steuerberechnung zu Grunde gelegt wird. Dabei wird von folgender Überlegung ausgegangen:

Beispiel

Hat jemand ein Einkommen von € 900,–, so wird er damit seine wichtigsten Lebensbedürfnisse befriedigen können; Wünsche, die nicht zum Überleben notwendig sind, können nur schwer erfüllt werden. Ein zusätzliches Einkommen von € 50,- wird ihn vielleicht in die Lage versetzen, einen kleinen Wunsch zu erfüllen.

progressiver Tarif = **progressive tax rate**

Erhält jemand ein Einkommen von € 5.000,–, so wird ein zusätzliches Einkommen von € 50,– seine Lage nicht verändern.

Der Nutzen von zusätzlichem Einkommen sinkt mit steigendem Einkommen. Stellt man diesen Nutzenverlauf grafisch dar, so erhält man folgende Kurve:

Nutzenfunktion des Einkommens

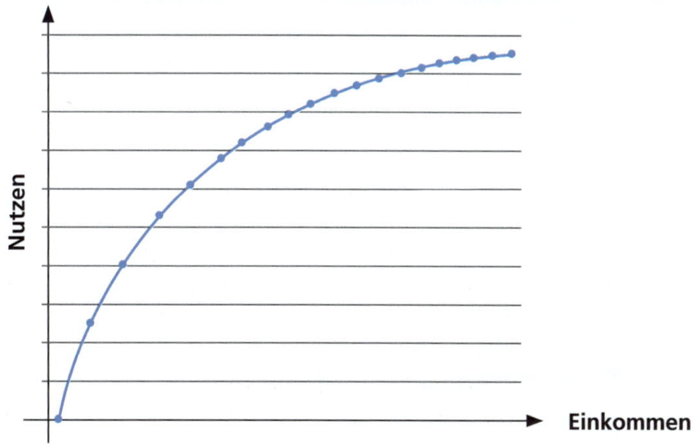

Jeder soll ein gleich großes Opfer für die Finanzierung der öffentlichen Aufgaben leisten. Jemand, der ein hohes Einkommen hat, kann einen höheren Beitrag leisten als jemand, der nur über ein niedrigeres Einkommen verfügt. Der Nutzenverlust ist dabei bei beiden gleich hoch, obwohl der absolute Betrag, der an Steuern bezahlt wird, unterschiedlich hoch ist.

Michael: Was ist das Einkommen, für das Einkommensteuer bezahlt werden muss? Zählt alles dazu, was ich in meinem Leben bekommen habe?

Anna: Nicht für alles, was du bekommst, ist Einkommensteuer zu bezahlen. Im Einkommensteuergesetz ist aufgezählt, für welche Einkommen Steuer zu zahlen ist. Für andere Geldzuflüsse ist keine Einkommensteuer fällig.

Der Gesetzgeber hat festgelegt, dass nur Einkünfte, die aus den **sieben im Gesetz aufgezählten Einkunftsarten** stammen, steuerpflichtig sind.

Land- und Forstwirtschaft = **agriculture and forestry**

Tierzucht = **livestock breeding**

Jagd = **hunting**

Rechtsanwalt = **lawyer/ attorney at law/ solicitor**

Steuerberater = **tax consultant/adviser**

Ziviltechniker = **registered engineering consultant/registered engineer**

Hausverwalter = **property manager**

Aufsichtsratsmitglieder = **supervisory board members**

Gewerbebetrieb = **business/commercial enterprise**

Überlassung von Marken- oder Patentrechten = **assignment of trademark and patent laws**

Wird eine bewegliche Sache innerhalb eines Jahres gekauft und wieder verkauft, liegt ein Spekulationsgeschäft vor.

Einkunftsart	Beispiele
1. Einkünfte aus Land- und Forstwirtschaft	Einkünfte aus ● Land- und Forstwirtschaft ● Tierzucht mit eigenen landwirtschaftlichen Produkten ● Jagd
2. Einkünfte aus selbständiger Arbeit	Freiberufliche Tätigkeiten, wie ● Rechtsanwalt ● Steuerberater ● Ziviltechniker ● Hausverwalter ● Aufsichtsratsmitglieder
3. Einkünfte aus Gewerbebetrieb	Tätigkeiten, die ● selbständig, ● wiederholt, ● mit Gewinnerzielungsabsicht ausgeübt werden und der Allgemeinheit gegenüber erbracht werden
4. Einkünfte aus nichtselbständiger Arbeit	Einkünfte als ● Arbeiter, ● Angestellter, ● Beamter, ● Lehrling
5. Einkünfte aus Kapitalvermögen	● Sparbuchzinsen ● Dividenden ● GmbH-Gewinnanteile ● Verkauf von Wertpapieren
6. Einkünfte aus Vermietung und Verpachtung	Einkünfte aus ● Vermietung von Wohnungen, Grundstücken, Häusern ● Überlassung von Marken- oder Patentrechten
7. sonstige Einkünfte	Einkünfte aus ● Renten ● privaten Grundstücksverkäufen ● Spekulationsgeschäften ● gelegentlicher Vermietung beweglicher Sachen

Für Einkünfte, die unter keine dieser sieben Einkunftsarten fallen, ist **keine Einkommensteuer** zu entrichten.

Beispiel

Nicht steuerbare Einkünfte sind beispielsweise:
- Lottogewinne
- Erbschaften
- Schmerzengeld

Gewinneinkünfte

Einkünfte = **earnings**

Bei den **Einkunftsarten 1 bis 3** sind die Einkünfte der Gewinn. Dieser wird folgendermaßen ermittelt:

Der Gewinn wird mit Hilfe einer Einnahmen-Ausgaben-Rechnung oder einer Buchhaltung ermittelt.

Einkünfte = Betriebseinnahmen – Betriebsausgaben

Betriebseinnahmen sind alle Zuflüsse von Geld oder Geldeswert, die durch den Betrieb veranlasst sind. **Betriebsausgaben** sind Aufwendungen oder Ausgaben, die durch den Betrieb veranlasst sind.

Beispiel

Betriebseinnahmen = **operating revenues**

Betriebsausgaben = **operating expenses**

Beispiele für Betriebseinnahmen:

- Preis von Waren, die ein Unternehmen verkauft
- Eintrittspreis, den Festivalveranstalter erhält
- Honorar eines Architekten

Beispiel für Betriebsausgaben:

- Miete für ein Geschäftslokal
- Entlohnung der Mitarbeiter
- Entgelt für Waren, die weiterverkauft oder verarbeitet werden sollen

Diese Unternehmen müssen Einkünfte aus Land- und Forstwirtschaft oder aus selbständiger Arbeit oder aus Gewerbebetrieb erzielen.

Unternehmen können bei der Gewinnermittlung als Betriebsausgabe einen **Gewinnfreibetrag** abziehen. Übersteigt der gesamte betriebliche Gewinn € 30.000,–, müssen für die Geltendmachung des Freibetrags für den Betrieb bestimmte Wirtschaftsgüter oder Wertpapiere angeschafft werden und diese 4 Jahre im Betrieb behalten werden.

Gewinnfreibetrag = **annual tax-free profit allowance**

Der Gewinnfreibetrag beträgt:

Betriebliche Einkünfte		Gewinnfreibetrag
von	bis	
€ 0,00	€ 175.000,00	13,00 %
€ 175.000,00	€ 350.000,00	7,00 %
€ 350.000,00	€ 580.000,00	4,50 %
über € 580.000,00		0,00 %

Der Gewinnfreibetrag soll einen Ausgleich für die günstiger besteuerten sonstigen Einkünfte der unselbständig Beschäftigten schaffen.

Überschusseinkünfte

Bei den **Einkunftsarten 4 bis 7** werden die Einkünfte folgendermaßen ermittelt:

Bei den Einkunftsarten 4 bis 7 wird der Überschuss der Einnahmen über die Werbungskosten ermittelt.

Einkünfte = Einnahmen – Werbungskosten

Ausgaben zum Erwerb, zur Sicherung oder zum Erhalt der Einnahmen werden **Werbungskosten** genannt. Sie mindern die Einkünfte.

Beispiel

Werbungskosten = **income-related expenses**

Beispiele für Werbungskosten:

- Einkünfte aus nichtselbständiger Tätigkeit: Bezahlung der Kurskosten eines Weiterbildungskurses durch einen Angestellten
- Einkünfte aus Kapitalvermögen: Kontoführungskosten
- Einkünfte aus Vermietung und Verpachtung: Ausmalen einer Wohnung, um diese besser vermieten zu können

3 Berechnung der Einkommensteuer

Einkünfte und Einkommen sind nicht dasselbe.

Das **Einkommen** wird errechnet, indem die in einem Jahr erzielten Einkünfte sämtlicher Einkunftsarten addiert werden. Davon können Sonderausgaben und außergewöhnliche Belastungen abgezogen werden. Auf dieses Einkommen wird dann der **Einkommensteuertarif** angewandt. Dazu wird folgendes Rechenschema verwendet:

Die bei einer Einkunftsart erzielten Einkünfte können auch negativ sein. Dann mindern sie die Bemessungsgrundlage.

Die Steuerbemessungsgrundlage kann keinen negativen Wert annehmen.

1. Einkünfte aus Land- und Forstwirtschaft
2. Einkünfte aus selbständiger Arbeit
3. Einkünfte aus Gewerbebetrieb
4. Einkünfte aus nichtselbständiger Arbeit
5. Einkünfte aus Kapitalvermögen
6. Einkünfte aus Vermietung und Verpachtung
7. sonstige Einkünfte

Gesamtbetrag der Einkünfte
– Sonderausgaben
– außergewöhnliche Belastungen

---

steuerpflichtiges Einkommen (= Bemessungsgrundlage, auf die Tarif anzuwenden ist)

Bemessungsgrundlage = **tax base/assessment basis**

↓

Einkommensteuer lt. Tarif (= Einkommen × Steuersatz)
– Absetzbeträge

Jahresbetrag der Einkommensteuer
– Vorauszahlungen

Steuerschuld (zu zahlender Betrag)

Sonderausgaben

Sonderausgaben = **special expenses**

Jedem Steuerpflichtigen werden pauschal € 60 als Sonderausgaben von der Bemessungsgrundlage abgezogen.

Sonderausgaben können alle unbeschränkt Einkommensteuerpflichtigen geltend machen.

Sie stehen in keinem Zusammenhang mit der Einkommenserzielung. Diese Ausgaben werden steuerlich berücksichtigt, um den Steuerpflichtigen zu einem bestimmten, gesellschaftlich gewünschten Verhalten zu veranlassen oder um die steuerliche Leistungsfähigkeit zu berücksichtigen.

Die **wichtigsten Sonderausgaben** sind:

- bestimmte Renten und dauernde Lasten
- Kirchenbeitrag (bis max. € 400)
- Steuerberatungskosten
- bestimmte Spenden
- Verluste aus Vorjahren, die noch nicht mit positiven Einkünften ausgeglichen werden konnte

Kirchenbeiträge, Spenden und freiwillige Weiterversicherungen sind vom Empfänger dem Finanzamt zu melden. Diese werden dann automatisch bei der Steuerberechnung berücksichtigt.

Außergewöhnliche Belastungen

außergewöhnliche Belastungen = **extraordinary charges**

Dies sind Kosten, denen sich der Steuerpflichtige nicht entziehen kann und die seine steuerliche Leistungsfähigkeit mindern. Voraussetzung, dass die Belastungen steuermindernd wirken, sind:

- Sie müssen **außergewöhnlich** sein, d. h., sie sind höher als bei anderen Steuerpflichtigen mit gleichen Einkommens- und Vermögensverhältnissen.
- Sie müssen **zwangsläufig erwachsen.** Der Steuerpflichtige kann sich aus tatsächlichen, rechtlichen oder sittlichen Gründen der Belastung nicht entziehen.
- Sie müssen die **wirtschaftliche Leistungsfähigkeit wesentlich beeinträchtigen.** Die Leistungsfähigkeit wird beeinträchtigt, wenn ein im Gesetz festgelegter Selbstbehalt überschritten wird. Die Höhe des Selbstbehalts hängt von der Höhe des Einkommens ab und beträgt zwischen 6 % und 12 %. Bei Behinderungen ist kein Selbstbehalt zu tragen.

Beispiel

Beispiele für außergewöhnliche Belastungen:
- Krankheits- und Diätkosten
- Mehraufwendungen für ein erheblich behindertes Kind
- Katastrophenschäden
- Kosten für ein auswärtiges Studium eines Kindes
- Begräbniskosten, die nicht durch den Nachlass gedeckt sind

Steuertarif

Der Steuersatz von 55 % gilt befristet bis 2020.

Steuertarif = **tax rate/tariff**

Auf die Bemessungsgrundlage (das Einkommen) wird folgender Tarif angewandt:

Einkommensteuertarif		
Einkommen		Steuersatz
von	bis	
bis	€ 11.000,00	0,00 %
€ 11.000,00	€ 18.000,00	25,00 %
€ 18.000,00	€ 31.000,00	35,00 %
€ 31.000,00	€ 60.000,00	42,00 %
€ 60.000,00	€ 90.000,00	48,00 %
€ 90.000,00	€ 1.000.000,00	50,00 %
über	€ 1.000.000,00	55,00 %

Absetzbeträge

Absetzbetrag = **tax credit/deductible amount**

Von der berechneten Steuer können nach Anwendung des Tarifs folgende **Absetzbeträge** abgezogen werden (fallen die Voraussetzungen für die Inanspruchnahme des Absetzbetrages weg, muss der Arbeitnehmer dies dem Arbeitgeber innerhalb 1 Monats melden).

Der Alleinverdiener-/Alleinerhalterabsetzbetrag wird beansprucht, indem der Arbeitnehmer dem Arbeitgeber auf einem amtlichen Formblatt erklärt, dass er die Voraussetzungen für diesen Absetzbetrag erfüllt.

Bezeichnung des Absetzbetrages	Höhe
Alleinverdiener-/Alleinerhalterabsetzbetrag steht Steuerpflichtigen mit mindestens 1 Kind zu, die ● ohne Partner leben oder ● deren Partner Einkünfte von höchstens € 6.000,– im Jahr bezieht.	1 Kind € 494,–/Jahr 2 Kinder € 669,–/ Jahr für jedes weitere Kind zusätzlich € 220,–/ Jahr
Unterhaltsabsetzbetrag steht Steuerpflichtigen zu, die gesetzlichen Unterhalt für ein Kind zahlen, ● das nicht ihrem Haushalt angehört und ● für das sie oder ihr im gemeinsamen Haushalt lebender Partner keine Familienbeihilfe bezieht.	1. Kind € 29,20/Monat 2. Kind € 43,80/Monat für jedes weitere Kind zusätzlich € 58,40/Monat
Familienbonus Plus steht für Kinder zu, für die Familienbeihilfe bezogen wird.	bis zum vollendeten 18. Lebensjahr: € 1.500,–/Jahr nach Vollendung des 18. Lebensjahres: € 500,– Alleinerzieher und Alleinverdiener, die wenig Steuern zahlen, erhalten € 250,– als Kindermehrbetrag ausbezahlt.
Verkehrsabsetzbetrag steht Steuerpflichtigen zu, die Einkünfte aus einem Dienstverhältnis beziehen als Abgeltung für die Fahrtkosten Wohnung – Arbeitsstätte	€ 400,–/ Jahr

Der Familienbonus wird für Kinder, die in einem anderen EWR-Staat oder der Schweiz leben, an das Preisniveau des Landes angepasst. Lebt das Kind in einem andern Staat, steht kein Familienbonus zu.

Beträgt das Einkommen höchstens € 12.200,00 erhöht sich der Verkehrsabsetzbetrag auf € 690,–.

Ist die nach Abzug der Absetzbeträge errechnete Einkommensteuer negativ, wird der Alleinverdiener-/Alleinerzieherabsetzbetrag bis zu einer Höhe von € 364,– gutgeschrieben, wenn mindestens 1 Kind vorhanden ist.

4 Beispiele zur Berechnung der Einkommensteuer

Wie wird die Einkommensteuer tatsächlich berechnet?

Michael: Meine Mutter betreibt ein Handelsunternehmen. Voriges Jahr haben die Kunden € 158.700,– für ihre Einkäufe bezahlt. Meine Mutter hat für Wareneinkäufe, Miete für das Geschäftslokal und sonstige Ausgaben für das Unternehmen € 113.750,– aufgewendet. Sie macht keine Sonderausgaben oder außergewöhnlichen Belastungen geltend. Wie hoch ist die Einkommensteuer, die sie zahlen muss?

Anna: Zuerst ist das Einkommen zu berechnen, das ist jener Betrag, auf den der Steuertarif angewandt wird. Schauen wir uns die Berechnung einmal gemeinsam an.

Beispiel

Michaels Mutter erzielt ausschließlich Einkünfte aus dem Handelsunternehmen. Diese Einkünfte zählen zu den Einkünften aus Gewerbebetrieb. Ihre Betriebseinnahmen betrugen € 158.700,–, die Betriebsausgaben € 113.750,–. Daher ist folgende Rechnung anzustellen:

Von diesem Einkommen ist nun die Steuer zu berechnen:

Betriebseinnahmen	€ 158.700,00
Betriebsausgaben	– € 113.720,00
Gewinn	€ 44.980,00
13 % Gewinnfreibetrag	– € 5.847,40
Einkünfte aus Gewerbebetrieb	€ 39.132,60
Sonderausgabenpauschale	– € 60,00
außergewöhnliche Belastungen	€ 0,00
Einkommen (= Bemessungsgrundlage)	€ 39.072,60

Jedem Steuerpflichtigen werden pauschal € 60,– als Sonderausgaben von der Bemessungsgrundlage abgezogen.

Absetzbeträge können nicht abgezogen werden:

Einkommen		Steuerprozentsatz	Steuerbetrag
von	bis		
€ 0,00	€ 11.000,00	0 %	€ 0,00
€ 11.000,00	€ 18.000,00	25 %	€ 1.750,00
€ 18.000,00	€ 31.000,00	35 %	€ 4.550,00
€ 31.000,00	€ 60.000,00	42 %*	€ 3.390,49
Einkommensteuer lt. Tarif			**€ 9.690,49**

* (39.072,60 – 31.000)

- Michaels Vater verdient mehr als € 6.000,– im Jahr, daher steht kein Alleinverdienerabsetzbetrag zu.
- Die Mutter ist weder Arbeiterin noch Angestellte oder Beamtin, daher steht kein Verkehrsabsetzbetrag zu

Michael: Wie viel Einkommensteuer zahlt mein Onkel? Er hat ein Architekturbüro. Die Honorare, die er von seinen Auftraggebern voriges Jahr bekam, betrugen € 281.600,–. Seine Betriebsausgaben für die Miete und den Betrieb des Büros, für die Gehälter seiner Mitarbeiter, für die Fahrten zu den Baustellen und sonstigen Zahlungen machten € 198.340,– aus. Daneben unterrichtet er auf einer Fachhochschule. Dafür erhielt er voriges Jahr € 11.500,–. Für Bücher und einen Kurs, den er dafür besuchen musste, bezahlte er € 1.650,–. Zusätzlich vermietet er eine Wohnung. Der Mieter ist im Mai vorigen Jahres ausgezogen. Daher hat er nur € 4.900,– Miete erhalten. Damit er die Wohnung wieder vermieten kann, musste er sie herrichten lassen. Dafür hatte er € 7.580,– zu bezahlen. Er war vergangenes Jahr krank und musste einen Teil der anfallenden Kosten selbst tragen. Dafür kann er € 9.500,– außergewöhnliche Belastungen geltend machen.

Unterrichtet der Onkel nach einem vorgegebenen Lehrplan, dann sind die Zahlungen der Fachhochschule Einkünfte aus nichtselbständiger Arbeit.

Meine Tante führt den Haushalt und hatte daher vergangenes Jahr kein Einkommen.

Meine Onkel und meine Tante haben 1 Kind. Mein Cousin hat heuer den 16. Geburtstag gefeiert.

Anna: Es ist wieder dieselbe Berechnung anzustellen. Schauen wir sie uns gemeinsam an.

Beispiel

Bei Michaels Onkel ist zu bedenken, dass er aus seinem Architekturbüro Einkünfte aus selbständiger Arbeit erzielt. Die Einkünfte für seine Unterrichtstätigkeit an der Fachhochschule sind Einkünfte aus nichtselbständiger Arbeit.

Bei der Vermietung ist der Überschuss der Einnahmen über die Werbungskosten für die Vermietung zu errechnen. Wenn bei einer Einkunftsart positive Einkünfte und bei einer anderen Einkunftsart negative Einkünfte erzielt werden, können diese ausgeglichen werden. Dadurch vermindert sich die Steuerbemessungsgrundlage.

Damit Michaels Onkel den Gewinnfreibetrag für € 83.260,– geltend machen kann, muss er bestimmte Wirtschaftsgüter oder Wertpapiere anschaffen.

Einkünfte aus selbständiger Arbeit		
Betriebseinnahmen	€ 281.600,00	
Betriebsausgaben	– € 198.340,00	
Gewinn	€ 83.260,00	
13 % Gewinnfreibetrag	– € 10.823,80	
Einkünfte aus selbständiger Arbeit		€ 72.436,20
Einkünfte aus nichtselbständiger Arbeit		
Einnahmen	€ 11.500,00	
Werbungskosten	– € 1.650,00	
Einkünfte aus nichtselbständiger Arbeit		€ 9.850,00
Einkünfte aus Vermietung und Verpachtung		
Einnahmen	€ 4.900,00	
Werbungskosten	– € 7.580,00	
Einkünfte aus Vermietung und Verpachtung		– € 2.680,00
Gesamtbetrag der Einkünfte		**€ 79.606,20**
Sonderausgaben		– € 60,00
außergewöhnliche Belastungen		– € 9.500,00
Einkommen (Bemessungsgrundlage)		**€ 70.046,20**

Auf dieses Einkommen ist wieder der Steuertarif anzuwenden.

Michaels Onkel stehen aber auch **Absetzbeträge** zu: der Alleinverdienerabsatzbetrag, weil die Familie 1 Kind hat und die Tante kein Einkommen bezieht, und auch der Familienbonus Plus. Dem Onkel steht auch der Verkehrsabsetzbetrag zu, weil er Einkünfte als Angestellter der Fachhochschule erzielt.

Einkommen		Steuer-prozentsatz	Steuerbetrag
von	bis		
€ 0,00	€ 11.000,00	0 %	€ 0,00
€ 11.000,00	€ 18.000,00	25 %	€ 1.750,00
€ 18.000,00	€ 31.000,00	35 %	€ 4.550,00
€ 31.000,00	€ 60.000,00	42 %	€ 12.180,00
€ 60.000,00	€ 90.000,00	48 %*	€ 4.822,18

* (70.046,20 – 60.000)

Einkommensteuer lt. Tarif	€ 23.302,18
Alleinverdienerabsetzbetrag	– € 494,00
Familienbonus Plus	– € 1.500,00
Verkehrsabsetzbetrag	– € 400,00
Jahresbetrag der Einkommensteuer	**€ 20.908,18**

Michael: Wenn mein Onkel das Angebot für die Planung eines Neubaus bekommt und sein Einkommen dadurch um € 30.000,– steigt, kommt er in die nächste Steuerklasse und zahlt mehr Einkommensteuer. Dadurch bleibt ihm weniger übrig als ohne den Auftrag.

Anna: Das stimmt nicht. Nur der Teil, der die Grenze übersteigt, wird mit dem höheren Steuersatz besteuert. Dein Onkel zahlt 48 % Steuer nur für € 10.046,20 (= 70.046,20 – 60.000). Dieser Steuersatz, der auf den letzten Teil des Einkommens angewandt wird, wird **Grenzsteuersatz** genannt.

Grenzsteuersatz = **marginal effective tax rate**

Setzt man die von deinem Onkel bezahlte Steuer in ein Verhältnis zu seinem gesamten Einkommen, kann man die Steuer berechnen, mit dem sein Einkommen im **Durchschnitt** belastet ist:

$$\frac{\text{Steuerschuld}}{\text{Einkommen}} = \frac{20.908,18}{70.046,20} = 29,85\,\%$$

5 Erhebungsformen der Einkommensteuer

Diese sind abhängig von der Einkunftsart.

Michael: Wenn man von der Bank Zinsen auf sein Sparbuch gutgeschrieben erhält, muss man dann auch das Einkommen berechnen und dies dem Finanzamt melden?

Anna: Nein. Für Einkünfte aus Kapitalvermögen und Einkünfte aus nichtselbständiger Arbeit gibt es Sonderregeln.

Die Art der Berechnung und die Einhebung der Einkommensteuer hängt von der Einkunftsart ab:

Die Steuererklärung enthält die Berechnung des in einem Jahr erzielten Einkommens.

Erhebungsformen der Einkommensteuer		
Kapitalertragsteuer	**Lohnsteuer**	**veranlagte Einkommensteuer**
Einkünfte aus Kapitalvermögen	**Einkünfte aus nichtselbständiger Arbeit**	**alle übrigen Einkünfte**
Das Geldinstitut berechnet die Steuer und führt sie für den Steuerpflichtigen an das Finanzamt ab.	Der Dienstgeber berechnet die Steuer und zahlt sie für den Dienstnehmer an das Finanzamt.	Der Steuerpflichtige übermittelt dem Finanzamt seine Steuererklärung und führt die Steuer selbst ab.

Kapitalertragsteuer

Kapitalertragsteuer = **capital gains tax**

Werden in Österreich

- Gewinnanteile oder Dividenden aus Aktien, GmbH- oder Genossenschaftsanteilen oder
- Erträge aus festverzinslichen Wertpapieren (z. B. Anleihen, Pfandbriefe) oder
- Erträge aus (in- oder ausländischen) Investmentfonds oder
- Einkünfte aus realisierten Wertsteigerungen von Kapitalvermögen

Realisierte Wertsteigerungen von Kapitalvermögen sind z. B. Kursgewinne bei Aktien.

ausbezahlt oder gutgeschrieben, so hat der Schuldner von diesen **Kapitalerträgen 27,5 %** als **Kapitalertragsteuer (KESt)** einzubehalten und an das Finanzamt abzuführen. Damit ist die Einkommensteuer abgegolten, die für diese Erträge zu bezahlen ist.

Das veranlagte Kapital wird nicht besteuert.

Beispiel

Jemand kauft Wertpapiere um € 1.000,– und verkauft diese nach 3 Jahren um € 1.600,–. Die Wertpapiere bleiben auf einem Depot bei der Bank. Für die Wertsteigerung von € 600,– sind 27,5 % KESt zu zahlen:

27,5 % von € 600,– = € 165,–

Die € 165,– KESt werden von der Bank an das Finanzamt abgeführt; der Wertpapierverkäufer muss den Gewinn nicht in seine Einkommensteuererklärung aufnehmen.

Bei **Zinsen aus Spareinlagen** bei Banken beträgt die **KESt 25 %**.

Beispiel

Jemand hat € 100.000,– auf einem Sparbuch und erhält dafür 1 % Zinsen. Auf diesem Sparbuch wird daher gebucht:

Zinsen 1 % von 100.000,–	1.000,–
davon 25 % KESt	250,–
Gutschrift	750,–

Die € 250,– KESt werden vom Geldinstitut an das Finanzamt abgeführt; der Sparbuchbesitzer muss die Zinsen nicht in seine Einkommensteuererklärung aufnehmen.

Allfällige Werbungskosten (z. B. Kontoführungsgebühren, Spesen für Wertpapierdepot, An- und Verkaufsspesen von Wertpapieren) dürfen nicht abgezogen werden.

Auch die ImmoESt ist eine Sonderform der Einkommensteuer.

Verluste, die beim Verkauf von Wertpapieren erzielt wurden, dürfen nicht mit Gewinnen aus anderen Einkunftsarten ausgeglichen werden. Diese Verluste dürfen nur mit Gewinnen aus anderen Wertpapierverkäufen im Rahmen einer Veranlagung ausgeglichen werden.

Immobilienverkauf = **real estate sale/ property sales**

Beim **Verkauf von Immobilien** fallen **30 % Immobilienertragsteuer (ImmoESt)** für die Differenz Verkaufspreis abzüglich Ankaufspreis an.

veranlagte Einkommensteuer = **assessed income tax**

Veranlagte Einkommensteuer

Die Einkommensteuer wird im Wege der Veranlagung erhoben, d. h., Einkommensteuerpflichtige müssen dem Finanzamt eine **Steuererklärung** übermitteln. Dies ist eine Auflistung der in einem Jahr erzielten steuerpflichtigen Einnahmen und Ausgaben.

Steuerpflichtige, deren Jahresumsatz geringer als € 30.000,– ist oder die über keinen Internetanschluss verfügen, können die Steuererklärung auch bis spätestens 30. April auf einem amtlichen Formular in Papierform beim Finanzamt abgeben.

Die Steuererklärung muss bis spätestens 30. Juni elektronisch beim Finanzamt eingebracht werden. Das Finanzamt berechnet daraufhin die zu bezahlende Einkommensteuer und schreibt sie der steuerpflichtigen Person mittels Bescheid vor.

Jeder Einkommensteuerpflichtige hat zum 15. Februar, 15. Mai, 15. August und 15. November eine **Vorauszahlung auf die Einkommensteuer** zu leisten. Diese Vorauszahlungen werden dann mit der vom Finanzamt berechneten Steuer gegengerechnet.

Einkommensteuer – Fristen und Termine

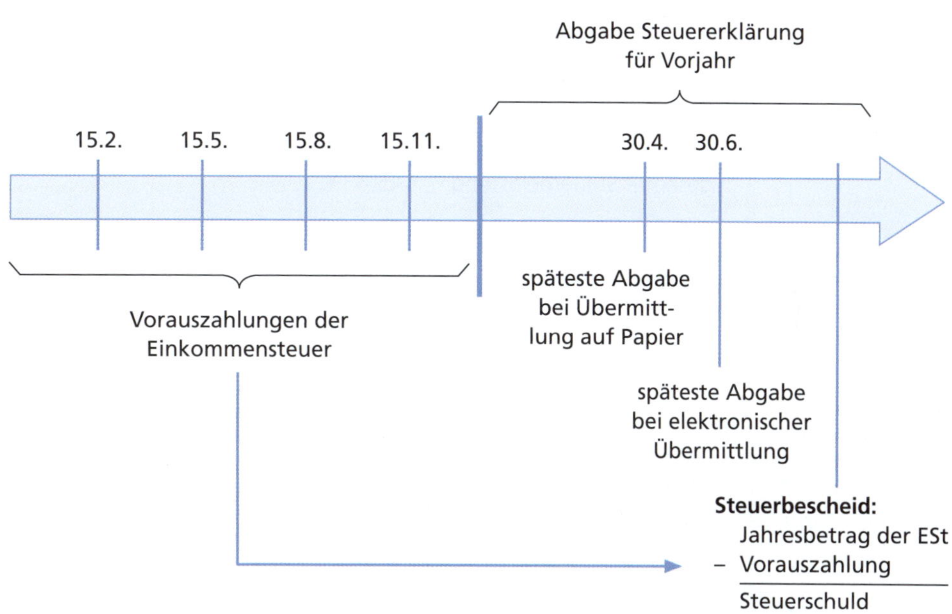

Steuerbescheid = **tax assessment/tax statement**

Steuerschuld = **tax liability/ tax debt**

6 Körperschaftsteuer

Die Körperschaftsteuer ist die Einkommensteuer juristischer Personen.

Der **Körperschaftsteuer (KSt)** unterliegen die **Einkünfte juristischer Personen** (AG, GmbH, Vereine). Die Einkünfte werden für die Berechnung der Körperschaftsteuer nach denselben Grundsätzen ermittelt wie für die Einkommensteuer. Da die Gewinnausschüttung an die Gesellschafter keine Betriebsausgabe darstellt, ist auch für den ausgeschütteten Gewinn KSt zu zahlen.

Gewinnausschüttung = **distribution of profit (to the shareholders)**

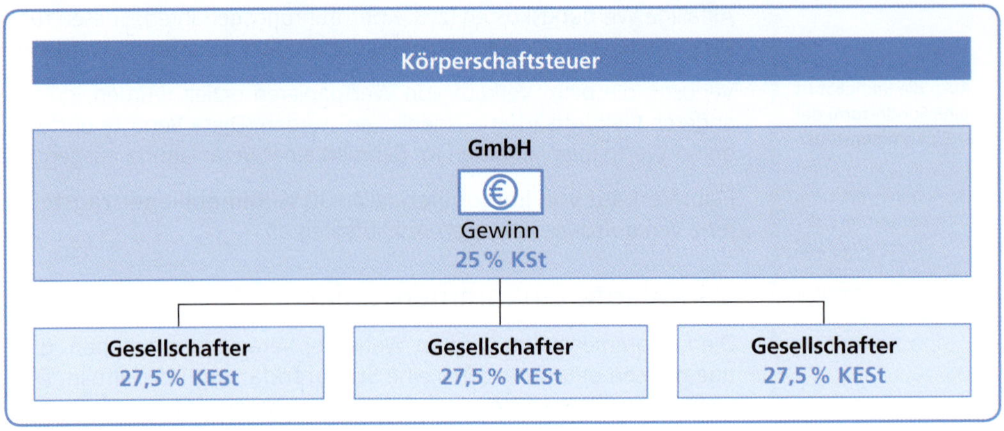

Die **KSt beträgt 25 %,** unabhängig von der Höhe des Gewinns der Gesellschaft.

Einkünfte aus Kapitalvermögen = **income from capital assets**

Die ausgeschütteten Gewinne unterliegen beim Empfänger der Einkommensteuer als **Einkünfte aus Kapitalvermögen.** In der Regel sind sie durch den KESt-Abzug endbesteuert. Dem Gesellschafter verbleiben daher von € 100,– Gewinn:

	Gewinn der Gesellschaft		100,00 €
25,00%	Körperschaftsteuer	–	25,00 €
	Ausschüttung an Gesellschafter		75,00 €
27,50%	Kapitalertragsteuer	–	20,63 €
	Gewinnanteil nach Steuern		54,37 €

Die gesamte Steuerbelastung beträgt daher:

Körperschaftsteuer	25,00 €
Kapitalertragsteuer	20,63 €
gesamte Steuerbelastung	45,63 €

Drückt man dies als Prozentsatz des Gewinns aus, errechnet sich:

$$\frac{\text{Steuerbetrag}}{\text{Gewinn}} = \frac{45{,}63}{100} = 45{,}63\,\%$$

Der an die Gesellschafter ausgeschüttete Gewinn einer Kapitalgesellschaft wird mit 45,63 % Steuern belastet.

Mindestkörperschaftsteuer = **minimum corporate income tax**

Im ersten Jahr nach der Gründung ist die Mindestkörperschaftsteuer geringer.

Für AG und GmbH besteht eine **Mindestkörperschaftsteuer** von 5 % des Mindestkapitals. Daher beträgt die Mindestkörperschaftsteuer für GmbH € 1.750,– (= 5 % von € 35.000,–), für AG € 3.500,–.

Üben

A B C D E

Steuerbemessungsgrundlage = **tax base/tax rate**

Ü 7.3: Unterschiedliche Auswirkungen B

Renate Weiner hat eine Steuerbemessungsgrundlage von € 18.650,–. Die Steuerbemessungsgrundlage von Franziska Sommer beträgt € 67.830,–. Beide können

- € 1.000,– als außergewöhnliche Belastung
- € 400,– als Verkehrsabsetzbetrag

geltend machen.

Prüfen Sie, wie sich dies für die beiden Steuerpflichtigen auswirkt, und erklären Sie, warum es zu unterschiedlichen Auswirkungen kommt.

Ü 7.4: Steuerermittlung in einem Kleinbetrieb C

Ein Kleinbetrieb ermittelt seinen Gewinn mittels Einnahmen-Ausgaben-Rechnung. Die Differenz Betriebseinnahmen abzüglich Betriebsausgaben beträgt € 38.520,–.

Einkommen	Steuer
für die ersten € 11.000,–	0 %
für Einkommensteile über € 11.000,– bis € 18.000,–	25 %
für Einkommensteile über € 18.000,– bis € 31.000,–	35 %
für Einkommensteile über € 31.000,– bis € 60.000,–	42 %
für Einkommensteile über € 60.000,– bis € 90.000,–	48 %
für Einkommensteile über € 90.000,–	50 %
für Einkommensteile über eine Million Euro (in den Kalenderjahren 2016 bis 2020)	55 %

a) Berechnen Sie die Steuerbemessungsgrundlage.

b) Berechnen Sie die Einkommensteuer (in Euro).

c) Ermitteln Sie, wie hoch der Durchschnittssteuersatz ist.

d) Ermitteln Sie, wie hoch ist der Grenzsteuersatz ist.

Durchschnittssteuersatz = **average tax rate**

Grenzsteuersatz = **marginal tax rate**

Ü 7.5: Höhe der Einkommensteuer C

Richard Tremmel betreibt einen Mechanikerbetrieb. Er hat vergangenes Jahr Einnahmen von € 379.256,– und Ausgaben von € 240.030,– erzielt. Daneben hat er ein Buch geschrieben, wofür er € 3.200,– erhielt und € 4.600,– ausgab. Als Beitrag an die Kirche hat er vergangenes Jahr € 250,– gezahlt. Er ist unverheiratet und lebt alleine.

Berechnen Sie die von Richard Tremmel zu zahlende Einkommensteuer.

Ü 7.6: Höhere Steuerklasse B

Das Einkommen (= Steuerbemessungsgrundlage) von Ricarda Wimmer beträgt € 30.850,–. Ihr wird angeboten, durch zusätzliche Arbeiten ihr Einkommen auf € 33.500,– zu steigern. Ricarda Wimmer fürchtet, dass sie dadurch in eine höhere Steuerklasse fällt, sie daher mehr Einkommensteuer zahlen muss und ihr daher nach Bezahlung der Steuer weniger übrig bleibt als zuvor.

Steuerklasse = **tax class**

Prüfen Sie, ob die Befürchtung von Ricarda Wimmer richtig ist.

Ü 7.7: Gehaltserhöhung oder Nebentätigkeit? B

Franz verdient als Mitarbeiter eines Unternehmens € 31.400,– (= Steuerbemessungsgrundlage) im Jahr. Er könnte eine Gehaltserhöhung von € 6.000,– erhalten oder einen selbständigen Nebenjob betreiben, mit dem er € 6.000,– Gewinn erwirtschaftet.

Klären Sie, bei welcher Alternative mehr Einkommensteuer zu bezahlen ist.

Ü 7.8: Besteuerung der GmbH B

Eine GmbH hat € 85.000,– Gewinn vor Steuern erwirtschaftet.

a) Erklären Sie, welche Steuer für den Gewinn anfällt.

b) Berechnen Sie die zu zahlende Steuer, wenn

- der gesamte Gewinn einbehalten wird,
- der gesamte Gewinn an die Gesellschafter ausgeschüttet wird,
- die Hälfte des Gewinns einbehalten und die andere Hälfte an die Gesellschafter ausgeschüttet wird.

Ü 7.9: Ausschüttung an Gesellschafter B

Ein Unternehmen hat einen Gewinn (= Steuerbemessungsgrundlage) von € 69.300,– erzielt, der zur Gänze an die Gesellschafter ausgeschüttet wird.

a) Berechnen Sie die zu zahlende Steuer, wenn das Unternehmen ein Einzelunternehmen ist.

b) Berechnen Sie die zu zahlende Steuer, wenn das Unternehmen eine GmbH ist.

Sichern

SbX ID: 7203

Einkommensteuer

Einkommensteuer müssen

- natürliche Personen und Gesellschafter von Personengesellschaften zahlen,
- die in Österreich einen Wohnsitz oder ständigen Aufenthalt haben und
- Einkünfte aus einer der 7 Einkunftsarten erzielen.

7 Einkunftsarten

Die **7 Einkunftsarten** sind:

1. Einkünfte aus Land- und Forstwirtschaft
2. Einkünfte aus selbständiger Arbeit
3. Einkünfte aus Gewerbebetrieb
4. Einkünfte aus nichtselbständiger Arbeit
5. Einkünfte aus Kapitalvermögen
6. Einkünfte aus Vermietung und Verpachtung
7. sonstige Einkünfte

Einkünfte

Einkünfte sind die Differenz

- Betriebseinnahmen – Betriebsausgaben bzw.
- Einnahmen – Werbungskosten.

Negative Einkünfte können mit positiven Einkünften ausgeglichen werden. Die Summe aller in einem Jahr erzielten Einkünfte ergibt den Gesamtbetrag der Einkünfte. Davon können Sonderausgaben und außergewöhnliche Belastungen abgezogen werden. Die Differenz ergibt das steuerpflichtige Einkommen bzw. die Bemessungsgrundlage. Auf diese ist der Tarif anzuwenden. Subtrahiert man davon die Absetzbeträge, gelangt man zu dem Betrag der Einkommensteuer.

Körperschaftsteuer

Juristische Personen müssen für ihren Gewinn **Körperschaftsteuer (KÖSt)** zahlen.

Vokabeln dieser Lerneinheit

natürliche Person	natural person
juristische Person	legal person
Personengesellschaft	partnership/private company
Wohnsitz	place of residence
einkommensteuerpflichtig	subject to income tax
unbeschränkte Steuerpflicht	unlimited/full tax liability
beschränkte Steuerpflicht	limited tax liability
Doppelbesteuerungsabkommen	double taxation agreement
Vermögenszuwachs	capital gain
progressiver Tarif	progressive tax rate
Lebensbedürfnisse	necessities of life
zusätzliches Einkommen	additional income
Nutzenfunktion	utility function
Nutzenverlust	loss of utility
Land- und Forstwirtschaft	agriculture and forestry
Tierzucht	livestock breeding

Jagd	hunting
Rechtsanwalt	lawyer/attorney at law/solicitor
Steuerberater	tax consultant/adviser
Ziviltechniker	registered engineering consultant/registered engineer
Hausverwalter	property manager
Aufsichtsratsmitglieder	supervisory board members
Gewerbebetrieb	business/commercial enterprise
Arbeiter und Angestellte	workers and employees/wage and salary earners
Beamte	civil servants/public officials
Lehrling	apprentice
Sparbuchzinsen	rate of interest for a savings book
Überlassung von Marken- oder Patentrechten	assignment of trademark and patent laws
Spekulationsgeschäft	speculative transaction/business

Lottogewinn	lottery win
Erbschaft	inheritance
Schmerzengeld	damages for pain and suffering
Einkünfte	earnings
Betriebseinnahmen	operating revenues
Betriebsausgaben	operating expenses
Gewinnfreibetrag	annual tax-free profit allowance
Wirtschaftsgüter	business assets
Wertpapiere	securities/bonds
Überschusseinkünfte	surplus income
Werbungskosten	income-related expenses
Sonderausgaben	special expenses
außergewöhnliche Belastungen	extraordinary charges
Bemessungsgrundlage	tax base/assessment basis
Einkommenserzielung	income earning/ revenue raising
Renten und dauernde Lasten	determined and permanent pensions
Kirchenbeitrag	church contribution
Steuerberatungskosten	tax advice fees
Spenden	donations
Verlustabzug	loss deduction
steuermindernd	tax-reducing
wirtschaftliche Leistungsfähigkeit	economic performance/ capacity
Selbstbehalt	deductible/liability
Krankheitskosten	sickness costs/medical costs
Diätkosten	dietary costs
Mehraufwendungen für ein erheblich behindertes Kind	additional expenses for a seriously handicapped child
Katastrophenschäden	catastrophe losses
Kosten für ein auswärtiges Studium	additional costs for studying abroad
Begräbniskosten, die durch den Nachlass nicht gedeckt sind	funeral costs which are not covered by the estate
Steuertarif	tax rate/tariff
Absetzbetrag	tax credit/deductible amount
Familienbeihilfe	family allowance
Alleinverdienerabsetzbetrag	sole-earner deduction/ breadwinner setting of
Unterhaltsabsetzbetrag	tax credit for maintenance payments
Verkehrsabsetzbetrag	deductible amount for travel expenses/ commuter flat-rate
Familienbonus	family allowance/ bonus
Grenzsteuersatz	marginal effective tax rate
Erhebungsform der Einkommensteuer	form of income tax/ type of data collection
Kapitalertragsteuer	capital gains tax
festverzinsliche Wertpapiere	fixed-income securities
Anleihen	bonds
Pfandbriefe	mortgage bonds
in- oder ausländische Investmentfonds	domestic or foreign investment funds
realisierte Wertsteigerungen	realised gains
veranlagtes Kapital	invested capital
Spareinlagen	savings/savings deposits
Wertpapierdepot	securities account/ portfolio of securities
An- und Verkaufsspesen	purchasing and selling expenses
Immobilienverkauf	real estate sale/property sales
veranlagte Einkommensteuer	assessed income tax
steuerpflichtige Einnahmen und Ausgaben	taxable revenues and expenditure
Steuerbescheid	tax assessment/tax statement
Steuerschuld	tax liability/tax debt
Gewinnausschüttung	distribution of profit (to the shareholders)
Einkünfte aus Kapitalvermögen	income from capital assets
Mindestkörperschaftsteuer	minimum corporate income tax
Einnahmen/Ausgaben-Rechnung	income/expenditure accounting, cash-based accounting, income-based accounting, income-expense account
Steuerbemessungsgrundlage	tax base/tax rate
Durchschnittsteuersatz	average tax rate
Grenzsteuersatz	marginal tax rate
Steuerklasse	tax class
Gutschrift von Zinsen	crediting of interest/ adding interest

Erhalt von Schadenersatz	receiving of compensation for damages/damages payments	Finderlohn	finder's reward
		Nutzung eines Markenrechts	use of a trademark right

SbX ID: 7203

Im SbX finden Sie eine Bildschirmpräsentation mit den Grafiken dieser Lerneinheit.

Wissen

A B C D E

W 7.6: Steuerpflichtig A

Fällt in folgenden Fällen eine Steuer an? Falls ja, welche?

Gutschrift von Zinsen = **crediting of interest/adding interest**

	Steuer ja/nein	Bezeichnung der Steuer
Ausschüttung von Gewinnanteilen einer GmbH		
Ausbezahlung des Monatslohns		
Verkauf eines Grundstücks		
Gewinn, den Offene Gesellschaft erwirtschaftet hat		
Gutschrift von Zinsen durch Bank		
Gewinn, den AG erwirtschaftet hat		
Gewinn, den Einzelunternehmer erwirtschaftet hat		

W 7.7: Einkommensteuerpflichtig D

Prüfen Sie, ob folgende Sachverhalte einkommensteuerpflichtig sind. Falls ja, geben Sie an, unter welche Einkunftsart diese fallen.

Erhalt von Schadenersatz = **receiving of compensation for damages/damages payments**

Finderlohn = **finder's reward**

Nutzung eines Markenrechts = **use of a trademark right**

Sachverhalt	einkommensteuerpflichtig	Einkunftsart
Erhalt von Schadenersatz		
Entgelt für Ferialjob		
Erhalt von Finderlohn		
Honorar eines Ziviltechnikers		
Erhalt von Lizenzen für Nutzung eines Markenrechts		
Kauf eines Autos, welches nach 8 Monaten mit Gewinn weiterverkauft wird		
Erhalt der Miete für Grundstück		

W 7.8: Definitionen A

Erklären Sie, was das Steuerrecht unter
a) Werbungskosten
b) Einkünften
c) Steuerbemessungsgrundlage
d) Gewinnfreibetrag
e) Absetzbetrag
f) außergewöhnlichen Belastungen
versteht.

W 7.9: Minderung der Einkommensteuer B

Mindern folgende Ausgaben die Höhe der zu zahlenden Einkommensteuer? Falls ja, wie werden sie steuerlich korrekt bezeichnet?

	Steuerlich korrekte Bezeichnung
Kirchenbeitrag	
Kosten für ein auswärtiges Studium eines Kindes	
Kauf von Fachbüchern, die Angestellter für seinen Beruf benötigt	
Kosten des im gemeinsamen Haushalt lebenden Kindes	
Kosten für Diätverpflegung	
Ausgaben eines Arbeitnehmers für die Fahrt Wohnung – Arbeitsstätte	
Bezahlung der Stromrechnung eines Unternehmens	

W 7.10: Besteuerung von Zinsen B

Sie erhalten € 500,– Zinsen auf Ihrem Sparbuch gutgeschrieben. Prüfen Sie, ob Sie die Zinsen in Ihrer Einkommensteuererklärung angeben müssen.

W 7.11: Progressiver Verlauf A

Erklären Sie, warum die Einkommensteuer einen progressiven Verlauf hat.

Ein kurzer Kompetenz-Check, bevor's weitergeht!

Kompetenz-Check

	☺	😐	☹
Ich weiß, wer in Österreich einkommensteuerpflichtig ist.			
Ich kann die Einkommensteuer in einfachen Fällen berechnen.			
Ich weiß, wie die Einkommensteuer erhoben wird.			

Lerneinheit 3

Das Abgabenverfahren

SbX Alle SbX-Inhalte zu dieser Lerneinheit finden Sie unter der ID: 7300.

Abgabenverfahren = tax proceedings/tax litigation

Michael: Wenn das Finanzamt meint, dass die in meiner Steuererklärung enthaltenen Ausgaben nicht für den Betrieb waren und daher eine höhere Steuer festsetzt, kann ich mich dagegen wehren?

Anna: Steuerpflichtige haben das Recht, Entscheidungen des Finanzamts vom Bundesfinanzgericht überprüfen zu lassen. Sie können – wie bei allen anderen Verfahren auch – Rechtsmittel gegen die Entscheidungen des Finanzamts ergreifen.

Lernen

SbX ID: 7301

1 Abgabenbehörden

Die Finanzämter haben verschiedene Aufgaben.

Für die unterschiedlichen Steuern eines Unternehmens bzw. für den Unternehmer selbst können verschiedene Finanzämter zuständig sein. Finanzämter können nach ihrer **sachlichen Zuständigkeit** gegliedert werden.

Sachlich zuständiges Finanzamt		
Finanzamt mit allgemeinem Aufgabenkreis	**Finanzamt mit besonderem Aufgabenkreis**	**Finanzamt mit erweitertem Aufgabenkreis**
Zuständig z. B. für ● Einkommensteuer ● Umsatzsteuer ● Körperschaftsteuer	Zuständig z. B. für: ● Gebühren und Verkehrsteuern (z. B. Kapitalverkehrsteuer und Grunderwerbsteuer) ● Glücksspiel	Zuständig z. B. für ● Körperschaftsteuer und Umsatzsteuer von AG und großen GmbH

Betriebsfinanzamt = local tax office for payroll accounting

Wohnsitzfinanzamt = tax office at the tax payer's place of residence

Bei Gesellschaften ist das Betriebsfinanzamt für die Erhebung der Umsatzsteuer zuständig, bei Einzelunternehmen das Wohnsitzfinanzamt.

Finanzämter können auch nach ihrer örtlichen Zuständigkeit eingeteilt werden.

Örtlich zuständiges Finanzamt	
Betriebsfinanzamt	**Wohnsitzfinanzamt**
jenes Finanzamt, in dessen Zuständigkeitsbereich sich der **Ort der Geschäftsleitung einer Personen- oder Kapitalgesellschaft** befindet	jenes Finanzamt, in dessen Zuständigkeitsbereich der **Unternehmer seinen Wohnsitz oder gewöhnlichen Aufenthalt** hat
Zuständig z. B. für ● Körperschaftsteuer ● Feststellung der Einkünfte von Personengesellschaften ● Umsatzsteuer	Zuständig z. B. für ● Einkommensteuer unbeschränkt Steuerpflichtiger ● Umsatzsteuer

2 Das Abgabenverfahren

Auch die Erhebung von Abgaben erfolgt nach festgelegten Regeln.

Das Finanzamt hat von Amts wegen die Besteuerungsgrundlagen zu ermitteln. Dabei sind **sämtliche Tatsachen,** die für und gegen den Steuerpflichtigen sprechen, zu berücksichtigen. Das Finanzamt darf nicht nur nach Tatsachen suchen, damit der Steuerpflichtige mehr Steuern zahlt, sondern es muss auch von sich aus jene Tatsachen feststellen, die die zu zahlende Steuer mindern. Vor Festsetzung der Abgabe hat der Steuerpflichtige das Recht, zu den Ermittlungen der Behörde **Stellung zu nehmen.**

Beispiel

Dem Finanzamt wird mitgeteilt, dass eine Person Geschäfte gemacht hat und den dabei erzielten Gewinn nicht in die Steuererklärung aufgenommen hat. Vor Festsetzung der Steuer muss dieser Person die Möglichkeit gegeben werden, eine Stellungnahme abzugeben.

Obliegenheiten des Abgabepflichtigen

Offenlegungspflicht = **disclosure obligation**

Anzeigepflicht = **obligation to notify, notification requirements**

Buchführungspflicht = **legal obligation to keep records, requirement to keep accounts**

Abgabepflichtige treffen folgende Pflichten:

- **Offenlegungspflicht:** Der Steuerpflichtige hat die für die Abgabenpflicht bedeutsamen Umstände der Abgabenbehörde gegenüber vollständig und wahrheitsgemäß offenzulegen. Er muss daher z. B. die Steuererklärungen korrekt und wahrheitsgemäß ausfüllen und der Abgabenbehörde übermitteln.
- **Anzeigepflicht:** Umstände, die eine Steuerpflicht begründen, ändern oder beenden, sind dem Finanzamt innerhalb eines Monats anzuzeigen.

Beispiel

Eröffnet jemand einen Betrieb neu, wird er dadurch einkommensteuerpflichtig. Daher muss er dies binnen eines Monats dem Finanzamt melden.

Aufbewahrungspflicht = **obligation of data retention/obligation to preserve corporate documents**

Erklärungspflicht = **obligation to submit a declaration, a return**

Diese Aufforderung kann auch dadurch erfolgen, dass dem Abgabepflichtigen ein entsprechendes Formular übermittelt wird.

- **Buchführungspflicht:** Hat jemand aufgrund unternehmensrechtlicher Vorschriften Bücher zu führen, so sind diese auch im Interesse der Abgabenerhebung zu führen. Daneben verpflichten die Abgabengesetze die Steuerpflichtigen zur Führung von Büchern, wenn sie dies nicht bereits aufgrund der Vorschriften des Unternehmensrechts tun müssen.
- **Aufbewahrungspflicht:** Bücher und Aufzeichnungen sowie die zugehörigen Belege sind 7 Jahre aufzubewahren. Diese Frist beginnt mit dem Ende des Kalenderjahres, in dem die Aufzeichnungen geführt wurden.
- **Erklärungspflicht:** Die Abgabepflichtigen haben, wenn sie den entsprechenden Sachverhalt verwirklicht haben oder von der Abgabenbehörde aufgefordert werden, eine Abgabenerklärung abzugeben. Wird der Verpflichtung zur Abgabe einer Erklärung nicht entsprochen, kann die Behörde einen Verspätungszuschlag verhängen.

Befugnisse der Abgabenbehörde

Auskünfte = **enquiries, further information**

Das Bankgeheimnis gilt gegenüber der Abgabenbehörde nur eingeschränkt.

Prüfungen vor Ort = **on-the-spot audits, on-site inspections**

Insbesondere darf die Behörde

- **Auskünfte** sowohl beim Steuerpflichtigen als auch bei anderen Personen oder Behörden einholen.

  Die Abgabenbehörde führt ein Register sämtlicher Bankkonten und ihrer Eigentümer sowie ein Verzeichnis der Eigentümer von Unternehmen. In bestimmten Fällen kann die Behörde Einsicht nehmen, um Abgabenhinterziehungen und Geldwäsche zu verhindern.
- **Prüfungen vor Ort** vornehmen. Diese sind grundsätzlich mindestens eine Woche vorher anzukündigen, sofern dadurch der Prüfungszweck nicht vereitelt wird. Nach erfolgter Prüfung ist eine Schlussbesprechung abzuhalten.

3 Rechtsmittelverfahren

Auch in Abgabensachen können Rechtsmittel ergriffen werden.

Eine Beschwerde wird man erheben, wenn man meint, dass die Entscheidung der Behörde falsch ist.

Die zu entrichtende Steuer wird vom Finanzamt mittels Bescheid festgesetzt. Gegen diesen Bescheid kann der Abgabepflichtige binnen 1 Monats ab Zustellung Beschwerde erheben. Diese ist bei jenem Finanzamt einzubringen, das den Bescheid erlassen hat. Die Berufung hat keine aufschiebende Wirkung. Die im Bescheid vorgeschriebene Steuer ist zum angegebenen Zeitpunkt fällig.

Aufgrund der Beschwerde hat das Finanzamt die Entscheidung zu überprüfen und eine Berufungsvorentscheidung zu erlassen. Mit dieser kann

- der Beschwerde entsprochen werden oder
- die Beschwerde abgewiesen werden.

Eine Revision ist nur zulässig, wenn es sich um eine Rechtsfrage von grundsätzlicher Bedeutung handelt.

Eine Beschwerde kann nur eingebracht werden, wenn der Steuerpflichtige in einem verfassungsgesetzlich gewährleisteten Recht verletzt wurde.

Verwaltungsgerichtshof = **Higher Administrative Court**

Verfassungsgerichtshof = **Higher Constitutional Court**

Rechtsmittelverfahren = **appeal procedures/appeal proceedings**

Bundesfinanzgericht = **Federal Finance Court**

Revision = **appeal**

Der Abgabepflichtige kann im Falle der Abweisung den Antrag stellen, dass über die Beschwerde das **Bundesfinanzgericht** entscheidet (Vorlageantrag).

Gegen die **Entscheidung des Bundesfinanzgerichts** kann

- **Revision** an den **Verwaltungsgerichtshof** (VwGH) eingebracht werden bzw.
- **Beschwerde** beim **Verfassungsgerichtshof** (VfGH) erhoben werden.

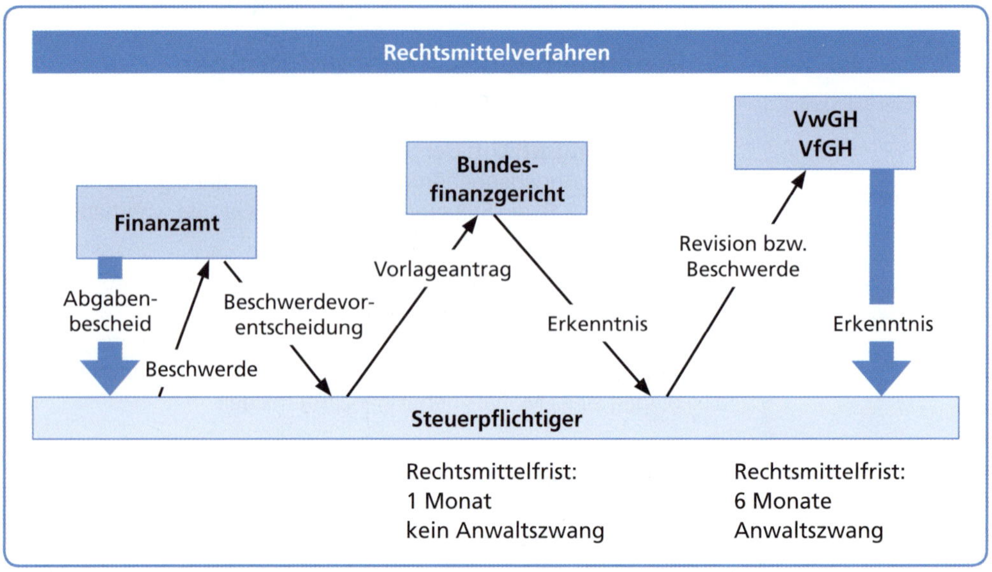

Üben

A B C D E

Ü 7.10: Zusendung von Formularen A

Sie erhalten per Post vom Finanzamt einen Brief, der Formulare für die Einkommensteuererklärung enthält. Was haben Sie zu tun?

Ü 7.11: Zuständiges Finanzamt A

Suchen Sie im Internet das für Ihren Wohnsitz zuständige Finanzamt.

Ü 7.12: Obliegenheiten von steuerpflichtigen Personen A

Beschreiben Sie die Pflichten (Obliegenheiten) von steuerpflichtigen Personen im Abgabenverfahren.

Ü 7.13: Rechte der Abgabenbehörden A

Beschreiben Sie die Rechte der Abgabenbehörden im Verfahren.

Sichern

SbX ID: 7303

Örtlich zuständiges Finanzamt

Das Finanzamt, in dessen Zuständigkeitsbereich sich der **Ort der Geschäftsleitung einer Gesellschaft** befindet, ist zuständig für die Erhebung von Körperschaftsteuer und Umsatzsteuer. Bei Einzelunternehmen ist dafür jenes Finanzamt zuständig, in dessen Bereich der **Unternehmer seinen Wohnsitz** oder gewöhnlichen Aufenthalt hat.

Obliegenheiten der Abgabepflichtigen

Im Abgabenverfahren haben **Steuerpflichtige** folgende **Obliegenheiten:**
- Offenlegungspflicht
- Anzeigepflicht
- Buchführungspflicht
- Aufbewahrungspflicht
- Erklärungspflicht

Befugnisse der Abgabenbehörde

Die **Abgabenbehörde** hat folgende **Befugnisse:**
- Einholen von Auskünften
- Durchführung von Prüfungen vor Ort

Rechtsmittelverfahren

Steuerpflichtige können gegen Entscheidungen der Finanzämter **Beschwerde beim Bundesfinanzgericht** erheben, welches in 2. Instanz entscheidet.

Vokabeln dieser Lerneinheit

Abgabenverfahren	tax proceedings/tax litigation
Bundesfinanzgericht	Federal Finance Court
sachlich zuständiges Finanzamt	locally competent tax office/revenue office
allgemeiner Aufgabenkreis	general set of tasks
besonderer Aufgabenkreis	special set of tasks
erweiterter Aufgabenkreis	extended set of tasks
Betriebsfinanzamt	local tax office for payroll accounting
Wohnsitzfinanzamt	tax office at the tax payer's place of residence
Besteuerungsgrundlagen	tax bases, bases of taxation
Obliegenheiten des Abgabepflichtigen	obligations of the taxable person
Offenlegungspflicht	disclosure obligation
Anzeigepflicht	obligation to notify, notification requirements
Buchführungspflicht	legal obligation to keep records, requirement to keep accounts
Aufbewahrungspflicht	obligation of data retention/obligation to preserve corporate documents
Erklärungspflicht	obligation to submit a declaration, a return

Befugnisse der Abgabenbehörde	powers/competences of the tax authority
Belege	records, sales receipts, supporting documents
Auskünfte	enquiries, further information
Bankgeheimnis	bank secrecy, banking confidentiality
Prüfungen vor Ort	on-the-spot audits, on-site inspections
Beschwerde	complaint
aufschiebende Wirkung	suspensory effect, suspensive/postponing effect
Berufungsvorentscheidung	preliminary decision after a complaint/an appeal
Vorlageantrag	request of remittance
Verwaltungsgerichtshof	Higher Administrative Court
Verfassungsgerichtshof	Higher Constitutional Court
Rechtsmittelverfahren	appeal procedures/appeal proceedings
Bundesfinanzgericht	Federal Finance Court
Revision	appeal
Zinsen erhalten	receive interest
Kredit aufnehmen	take out a credit/a loan, borrowing
Wohnsitz im Ausland	permanent residence abroad

SbX
ID: 7303

Im SbX finden Sie eine Bildschirmpräsentation mit den Grafiken dieser Lerneinheit.

Wissen

A B C D E

W 7.12: Einkommensteuerbescheid B

Rainer Richter hat eine Einkommensteuererklärung abgegeben. Darin wurde ein steuerpflichtiges Einkommen von € 28.890,– angegeben. Das Finanzamt erlässt einen Einkommensteuerbescheid, in dem von einem steuerpflichtigen Einkommen von € 35.123,– ausgegangen wird.

a) Klären Sie, was Rainer Richter unternehmen kann.

b) Prüfen Sie, wann Rainer Richter die vom Finanzamt vorgeschriebene Steuer bezahlen muss.

Zum Schluss ein kurzer Kompetenz-Check!

Kompetenz-Check

	☺	😐	☹
Ich kenne die wichtigsten Grundsätze des Abgabenverfahrens.			
Ich kann den grundsätzlichen Ablauf eines Rechtsmittelverfahrens beschreiben.			

Stichwortverzeichnis

Anhang

Abbildungsverzeichnis

Seite 2 (Paragraf), 5 (Schlüsselbund), 28 links (Telefon mit Graffiti) und unten (Vertrag), 29 (Familie), 42 oben (Sessel), 49 (Hochzeitstorte), 73 oben (zerstörtes Haus) und unten (Demonstration), 74 (Kran), 75 unten (Bagger), 95 (Lehrling), 108 (Pflegehelfer), 127 oben (Grippe), 129 (Spielplatz), 183 (Tisch), 184 oben (Kfz-Lehre), 185 (Geschirrspüler-Reparatur), 186 unten (Kfz-Werkstatt), 188 (Laborantin), 192 (Buchhandlung), 198 (Top-Angebot), 220 rechts (Videokamera), 256 (Konkursopfer): Fotolia

Seite 3 (Gruppe von Menschen), 12 (Fahrverbotsschild), 25 (Erdbeben), 30 (Zivildienst), 39 (Blechschaden), 53 (Kühlschrank), 77 oben (Kind mit Hund) und unten (Parkschaden), 110 (Messe), 113 (Stechuhr), 159 (Fernseher), 162 (Stiller Gesellschafter), 177 (Phiolen), 182 (Haus), 184 (Autoradio), 190 (Einkaufen), 208 (Colaflasche): Shutterstock

Seite 4 (Baustelle), 7 (Buchregal), 20 (Laptop), 24 links (Neugeborenes) und rechts (Kinder), 26 (Vespa), 28 oben (Tätowierter), 56 unten (Weingläser), 75 oben (Motorradfahrer), 76 (Kind an Auto), 102 (Bohrer), 103 (Schulung), 109 (Neugeborenes), 114 (Bewerbungsgespräch), 126 (Pensionisten), 127 unten (Arbeitsunfall), 128 (altes Ehepaar), 130 unten (Frau im Rollstuhl), 168 (Bauer), 178 (Tanken), 181 (Bäcker), 186 oben (rote Geschenkschachtel), 187 (Feuerlöscher), 191 (Kuchen), 198 (Frau am Telefon), 249 links (Haus aus Geldscheinen): iStock

Seite 6 (StGB), 21 (ABGB), 130 oben (Buben), 136 (UGB), 165 (Generali-Aktie), 175 GewO, 237 (Justizpalast), 239 (Gerichtsszene), 240 (Gerichtsszene), 243 (Notariatsgebühren), 249 unten (Lohnzettel): MANZ Verlag

Seite 10 (Aristoteles), 206 (Parfum 4711), 220 (Google-Street-View): Wikipedia

Seite 56 Mitte (Auto), 137 (Firma?), 144 (Handy-Shop), 200 (EXTRA BILLIG): tR/MANZ

Seite 147 (Wertpapiere): Pixelio

Seite 207 (Markenanzeiger): Österreichisches Patentamt